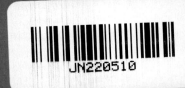

TOEFL® テスト でる単 5000

ハッカーズ語学研究所
David Cho

ask PUBLISHING

編集協力：　ロゴポート
鈴木豊雄
韓国語翻訳：　李銀淑
本文デザイン／DTP：株式会社明昌堂
音声編集：　スタジオグラッド

はじめに

本書は韓国で、11年連続TOEFL®テスト部門のベストセラー第1位の快進撃を続け*、受験者から圧倒的な支持を集めている『HACKERS VOCABULARY』の日本版です。

韓国の平均スコアは日本より10点以上も高く、アジアの中でトップ10内にランクする、いわばTOEFL®先進国！　なかでも54名ものTOEFL®専門の講師陣を擁し、2003年以降の累計受講者数が200万人を数えるHACKERSはトップブランドの名を欲しいままにしています。その研究機関が15年以上かけてテストを分析し、スコアに直結する必ずでる単語だけを集めたのが本書なのです。

この『TOEFL®テスト　でる単5000』の基本アプローチは、同義語を中心とした学習です。いままでの単語集のように、[単語→日本語の意味] で覚えていくのとは違って、[単語→【同義語】→日本語の意味] と同義語までを同時に見ていくことで、学習者はさまざまなメリットが得られます。

たとえば、本書の見出し語数は約1700語ですが、同義語までを含めると4100語以上の語彙力が身につきます（Chapter 2を合わせると合計5000語以上）。スイッチを1回押すたびに単語を1つだけ覚えられるのが従来の単語集。この本の場合は、1回のスイッチで2～5つの単語を効率よく覚えていけるのです。ほかにも日本語の介在が少なくなるので、文章の意味を取るスピードがアップしたり、リーディングセクションの同義語問題に強くなったりと、たくさんの優れた効果が見られます。

また、収録している見出し語は、でる順番で3つのレベルに分かれています。重要なものがひと目でわかるので、初級者の方は、まずは各DAYの最頻出のグループだけを覚えていくのもいいでしょう。このように、はじめて受験する方からハイスコアを目指す方まで、幅広く使っていただける1冊に仕上がっています。

最後になりますが、本書がみなさんの目標スコア達成のパートナーとなるだけでなく、英語力の向上、さらには、みなさんが夢に向かって進む際の信頼できるパートナーになることを願ってやみません。

株式会社アスク出版　編集部

（*2006～2016年　韓国・教保文庫調べ）

CONTENTS

Chapter 1 頻出単語

Chapter 2 テーマ別単語

本書の使い方

本書は、TOEFLテストで頻出の語彙を集めた「Chapter 1 頻出単語」とアカデミックな語彙をトピックごとにまとめた「Chapter 2 テーマ別単語」の2部構成になっています。

●Chapter 1 頻出単語

【約1700の見出し語】を梃子に同義語や派生語まで覚えていくと、**【4100語以上】**の語彙を効率よく身につけることができます。また、**各DAYの中では出題頻度順に掲載しているので、重要な単語から暗記できるようなっています。**

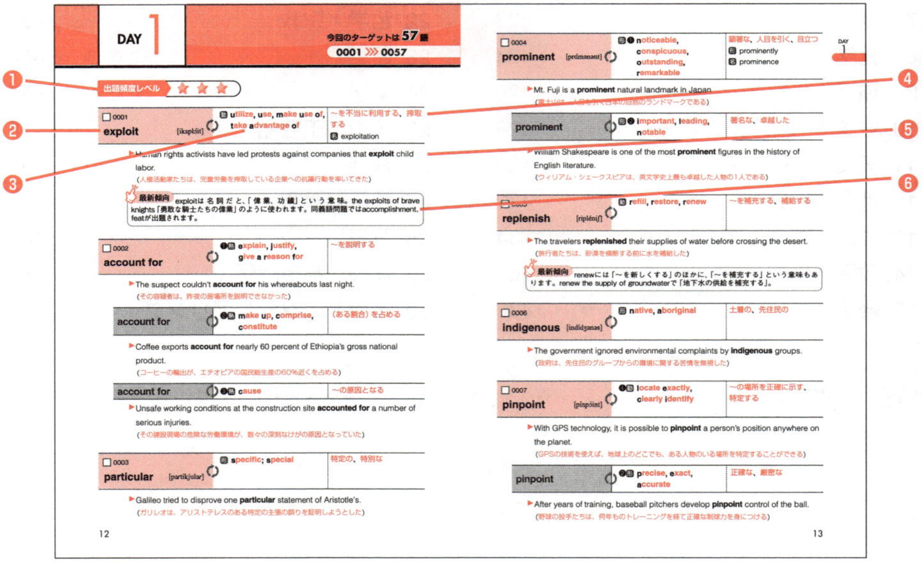

❶…**3段階の出題頻度レベル**　星の数が多いほど、よくでることを表しています。
❷…**見出し語**　実際にテストに出た単語、15年間の分析で今後出題されることが予想されるものを選んでいます。
❸…**同義語**　付属の赤シートで隠して、ドリルのように答えながら覚えていきましょう。
❹…**日本語訳**　代表的な意味のほか、出題されたことのある派生語も紹介しています。日本語訳も赤シートで隠すことができます。
❺…**例文**　実際のテストに出るようなリアルな例文で、見出し語の用法を確認することができます。
❻…**最新傾向**　テストの核心をついた、最新の出題ポイントをまとめています。見出し語の補足説明や紛らわしい語彙の整理など、スコアに直結するヒントが満載です。

●Chapter 2 テーマ別単語

毎回30語ずつ、全30回で**【900語以上】**の語彙を学習します。各回ひとつのテーマを詳しく取り上げることで、アカデミックな語彙とともに、その分野の背景知識（スキーマ）も身につけることができます。

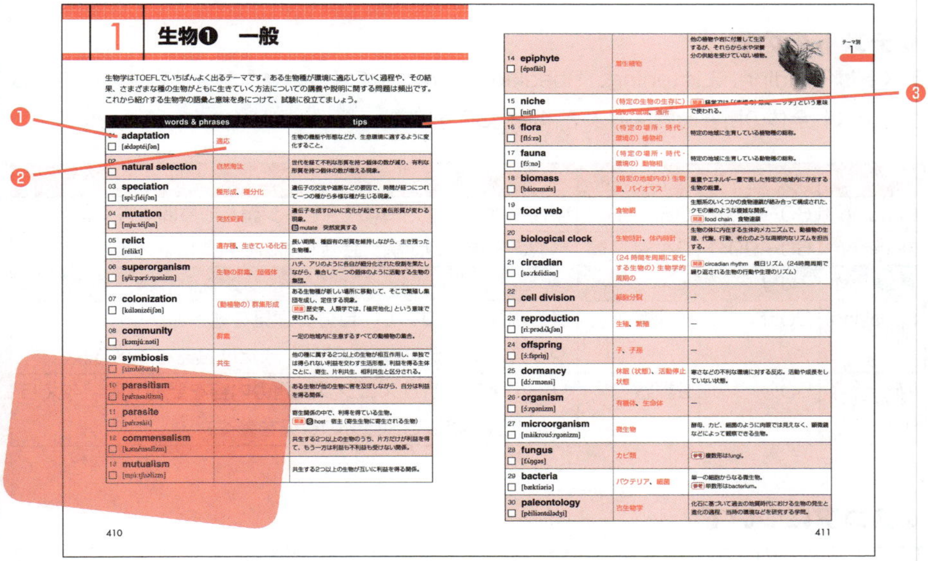

❶…**見出し語**
❷…**日本語訳**
❸…**tips** 訳だけでは意味が取りづらい専門的な用語、関連表現、一般的な使われ方などを解説しています。

■ アイコンについて

名 名詞　動 動詞　形 形容詞　副 副詞　前 前置詞（句）
接 接続詞　熟 熟語表現

■ クイズ・テストについて

各DAY最後の “Quiz”、また、5の倍数のDAYの最後には “Review TEST” があります。どちらも正解を赤シートで隠すことができます。復習にぜひお役立てください。

TOEFL iBT®の基礎知識

●TOEFL iBTテストとは？

インターネット形式で実施されるTOEFL iBTテストは、大学レベルの英語の使用・理解する能力を測定します。さらに、listening、reading、speaking、writingの各スキルを組み合わせて、学術的な課題を遂行する能力も評価します。世界約130カ国の9,000以上の大学や教育機関などでTOEFLのスコアは活用されています。

●テストの内容

テストはReading、Listening、Speaking、Writingの4つのセクションで構成されており、テスト全体の所要時間はおよそ4時間30分です。

	時間	問題数	問題内容
Reading	60～80分	36～56問	学術的な文章を3～4パッセージ読んで質問に答える
Listening	60～90分	34～51問	講義、授業中の討論、会話を聞いて質問に答える
休憩	10分	—	—
Speaking	20分	6課題	身近な話題について、自分の意見を述べる。リーディングやリスニング課題の内容要約、または意見を述べる。
Writing	50分	2課題	リーディングやリスニング課題の内容を要約する。与えられた課題に関して、自分の意見を書く。

●スコアについて

TOEFLテストのスコアは合格・不合格ではなく、個々の教育機関によってそれぞれ必要とされるスコアが設定されています。スコアは受験日から2年間有効で、受験回数についての制限はありません。なお、2014年の日本人の平均スコアは70点で、アジア諸国での順位は27位となっています。

セクション別スコア

セクション	スコア
Reading	0～30
Listening	0～30
Speaking	0～30
Writing	0～30
総合スコア	0～120

留学先で求められるスコアの目安

一般大学	61～80
難関大学・大学院	80～100
難関大学院	100～110

受験ガイダンス

●申込方法

1. オンラインによる申し込み

ETSのサイト（https://www.ets.org/jp/toefl/ibt/register/）から、24時間いつでも申し込みが可能です。個人アカウントの作成が必要で、受験料はクレジットカード、デビットカード、PayPalなどで支払います。

2. 電話による申し込み

ETSのサイト（https://www.ets.org/toefl/contact）からご自身の地域を選び、Regional Registration Center（地区登録センター）に電話をします。支払方法は、オンラインによる申し込みと同じです。

3. 郵送による申し込み

ETSのサイト（https://www.ets.org/s/toefl/pdf/iBT_reg_form.pdf）から登録フォームをダウンロード、必要事項を記入した上で受験料とともにRegional Registration Centerに郵送します。支払方法はクレジットカードのみです。

●受験料

いずれの方法で申し込んでも、受験料は$235です。ただし、テスト日の7日前を過ぎてからオンラインで申し込むと、$275かかります。

●テスト日と会場

毎月2～5回、土曜か日曜日に実施されています。なお、日本全国に90ほどのテスト会場が設置されていますが、全会場で全日程のテストが実施されるとは限らないので、ご注意ください。

●お問い合わせ先

本書の情報は2017年12月現在のものです。最新情報については、ETSのサイト（https://www.ets.org/jp/toefl）をご確認ください。

受験申込やテスト日・会場変更、受験キャンセルについてのお問い合わせ先

■ TOEFL iBT® Regional Registration Center（RRC）

プロメトリック株式会社　RRC予約センター

TEL：03-6204-9830（9:00～18:00　土日祝日、年末年始休）

郵送：〒101-0062 東京都千代田区神田駿河台4-6　御茶ノ水ソラシティ　アカデミア5F

URL：http://www.prometric-jp.com

オンライン特典について（無料音声）

本書では次の音声を無料で提供しています。

①DAY 1～30の【見出し語のみ】の音声

②DAY 1～30の【見出し語→訳→同義語→例文（英語）】の音声

③テーマ別単語1～30の【見出し語のみ】の音声

本書の音声は、パソコンとスマートフォンのどちらでもご利用いただけます。ダウンロードは、アスク出版のサイトと、オーディオ配信サービスaudiobook.jpより行えます。

❶スマホでお聞きになりたい方

https://audiobook.jp/exchange/ask-books

スマートフォン（iPhone、Android）をご利用の方は、事前にaudiobook.jpのアプリをダウンロードしていただく必要があります。音声ファイルの詳しいダウンロード方法については、上記サイトをご参照ください。QRコードからもアクセスできます。

❷パソコンでお聞きになりたい方

https://www.ask-books.com/support/

上記サイトにアクセスいただき、ページ上部の検索ボックスから、本書『TOEFL®テスト　でる単5000』を検索します。《詳細を見る》を選ぶと、《サポート情報》のところに《音声のダウンロードができます。》とあるので、ここをクリックすれば音声ファイルをダウンロードすることができます。

なお、音声をダウンロードされる場合は、シリアルコード「90611」が必要となります。

Chapter 1

頻出単語

TOEFL iBT®テストの最新出題傾向を徹底的に分析し、この15年間に実際に試験で出題された単語を30日間で学習できるように構成しました。各DAYの中では出題頻度順に3つのレベルに分けて、重要な単語から暗記できるようなっています。また、5 DAYごとに、TOEFLの問題文にそっくりな英文を使った同義語テストを収録、実戦感覚を養うことができます。

DAY 1

今回のターゲットは 57 語
0001 >>> 0057

出題頻度レベル ★★★

□ 0001 **exploit** [iksplɔ́it]	動 utilize, use, make use of, take advantage of	～を不当に利用する、搾取する 名 exploitation

▶Human rights activists have led protests against companies that **exploit** child labor.
（人権活動家たちは、児童労働を搾取している企業への抗議行動を率いてきた）

最新傾向 exploitは名詞だと、「偉業、功績」という意味。the exploits of brave knights「勇敢な騎士たちの偉業」のように使われます。同義語問題ではaccomplishment、featが出題されます。

□ 0002 **account for**	❶熟 explain, justify, give a reason for	～を説明する

▶The suspect couldn't **account for** his whereabouts last night.
（その容疑者は、昨夜の居場所を説明できなかった）

account for	❷熟 make up, comprise, constitute	（ある割合）を占める

▶Coffee exports **account for** nearly 60 percent of Ethiopia's gross national product.
（コーヒーの輸出が、エチオピアの国民総生産の60%近くを占める）

account for	❸熟 cause	～の原因となる

▶Unsafe working conditions at the construction site **accounted for** a number of serious injuries.
（その建設現場の危険な労働環境が、数々の深刻なけがの原因となっていた）

□ 0003 **particular** [pərtíkjulər]	形 specific; special	特定の；特別な

▶Galileo tried to disprove one **particular** statement of Aristotle's.
（ガリレオは、アリストテレスのある特定の主張の誤りを証明しようとした）

□ 0004 **prominent** [prámənənt]	形❶ **noticeable, conspicuous, outstanding, remarkable**	顕著な、人目を引く、目立つ 形 prominently 名 prominence

▶ Mt. Fuji is a **prominent** natural landmark in Japan.
（富士山は、人目を引く日本の自然のランドマークである）

prominent	形❷ **important, leading, notable**	著名な、卓越した

▶ William Shakespeare is one of the most **prominent** figures in the history of English literature.
（ウィリアム・シェークスピアは、英文学史上最も卓越した人物の1人である）

□ 0005 **replenish** [ripléniʃ]	動 **refill, restore, renew**	～を補充する、補給する

▶ The travelers **replenished** their supplies of water before crossing the desert.
（旅行者たちは、砂漠を横断する前に水を補給した）

最新傾向 renewには「～を新しくする」のほかに、「～を補充する」という意味もあります。renew the supply of groundwaterで「地下水の供給を補充する」。

□ 0006 **indigenous** [indídʒənəs]	形 **native, aboriginal**	土着の、先住民の

▶ The government ignored environmental complaints by **indigenous** groups.
（政府は、先住民のグループからの環境に関する苦情を無視した）

□ 0007 **pinpoint** [pínpɔ̀int]	❶動 **locate exactly, clearly identify**	～の場所を正確に示す、特定する

▶ With GPS technology, it is possible to **pinpoint** a person's position anywhere on the planet.
（GPSの技術を使えば、地球上のどこでも、ある人物のいる場所を特定することができる）

pinpoint	❷形 **precise, exact, accurate**	正確な、厳密な

▶ After years of training, baseball pitchers develop **pinpoint** control of the ball.
（野球の投手たちは、何年ものトレーニングを経て正確な制球力を身につける）

□ 0008 **annihilate** [ənáiəlèit]	動 **destroy, completely remove, exterminate**	～を滅ぼす、全滅させる、根絶する

▶ An asteroid impact 65.5 million years ago nearly **annihilated** all living things on the planet.
(6550万年前の小惑星の衝突は、地球上のすべての生物をほとんど全滅させた)

□ 0009 **conversely** [kənvə́ːrsli]	副 **on the other hand, contrarily**	反対に、逆に 形 converse

▶ Texting is growing more popular as a form of communication, while, **conversely**, phone calls are becoming less common.
(携帯メールはコミュニケーションの形態としてますます普及してきているが、反対に電話は一般的でなくなってきている)

□ 0010 **investigate** [invéstəgèit]	動 **examine, inquire into, look into**	～を捜査する、(詳細に)調査する

▶ The police will **investigate** the crime scene after they interview the witnesses.
(警察は目撃者に聞き取りをしたあと、事件現場の捜査を行う)

最新傾向 investigateと発音が似ているinstigateは「～を引き起こす(cause、provoke)」という意味。試験で間違わないように注意しましょう。

□ 0011 **assure** [əʃúər]	動 **convince, persuade, satisfy; guarantee**	～に請け合う、確信させる;保証する

▶ The lawyer **assured** Tim that all his rights would be respected.
(弁護士はティムに彼の権利がすべて尊重されると請け合った)

□ 0012 **entire** [intáiər]	形 **whole, total, complete**	全体の、完全な 副 entirely

▶ Fire destroyed the **entire** factory, but the owner plans to rebuild it.
(火災で工場全体が焼け落ちたが、その所有者は建て直す予定だ)

□ 0013 **compensate for**	❶熟 **make up for, atone for, make amends for**	～を埋め合わせる、償う

▶ The chemical company was ordered to pay millions of dollars to **compensate for** polluting the river.
（その化学薬品会社は、川を汚染した代償として数百万ドルを支払うよう命じられた）

compensate for	❷熟 **balance, offset**	～を相殺する、補う

▶ The manager **compensated for** the unfair distribution of duties by assigning more work to certain staff.
（部長は、特定のスタッフの仕事の割り当てを増やすことで、業務の不平等な配分を補正した）

□ 0014 **postulate** [pɑ́stʃulèit]	動 **hypothesize, suppose; claim, propose**	～を（自明なこととして）仮定する、前提とする；～を主張する

▶ Isaac Newton **postulated** that gravity pulls objects toward the Earth.
（アイザック・ニュートンは、引力が物体を地球に引きつけていると主張した）

□ 0015 **magnify** [mǽgnəfài]	動 **enlarge, increase, amplify, intensify**	～を拡大する

▶ Microscopes are used to **magnify** objects that are not visible to the naked eye.
（顕微鏡は、肉眼では見ることのできない物体を拡大するために使われる）

□ 0016 **afford** [əfɔ́:rd]	動 **give, offer, provide, grant**	～を提供する

▶ George's high marks in high school **afforded** him many opportunities to enter a good university.
（ジョージの高校での優秀な成績は、彼によい大学へ進む多くの機会をもたらした）

最新傾向 affordの形容詞形 affordableは、「(価格などが) 適切な」という意味。同義語のmoderate、budgetも出題されるので一緒に覚えておきましょう。

□ 0017 **conclusive** [kənklúːsiv]	形 **definitive, final, enough to settle the issue, clear**	決定的な、結論的な、最終的な 動 conclude 副 conclusively

►The experiment failed to provide any **conclusive** evidence of the theory's validity.
（その実験は、その理論の妥当性を示す決定的な証拠を与えることはできなかった）

出題頻度レベル ★★★

□ 0018 **unsophisticated** [ʌnsəfístəkèitid]	形 **simple, uncomplicated, not complex**	単純な、精巧でない

►The inventor used **unsophisticated** technology in his flying machine, and it crashed soon after takeoff.
（その発明家は飛行機に単純な技術を用い、それは離陸後すぐに墜落した）

□ 0019 **justified** [dʒʌ́stəfàid]	形 **right, legitimate, just, reasonable**	理にかなった、正当な

►The CEO felt **justified** in firing the dishonest employee.
（CEOは、その不誠実な社員を解雇しても仕方ないと思った）

□ 0020 **deliberate** [dilíbərət]	❶形 **intentional, designed, planned**	故意の、意図的な、計画的な 副 deliberately

►The film's action scenes were **deliberate** attempts to grab the attention of a specific audience.
（その映画のアクションシーンは、特定の観客の注目を集めようという意図的な試みだった）

deliberate	❷形 **careful, cautious, thoughtful**	注意深い、よく考えられた

►The parliament reduced funding for many programs in a **deliberate** effort to cut the deficit.
（議会は、赤字削減のために慎重に取り組み、多くの計画への資金提供を減額した）

□ 0021 **depend on**	熟 **rely on, count on**	～に頼る、～を当てにする

▶ Baby dolphins **depend on** their mothers to feed and protect them.
（イルカの赤ちゃんは、食べ物を与えてもらい、身を守ってもらうことを母親に頼っている）

□ 0022 **substantiate** [səbstǽnʃièit]	動 **confirm, prove, authenticate, verify**	～を立証する、実証する

▶ Robert Peary was unable to **substantiate** that he had reached the North Pole in 1909.
（ロバート・ピアリーは、1909年に北極に到達したことを立証することができなかった）

□ 0023 **successively** [səksésivli]	副 **one after another, sequentially**	連続して 形 successive 名 succession

▶ The magazine editor spoke with each applicant **successively** to discuss their qualifications for the job.
（その雑誌編集者は、仕事への適性を検討するために、各応募者と相次いで話をした）

□ 0024 **pervasive** [pərvéisiv]	形 **widespread, prevalent**	広範囲にわたる、まん延する

▶ It is often argued that the **pervasive** influence of television on today's youth is harming society.
（テレビが今日の若者に与えている広範な影響は、しばしば社会をむしばんでいると言われる）

□ 0025 **strenuous** [strénjuəs]	形 **intense, arduous, laborious**	たいへんな努力を要する、激しい

▶ Gina's muscles were very sore after her **strenuous** workout at the gym.
（ジーナはジムで激しい運動をしたあと、ひどい筋肉痛になった）

□ 0026 **sleek** [sli:k]	形 **smooth, silky**	つやつやした、なめらかな

▶ Octopuses usually have **sleek** skin, but it can become rough or bumpy when frightened.
(タコの皮膚はふだんはなめらかだが、恐怖を感じると、がさがさになったりでこぼこになったりすることもある)

□ 0027 **invoke** [invóuk]	動 **call upon, pray to, conjure**	～に嘆願する、～を祈願する

▶ The Aztecs sometimes **invoked** their gods to bring a good harvest.
(アステカ族は時に、神々に豊作をもたらしてくれるよう祈った)

最新傾向 invokeはinvoke the law「法を適用する」のように、「(規則などを) 適用する」という意味でも使われます。同義語問題ではapply、implementが出題されます。

□ 0028 **impressive** [imprésiv]	形 **striking, remarkable**	印象的な、見事な 名 impression

▶ This fourth of July, the city of Boston gave an **impressive** fireworks show that lasted almost four hours.
(今年の7月4日、ボストン市は4時間近くにわたる見事な花火大会を催した)

□ 0029 **conjunction** [kəndʒʌ́ŋkʃən]	名 **combination, union**	連結、結合

▶ The abundant sea life near South Africa is due to the **conjunction** of two major ocean currents.
(南アフリカ付近に海の生物が豊富なのは、2つの大きな海流が合流しているためだ)

□ 0030 **astoundingly** [əstáundiŋli]	副 **incredibly**, **surprisingly**, **shockingly**, **astonishingly**	驚異的に、びっくりするほど 形 astounding

▶ The fall colors in the mountains are **astoundingly** beautiful.
（その山々の秋の彩りは驚くほど美しい）

□ 0031 **aftermath** [ǽftərmæ̀θ]	名 **result**, **outcome**, **consequence**, **aftereffect**	（戦争や災害などの）影響、余波、後遺症

▶ Many nations provided aid to Thailand in response to the **aftermath** of the tsunami.
（多くの国々が、津波がもたらした余波を受けてタイに支援を行った）

□ 0032 **promptly** [prάmptli]	副 **quickly**, **instantly**, **straightaway**	即座に、直ちに、迅速に 動 prompt

▶ With modern shipping methods, people are able to receive packages **promptly** after placing an order.
（現代の配送手段により、人々は注文後すぐに荷物を受け取ることができる）

□ 0033 **subdue** [səbdjú:]	動 **defeat**, **conquer**, **vanquish**	～を征服する、制圧する

▶ In 530 AD, Roman forces **subdued** the Persian army in Mesopotamia.
（紀元530年、ローマ軍はメソポタミアにおいてペルシア軍を制圧した）

□ 0034 **extant** [ékstənt]	形 **surviving**, **in existence**, **existing**, **living**, **remaining**	現存している

▶ The oldest **extant** painting of an American city is a portrait of Philadelphia in 1720.
（アメリカの都市を描いた現存する最古の絵画は、1720年のフィラデルフィアを描いたものだ）

最新傾向 extantとスペリングも発音も似ているextentは、「範囲（range、scope）」という意味。混同しないように注意しましょう。

0035
sedentary [sédntèri]

形 stationary; settled

動かない、（仕事などを）座って行う

▶ Rosa's obesity is partly due to her **sedentary** occupation.
（ローザの肥満の原因は、一つには座ってばかりいる彼女の仕事にある）

0036
eliminate [ilímənèit]

動 get rid of, remove, discard

～を取り除く、除去する

▶ The government **eliminated** funds for day care centers.
（政府はデイケアセンターのための資金を撤廃した）

0037
perfect [pərfékt]

動 refine, improve, develop

～を仕上げる、（不足や欠点を補って）完全なものにする

▶ Before moving to China, Greg wants to **perfect** his Chinese skills.
（グレッグは中国に引っ越す前に、中国語のスキルを完全なものにしておきたいと思っている）

0038
genuine [dʒénjuin]

形 true, real, authentic

真正の、本物の

▶ Janet always keeps a **genuine** copy of the business contract in her files.
（ジャネットは以前から、業務契約書の原本をファイルに保管している）

最新傾向 genuineには「誠実な」という意味もあります。a genuine person「誠実な人」。同義語問題ではsincere、earnestが出題されます。

0039
dominant [dámənənt]

形 prevailing, prominent, supreme, chief, ruling

支配的な、優勢な

▶ The **dominant** theory in healthcare is that obesity is caused by lifestyle choices.
（保健医療において支配的な説は、肥満は生活習慣の選択によって引き起こされるというものだ）

□ 0040 **unrivaled** [ʌnráivəld]	形 **unequaled, unparalleled, matchless, peerless**	匹敵するものがない、比類ない

▶ The skill of Renaissance painters is **unrivaled** even today.
(ルネッサンス期の画家たちの技能は、今日においてもなお比類なきものだ)

□ 0041 **paradox** [pǽrədɑ̀ks]	名 **contradiction, absurdity**	逆説、矛盾 形 paradoxical 副 paradoxically

▶ Despite being a **paradox**, the saying "one must be cruel to be kind" is true in many situations.
(逆説的だが、「親切であるためには残酷でなければならない」ということわざは、多くの場合真実である)

□ 0042 **neglect** [niglékt]	動❶ **ignore, disregard**	～を無視する、軽視する

▶ Because the sailor **neglected** the weather warnings, he put himself in danger.
(その船員は、気象警報を無視したために危険な目にあった)

neglect	動❷ **fail, forget**	～を怠る、忘れる

▶ The tiger escaped when one of the zoo workers **neglected** to lock its cage.
(トラは動物園の職員の1人が檻に鍵をかけ忘れたときに脱走した)

□ 0043 **recall** [rikɔ́:l]	動 **remember, recollect**	～を思い出す、回想する

▶ Many famous writers have kept diaries to help them **recall** the past.
(多くの有名な作家が、過去のことを思い出す助けにするために日記をつけていた)

□ 0044 **ascend** [əsénd]	動 rise, climb, mount, go up	上昇する

▶ A few moments after the plane made a smooth departure, it swiftly **ascended** into the clouds.
(飛行機はスムーズに離陸してしばらくすると、雲の中へと急上昇していった)

最新傾向 ascendの形容詞形 ascendantには「上昇する」のほかに、「優勢な」という意味があります。同義語問題ではdominant、prevailingが出題されます。

□ 0045 **solid** [sálid]	形 substantial, fixed, sturdy, robust	頑丈な、確固とした

▶ The case remained unsolved because there was a lack of **solid** evidence.
(その事件には確固とした証拠がないので、未解決のままだった)

出題頻度レベル ★☆☆

□ 0046 **contour** [kántuər]	名 outline	輪郭

▶ The **contours** of the Atlantic coast are very irregular.
(大西洋岸の海岸線はとても不規則だ)

□ 0047 **inhabit** [inhǽbit]	動 live in, occupy, dwell in	～に住む、居住する

▶ The first people to **inhabit** Cuba were the Ciboney, a friendly tribe related to the Arawak.
(キューバに最初に住むようになった人々は、アラワク族に血縁のあるシボネイ族という友好的な部族だった)

□ 0048 **irrevocably** [irévəkəbli]	副 permanently, irreversibly, irretrievably	取り返しがつかないほど、変更できないほど 形 irrevocable

▶ During World War II, many historical buildings in London were **irrevocably** damaged.
(第二次世界大戦中、ロンドンの多くの歴史的建造物が取り返しがつかないほど損傷を受けた)

□ 0049 **superficially** [sù:pərfíʃəli]	副 **apparently, not deeply, externally, on the surface**	一見、表面的に 形 superficial

▶ The team-building workshop was **superficially** a success, but in reality, the office workers still had low morale.
（チーム育成のセミナーは表面的には成功だったが、実際には職員たちの士気は低いままだった）

□ 0050 **stunted** [stʌ́ntid]	形 **underdeveloped, hindered, hampered**	成長不良の、発育不全の

▶ The **stunted** trees had grown to barely three feet high.
（成長不良の木々は、わずか3フィートの高さまでしか成長しなかった）

□ 0051 **malleable** [mǽliəbl]	形 **flexible**	（金属などが）打ち延ばしできる、可鍛性の

▶ When heated to high temperatures, iron and steel become **malleable**.
（鉄鋼は、高温に熱されると打ち延ばしできるようになる）

□ 0052 **mean** [mi:n]	❶動 **signify, express, indicate**	～を意味する

▶ Harold's remark **meant** that he would retire from his position at the agency soon.
（ハロルドの発言は、彼がもうすぐその代理店での職を退くことを意味していた）

mean	❷名 **average**	平均

▶ Household incomes in the US vary, but the **mean** was around $60,000 in 2004.
（アメリカの世帯収入には開きがあるが、2004年、その平均は6万ドル前後だった）

最新傾向 meanは動詞や名詞だけでなく、形容詞としても使われます。意味は「卑劣な」。the man's mean behavior「その男の卑劣な行動」。同義語問題ではcontemptible、despicableが出題されるので一緒に覚えておきましょう。

□ 0053
exclude [ikisklú:d]

動 keep out, leave out

〜を除外する、排除する
形 exclusive
副 exclusively

▶ It's possible to set up the online forum to allow some people to join and to **exclude** others.
（一部の人たちを参加できるようにし、ほかの人たちを排除するようなオンラインフォーラムを開設することは可能だ）

□ 0054
mature [mətʃúər]

動 get older, grow up, age

熟す、成長する

▶ As people **mature**, their personalities and interests often change.
（人は成長するにつれて、しばしば性格や関心が変わる）

□ 0055
pillar [pílər]

名 column, post

柱

▶ Classical Roman architecture featured several outdoor **pillars** surrounding a building.
（古代ローマ建築の特徴は、建物のまわりにある屋外の複数の柱だった）

□ 0056
encroachment [inkróutʃmənt]

名 (gradual) invasion, intrusion

侵略、侵犯、浸食
動 encroach

▶ The **encroachment** of genetically modified organisms into the food supply worries many consumers.
（遺伝子組み換え作物の食品への侵入は、多くの消費者を心配させている）

□ 0057
no wonder

熟 unsurprisingly, unsurprising

驚くに値しない、不思議ではない

▶ Over eight million people live in New York City, so **no wonder** it is crowded.
（ニューヨーク市には800万人以上が住んでいるので、混雑していても不思議ではない）

QUIZ

次の1〜10の同義語をⓐ〜ⓙから選びましょう。

1. exploit（　　）
2. indigenous（　　）
3. pervasive（　　）
4. promptly（　　）
5. conversely（　　）
6. afford（　　）
7. assure（　　）
8. superficially（　　）
9. mature（　　）
10. invoke（　　）

ⓐ call upon, pray to, conjure
ⓑ get older, grow up, age
ⓒ utilize, use, make use of
ⓓ quickly, instantly, straightaway
ⓔ convince, persuade, satisfy
ⓕ on the other hand, contrarily
ⓖ apparently, not deeply, externally
ⓗ widespread, prevalent
ⓘ native, aboriginal
ⓙ give, offer, provide

1.ⓒ **2.**ⓘ **3.**ⓗ **4.**ⓓ **5.**ⓕ **6.**ⓙ **7.**ⓔ **8.**ⓖ **9.**ⓑ **10.**ⓐ

DAY 2

今回のターゲットは **56** 語

0058 ≫ 0113

出題頻度レベル ★★★

☐ 0058 **virtually** [vә́:rtʃuәli]	副 in effect, essentially; almost, nearly, almost totally	事実上、実質的に 形 virtual

▶Jane's decision to resign was **virtually** an admission of guilt.
（辞職するというジェーンの決断は、事実上、罪を認めるものだった）

☐ 0059 **unprecedented** [ʌnprésәdèntid]	形 unlike anything in the past, unique; novel, new	前例のない

▶To receive a patent, an invention's design and purpose must be **unprecedented**.
（特許を取得するには、発明の設計と目的が前例のないものでなければならない）

☐ 0060 **grow accustomed to**	熟 become used to, become familiar with	～に慣れてくる

▶While living in Seoul, Tom **grew accustomed to** traffic jams.
（トムはソウルで暮らすうちに交通渋滞に慣れてきた）

☐ 0061 **intrigue** [intrí:g]	動 interest, fascinate, attract	～の興味を引く、好奇心をそそる

▶The discovery of a new planet that is similar to the Earth **intrigued** scientists.
（地球に似た新しい惑星の発見は、科学者たちの興味をかき立てた）

最新傾向 intrigueはintrigue with Susie against Tom「スージーと一緒にトムへの陰謀を企てる」のように、「陰謀を企てる」という意味でも使われます。同義語問題ではplot、conspireが出題されます。

☐ 0062 **implausible** [implɔ́:zәbl]	形 unlikely, unbelievable, improbable	信じがたい、本当らしくない

▶As **implausible** as it seems, a snake and a hamster in a Tokyo zoo have become friends.
(信じがたく思われるが、東京のある動物園ではヘビとハムスターが仲よしになった)

□ 0063 **decline** [dikláin]	❶名 **weakening, decay**	減退、衰退

▶The **decline** of the Roman Empire began in the 4th century.
(ローマ帝国の衰退は4世紀に始まった)

decline	❷動 **decrease, lessen, fall**	減少する、低下する

▶The singer's popularity has been **declining** since the scandal.
(その歌手の人気は、スキャンダル以降低下している)

decline	❸動 **refuse, reject**	～を断る

▶Daniel **declined** to go to the movie theater with Lisa despite her repeated invitations.
(リサのたび重なる誘いにもかかわらず、ダニエルは彼女と映画へ行くことを断った)

□ 0064 **contemporary** [kəntémpərèri]	❶形 **modern, present-day, current**	現代の

▶The Internet is an essential tool for doing business in **contemporary** society.
(インターネットは現代社会でビジネスをするうえでの欠かせないツールだ)

contemporary	❷形 **coexisting, concurrent**	同時代の、同時期に起こる

▶Van Gogh and Gauguin were **contemporary** artists and good friends.
(ヴァン・ゴッホとゴーギャンは同じ時代に生きた芸術家であり、よき友人だった)

□ 0065 **allocate** [ǽləkèit]	動 **distribute, allot; designate, earmark**	～を割り当てる、割り振る 名 allocation

▶The plan **allocates** $24 million to City Opera for a new theater downtown.
(その計画は、中心街の新しい劇場のために、シティ・オペラに2400万ドルを割り当てている)

最新傾向 allocateと一緒に、次の単語を区別して覚えておきましょう。
・relocate　～を移動させる
・mislocate　～の位置の特定を誤る

☐ 0066 **drastically** [drǽstikəli]	副 **severely, strikingly, extremely**	大幅に、徹底的に、急激に

▶The National Weather Service issued a warning when the weather changed **drastically**.
(天候が急激に変わり、国立気象局は警報を出した)

☐ 0067 **heterogeneous** [hètərədʒí:niəs]	形 **varied, assorted, mixed**	異質な、異成分から成る

▶English includes words from a **heterogeneous** collection of other languages.
(英語には、ほかの雑多な言語群に由来する語が含まれている)

☐ 0068 **conspicuous** [kənspíkjuəs]	形 **(very) noticeable, clearly visible, prominent, obvious**	人目を引く、顕著な

▶Sharon's addiction to alcohol became **conspicuous** as she lost control of her drinking habit.
(シャロンのアルコール中毒は、彼女が飲酒の習慣をコントロールできなくなるにつれて明白になった)

☐ 0069 **prolific** [prəlífik]	形 **fertile, fruitful, productive; abundant**	多作の、多産の

▶Rabbits are **prolific** breeders, with females able to produce hundreds of babies.
(ウサギは多産な動物で、メスは数百羽もの子どもを産むことができる)

☐ 0070 **fluctuation** [flʌ̀ktʃuéiʃən]	名 **change, variation, variance**	変動 動 fluctuate

▶Even minor temperature **fluctuations** can be dangerous to tropical fish.
(わずかな温度の変動でさえ、熱帯魚には危険になりうる)

☐ 0071 **encourage** [inkə́:ridʒ]	❶動 **promote, prompt, motivate**	～を促す、促進する

▶Many studies show that exercise **encourages** the growth of new brain cells.
（運動が新しい脳細胞の成長を促進するということを多くの研究が示している）

encourage	❷動 **cheer up, hearten**	〜を励ます、勇気づける

▶The patients at the hospital were **encouraged** by the movie star's visit.
（その病院の患者たちは、映画スターの訪問に励まされた）

□ 0072 **abrupt** [əbrʌ́pt]	形 **sudden, sharp, unexpected**	突然の、不意の 副 abruptly

▶The airbag was wrongly released when the car made an **abrupt** stop.
（車が急停止すると、エアバッグが誤作動して開いた）

最新傾向 abruptにはan abrupt manner「ぶっきらぼうな態度」のように、「ぶっきらぼうな」という意味もあります。同義語問題ではblunt、curtが出題されるので一緒に覚えておきましょう。

□ 0073 **evaluate** [ivǽljuèit]	動 **judge, assess, gauge, appraise**	〜を評価する、査定する

▶Judges use several criteria to **evaluate** Olympic gymnasts' performances.
（審判員は、オリンピックの体操選手の演技を採点するのに複数の基準を使っている）

□ 0074 **comprehensive** [kɑ̀mprihénsiv]	形 **thorough, complete, exhaustive**	包括的な、広範囲の

▶Before entering a foreign market, firms conduct a **comprehensive** study of the country.
（外国の市場に参入する前に、企業はその国について包括的な調査を行う）

出題頻度レベル ★★★

□ 0075 **engrave** [ingréiv]	動 **carve, incise, etch**	〜を刻む

▶Julie can **engrave** designs in all kinds of materials, such as wood, leather, and metal.
（ジュリーは、木材や革、金属といったあらゆる種類の素材に図案を彫ることができる）

☐ 0076

slight [slait]

形 minor, small, trivial; mild　わずかな

副 slightly

▶ A proofreader will often make **slight** changes to the final draft of a novel.

（校正者は小説の最終稿にわずかな変更を加えることが多い）

☐ 0077

monotonous [mənátənəs]

形 unvaried; boring, tedious, dull　単調な、退屈な、変化のない

▶ Eric quit his job on the assembly line because his tasks were so **monotonous**.

（業務がとても単調だったので、エリックは組立ラインの仕事を辞めた）

☐ 0078

regard [rigɑ́:rd]

❶動 consider, think of, see　～を見なす、考える

▶ Despite the depth and complexity of comic books, some people **regard** them as childish.

（その奥深さと複雑さにもかかわらず、漫画を幼稚だと考える人もいる）

regard

❷名 attention, notice　注意、配慮

▶ The professor gave little **regard** to student concerns about the exam's being too difficult.

（その教授は、試験が難しすぎるという学生の懸念をほとんど気に留めなかった）

最新傾向 ～ing形のregardingは「～について」という意味の前置詞。同義語問題ではconcerning、with respect toが出題されます。

☐ 0079

obsession with

熟 fixation on, preoccupation with　～への執着

▶ Some teenagers have an **obsession with** the Internet and social media.

（インターネットとソーシャルメディアに取りつかれている10代の若者もいる）

最新傾向 obsessionの動詞形obsessは「（妄想などが）取りつく」という意味。同義語問題ではpreoccupy、possessが出題されます。

□ 0080 **optimize** [ɑ́ptəmàiz]	動 make the best use of	～を最大限に利用する

▶ The international community should **optimize** the use of non-renewable fossil fuel resources.
（国際社会は、再生可能でない化石燃料の資源を最大限に有効活用するべきだ）

□ 0081 **supplant** [səplǽnt]	動 replace, substitute, displace, supersede	～に取って代わる

▶ 3D printers are expected to **supplant** traditional manufacturing methods.
（3Dプリンターは、従来の製造方法に取って代わるだろうと予想されている）

□ 0082 **colossal** [kəlɑ́səl]	形 enormous, monstrous, gigantic	巨大な、莫大な

▶ The government paid a **colossal** sum for accidents regardless of the cause.
（政府は事故に対し、原因に関係なく莫大な金額を支払った）

□ 0083 **diffuse** [difjú:z]	動 spread, distribute, scatter	～を広める、拡散させる

▶ The stove **diffused** its warmth all over the house.
（そのストーブは家中に温かさを行き渡らせた）

□ 0084 **mechanics** [məkǽniks]	名 procedure	手順

▶ In the course, students will learn about the **mechanics** of good writing.
（そのコースでは、学生はよい文章を書く手法について学ぶ）

□ 0085 **susceptible to**	熟 likely to get, vulnerable to, prone to	～の影響を受けやすい、～にかかりやすい

▶ Thanks to her healthy immune system, Mrs. Ferguson was not **susceptible to** the flu.
（健全な免疫系のおかげで、ファーガソンさんはインフルエンザにかかりにくかった）

☐ 0086
emanate [émənèit]

動 **e**merge, **s**pring, **o**riginate

発する、出てくる

▶ When an unpleasant odor **emanates** from a pipe, it could indicate a gas leak.
（管から不快な臭いが発するとき、それはガス漏れを示している可能性がある）

最新傾向 emanateの名詞形emanationは「発散」という意味。同義語問題ではemission、dischargeが出題されるので、一緒に覚えておきましょう。

☐ 0087
conventionally [kənvénʃənəli]

副 **c**ustomarily, **t**raditionally

慣例で、慣習的に
形 conventional
名 convention

▶ Americans **conventionally** have a three-day break from work and school on Thanksgiving.
（アメリカ人は慣習的に、感謝祭には仕事や学校を3日間休む）

☐ 0088
expansive [ikspǽnsiv]

形 **l**arge, **b**road, **w**ide, **e**xtensive

広大な、広範囲の
動 expand
名 expansion

▶ The **expansive** lawns in Central Park are popular among visitors.
（セントラルパークの広大な芝生は来園者に人気がある）

☐ 0089
sporadically [spərǽdikəli]

副 **o**ccasionally, **a**t **i**ntervals, **i**nfrequently

時々、散発的に
形 sporadic

▶ The Sun **sporadically** emits bursts of energy known as solar storms.
（太陽は、太陽嵐として知られる爆発によるエネルギーを散発的に放出する）

☐ 0090
comparative [kəmpǽrətiv]

形 **r**elative

相対的な、比較の

▶ Next to economy-class passengers, those seated in the business-class section travel in **comparative** comfort.
（エコノミークラスの旅客と比べると、ビジネスクラスの座席に座っている人々の旅行は比較的快適だ）

□ 0091 **stamp out**	熟 **eliminate, eradicate, extirpate**	～を根絶する、撲滅する

▶Medical researchers are working hard to **stamp out** cancer.
（医療研究者たちは、がんを根絶するために懸命に取り組んでいる）

□ 0092 **stagnation** [stægnéiʃən]	名 **low growth, downturn**	停滞、低迷 形 stagnant

▶The recent unemployment problem is due to **stagnation** in the economy.
（昨今の失業問題は、経済の低迷によるものだ）

□ 0093 **innate** [inéit]	形 **inborn, natural, native**	生まれつきの、生来の

▶There are some **innate** differences between men and women.
（男性と女性にはいくつか生まれながらの違いがある）

□ 0094 **obsolete** [ɑ̀bsəlíːt]	形 **out of date, outdated; unused, out of use**	廃れた、時代遅れの

▶The pager has now become **obsolete** because of advances in mobile communications.
（モバイル通信の発達のために、ポケベルは今では廃れてしまった）

□ 0095 **specify** [spésəfài]	動 **state, define, stipulate**	～を明確に述べる、指定する

▶The menu **specified** that all of the restaurant's dishes were prepared with organic ingredients.
（メニューには、そのレストランのすべての料理が有機栽培の材料で調理されていると明記されていた）

□ 0096 **endure** [indjúər]	❶動 **tolerate, survive, suffer, persevere**	～に耐える、持ちこたえる

▶ The first European colonists in North America **endured** many hardships.
（ヨーロッパから北米への最初の入植者たちは、多くの困難に耐えた）

最新傾向 sufferには「苦痛を感じる」のほかに、「～に耐える」という意味もあります。I couldn't suffer her arrogance.「私は彼女の傲慢さに耐えられなかった」。

endure	❷動 **last, continue, persist**	持続する

▶ Charles Darwin's reputation as a visionary has **endured** through the years.
（先見の明がある人というチャールズ・ダーウィンの評判は、長い間続いた）

□ 0097 **conceivable** [kənsíːvəbl]	形 **imaginable, thinkable, possible**	想像できる、考えうる 動 conceive

▶ Volunteers are trying every **conceivable** method to control the wildfire.
（ボランティアたちは、山火事を鎮火するために考えられるありとあらゆる方法を試している）

□ 0098 **sufficiently** [səfíʃəntli]	副 **adequately, amply, satisfactorily**	十分に、足りて 形 sufficient

▶ Teachers must **sufficiently** prepare their students to move up to the next grade level.
（教師たちは、生徒たちに次の学年のレベルに進めるよう十分に準備させなければならない）

□ 0099 **entail** [intéil]	動❶ **involve; cause**	～を伴う；引き起こす

▶ Building the Panama Canal was dangerous, so it **entailed** a serious risk for the workers.
（パナマ運河の建設は危険だったので、そこで働く人々には重大なリスクが伴った）

entail	動❷ **require, demand**	～を必要とする

▶ Farming has always **entailed** long hours of labor.
（農業は常に、長時間の労働を必要としてきた）

□ 0100 **depict** [dipíkt]	動 **picture, portray, represent**	～を描写する

▶ The people **depicted** in the painting are former senators.
（その絵に描かれている人々は、かつての上院議員たちだ）

☐ 0101
integration [intəgréiʃən]

名 union, unification

統合、統一
動 integrate

▶ Race relations in America changed with the **integration** of white and black schools.
（アメリカの人種間の関係は、白人学校と黒人学校の統合で変化した）

最新傾向 integrationと発音が似ているinterrogationは「審問（questioning、inquiry）」という意味。試験で間違わないように注意しましょう。

☐ 0102
stockpile [stákpàil]

動 store up, save, reserve

～を貯蔵する

▶ Squirrels **stockpile** food under the ground during the winter.
（リスは冬の間、食べ物を地中に蓄える）

出題頻度レベル ★☆☆

☐ 0103
capture [kǽptʃər]

動 seize, catch, trap, grab

～を捕らえる、捕獲する

▶ The spy was **captured** in a small town after hiding there for many years.
（そのスパイは、小さな町に長年身を隠したのち、その町で捕らえられた）

☐ 0104
landscape [lǽndskèip]

名 scenery, scene, view

景色、風景

▶ Even though it was dark, a giant moon lit the road so brightly that we could see the **landscape** clearly.
（暗かったが、巨大な月が道をあかあかと照らしていたので、風景をはっきりと見ることができた）

☐ 0105
elaborately [ilǽbərətli]

副 with great detail

念入りに、精巧に
名 elaboration

▶ Because the new law is very complicated, the senator explained it **elaborately**.
（新しい法律はとても複雑なので、上院議員はその法律について念入りに説明した）

□ 0106 **autonomous** [ɔːtánəməs]	形 **independent, self-determining**	自治の、自立した 名 autonomy

▶ Many college students become **autonomous** for the first time in their lives.
(多くの大学生は人生で初めて自立する)

□ 0107 **boom** [buːm]	動 **flourish, thrive, prosper, rapidly expand**	にわかに景気づく、急騰する

▶ During the Civil War, the American economy **boomed**.
(南北戦争中、アメリカの経済は景気づいた)

□ 0108 **supremacy** [səpréməsi]	名 **dominance, predominance, ascendancy**	優位、主権、支配権

▶ In the 1920s, Henry Ford lost the battle for **supremacy** in the automobile industry to General Motors.
(1920年代、ヘンリー・フォードは自動車産業におけるゼネラル・モーターズとの覇権争いに敗れた)

最新傾向 supremacyの形容詞形 supremeは、「最高の、最上の」という意味。同義語問題ではparamount、superlativeが出題されるので一緒に覚えておきましょう。

□ 0109 **ravage** [rævidʒ]	動 **destroy, demolish, devastate, ruin**	～を荒廃させる、破壊する

▶ The large hurricane that **ravaged** the city of New Orleans caused extensive flooding.
(ニューオーリンズ市を壊滅させた大型のハリケーンは、広範囲にわたる洪水を引き起こした)

□ 0110 **authority** [əθɔ́ːrəti]	名 **expert, master, specialist**	権威、権力者 形 authoritative

▶ The keynote speaker of the seminar was an **authority** on cultural anthropology.
(そのセミナーの基調講演者は、文化人類学の権威だった)

☐ 0111
plug [plʌg]

動 **fill up, stuff, pack**

（穴や裂け目など）を詰める、埋める

▶ The townspeople **plugged** the old, unused well with concrete so no one would fall in accidentally.
（その町の住民たちは、誤って転落する人がないように、使っていない古い井戸をコンクリートで埋めた）

☐ 0112
discrepancy [diskrépənsi]

名 **inconsistency, disparity, dissimilarity**

矛盾、食い違い、相違

▶ Check your tax forms to ensure there is no **discrepancy** between your reported and actual income.
（申告された収入と実際の収入に相違がないように、納税申告書を確認しなさい）

☐ 0113
elucidate [ilú:sədèit]

動 **clarify, explain, make clear**

～をはっきりさせる、説明する、解明する

▶ Dr. Magness further **elucidated** the topic of his lecture on mink farming through a series of examples.
（マグネス博士は一連の事例を通じ、ミンクの飼育に関する講義の主題についてさらに明確に説明した）

QUIZ

次の1～10の同義語をⓐ～ⓙから選びましょう。

1. prolific	ⓐ inborn, natural, native
2. heterogeneous	ⓑ tolerate, survive, suffer
3. colossal	ⓒ occasionally, at intervals, infrequently
4. drastically	ⓓ fertile, fruitful, productive
5. sporadically	ⓔ scenery, scene, view
6. unprecedented	ⓕ relpace, substitute, displace
7. landscape	ⓖ unlike anything in the past, unique
8. supplant	ⓗ varied, assorted, mixed
9. innate	ⓘ enormous, monstrous, gigantic
10. endure	ⓙ severely, strikingly, extremely

1.ⓓ **2.**ⓗ **3.**ⓘ **4.**ⓙ **5.**ⓒ **6.**ⓖ **7.**ⓔ **8.**ⓕ **9.**ⓐ **10.**ⓑ

出題頻度レベル ★★★

□ 0114 **simultaneous** [sàiməltéiniəs]	形 **concurrent, happening at the same time, synchronous**	同時の、同時に起こる 副 simultaneously

▶There was a flash of lightning and a **simultaneous** roll of thunder.
（稲妻が光るのと同時に雷鳴がとどろいた）

□ 0115 **vast** [væst]	形 **extensive, immense, great, huge, enormous**	広大な；膨大な、莫大な 副 vastly

▶The continent the pilgrims had begun settling upon was unimaginably **vast**.
（巡礼者たちが入植し始めた大陸は、想像できないほど広大だった）

□ 0116 **reluctant** [rilʌ́ktənt]	形 **unwilling, disinclined, loath**	気が進まない、しぶしぶの

▶The archaeologists were **reluctant** to disturb the fragile pottery at the ancient site.
（考古学者たちは、その古代遺跡で壊れやすい陶器に手をつけるのは気が進まなかった）

□ 0117 **conjecture** [kəndʒéktʃər]	名 **speculation, guess, supposition**	憶測、推測

▶The existence of intelligent life elsewhere in the universe is dismissed as **conjecture** by most scientists.
（宇宙のどこかほかのところにいる知的生命体の存在は、ほとんどの科学者たちに単なる憶測として退けられている）

最新傾向 conjectureとスペリングが似ているconjunctureは、「結合（combination、connection）」という意味。試験で間違わないように注意しましょう。

□ 0118 **embed** [imbéd]	動 **fix**, **insert**, **implant**, **root**	～を埋め込む、組み込む

► The story of the American Dream has been **embedded** deeply in American culture.
(アメリカン・ドリームの物語は、アメリカ文化に深く根付いてきた)

□ 0119 **vow** [vau]	名 **pledge**, **promise**, **oath**	誓い

► After the couple recited their **vows**, they were declared married.
(そのカップルが誓いの言葉を読み上げると、結婚が宣言された)

□ 0120 **counter** [káuntər]	動 **oppose**, **act against**, **refute**	～に反論する、反対する、対抗する

► The two lawyers used different interpretations of the same data to **counter** each other's conclusions.
(2人の弁護士は同じデータについての異なる解釈を用いて、互いの結論に反論した)

□ 0121 **apparent** [əpǽrənt]	❶形 **clear**, **evident**, **obvious**	明らかな、明白な 副 apparently

► It was **apparent** to all that Henry had not rehearsed his speech.
(ヘンリーがスピーチの練習をしていなかったことは、誰の目にも明らかだった)

apparent	❷形 **seeming**, **exterior**, **superficial**	見かけの、うわべの

► The **apparent** cause of the car accident was faulty brakes, but investigators were considering other possibilities.
(その自動車事故の原因は一見ブレーキの欠陥のようだったが、捜査員たちはほかの可能性を考えていた)

□ 0122 **bombard** [bambɑ́:rd]	動 **strike**, **assail**, **attack**	～を爆撃する

► Warplanes **bombarded** the city until it was demolished.
(戦闘機はその都市が壊滅するまで爆撃した)

☐ 0123 **reveal** [rivíːl]	動 **make known, show, unveil, uncover, expose**	～を明らかにする、暴露する

▶ Merill **revealed** that the company will concentrate on sales of its digital video cameras.
（メリルは、その会社がデジタルビデオカメラの販売に集中的に力を注ぐことを明らかにした）

最新傾向 revealの名詞形 revelationは、「暴露」という意味。同義語問題ではdisclosureが出題されるので一緒に覚えておきましょう。

☐ 0124 **sturdy** [stə́ːrdi]	形 **well-built, strong, robust, stalwart**	頑丈な、丈夫な

▶ The school purchased **sturdy** desks and chairs that are expected to last several years.
（その学校は、何年も持つような頑丈な机といすを購入した）

☐ 0125 **traditionally** [trədíʃənəli]	副 **typically**	従来、伝統的に

▶ In the early 20th century, girls and boys were **traditionally** taught separately.
（20世紀初めには、伝統的に女子と男子は別々に教育を受けていた）

☐ 0126 **correspondingly** [kɔ̀ːrəspɑ́ndiŋli]	副 **similarly, likewise**	一致して、対応して

▶ Oil prices went down, so the cost of airline tickets has **correspondingly** decreased.
（石油価格が下落したため、航空券の価格もそれに応じて下がった）

最新傾向 correspondinglyの動詞形 correspondは、「一致する、符合する」という意味。同義語問題ではmatch、accordが出題されるので一緒に覚えておきましょう。

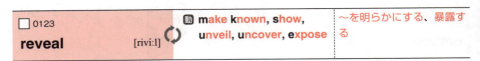

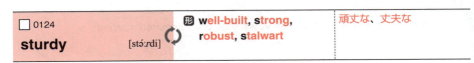

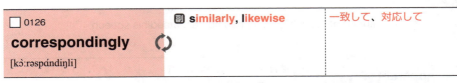

0127 **trigger** [trígər]	動 cause, generate, initiate, start, stimulate, activate	～を引き起こす、～の引き金となる

▶News of the court's decision **triggered** riots and fires in L.A.
(裁判所の判決のニュースは、ロサンゼルスで暴動と放火を引き起こした)

0128 **vigorous** [vígərəs]	❶形 strong and healthy, strong; energetic	元気いっぱいの；活発な 名 vigor

▶Despite the man's advanced age, he remained physically **vigorous**.
(その男性は高齢だが、体は強健さを保っていた)

vigorous	❷形 forceful	激しい、力強い

▶The police officer was known for his **vigorous** enforcement of drinking and driving laws.
(その警察官は、飲酒運転に関する法律を厳しく執行することで知られていた)

0129 **spontaneous** [spantéiniəs]	❶形 voluntary, unprompted	自発的な

▶Sarah's successful jump at the cheerleading contest brought a **spontaneous** cheer from the crowd.
(サラがチアリーディングのコンテストでジャンプに成功すると、観衆から自発的な歓声が沸き起こった)

spontaneous	❷形 automatic, unplanned, involuntary	自然に起こる、無意識の

▶When Cindy heard the good news, a **spontaneous** smile appeared on her face.
(シンディはそのよい知らせを聞いて、思わず顔に笑みがこぼれた)

□ 0130 **miniature** [míniətʃər]	形 **small, tiny, diminutive**	小型の、ミニチュアの

▶ One museum in San Diego contains the world's largest collection of **miniature** trains.
(サンディエゴのある博物館には、ミニチュアの列車の世界最大のコレクションがある)

出題頻度レベル ★★★

□ 0131 **commission** [kəmíʃən]	動 **order, hire**	～に委託する、依頼する

▶ In the past, it was common for countries to **commission** artists to create portraits of the king and queen.
(かつて、国家が画家に王や女王の肖像画を描くよう依頼することは一般的だった)

最新傾向 commissionは動詞だけではなく、「手数料」という意味の名詞としても使われます。earn $2,000 in commissions「手数料として2,000ドルを得る」。同義語問題ではfee、cutが出題されるので一緒に覚えておきましょう。

□ 0132 **remarkable** [rimɑ́:rkəbl]	形 **extraordinary, incredible, notable, significant**	並外れた、注目に値する 副 remarkably

▶ Charles Dickens had **remarkable** mental and physical energy.
(チャールズ・ディケンズは並外れた精神力と体力を備えていた)

□ 0133 **effort** [éfərt]	名 **attempt, endeavor, exertion**	努力、取り組み

▶ The **effort** to increase wages brought about hundreds of strikes in the 1850s.
(賃金を上げようとする取り組みは、1850年代に何百ものストライキを引き起こした)

□ 0134 **manifestation** [mæ̀nəfistéiʃən]	名 **indication**, **sign**, **symptom**, **evidence**	表れ、表明、兆候

▶Eating disorders can be a **manifestation** of low self-esteem in adolescent girls.
(摂食障害は、思春期の少女の自信のなさの表れである場合がある)

□ 0135 **prior** [práiər]	形 **previous**, **former**, **earlier**	前の、先の

▶Unlike the **prior** administration, the current one supports universal health care.
(前政権と異なり、現政権は国民皆保険を支持している)

□ 0136 **cast about**	熟 **seek**, **search**, **hunt**	探し回る

▶Unsure how to increase the company's profits, George **cast about** for solutions from his colleagues.
(会社の利益をどうやって上げたらよいかわからず、ジョージは同僚たちに解決策を聞いて回った)

□ 0137 **rigorous** [rígərəs]	❶形 **strict**, **severe**, **demanding**, **precise**	厳密な 名 rigor

▶Athletes should follow a **rigorous** training schedule to be competitive.
(運動選手は、強くなるためには厳密なトレーニングスケジュールに従うべきだ)

rigorous	❷形 **harsh**	厳しい

▶The **rigorous** climate of the Arctic makes it inhospitable to humans.
(北極の厳しい気候は、人間をその地に寄せ付けない)

☐ 0138
compulsory [kəmpʌ́lsəri]

形 obligatory, forced, required, necessary

強制的な、義務の、必須の
副 compulsorily

► In Britain, education is **compulsory** between the ages of 5 and 16.
(イギリスでは5歳から16歳までの間、教育が義務付けられている)

☐ 0139
subsidiary [səbsídièri]

形 less important, auxiliary, subordinate

付随的な、副次的な

► The CEO said that the rest of the details for the merger were **subsidiary** and could be discussed at a later time.
(CEOは、合併に関する詳細の残りは付随的なものなので、あとで話し合うのでもよいと述べた)

☐ 0140
status [stéitəs]

名 standing, prestige, importance

地位、立場

► Donald's father was the town doctor, so he was a man of high **status** in the community.
(ドナルドの父は開業医だったので、地域社会で地位が高かった)

☐ 0141
emphasize [émfəsàiz]

動 stress, highlight, underline

～を強調する

► The president **emphasized** the need for the entire country to be on high alert against terrorism.
(大統領は、国全体がテロリズムに対して厳戒態勢を取る必要性を強調した)

最新傾向 emphasizeの名詞形 emphasisは、「強調、重要視」という意味。同義語問題ではaccentが出題されるので、一緒に覚えておきましょう。

☐ 0142
largely [lά:rdʒli]

副 **generally, mostly, mainly**

主として、大部分は

▶ Korea's citizens are **largely** of Korean descent, although there is a sizeable foreign population as well.
（韓国の国民は、外国人も相当数いるものの、大部分は朝鮮民族だ）

☐ 0143
experimental [ikspèrəméntl]

形 **trial, tentative**

実験的な、試験的な

▶ Vaccines go through an **experimental** phase to make sure that they are safe before being released.
（ワクチンは発売される前に、安全であることを確かめるための実験段階を経る）

☐ 0144
drain [drein]

動 **withdraw liquid gradually, remove water**

～の水を抜く、～を排水する

▶ The sink should be **drained** after each use.
（シンクは使うたびに水気を切ったほうがよい）

☐ 0145
denote [dinóut]

動 **indicate, signify, represent**

～を示す、～の印である

▶ A raised head and flattened neck **denote** that a cobra is about to strike.
（コブラが頭を持ち上げて首を平らにするのは、襲いかかろうとしていることを示している）

☐ 0146
repudiate [ripjú:dièit]

動 **reject, disclaim**

～を拒否する、拒絶する

▶ Martin Luther King Jr. **repudiated** violence as a means to solve problems.
（マーティン・ルーサー・キング・ジュニアは、問題を解決する手段としての暴力を否定した）

☐ 0147
contradictory [kɑ̀ntrədíktəri]

形 **inconsistent**, **paradoxical**, **conflicting**

矛盾する、対立する

▶ The soldiers were puzzled by the general's **contradictory** behavior.
(兵士たちは、軍司令官の矛盾する行動に困惑した)

☐ 0148
propagate [prɑ́pəgèit]

動 **multiply**, **reproduce**

増殖する、繁殖する
名 propagation

▶ Many single-cell organisms **propagate** by dividing into two identical copies.
(多くの単細胞生物は、2つの同一の複製物に分裂することで増殖する)

最新傾向 propagateには「～を広める」という意味もあります。propagate Christianity「キリスト教を広める」。同義語問題ではspread、disseminateが出題されます。

☐ 0149
ensure [inʃúər]

動 **guarantee**, **assure**, **warrant**

～を保証する、確保する

▶ Stricter security regulations have been put in place at airports to **ensure** the safety of travelers.
(旅行者の安全を確保するため、より厳しい保安規制が空港に導入されている)

☐ 0150
pore [pɔːr]

名❶ **hole**

毛穴、気孔

▶ Plants have **pores** on their leaves so that they can breathe.
(植物は呼吸ができるように葉に気孔を持っている)

pore

動❷ **stare**, **gaze**

じっくり見る、熟読する

▶ The copy editor had to **pore** over the report in order to find the tiny mistake.
(校閲者は、その小さな誤りを見つけるために報告書を熟読しなければならなかった)

最新傾向 poreには「熟考する」という意味もあります。pore on the problem「問題をじっくり考える」。同義語問題ではponder、contemplateが出題されるので一緒に覚えておきましょう。

□ 0151 **alternate** [ɔ́ltərnèit]	動 **take turns, rotate, interchange**	交互に起こる 形 alternative

▶ Good luck and misfortune **alternate** with each other throughout our lives.
（幸運と不運は私たちの人生を通じ交互にやってくる）

□ 0152 **devastating** [dévəstèitiŋ]	形 **destructive, ruinous**	壊滅的な、破壊的な

▶ During World War II, Stalingrad suffered a **devastating** defeat, with some 1.5 million people losing their lives.
（第二次世界大戦中、スターリングラードは壊滅的な敗北を喫し、約150万人が命を落とした）

□ 0153 **mingle with**	熟 **associate with, mix with, consort with**	（集まりなどで）～に声をかけて回る

▶ Company morale improves when managers **mingle with** staff at social events.
（親睦の場で上司がスタッフに声をかけて回ると、会社の士気は高まる）

□ 0154 **continued** [kəntínju:d]	形 **ongoing, constant, incessant, ceaseless**	継続した

▶ The **continued** success of the company depends on its ability to adapt to the changing economy.
（その会社が継続して成功を収めているのは、変化する経済に適応する能力によるものだ）

□ 0155 **attempt** [ətémpt]	動 **try, seek, endeavor**	～を試みる、～しようとする

▶ In Thomas More's *Utopia*, the characters **attempt** to create an ideal world.
（トマス・モアの『ユートピア』では、登場人物たちは理想の世界を作ろうと試みている）

□ 0156 **subterfuge** [sʌ́btərfjùːdʒ]	名 **trick, deception**	ごまかし、策略

▶ The magician's act seemed real, but it was just a **subterfuge**.
（手品師の出し物は本物に見えたが、単なるまやかしだった）

□ 0157 **convert** [kənvə́ːrt]	動 **change, transform**	～を変える、変形する

▶ The workers at the factory perform dangerous tasks to **convert** raw iron ore into finished steel.
（その工場の労働者たちは、鉄鉱石の粗鋼を精錬された鋼鉄に変える危険な作業を行っている）

最新傾向 convertとスペリングが似ているcovertは、「秘密の（secret、private）」という意味。試験で間違わないように注意しましょう。

出題頻度レベル ★★★

□ 0158 **contention** [kənténʃən]	名 **debate, argument, disagreement**	論争、口論 動 contend 形 contentious

▶ **Contentions** among evolutionists involve how the human species evolved.
（進化論者たちの間で戦わされる論争の中には、人類がどのように進化したかというものも含まれる）

□ 0159 **migrate** [máigreit]	動 **move around, travel**	移住する、移動する

▶ The five tribes agreed to **migrate** beyond the Mississippi in order to establish a new home.
（その5つの部族は、新しい居住地を作るためにミシシッピ川の向こうに移住することに合意した）

□ 0160 **succession** [səkséʃən]	名 **sequence, series**	連続、連なり 形 successive 副 successively

▶ Melody is the **succession** of sounds.
（メロディーとは音の連なりだ）

0161 **tentativeness** [téntətivnis]	名 **hesitation, indecision**	ためらい 形 tentative 副 tentatively

▶ **Tentativeness** is often shown by young children in unfamiliar situations.
(幼い子どもは、慣れない状況ではしばしばおどおどする)

0162 **fragmentary** [frǽgməntèri]	形 **incomplete, fractional, partial**	断片的な、途切れ途切れの 名 fragment

▶ The trauma victim had only **fragmentary** memories of the accident.
(そのトラウマを受けた人は、事故を断片的にしか記憶していなかった)

0163 **legendary** [lédʒəndèri]	❶形 **famous**	(伝説になるほど) 有名な

▶ Led Zeppelin's guitarist Jimmy Page became **legendary** for his unique playing style.
(レッド・ツェッペリンのギタリストであるジミー・ペイジは、その独特の演奏スタイルで有名になった)

legendary	❷形 **mythical**	伝説上の

▶ Dragons are **legendary** creatures that are featured prominently in the folklore of many cultures.
(竜は多くの文化の民間伝承において、重要な意味を持つものとして登場する伝説上の生き物だ)

0164 **setback** [sétbæ̀k]	名 **defeat, reverse**	後退、敗北

▶ Despite early **setbacks**, George Washington led the Continental Army to victory against the British.
(初期の敗退にもかかわらず、ジョージ・ワシントンは大陸軍をイギリス軍に対する勝利へと導いた)

□ 0165

fine-tune [fáintjù:n]

動 **adjust slightly**

～を微調整する

▶ Software companies use feedback from customers to **fine-tune** programs for better performance.

（ソフトウェア企業は、顧客からのフィードバックを利用して、機能の向上に向けてプログラムを微調整する）

□ 0166

enthusiastic [inθù:ziǽstik]

形 **eager, ardent, zealous**

熱心な、熱狂的な

▶ The citizenry was **enthusiastic** about the decision to cut taxes by 10 percent.

（一般市民は、税率を10%削減する決定を熱烈に歓迎した）

□ 0167

loose [lu:s]

形 **not strict, relaxed, slack**

ゆったりした、ゆるい

▶ The office dress code was **loose** and allowed employees to wear jeans and T-shirts.

（その職場の服装規定はゆるく、従業員はジーンズやTシャツを着ることができた）

最新傾向 looseは形容詞だけではなく、「～をほどく」という意味の動詞としても使われます。loose a knotで「結び目をほどく」。同義語問題ではdisentangleが出題されます。

□ 0168

portrait [pɔ́:rtrit]

名 **picture**

肖像画

動 portray

▶ Art students study how to draw **portraits** that capture the subject's personality.

（美術学生は、モデルの人間性を捉えた肖像画の描き方を学ぶ）

□ 0169 **terminology** [tə́ːrmənɑ́lədʒi]	名 **vocabulary**, **jargon**, **language**	専門用語 動 term

▶ Science articles that are meant for a general audience should avoid complex **terminology**.

(一般読者向けの科学の記事は、複雑な専門用語を避けるべきだ)

QUIZ

次の1〜10の同義語をⓐ〜ⓙから選びましょう。

1. reluctant	ⓐ extensive, immense, great
2. conjecture	ⓑ unwilling, disinclined, loath
3. counter	ⓒ inconsistent, paradoxical, conflicting
4. subsidiary	ⓓ destructive, ruinous
5. denote	ⓔ less important, auxiliary, subordinate
6. vast	ⓕ speculation, guess, supposition
7. correspondingly	ⓖ extraordinary, incredible, notable
8. devastating	ⓗ similarly, likewise
9. remarkable	ⓘ oppose, act against, refute
10. contradictory	ⓙ indicate, signify, represent

1.ⓑ **2.**ⓕ **3.**ⓘ **4.**ⓔ **5.**ⓙ **6.**ⓐ **7.**ⓗ **8.**ⓓ **9.**ⓖ **10.**ⓒ

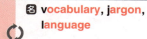

DAY 4

今回のターゲットは **57** 語

0170 ≫ 0226

出題頻度レベル ★★★

□ 0170 **readily** [rédəli]	❶副 **easily, effortlessly; quickly**	容易に；すぐに

▶ In the experiment, rats **readily** learned to associate certain behaviors with rewards.
（ラットは実験において、特定の行動と報酬を関連づけることをすぐに学習した）

readily	❷副 **willingly, without reluctance**	喜んで、進んで

▶ When Nathan was offered a larger office, he **readily** accepted it.
（ネイサンは今までより広いオフィスを提案されると、喜んでそれを受け入れた）

□ 0171 **advocate** [ǽdvəkèit]	❶動 **promote, speak in favor of, argue in support of**	～を支持する、推奨する

▶ The lobbyist is **advocating** the new bill in his letter to the senator.
（そのロビイストは上院議員にあてた手紙の中で、新法案に賛意を表明している）

advocate [ǽdvəkət]	❷名 **proponent, supporter, upholder**	支持者、擁護者

▶ Norman Sisisky was a strong **advocate** for defense spending during nine terms in Congress.
（ノーマン・シシスキーは議員を務めた9任期中、防衛費の強力な擁護者だった）

□ 0172 **utterly** [ʌ́tərli]	副 **completely, totally**	完全に、すっかり

▶ John enjoyed the movie, but he was **utterly** surprised by the movie's ending.
（ジョンは映画を楽しんだが、その結末にすっかり驚かされた）

最新傾向 utterlyの動詞形 utterは、「声に出す、口で言う」という意味。同義語問題ではspeak、voiceが出題されます。

□ 0173 **abound** [əbáund]	動 **overflow, teem, be plentiful, be numerous**	たくさんいる、豊富にある

▶Wild dolphins **abound** in Canada's Bay of Fundy.
（カナダのファンディ湾には野生のイルカがたくさんいる）

□ 0174 **formidable** [fɔ́ːrmidəbl]	❶形 **impressive**	畏敬の念を起こさせる

▶The creation of the United Nations was a **formidable** achievement in international cooperation.
（国際連合の創設は、国際協力における素晴らしい成果だった）

formidable	❷形 **difficult to handle**	手ごわい、厄介な、骨の折れる

▶For working parents, raising children is **formidable**.
（働く親にとって、子育ては骨が折れるものだ）

□ 0175 **enormous** [inɔ́ːrməs]	形 **huge, very large, great, immense, vast, tremendous**	巨大な、膨大な

▶China's **enormous** population poses a major challenge for the country's food production system.
（中国の膨大な人口は、自国の食糧生産システムに大きな課題を突きつけている）

□ 0176 **disband** [disbǽnd]	動 **dismiss, disperse, break up**	～を解散する

▶An early Ku Klux Klan leader tried to **disband** the group when it became too violent.
（初期のあるクー・クラックス・クランの指導者は、この集団があまりに暴力的になったので解散しようとした）

□ 0177 **alleged** [əlédʒd]	形 **supposed, assumed**	申し立てられた 副 allegedly

▶Investigators interviewed the **alleged** victim of the crime several times.
（捜査員たちは、その犯罪の被害者とされる人物に数回にわたって事情聴取した）

□ 0178
renowned [rináund]

形 famous, celebrated, prominent, eminent

有名な、名高い

▶The **renowned** scientist was disgraced when it was discovered that he had lied about his work.
（その名高い科学者は、自身の研究について虚偽があったことが発覚し、信用を失った）

最新傾向 renownは「名声」という意味の名詞。同義語問題ではfame、reputationが出題されるので一緒に覚えておきましょう。

□ 0179
versatile [vә́:rsәtl]

形 adaptable, flexible

多用途の、多才な、融通の利く

▶Because of the ever-changing economy, the need for **versatile** workers is greater than ever before.
（絶えず変化する経済のため、多才な労働者の必要性は、かつてないほど高まっている）

□ 0180
prohibitive [prouhíbitiv]

形 unaffordable, extreme, exorbitant

（購入できないほど）ひどく高い、法外な

▶For most New Yorkers, the cost of an apartment in Manhattan is **prohibitive**.
（ニューヨークのほとんどの人にとって、マンハッタンのマンションの家賃は高すぎる）

最新傾向 prohibitiveは「禁止する（ための）」という意味でも使われます。prohibitive local regulations「地方の禁止条例」。同義語問題ではproscriptiveが出題されるので一緒に覚えておきましょう。

□ 0181
option [ɑ́pʃәn]

名 choice, selection

選択肢

▶John had the **option** of learning German or French.
（ジョンはドイツ語を学ぶかフランス語を学ぶか選択できた）

□ 0182
inherent [inhérәnt]

形 innate, built-in, essential, congenital

先天的な、生まれながらの
副 inherently

▶The need to be loved and recognized is an **inherent** part of human beings.
（愛されて認められることは、人間が生まれながらに必要としているものだ）

□ 0183 **justly** [dʒʌ́stli]	副 **rightfully, justifiably, lawfully**	公正に、正当に

▶ The judge **justly** sentenced the criminal to life in prison.
（裁判官は正当に、その犯罪者に終身刑を言い渡した）

□ 0184 **provoke** [prəvóuk]	動 **incite, bring about, give rise to**	～を引き起こす、誘発する

▶ At some point during their argument, Betty's rude attitude **provoked** Sam's anger.
（口論中のどこかの時点で、ベティの失礼な態度がサムの怒りを招いた）

□ 0185 **impermeable** [impə́:rmiəbl]	形 **impenetrable, impervious**	不浸透性の、しみ通らない

▶ Shale is a compacted sedimentary rock that is more **impermeable** to water than sandstone.
（頁岩は圧縮された堆積岩で、砂岩よりも水に対する不浸透性が高い）

□ 0186 **momentous** [mouméntəs]	形 **significant, major, meaningful, substantial**	重大な、由々しい

▶ The signing of the Declaration of Independence was a **momentous** occasion in American history.
（独立宣言の署名は、アメリカの歴史上、重大な出来事だった）

出題頻度レベル ★★★

□ 0187 **forestall** [fɔ:rstɔ́:l]	動 **prevent, hinder, avert**	～を未然に防ぐ

▶ The union leader **forestalled** a riot by telling the strikers to disperse.
（労働組合のリーダーは、ストライキの参加者に解散するように言うことで暴動を未然に防いだ）

最新傾向 forestallと一緒に、次の単語を区別して覚えておきましょう。

・foresee　～を予測する
・forego　先立つ

0188 therefore [ðέərfɔ̀ːr]	副 **consequently, as a result, thus, hence**	その結果、従って

▶Giles was constantly falling asleep in history class and **therefore** scored very poorly on the final exam.
（ジャイルズは歴史の授業でいつも寝てしまい、その結果、期末試験はとても低い点だった）

0189 persuade [pərswéid]	動 **convince, induce**	～を説得する 副 persuasively

▶Dan **persuaded** Nancy to go to Italy with him for vacation.
（ダンはナンシーを説得して、休暇を過ごしに一緒にイタリアへ行った）

0190 proximity [prɑksíməti]	名 **closeness, nearness**	近いこと、近接

▶**Proximity** to a good school is a vital consideration for parents that plan on relocating to a new city.
（新しい街に引っ越す予定の親にとって、いい学校に近いことは考慮すべき重要な事柄だ）

0191 dependable [dipéndəbl]	形 **reliable, trustworthy**	信頼できる、頼りになる

▶A successful president typically has a **dependable** staff that offers advice and guidance.
（成功を収める大統領には、概して、助言し指南してくれる信頼できるスタッフがいる）

0192 ensuing [insúːiŋ]	形 **subsequent, following, succeeding**	続いて起こる、その次の

▶The earthquake and the **ensuing** aftershocks destroyed much of San Francisco in 1906.
（1906年に、地震とそれに続く余震でサンフランシスコの大部分が破壊された）

☐ 0193
appreciably [əprí:ʃiəbli]

副 **noticeably, significantly, considerably**

感知できるほど、かなり
形 appreciable

▶ The temperature dropped **appreciably** this morning.
（けさは気温がかなり下がった）

☐ 0194
obligate [ábləgèit]

動 **force, coerce, compel, constrain**

～に義務を負わせる、義務づける
名 obligation

▶ Most states **obligate** companies and other organizations to apply the minimum wage law.
（ほとんどの州では、企業やその他の組織に最低賃金法の適用を義務づけている）

☐ 0195
wholesale [hóulsèil]

❶形 **extensive, mass**

大規模な、大量の

▶ The oil spill in the Gulf of Mexico caused the **wholesale** destruction of the marine ecosystem.
（メキシコ湾での石油流出事故は、海洋生態系の大規模な破壊を引き起こした）

wholesale

❷副 **completely**

大規模に、完全に

▶ The editor's suggestions regarding the document were accepted **wholesale**.
（その文書に関する編集者の提案は、どれもこれも受け入れられた）

☐ 0196
dweller [dwélər]

名 **inhabitant, resident, occupant**

住人、居住者；居住動物

▶ City **dwellers** tend to have a higher cost of living than those residing in the country.
（都市居住者は、田舎に住んでいる人よりも生活費が高くなる傾向がある）

☐ 0197
tacit [tǽsit]

形 **implicit, implied, unspoken**

暗黙の、無言の

▶ The two countries made a **tacit** agreement to end the war, but they did not actually sign a peace treaty.
（2国は戦争を終わらせる暗黙の合意をしたが、実は講和条約には署名しなかった）

☐ 0198 **resolve** [rizálv]	動 settle, find a solution for, solve	～を解決する

▶In some cases, mediators can help parties **resolve** legal disputes without going to court.

（調停者の助けによって、裁判にならずに当事者が法的な争いを解決できる場合もある）

最新傾向 resolveは「決心する」という意味でも使われます。resolve not to see him「彼に会わないと決心する」。同義語問題ではdecide、determineが出題されるので一緒に覚えておきましょう。

☐ 0199 **merit** [mérit]	名 value, worth, virtue	価値、真価、功績

▶The great **merit** of the poems is that they make us aware of previously unperceived possibilities.

（詩の素晴らしい価値は、私たちにそれまで気づかなかった可能性に気づかせてくれることだ）

☐ 0200 **notion** [nóuʃən]	名 concept, general idea; opinion, view	観念；意見、考え、見解

▶The **notion** that one is born as a blank slate has long been abandoned by most psychologists.

（人は白紙状態で生まれるという考えは、長い間、ほとんどの心理学者に見放されてきた）

☐ 0201 **synthesize** [sínθəsàiz]	動 integrate, combine, coalesce	～を総合する、総合的に扱う 名 synthesis

▶A financial analyst must be able to **synthesize** data from a variety of sources.

（金融アナリストは、さまざまな情報源からのデータを総合的に扱うことができなければならない）

☐ 0202 **spectrum** [spéktrəm]	名 range, scope, extent	範囲、領域

▶A Renaissance man possesses a broad **spectrum** of interests that includes the academic and the artistic.

（ルネッサンス的な教養人は、学問的なものや芸術的なものを含め、興味の範囲が幅広い）

□ 0203 **stream** [striːm]	名 **flow, current**	流れ

▶It was difficult for the plumber to tell where the **stream** of liquid was coming from.
（配管工には、その液体の流れがどこから来ているのか、判別するのが難しかった）

□ 0204 **rupture** [rʌ́ptʃər]	❶動 **burst, break apart, split, tear**	破裂する

▶Patty's eardrum **ruptured** due to the sound of the explosion.
（爆発音のせいでパティの鼓膜が破れた）

rupture	❷名 **breach, discord**	不和、決裂

▶The **rupture** in Amy and Diana's friendship was resolved after Amy apologized.
（エイミーとダイアナの友情の決裂は、エイミーが謝って解消された）

最新傾向 breachには「違反」のほかに、「不和」という意味もあります。a breach between family members「家族間の不和」。

□ 0205 **presuppose** [prìːsəpóuz]	動 **assume, suppose, presume**	～を前提とする、仮定する

▶High-level chemistry courses **presuppose** that students have a basic knowledge of chemical structures.
（化学の上級コースは、学生が化学構造の基本的な知識を持っていることを前提としている）

□ 0206 **well-to-do** [wèltədúː]	形 **wealthy, affluent, rich**	裕福な

▶In the early days of air travel, flight tickets were so expensive that only **well-to-do** people could afford them.
（飛行機旅行の初期のころ、航空券はとても高かったので、裕福な人々しか買うことができなかった）

□ 0207 **appeal** [əpíːl]	動 **plead, request, ask, beg**	懇願する、求める

▶The students **appealed** to the professor for more time to study for the exam.
（学生たちは、試験勉強の時間をもっと与えてくれるよう教授に訴えた）

最新傾向 appealは「興味を引く」という意味でも使われます。his pictures appeal to me「彼の絵は私の興味を引く」。同義語問題ではinterest、attractが出題されるので一緒に覚えておきましょう。

□ 0208 **accurately** [ǽkjurətli]	副 **correctly, precisely, exactly**	正確に、正しく 形 accurate

▶Many doctors use electronic thermometers to **accurately** determine their patients' temperatures.
（多くの医者は、患者の体温を正確に計測するために電子体温計を使う）

□ 0209 **fastidious** [fæstídiəs]	形 **demanding, choosy**	好みの難しい、こだわりのある

▶The director would film the same scene hundreds of times because he was so **fastidious**.
（その監督はとてもこだわりが強かったので、同じシーンを何百回も撮影したものだった）

□ 0210 **contraction** [kəntrǽkʃən]	名 **reduction, diminution**	短縮、縮小

▶For most companies, a **contraction** in sales can mean a huge loss in revenues.
（ほとんどの会社にとって、売上の縮小は収入の大損失につながる可能性がある）

□ 0211 **stimulus** [stímjuləs]	名 **impetus, motivation, incentive, incitement**	刺激、励み 動 stimulate

▶Jack's dream of owning a house is a **stimulus** for him to work hard.
（家を持つというジャックの夢は、彼が一生懸命働く励みになっている）

□ 0212 **track** [træk]	動 **follow, chase; monitor**	～をたどる；追跡する

▶A bearded man **tracked** Jane to her dormitory.
（ひげを生やした男が、寮までジェーンのあとをつけてきた）

☐ 0213 tame [teim]	動 domesticate, train	～を飼いならす

▶According to a recent study, dogs were first **tamed** in prehistoric Europe.
(最近の研究によると、犬は最初、有史以前のヨーロッパで飼いならされた)

出題頻度レベル ★★★

☐ 0214 install [instɔ́:l]	動 put in place, set up, position	～を設置する、取り付ける

▶Many cities have **installed** radar systems at intersections to discourage reckless driving.
(無謀な運転を防ぐため、多くの都市が交差点にレーダーシステムを設置した)

最新傾向 installには「～を任命する」という意味もあります。install as club president「クラブの会長に任命する」。同義語問題ではinduct、inaugurateが出題されます。

☐ 0215 chronicle [kránikl]	名 record, history	年代記

▶Anne Frank's diary was a **chronicle** of her life during the Holocaust.
(アンネ・フランクの日記は、ホロコースト中の彼女の生活を時系列に記したものだ)

☐ 0216 novel [nάvəl]	形 new, innovative, unusual	斬新な、奇抜な

▶Graphic calculators were highly **novel** in the 1960s.
(グラフ計算機は1960年代には非常に斬新だった)

☐ 0217 isolated [áisəlèitid]	形 remote, solitary, secluded	隔離された、孤立した

▶Henry David Thoreau spent years living in an **isolated** cabin.
(ヘンリー・デイヴィッド・ソローは、人里離れた小屋で何年も過ごした)

□ 0218 **exposed** [ikspóuzd]	形 **visible, revealed, uncovered**	（風雨や人目に）さらされた、むき出しの

▶ In the 19th century, it was considered shocking to see a woman with **exposed** ankles in public.
（19世紀には、女性が足首を人目にさらしているのを目にすることは衝撃的なことだと考えられていた）

□ 0219 **intermingled** [intərmíŋgld]	形 **mixed, combined, blended**	混じり合った

▶ Toss the salad and chill it overnight until the flavors are **intermingled**.
（サラダを混ぜ、味がなじむまで一晩冷やします）

□ 0220 **succulent** [sʌ́kjulənt]	形 **juicy, pulpy**	水気の多い

▶ Aloe is a plant that stores water in its **succulent** leaves.
（アロエは、多肉葉に水を蓄える植物だ）

□ 0221 **homogeneous** [hòumədʒíːniəs]	形 **unvarying, akin**	同種の、均一の 動 homogenize

▶ The new apartment building is composed of one hundred **homogeneous** units.
（その新しいマンションは、100戸の同じような部屋でできている）

□ 0222 **era** [íərə]	名 **period, epoch, age**	時代

▶ The microchip initiated the **era** of the personal computer.
（マイクロチップによって、パーソナルコンピューターの時代は幕を開けた）

□ 0223 **threat** [θret]	名 **intention to harm, menace**	脅迫、脅威 動 threaten

► Rabbits' large ears give them excellent hearing that allows them to detect any **threats** in their environment.
（長い耳は、周囲のあらゆる脅威を感知できるすぐれた聴力をウサギに与えている）

0224 **foul** [faul]	動 **pollute, contaminate**	～を汚す

► During the Industrial Revolution, the smoke from factories **fouled** the air of many urban areas.
（産業革命の時期、工場から出る煙は多くの都市部の大気を汚染した）

0225 **prey** [prei]	名 **victim**	犠牲、餌食

► Elderly people are often the **prey** of phone scams and identity theft.
（高齢者はよく、電話による詐欺やなりすまし犯罪の被害者になる）

最新傾向 preyは「搾取する」という意味の動詞としても使われます。prey on the weak「弱いものを搾取する」。同義語問題ではtake advantage of、exploitが出題されます。

0226 **practically** [prǽktikəli]	副 **nearly**	実質的に、ほとんど

► By the 1970s, brown pelicans were **practically** extinct in the US.
（1970年代までに、カッショクペリカンはアメリカでほとんど絶滅した）

QUIZ

次の1～10の同義語をⓐ～ⓙから選びましょう。

1. justly	ⓐ huge, very large, great
2. isolated	ⓑ impenetrable, impervious
3. synthesize	ⓒ rightfully, justifiably, lawfully
4. renowned	ⓓ period, epoch, age
5. enormous	ⓔ new, innovative, unusual
6. dweller	ⓕ integrate, combine, coalesce
7. impermeable	ⓖ remote, solitary, secluded
8. stimulus	ⓗ famous, celebrated, prominent
9. novel	ⓘ inhabitant, resident, occupant
10. era	ⓙ impetus, motivation, incentive

1.ⓒ **2.**ⓖ **3.**ⓕ **4.**ⓗ **5.**ⓐ **6.**ⓘ **7.**ⓑ **8.**ⓙ **9.**ⓔ **10.**ⓓ

出題頻度レベル ★★★

□ 0227 **compelling** [kəmpéliŋ]	形 convincing, persuasive, cogent	説得力のある

▶ The speaker made some **compelling** arguments against immigration reform.
（講演者は、移民改革に反対するいくつかの説得力のある論拠を話した）

□ 0228 **ultimately** [ʌ́ltəmətli]	副 eventually, finally, in the end, lastly	最終的に、結局 形 ultimate

▶ After submitting his book to numerous publishers, the author **ultimately** succeeded in getting it published.
（その著者は数々の出版社に本を送り、最終的にその本を出版することに成功した）

□ 0229 **bulk** [bʌlk]	❶名 mass, large quantity, great quantity	多量、大量

▶ Buying its supplies in **bulk**, the department store chain was able to sell for less than its competitors.
（商品を大量購入することで、その百貨店チェーンは競合店よりも安く販売することができた）

bulk	❷名 majority, main part	大部分、大半

▶ Although the **bulk** of the movie was boring, parts of it were funny.
（その映画の大半はつまらなかったが、部分的に面白いところもあった）

最新傾向 bulkの形容詞形 bulkyは「大きい、かさばった」という意味。同義語問題ではhuge、enormousが出題されます。

□ 0230 **incompatible** [inkəmpǽtəbl]	形 in conflict, discrepant, contradictory	両立しない、相いれない

▶Budget proposals submitted by different political parties are usually **incompatible**.
(異なる政党から提出された予算案はたいてい相いれないものだ)

□ 0231 **substantially** [səbstǽnʃəli]	❶副 **significantly, considerably**	大幅に、十分に 形 substantial

▶In the mid-1800s, the enrollment of females in American schools increased **substantially**.
(1800年代半ば、アメリカの学校では女性の入学が大幅に増加した)

substantially	❷副 **largely, mainly**	大体は、実質的には

▶Analysts expect the political situation to remain **substantially** the same over the next few years.
(アナリストたちは、今後数年間、政治状況はおおむね変わらないだろうと予測している)

□ 0232 **seek** [siːk]	❶動 **look for, search for, pursue**	～を探し求める

▶The investigator **sought** the truth regardless of the consequences.
(その捜査員は、結果に関係なく真実を追い求めた)

seek	❷動 **attempt, try, essay**	～しようと努める

▶Governments must **seek** to balance the interests of diverse social groups.
(政府は、多様な社会集団の利益のバランスをとるよう努めなければならない)

□ 0233 **unanticipated** [ʌ̀næntísəpèitid]	形 **not expected, unforeseen**	予期しない、不測の

▶It is important to save money for **unanticipated** expenses.
(予想外の出費に備えてお金を貯めておくことは大切だ)

□ 0234 **merge** [məːrdʒ]	動 **combine, blend, fuse**	～を併合する、融合する

▶The team members decided to **merge** their ideas and make the presentation together.
(チームのメンバーは、自分たちの考えをまとめ、発表を一緒に行うことに決めた)

最新傾向 mergeと発音が似ているemergeは、「現れる（appear、loom）」という意味。試験で間違わないように注意しましょう。

□ 0235 **encounter** [inkáuntər]	動 meet (with), experience, confront, face	～に出会う、直面する

▶ Bill **encountered** many obstacles that delayed the publication of his book.
（ビルは多くの障害に直面し、そのために著書の出版が遅れた）

□ 0236 **residue** [rézədjù:]	名 remains, remnant, remainder	残留物、残り、残余

▶ Chalky **residue** on the sole of Vincent's shoe proved that he had recently visited the murder scene.
（ビンセントの靴底についたチョークの粉のような残留物は、最近彼が殺人現場を訪れていたことを示していた）

□ 0237 **circumstance** [sə́:rkəmstæ̀ns]	名 condition, situation	状況

▶ There are no **circumstances** under which rare books are allowed out of the library.
（希少な書籍を図書館の外へ持ち出すことが許されるような状況は存在しない）

□ 0238 **astonishing** [əstániʃiŋ]	形 incredible, amazing, startling, astounding	驚くべき

▶ Estonia's geography is **astonishing** because of its unusual and diverse mix of landscapes.
（エストニアの地勢は、目にすることの少ないさまざまな風景の入り交じった、驚くべきものだ）

□ 0239 **intermittently** [intərmítntli]	副 occasionally, periodically, from time to time	断続的に

▶ In eastern North America, it rains **intermittently** throughout the year.
（北米東部では、年間を通じて断続的に雨が降る）

□ 0240 **application** [æpləkéiʃən]	名 **use, utilization, employment**	応用、適用、利用

▶ A microcomputer has a wide range of **applications** for mobile businesses.
(マイクロコンピューターは、モバイル事業への応用範囲が広い)

□ 0241 **predominant** [pridɑ́mənənt]	形 **principal, main, primary, leading**	優勢な、主な 副 predominantly

▶ Blue is the **predominant** color in Van Gogh's *Starry Night*.
(青は、ヴァン・ゴッホの『星月夜』に使われている主要な色だ)

□ 0242 **remote** [rimóut]	形 **distant, secluded, removed**	遠い、遠く離れた、辺ぴな

▶ While Watson was smoking, George would sit in a **remote** corner of the garden.
(ワトソンがタバコを吸っている間、ジョージは遠く離れた庭の隅に座っていたものだった)

最新傾向 remoteには「わずかな」という意味もあります。remote possibility「わずかな可能性」。同義語問題ではfaint、slimが出題されるので一緒に覚えておきましょう。

□ 0243 **inordinate** [inɔ́:rdənət]	形 **excessive, exorbitant, undue**	過度の、法外な

▶ The use of **inordinate** amounts of pesticide and synthetic fertilizer on crops is against the law.
(作物への殺虫剤と合成肥料の過度な量の使用は、法律違反だ)

出題頻度レベル ★★★

□ 0244 **launch** [lɔ:ntʃ]	動 **start, begin, initiate, commence**	～を開始する

▶ The government is planning to **launch** a major forestry campaign.
(政府は、大々的な森林キャンペーンの開始を計画している)

☐ 0245 **trend** [trend]	名 **tendency, inclination, direction**	傾向

▶ The current **trend** is towards more part-time employment.
（現在、パートタイム労働者の雇用を増やす傾向にある）

☐ 0246 **embodiment** [imbάdimənt]	名 **concrete example, epitome**	具体化（されたもの）、権化 動 embody

▶ The demigod Hercules from Greek mythology is the **embodiment** of masculinity.
（ギリシャ神話の半神半人ヘラクレスは、男らしさを具現化したものである）

☐ 0247 **colonize** [kάlənàiz]	❶動 **inhabit, populate**	（動物などが）～にコロニーを作る、（植物が）群生する

▶ Fire ants **colonize** grasslands whereas carpenter ants tend to live in wooded areas.
（ヒアリは草地にコロニーを作るが、オオアリは樹木の茂った地域に生息する傾向がある）

colonize	❷動 **conquer**	～を植民地化する、～に入植する

▶ The Spanish were the first Europeans to **colonize** America.
（スペイン人は、アメリカに入植した初めてのヨーロッパ人だった）

☐ 0248 **affect** [əfékt]	動 **influence, impact, act on**	～に影響を与える

▶ The scientists are currently studying how climate **affects** marine animal populations.
（科学者たちは現在、気候が海の動物たちの個体数にどのような影響を与えるかを研究している）

最新傾向 affectには「～のふりをする」という意味もあります。affect a calmness「冷静を装う」。同義語問題ではpretend、assumeが出題されます。

☐ 0249 **speculation** [spèkjuléiʃən]	名 **supposition, conjecture, surmise**	憶測、推測 動 speculate

► There was much **speculation** in the office as to who the new employee would be.
(新入社員がどんな人かについて、職場では多くの憶測が飛び交った)

□ 0250 **compound** [kəmpáund]	動 **add to, intensify, worsen**	(困難などの) 度合いを増す、悪化させる

► The doctor said that scratching an insect bite would only **compound** the itchiness.
(医師は、虫刺されを引っかくとかゆみがひどくなるだけだと言った)

最新傾向 compoundは動詞だけではなく、「混合物」という意味の名詞としても使われます。a compound of copper and zinc「銅と亜鉛の混合物」。同義語問題ではmixture、blendが出題されます。

□ 0251 **fascinating** [fǽsənèitiŋ]	形 **extremely attractive, captivating, enthralling**	魅惑的な、うっとりさせる

► Jackson Pollock's paintings are characterized by **fascinating** combinations of colors and shapes.
(ジャクソン・ポロックの絵画は、色と形の魅惑的な組み合わせが特徴だ)

□ 0252 **constellation** [kɑ̀nstəléiʃən]	名 **collection, combination, group**	(人や物の) 群れ、集まり

► Jerusalem is a city that is known for its **constellation** of cultures.
(エルサレムは、諸文化が集まっていることで知られる都市だ)

□ 0253 **unconsolidated** [ʌ̀nkənsɑ́lədèitid]	形 **loose, incoherent**	統合されていない、(体積物が) 固まっていない

► Erosion rates are highest in places with **unconsolidated** soil.
(土地の浸食率は、土壌が未固結の場所で最も高くなる)

0254 **outstanding** [àutstǽndiŋ]	❶形 **excellent, remarkable, prominent**	傑出した、極めて優れた

▶The writer's speech was so **outstanding** that years later people still quote from it.
(その作家のスピーチはとても素晴らしかったので、何年もたったあとでも引用されている)

outstanding	❷形 **unpaid, unsettled, owing**	未解決の、未払いの

▶Susan has quite a few **outstanding** debts this month.
(スーザンには今月、未払いの負債がかなりたくさんある)

0255 **outcome** [áutkʌ̀m]	名 **result, consequence, conclusion**	結果

▶The researchers were surprised by the **outcome** of the psychology experiment.
(研究者たちは、その心理学の実験結果に驚いた)

0256 **document** [dάkjumənt]	名 **record, report, paper**	記録、文書

▶The archaeologists found ancient **documents** in a cave in the desert.
(考古学者たちは、砂漠にある洞窟で古文書を発見した)

最新傾向 documentは名詞だけではなく、「(文書で主張などを) 実証する」という意味の動詞としても使われます。document the corruption「不正行為を実証する」。同義語問題ではverify、supportが出題されるので一緒に覚えておきましょう。

0257 **intrinsically** [intrínsikəli]	副 **fundamentally, essentially**	本質的に、本来 形 intrinsic

▶Unlike money, gold and diamonds are considered to be **intrinsically** valuable.
(お金とは違って、金やダイアモンドは本質的に価値のあるものだと考えられている)

☐ 0258 **disputatious** [dìspjutéiʃəs]	⟳	形 **contentious, argumentative, quarrelsome**	論争好きな 動 dispute

▶ The disagreement got heated quickly because both people involved were highly **disputatious**.
（その言い争いは、当事者双方が非常に論争好きだったため、たちまち白熱した）

☐ 0259 **diverse** [dáivəːrs]	⟳	形 **varied, various, manifold; dissimilar**	多様な 名 diversity

▶ Russell's genius lies in getting people of **diverse** backgrounds to work together.
（ラッセルの天賦の才は、多様なバックグラウンドを持つ人たちを協力させることにある）

☐ 0260 **eerie** [íəri]	⟳	形 **odd, strange**	不気味な、異常な

▶ The book *1984* was an **eerie** prediction of the future.
（『1984年』という本は、不気味な未来予測だった）

☐ 0261 **tenuous** [ténjuəs]	⟳	形 **weak, insubstantial**	（根拠などが）弱い、薄弱な

▶ Germany provided a **tenuous** justification for its invasion of Poland in 1939.
（ドイツは、1939年のポーランド侵攻を正当化する薄弱な理由を提示した）

☐ 0262 **eradicate** [irǽdəkèit]	⟳	動 **(completely) remove, root up, extirpate, eliminate**	～を根絶する

▶ The US spends $50 billion per year trying to **eradicate** drug use.
（アメリカは、薬物使用を根絶しようとする取り組みに年間500億ドルを費やしている）

☐ 0263 **prone to**	⟳	熟 **susceptible to, likely to get**	～の（好ましくない）傾向がある、（病気）にかかりやすい

▶ Young children are **prone to** illness because their immune systems are not well developed.
（幼い子どもたちは、免疫系が十分に発達していないため、病気にかかりやすい）

□ 0264 **lodge** [lɑdʒ]	動 **embed, implant**	(弾丸などが) 入り込む、とどまる

▶ The meteor flew in from outer space and **lodged** in the rock.
(隕石が宇宙から飛来し、岩盤に食い込んだ)

□ 0265 **gather momentum**	熟 **make progress, gain impetus**	はずみがつく

▶ Business at the new book shop was slow at first, but soon it started to **gather momentum**.
(新しい書店事業は、最初は低迷していたが、すぐに勢いがつき始めた)

□ 0266 **viable** [váiəbl]	形 **able to survive**	生存可能な 名 viability

▶ A fetus is considered **viable** after it has endured 20 weeks inside the womb.
(胎児は子宮の中で20週間持ちこたえると、生存可能だと見なされる)

□ 0267 **impediment** [impédəmənt]	名 **obstacle, obstruction, barrier**	障害 動 impede

▶ If Ben puts his mind to something, no **impediment** can stop him from reaching his goals.
(ベンが何かに熱中すると、どんな障害も彼が目標を達成するのを止めることはできない)

□ 0268 **arid** [ǽrid]	形 **dry, barren, sterile, waterless**	(土地が) 乾燥した、不毛の 名 aridity

▶ To perform a construction project in an **arid** desert, a great amount of water is needed.
(乾燥した砂漠で建設プロジェクトを実施するためには、大量の水が必要だ)

最新傾向 aridとスペリングが似ているacridは「(匂いや味などが) 刺すような、辛い (pungent)」という意味。試験で間違わないように注意しましょう。

☐ 0269
credible [krédəbl]
形 **believable, reliable, plausible**
信用できる

▶Internet websites are not always **credible** sources of information.
(インターネットのウェブサイトは、必ずしも信用できる情報源であるわけではない)

☐ 0270
vacate [véikeit]
動 **abandon, evacuate, void**
～を立ち退く、明け渡す
形 vacant

▶The typhoon forced residents to **vacate** the area near the coast.
(その台風のために住民は沿岸地域から立ち退かざるをえなかった)

出題頻度レベル ★☆☆

☐ 0271
cushion [kúʃən]
動 **protect, buffer**
～を緩和する、保護する

▶Exercise shoes have a layer of foam that **cushions** the foot from the impact of running.
(運動用の靴には、走るときの衝撃から足を守る気泡ゴムの層がある)

☐ 0272
peculiar [pikjú:ljər]
❶形 **unique, distinct, particular**
独特の、固有の
名 peculiarity

▶The idiomatic expression is **peculiar** to the British dialect of the English language.
(その慣用表現は、英語の中でもイギリス方言に特有のものだ)

peculiar
❷形 **strange, unusual, odd**
変な、異常な

▶The zoologists were puzzled by the animal's **peculiar** behavior.
(動物学者たちは、その動物の奇妙な行動に当惑した)

☐ 0273
attributable to
熟 **caused by, ascribable to**
～のせいである、～に起因する

▶The World Health Organization stated that 12 percent of global deaths is **attributable to** smoking.
(世界保健機関は、全世界における死亡の12%が喫煙に起因すると表明した)

□ 0274 **enact** [inǽkt]	動 **make into law, establish, pass, adopt**	(法律)を制定する 名 enactment

▶The civil rights movement pressured Congress to **enact** a new law in 1964.
(公民権運動は、1964年にある新法を制定するよう議会に圧力をかけた)

最新傾向 enactは「～を上演する」という意味でも使われます。enact a play「演劇を上演する」。同義語問題ではstage、performが出題されるので一緒に覚えておきましょう。

□ 0275 **stratified** [strǽtəfàid]	形 **layered**	層化した、層状の

▶**Stratified** rock helps geologists determine the age of geological deposits.
(層状の岩盤は、地質学者が堆積物の地質学上の年代を特定するのに役立つ)

□ 0276 **with regard to**	熟 **in terms of, with respect to, concerning**	～に関して

▶Stricter regulations **with regard to** genetically modified foods are being considered.
(遺伝子組み換え食品に関して、さらに厳しい規制が検討されている)

□ 0277 **turbulent** [tə́ːrbjulənt]	形 **violent, agitated, tumultuous**	荒れ狂う、不穏な 名 turbulence

▶The increase in civil wars around the world is a sign of our **turbulent** times.
(世界中での内戦の増加は、今の不穏な時代の兆候だ)

□ 0278 **appraisal** [əpréizəl]	名 **evaluation, assessment, estimation**	評価、査定、見積もり

▶Employees are given formal **appraisals** every six months.
(従業員は、6カ月ごとに正式な査定がなされる)

□ 0279 **erroneous** [iróuniəs]	形 **wrong, incorrect, mistaken, false**	誤った、間違った

▶All of the team agreed that it was an **erroneous** conclusion.
(チーム全員が、それは誤った結論だということに同意した)

0280 **proponent** [prəpóunənt]

名 **supporter, advocate, adherent, partisan**

支持者、提案者

▶Huxley's grandfather was a famous biologist and **proponent** of Darwin's theories.
(ハクスリーの祖父は有名な生物学者で、ダーウィンの説の支持者だった)

0281 **absolute** [ǽbsəlù:t]

形 **unqualified, complete, utter**

絶対的な、完全な

▶Mr. Jones developed a worldwide reputation as an **absolute** expert in his field of study.
(ジョーンズ氏は、自身の研究分野での第一人者として世界的な評判を築いた)

最新傾向 unqualifiedには「資格のない」のほかに、「完全な」という意味もあります。an unqualified successで「文句なしの大成功」。

0282 **gratify** [grǽtəfài]

動 **satisfy, please**

～を喜ばせる、満足させる

▶With its new and unique sound, Beethoven's symphony **gratified** audiences in Vienna.
(新しい独特な音楽スタイルで、ベートーヴェンの交響曲はウィーンの聴衆を喜ばせた)

QUIZ

次の1～10の同義語をⓐ～ⓙから選びましょう。

1. remote	ⓐ abandon, evacuate, void
2. incompatible	ⓑ distant, secluded, removed
3. application	ⓒ odd, strange
4. diverse	ⓓ start, begin, initiate
5. inordinate	ⓔ varied, various, manifold
6. ultimately	ⓕ obstacle, obstruction, barrier
7. launch	ⓖ excessive, exorbitant, undue
8. impediment	ⓗ use, utilization, employment
9. vacate	ⓘ eventually, finally, in the end
10. eerie	ⓙ in conflict, discrepant, contradictory

1.ⓑ **2.**ⓙ **3.**ⓗ **4.**ⓔ **5.**ⓖ **6.**ⓘ **7.**ⓓ **8.**ⓕ **9.**ⓐ **10.**ⓒ

DAY 1-5 Review TEST

次の英文の下線部の語と最も意味の近いものを（A）～（D）の中からひとつ選びましょう。解答は次のページに掲載しています（解答は赤シートで消すことができます）。

1. After the long drought, heavy rains replenished the lakes and ponds in the region.
(A) increased (B) elevated (C) refilled (D) located

2. The Chicago Tribune began publishing newspapers in 1847, but its oldest extant copy is from 1850.
(A) remaining (B) present-day (C) contributing (D) pervasive

3. Because of the very warm summer, many of the glaciers on the mountain are virtually gone.
(A) nearly (B) barely (C) definitely (D) promptly

4. The Rocky Mountain locust is an extinct species of insect that once ravaged crops in the US.
(A) utilized (B) devastated (C) suppressed (D) reduced

5. On December 7, 1941, Japan launched simultaneous attacks on Pearl Harbor and the Philippines.
(A) concurrent (B) successful (C) unexpected (D) intentional

6. The contention that high taxes have a negative impact on the economy is controversial.
(A) estimation (B) proposal (C) debate (D) contradiction

7. The alleged health benefits of fasting have not been confirmed by medical professionals.
(A) supposed (B) distinctive (C) famous (D) significant

8. In coastal areas, the ensuing tidal wave causes more damage than the earthquake itself.
(A) developing (B) destructive (C) following (D) initial

9. Concern about pesticide residues has made organic fruits and vegetables popular with consumers.
(A) procedures (B) outbreaks (C) remnants (D) dimensions

10. Many states have enacted laws to halt the trade of African ivory.
(A) passed (B) assaulted (C) considered (D) abolished

解答と訳

正解のあとの数字は、見出し語の通し番号を表しています。

1. (C) 0005
長い干ばつのあと、大雨が降ってその地域の湖や池を再び満たした。

2. (A) 0034
シカゴ・トリビューンは1847年に新聞の発行を開始したが、現存する最も古い発行物は1850年のものだ。

3. (A) 0058
たいへん温暖な夏のせいで、その山では氷河の多くがほぼ消失している。

4. (B) 0109
ロッキートビバッタは、アメリカでかつて作物を荒らした絶滅種の昆虫だ。

5. (A) 0114
1941年12月7日、日本は真珠湾とフィリピンへの同時攻撃を開始した。

6. (C) 0158
高い税金は経済にマイナスの影響を及ぼすという主張は、意見が分かれる。

7. (A) 0177
一般に言われている断食の健康効果は、医療の専門家らによる裏づけがなされていない。

8. (C) 0192
沿岸地域では、地震そのものよりも、続いて起こる津波がもたらす被害のほうが大きい。

9. (C) 0236
残留農薬の不安から、消費者の間で有機栽培の果物や野菜が人気になっている。

10. (A) 0274
多くの州が、アフリカ産象牙の取引を中止させる法律を制定している。

出題頻度レベル ★★★

□ 0283 **disperse** [dispə́:rs]	動 scatter, dissipate; spread, disseminate	～を分散させる 名 dispersal

▶ The smoke from the fire was rapidly **dispersed** by the strong winds.
（火災の煙は、強風ですぐに消散した）

□ 0284 **adjacent** [ədʒéisnt]	形 nearby, neighboring, adjoining	隣接した

▶ In addition to the World Trade Center, **adjacent** buildings were damaged on 9/11.
（世界貿易センターだけでなく、隣接する建物も9月11日の攻撃で被害を受けた）

□ 0285 **sequence** [sí:kwəns]	❶名 progression, series, string, succession	連続 副 sequentially

▶ A **sequence** of political events in the West caused war to break out.
（西洋での一連の政治的な出来事が引き金となって戦争が勃発した）

sequence	❷名 order	順序

▶ The **sequence** of the dance steps should be followed exactly.
（ダンスのステップの順序には正確に従うべきだ）

□ 0286 **detect** [ditékt]	動 discover, find, identify, recognize, sense	～を見つける、検出する

▶ The scientists **detected** a trace of toxic chemicals in the city's water supply.
（科学者たちは、その都市の給水設備で微量の有毒な化学物質を検出した）

最新傾向 detectとスペリングも発音も似ているdefectは「欠点（shortcoming、blemish）」という意味。混同しないように注意しましょう。

□ 0287
flexible [fléksəbl]
形 pliable, bendable; adaptable, adjustable
柔軟な；適応性のある
名 flexibility

▶ The tongue is a **flexible** organ that helps produce a wide variety of sounds.
(舌は、さまざまな音を出すのに役立つ柔軟な器官だ)

□ 0288
surpass [sərpǽs]
動 exceed, outrun, be higher than, excel
～を超える

▶ The student's art project **surpassed** the teacher's expectation.
(その学生のアート作品は、教師の期待を超えるものだった)

□ 0289
invariable [invέəriəbl]
形 constant, consistent, unchanging
不変の、一定の
副 invariably

▶ There has been an **invariable** struggle for justice in Cuba since the 1950s.
(1950年代以降、キューバでは正義を求める不変の闘いが続いている)

□ 0290
dramatic [drəmǽtik]
形 striking, significant, impressive
劇的な
副 dramatically

▶ Alaska has **dramatic** changes in temperature throughout the year.
(アラスカでは、年間を通して気温の劇的な変化がある)

□ 0291
master [mǽstər]
❶動 learn thoroughly, learn, acquire
～を習得する、マスターする
名 mastery

▶ Amanda has **mastered** several languages, including French and German.
(アマンダは、フランス語やドイツ語を含む複数の言語を習得してきた)

master
❷動 control, manage
～を征服する、～に打ち勝つ

▶ Chris **mastered** his fear of water and eventually became a good swimmer.
(クリスは水に対する恐れを克服し、最終的には上手に泳げるようになった)

□ 0292
assimilate [əsíməlèit]
動 absorb, take in, digest
～を吸収する、理解する

▶The research indicates that the human mind can **assimilate** languages most rapidly before the age of seven.
（人間の頭脳は7歳になるまでが最も速く言語を自分のものにすることができることを、その研究は示している）

最新傾向 assimilateには「～を同化させる、適合させる」という意味もあります。assimilate immigrants to British culture「移民をイギリス文化に同化させる」。同義語問題ではaccommodate、adjustが出題されるので一緒に覚えておきましょう。

□ 0293 **overwhelming** [òuvərhwélmiŋ]	形 **powerful, enormous, compelling, tremendous**	圧倒的な

▶Due to the **overwhelming** evidence, the jury convicted the man of the crime.
（決定的な証拠により、陪審はその男性に有罪を宣告した）

□ 0294 **curious** [kjúəriəs]	❶形 **inquisitive, questioning, inquiring**	好奇心の強い、せんさく好きな

▶A child who is **curious** about the world will often do well in school.
（世の中について好奇心のある子どもは、学校でも成績がよいことが多い）

curious	❷形 **strange, mysterious, extraordinary**	不思議な、変わった

▶The Bermuda Triangle is believed to be the site of many **curious** events.
（バミューダ・トライアングルは、不思議な出来事が数多く起こる場所だと思われている）

□ 0295 **alteration** [ɔ:ltəréiʃən]	名 **change, modification**	変更、修正 動 alter

▶The tailor made an **alteration** to Kelly's wedding dress allowing it to drape more loosely about her shoulders.
（その仕立て屋は、ケリーのウエディングドレスを手直しして、肩のあたりにもっとゆったりとしたドレープが出るようにした）

最新傾向 alterationとスペリングが似ているaltercationは「言い争い（argument、contention）」という意味。試験で間違わないように注意しましょう。

☐ 0296 **consequence** [kάnsəkwèns]	❶名 **result, effect, ramification, outcome**	結果、成り行き 形 consequent 副 consequently

▶The economic depression in the US was unique in its **consequences**.
（そのアメリカの経済不況は、特異な結果をもたらした）

consequence	❷名 **importance, significance**	重大性、重要さ

▶Electing a president is a decision of great **consequence** for a country.
（大統領を選ぶことは、国にとって重大な決定だ）

☐ 0297 **deceive** [disí:v]	動 **mislead, delude, cheat**	～をだます

▶The company was accused of engaging in a deliberate effort to **deceive** its shareholders.
（その会社は、株主を故意に欺こうとしたとして告発された）

☐ 0298 **ample** [æmpl]	❶形 **sizable, large, spacious, vast**	広い、広大な

▶The backyard of the house has **ample** room for a swimming pool and a large garden.
（その家の裏庭には、プールと広い庭が造れる広大なスペースがあった）

ample	❷形 **plentiful, abundant, more than enough**	十分な、豊富な

▶Richard stocks his refrigerator with an **ample** supply of food and beverages for unexpected guests.
（リチャードは、急な来客に備えて冷蔵庫にたくさんの食べ物と飲み物を入れている）

☐ 0299 **resilient** [rizíljənt]	形 **quick to recover, easy to recover**	回復の早い

▶After injury, young people are usually more **resilient** than old people.
（けがのあと、若者はふつう高齢者よりも早く回復する）

出題頻度レベル ★★★

□ 0300 **detach** [ditǽtʃ]	動 **separate, disconnect, disengage**	～を取り外す、～を引き離す

▶ The inner lining of the coat can be **detached** to make the coat less bulky.
（そのコートの裏地は、かさばらないように取り外すことができる）

最新傾向 detachの名詞形 detachmentには「分離」のほかに、「無関心」という意味もあります。同義語問題ではunconcern、indifferenceが出題されます。

□ 0301 **account** [əkáunt]	名 **description, report, narrative**	記述、報告、話

▶ John Reed wrote a famous **account** of the Russian Revolution.
（ジョン・リードは、ロシア革命についての有名な報告を記した）

□ 0302 **equilibrium** [ì:kwəlíbriəm]	名 **balance, symmetry**	釣り合い、均衡

▶ A market is considered to be stable when supply and demand are in **equilibrium**.
（需要と供給のバランスが取れているとき、市場は安定していると考えられる）

□ 0303 **surmise** [sərmáiz]	動 **infer, guess, speculate, suspect**	～を推量する、推測する

▶ Without any hard evidence to rely upon, researchers can only **surmise** how the death of King Tutankhamen occurred.
（信頼すべき確証がまったくないため、研究者たちはツタンカーメン王がどのようにして死んだのか、推測することしかできない）

□ 0304 **unsuitable** [ʌnsú:təbl]	形 **inappropriate, unfit, improper**	不適切な、不相応な

▶ Films that are rated R are **unsuitable** for children under the age of 17.
（R指定の映画は、17歳未満の子どもにはふさわしくない）

□ 0305 **imaginative** [imǽdʒənətiv]	形 creative, inventive, original	想像力に富む

▶ **Imaginative** people often find unconventional solutions to difficult problems.
（想像力に富む人々はよく、難しい問題に対して型にはまらない解決策を見つける）

□ 0306 **imposing** [impóuziŋ]	形 impressive, striking	印象的な、堂々とした

▶ The Empire State Building is an **imposing** structure situated in the heart of New York City.
（エンパイア・ステート・ビルは、ニューヨーク市の中心部に位置する印象的な建造物だ）

□ 0307 **vitality** [vaitǽləti]	名 energy, liveliness, vigor	活力、元気 形 vital

▶ A person's **vitality** is affected by what he or she eats and how much sleep he or she gets.
（人の活力は、食べるものや睡眠時間に影響される）

□ 0308 **vehicle** [ví:ikl]	名 means, medium, instrument	（目的達成の）手段、媒体

▶ In democracies, voting is the primary **vehicle** for social change.
（民主主義国家において、投票は社会変革のための主要な手段だ）

□ 0309 **hitherto** [híðərtù:]	副 previously, so far, until now	今まで、従来

▶ The rose bushes that had **hitherto** looked dead suddenly produced flowers.
（それまで枯れたように見えていたバラの茂みが突然花を咲かせた）

□ 0310 **plague** [pleig]	動 cause a problem for, bother, annoy	～を悩ます、困らせる

▶ Frequent delays **plagued** the construction project, but finally it was completed.
（たびたびの遅れがその建設計画の悩みの種だったが、ようやく完成した）

最新傾向 plagueは動詞だけではなく、「伝染病」という意味の名詞としても使われます。deaths caused by plague「伝染病による死亡」。同義語はepidemic、infectionが出題されるので一緒に覚えておきましょう。

0311 **domain** [douméin]	名 **area, field**	分野、領域

▶ In the **domain** of art, nobody is more famous than Leonardo da Vinci.
（芸術の分野では、レオナルド・ダ・ヴィンチよりも有名な人はいない）

0312 **indifferent** [indífərənt]	形 **uninterested, unconcerned, careless**	無関心な

▶ Many of Thomas Edison's inventions did not succeed because the public was **indifferent**.
（一般の人々が関心を示さなかったため、トマス・エジソンの発明品の多くは不発に終わった）

0313 **champion** [tʃǽmpiən]	動 **support, promote, advocate, endorse**	～を擁護する、支持する

▶ John Dewey **championed** the idea that students should actively participate in the learning process.
（ジョン・デューイは、生徒が学習プロセスに積極的に参加するべきだという考え方を支持した）

0314 **deteriorate** [ditíəriərèit]	動 **get worse, degenerate**	悪化する

▶ My grandmother's health **deteriorated** last year, but she's much better now.
（私の祖母の健康状態は昨年悪化したが、今はだいぶよくなった）

0315 **assault** [əsɔ́:lt]	動 **attack, aggress, assail**	～を強襲する、～に暴行する

▶ John was arrested last night because he **assaulted** his neighbor during a noise dispute.
（ジョンは昨夜、騒音をめぐって言い争いをしている最中に近所の人に暴行を加えたため、逮捕された）

□ 0316 **appropriate** [əpróupriət]	形 suitable, proper, applicable	適切な、ふさわしい

▶Brittany's clothes were not **appropriate** for a job interview.
（ブリトニーの服装は、就職面接にはふさわしくなかった）

□ 0317 **adept** [ədépt]	形 skillful, proficient, deft, adroit	巧みな、熟練した

▶The restaurant's new chef is **adept** at preparing both Italian and French cuisine.
（そのレストランの新しいシェフは、イタリア料理とフランス料理のどちらを作るのもうまい）

最新傾向 adeptとスペリングも発音も似ているadaptは「適応する（adjust、accommodate）」という意味。混同しないように注意しましょう。

□ 0318 **indeed** [indí:d]	副 in truth, in fact	実に、実は

▶**Indeed**, technological innovations have dramatically reduced the demand for manual labor.
（実際、技術革新は肉体労働の需要を大幅に減らしてきた）

□ 0319 **pursuit** [pərsú:t]	名 interest, pastime, hobby	娯楽、趣味 動 pursue

▶**Pursuits** such as playing cards or reading books can prevent dementia in the elderly.
（トランプや読書などの娯楽は、高齢者の認知症を予防する可能性がある）

最新傾向 pursuitは「追求」という意味でもよく使われます。the pursuit of happiness「幸福の追求」。同義語はsearch、questが出題されるので一緒に覚えておきましょう。

□ 0320 **incite** [insáit]	動 stimulate, provoke, inflame, spur	（人や感情）を奮い立たせる、駆り立てる

▶The love poem **incited** Todd's emotions and he asked his girlfriend to marry him.
（その恋愛詩はトッドの感情をあおり、彼は恋人に結婚を申し込んだ）

0321 **guarantee** [gæ̀rəntíː]

動 **ensure, secure, warrant** 〜を保証する

▶The linking of medical institutions will **guarantee** better health care systems.
（医療機関の連携は、よりよい医療システムを保証するだろう）

0322 **prosperity** [prɑspérəti]

名 **economic well-being, wealth, fortune** 繁栄、隆盛
動 prosper

▶In the 1800s, economic freedom brought the US great **prosperity**.
（1800年代、経済的自由はアメリカに大きな繁栄をもたらした）

0323 **primarily** [praimérəli]

❶副 **mostly, mainly, chiefly** 主に

▶Members of the country club were **primarily** wealthy old men.
（そのカントリークラブの会員は、主に裕福な年配の男性だった）

primarily

❷副 **originally, at first, initially** もともとは、最初は

▶The Republican Party was **primarily** created to stop the spread of slavery.
（共和党はもともと、奴隷制の拡大を阻止するために作られた）

0324 **erupt** [irʌ́pt]

動 **explode, burst, blow up** 爆発する、噴火する

▶In 1980, Mount St. Helens **erupted** and destroyed the surrounding forest.
（1980年、セント・ヘレンズ山が噴火し、周辺の森林を破壊した）

出題頻度レベル ★★★

0325 **trace** [treis]

名 **evidence, vestige, imprint, mark** 痕跡、形跡；少量

▶The results of the blood test showed **traces** of an illegal drug in the patient's blood.
（血液検査の結果、その患者の血液からは違法薬物を使った痕跡が検出された）

最新傾向 traceは名詞だけではなく、「～を追跡する」という意味の動詞としても使われます。trace the suspicious man「不審な男を追跡する」。同義語問題ではtrack down、trailが出題されます。

□ 0326 **prestigious** [prestídʒəs]	形 **highly regarded, esteemed, respected**	名声のある、一流の

▶ Harvard University is one of the most **prestigious** colleges in North America.
（ハーバード大学は、北米で最も権威ある大学の1つだ）

□ 0327 **shape** [ʃeip]	動 **affect, form, influence**	～を形づくる、決定づける

▶ Experiences that occur during childhood can **shape** a person's personality.
（子どものころの経験は、人の人格を決定づける可能性がある）

□ 0328 **inflict** [inflíkt]	動 **cause, administer, exact**	（嫌なこと）を与える、負わせる

▶ Harsh weather can **inflict** serious damage on fruit crops.
（苛酷な天候は、果物の収穫に深刻な被害を与えることがある）

□ 0329 **portion** [pɔ́:rʃən]	名 **part, segment, fragment**	部分、一部

▶ Some **portions** of the massive sculpture are made of metal, while others are made of stone.
（その巨大な彫刻は、金属でできている部分もあれば、石でできている部分もある）

□ 0330 **coincidence** [kouínsidəns]	名 **chance happening**	（偶然の）一致、合致

▶ According to the police, the suspect's presence during the robbery was a **coincidence**.
（警察によると、強盗事件のときに容疑者がそこに居合わせたのは単なる偶然だった）

☐ 0331
propel [prəpél]

動 push, force, drive, impel

～を駆り立てる

▶ The store's security guard **propelled** the unruly customer out the door.
(その店の警備員は、言うことをきかない客をドアの外へ押し出した)

☐ 0332
thoroughly [θə́:rouli]

副 completely, entirely

徹底的に、すっかり
形 thorough

▶ The professor covered the collapse of the Mayan civilization **thoroughly** in class.
(教授は授業でマヤ文明の崩壊を余すところなく取り上げた)

☐ 0333
contemplate [kάntəmplèit]

動 consider, ponder

～をじっくり考える、熟考する

▶ John accepted a teaching position in Vancouver while he **contemplated** the future.
(ジョンは将来のことを考える間、バンクーバーで教員の仕事を引き受けた)

☐ 0334
unethical [ʌnéθikəl]

形 improper, immoral

非倫理的な

▶ The students protested against the **unethical** treatment of animals by researchers.
(学生たちは、研究者たちによる動物の非倫理的な扱いに抗議した)

☐ 0335
replicate [réplikèit]

動 reproduce, copy, duplicate

～を複製する、再現する

▶ Janine tried to **replicate** the clothing style she saw in a fashion magazine.
(ジェニーンは、ファッション誌で見た服のスタイルを再現しようとした)

☐ 0336
hasty [héisti]

形 hurried, rushed

急いだ、あわただしい
動 hasten

▶Overwhelmed by the Russian winter, Napoleon's army performed a **hasty** retreat out of the country.
（ナポレオン軍はロシアの冬に圧倒され、急いでロシア国外に撤退した）

□ 0337 **representative** [rèprizéntətiv]	形 indicative; typical, exemplary	表現する；代表する 動 represent

▶The fact that many celebrities attended the award show was **representative** of its importance.
（多くの有名人がその授賞式に出席したという事実は、その重要性を示すものだった）

最新傾向 representativeは形容詞だけではなく、「代表（者）」という意味で名詞としても使われます。the Japanese representative「日本代表」。同義語はdelegateが出題されるので一緒に覚えておきましょう。

□ 0338 **range** [réindʒ]	名 scope, spectrum, extent	範囲

▶With the invention of the Internet, the **range** of media sources increased dramatically.
（インターネットの発明で、メディアの情報源の範囲が劇的に拡大した）

DAY 6

QUIZ

次の1～10の同義語をⓐ～ⓙから選びましょう。

1. resilient	ⓐ striking, significant, impressive
2. assimilate	ⓑ exceed, outrun, be higher than
3. adept	ⓒ evidence, vestige, imprint
4. appropriate	ⓓ consider, ponder
5. contemplate	ⓔ quick to recover, easy to recover
6. adjacent	ⓕ absorb, take in, digest
7. dramatic	ⓖ support, promote, advocate
8. champion	ⓗ nearby, neighboring, adjoining
9. trace	ⓘ skillful, proficient, deft
10. surpass	ⓙ suitable, proper, applicable

1.ⓔ **2.**ⓕ **3.**ⓘ **4.**ⓙ **5.**ⓓ **6.**ⓗ **7.**ⓐ **8.**ⓖ **9.**ⓒ **10.**ⓑ

出題頻度レベル ★★★

□ 0339 **considerable** [kənsídərəbl]	❶形 **substantial, a large amount of, large**	かなりの、相当な 副 considerably

▶Plankton is gaining **considerable** interest among marine scientists.
（プランクトンは、海洋科学者たちの間で多大な関心を集めている）

considerable	❷形 **meaningful, significant**	注目すべき、重要な

▶For Pavlov, winning the Nobel Prize was a **considerable** achievement.
（パブロフにとって、ノーベル賞を受賞したことは重要な成果だった）

□ 0340 **dominate** [dámənèit]	❶動 **control, govern, rule**	～を支配する

▶The Spartans were a strong military force that **dominated** Ancient Greece.
（スパルタ人は古代ギリシャを支配した強力な軍事集団だった）

dominate	❷動 **be widespread in**	～で優位を占める

▶Pro-gun attitudes **dominate** many states in the US.
（銃の所持に賛成する考え方がアメリカの多くの州で優勢になっている）

最新傾向 dominateの名詞形 dominanceは、「優位、優勢」という意味。同義語問題ではascendancy、supremacyが出題されるので一緒に覚えておきましょう。

☐ 0341 **ratio** [réiʃou]	名 **proportion, rate, percentage**	割合

▶The **ratio** of women in the workforce is higher than ever.
（労働人口における女性の割合は、かつてないほど高い）

☐ 0342 **duplicate** [djúːplikèit]	❶動 **copy, reproduce, imitate**	～を複製する、～の写しを取る

▶It is considered stealing to illegally **duplicate** a copyrighted work without permission.
（著作権のある作品を無許可で違法に複製することは窃盗と見なされる）

duplicate	❷動 **repeat**	～を繰り返す

▶The baseball team won the championship last year, and they **duplicated** that success this year.
（その野球チームは昨年優勝し、今年もその成功を繰り返した）

☐ 0343 **barely** [béərli]	❶副 **hardly, scarcely, almost not**	ほとんど～ない

▶There has been **barely** any evidence that taking zinc helps prevent colds.
（亜鉛の摂取が風邪の予防に効果があるという証拠は、これまでほとんどなかった）

barely	❷副 **just, only just**	かろうじて、やっと

▶We arrived **barely** in time to see the beginning of the performance.
（私たちは公演を始めから見るのにぎりぎり間に合って到着した）

☐ 0344 **strew** [struː]	動 **scatter, sprinkle, disperse**	～をばらまく、まき散らす

▶The tsunami **strewed** debris over several miles of shoreline.
（津波は、数マイルにわたって海岸線にがれきを散乱させた）

0345
legitimately [lidʒítəmətli]

副 properly, lawfully, legally

合法的に

▶The president was elected **legitimately** through a nationwide vote.
（大統領は、全国での投票によって合法的に選ばれた）

最新傾向 legitimatelyの形容詞形 legitimateには「合法の」のほかに、「論理的な、筋の通った」という意味もあります。同義語問題ではreasonable、logicalが出題されるので一緒に覚えておきましょう。

0346
encapsulate [inkǽpsjulèit]

動 summarize, sum up, condense

～を要約する

▶The paper includes a concluding paragraph that **encapsulates** the main points.
（そのレポートには、主な論点を要約した結論の段落が含まれている）

0347
relatively [rélətivli]

副 comparatively, by comparison

比較的（に）
形 relative

▶Roses have a **relatively** stronger fragrance than sunflowers.
（バラはヒマワリよりも比較的強い香りがある）

0348
hazard [hǽzərd]

名 risk, danger, peril, jeopardy

危険
形 hazardous

▶Reduced regulation created **hazards** to public health and safety.
（規制緩和は、公衆の健康と安全に危険をもたらした）

0349
paramount [pǽrəmàunt]

形 supreme, prime, chief

最高の、最も重要な

▶The company's **paramount** concern was its declining sales.
（その会社の最大の懸念事項は、売上の低下だった）

□ 0350 **unwieldy** [ʌnwíːldi]	形 **difficult to manage, awkward**	扱いにくい、手に負えない

▶ Heavy vehicles such as trucks and tractors can be **unwieldy** to operate.
(トラックやトラクターのような大型車両は、運転にてこずることがある)

最新傾向 awkwardには「ぎこちない」のほかに、「扱いにくい」という意味もあります。the ship's awkward size「(大きすぎて) 船の扱いにくいサイズ」。

DAY 7

□ 0351 **subsequent** [sʌ́bsikwənt]	形 **succeeding, following, later, following in time**	その次の、それに続く 副 subsequently

▶ The first earthquake was strong, but luckily the **subsequent** ones were weak.
(最初の地震は強かったが、幸いその後の余震は弱かった)

□ 0352 **striking** [stráikiŋ]	形 **noticeable, remarkable, attention-getting**	目立つ、著しい 副 strikingly

▶ There was a **striking** difference in the building's appearance after the renovation.
(その建物の外観は、改修で著しく変わった)

□ 0353 **extended** [iksténdid]	形 **long-lasting, prolonged**	延長された、長期の

▶ Images of Venus indicate that the planet may have had **extended** periods of geological activity.
(金星の画像は、その惑星に長期にわたる地質学的活動があったかもしれないことを示している)

□ 0354 **ephemeral** [ifémərəl]	形 **short-lived, living for a short time; temporary**	短命の; つかの間の

▶ A mayfly is an **ephemeral** insect that has a lifespan of less than 48 hours.
(カゲロウは、寿命が48時間に満たない短命の昆虫だ)

□ 0355 **rigid** [rídʒid]	❶形 **strict, exact, severe, rigorous**	厳正な、厳格な 副 rigidly

▶The rules at the military boot camp are so **rigid** that many drop out on the first day.
（新兵訓練キャンプの規則はとても厳格なので、多くの人が初日で脱落する）

rigid	❷形 **stiff, hard, firm**	固い、硬直した

▶When Ted heard the news, his whole body went **rigid** with shock.
（テッドはその知らせを聞いたとき、ショックで全身が硬直した）

出題頻度レベル ★★★

□ 0356 **chief** [tʃi:f]	形 **major, main, primary, principal**	主な、最重要の

▶Victorian writer Alfred Lord Tennyson was a **chief** influence on the poet T.S. Eliot.
（ビクトリア期の作家アルフレッド・テニスン卿は、詩人T・S・エリオットに多大な影響を与えた）

最新傾向 chiefは形容詞だけではなく、「（組織の）長」という意味の名詞としても使われます。the chief of a family「家の長」。同義語にはleader、headがあります。

□ 0357 **severity** [səvérəti]	名 **seriousness**	深刻さ、重大さ 形 severe 副 severely

▶The effects of black widow spider bites vary widely in **severity**, from mild skin irritation to death.
（クロゴケグモに噛まれた影響は重症度の幅が広く、軽い皮膚炎で済むこともあれば死に至ることもある）

0358 **typical of**

熟 **characteristic of, representative of**

～に典型的な、～を代表する

▶ Family-owned stores were **typical of** nineteenth-century American commercial establishments.
（家族経営の店は、19世紀のアメリカの商店を象徴するものだった）

0359 **enable** [inéibl]

動 **allow, permit, facilitate**

～に（…することを）可能にさせる

▶ Smartphones **enable** people to share information with others easily.
（スマートフォンは、人々が他人と簡単に情報を共有し合えるようにする）

0360 **empirical** [impírikəl]

形 **based on observation, experimental**

実験に基づいた、経験による

▶ The scientists studied the rats' movements in order to gain **empirical** evidence about their behavior.
（科学者たちは、ラットの行動について実験に基づく証拠を得るためにその動きを研究した）

0361 **controversy** [kántrəvə̀ːrsi]

名 **dispute, debate, disagreement, contention**

論争、議論
形 controversial

▶ How to distribute education funding is a **controversy** in many school districts.
（教育資金をどのように割り振るかは、多くの学校区で論争になる）

0362 **accomplish** [əkámpliʃ]

動 **achieve, execute, work out, put through**

～を達成する、成し遂げる

▶ To **accomplish** its plan for a new building, the community center must raise a lot of money.
（新しい建物の計画を実現するために、公民館はたくさんのお金を集めなければならない）

0363 **set** [set]	❶形 **fixed, settled**	(あらかじめ) 決まった、所定の

▶ Doctors recommend sticking to a **set** sleeping schedule in order to get good rest.
(医師たちは、しっかり休息を取るために決められた睡眠スケジュールを守ることを推奨している)

set	❷動 **situate, place, put**	～を置く

▶ The movers will **set** the furniture inside the house.
(引っ越し業者は、家の中に家具を配置するだろう)

0364 **lag** [læg]	名 **delay**	遅れ、時間差

▶ There is a slight **lag** between the transmission and reception of an electronic signal.
(電子信号の送信と受信の間にはわずかな時間差がある)

最新傾向 lagは名詞だけではなく、「ぐずぐずする」という意味の動詞としても使われます。lag at the station「駅でぐずぐずする」。同義語問題ではlinger、dawdleが出題されるので一緒に覚えておきましょう。

0365 **exude** [igzú:d]	動 **give off, release, emit**	～をにじみ出させる、発散する

▶ Human skin **exudes** sweat as a cooling mechanism.
(人間の皮膚は、身体を冷やすメカニズムとして汗を出す)

0366 **interplay** [íntərplèi]	名 **interaction, reciprocity**	相互作用

▶ The **interplay** of supply and demand helps determine the price of goods.
(需要と供給の相互作用がものの値段の決定を促す)

□ 0367 **precede** [prisí:d]	動 **come before, antecede, forerun**	～に先立つ、～の前に起こる

▶ A recovery in airline stocks typically **precedes** a rebound in the economy.
(通常、景気の回復の前に航空会社の株価の回復が起こる)

□ 0368 **manipulation** [mənipjuléiʃən]	名 **deliberate alteration**	巧妙な操作、ごまかし、改ざん 動 manipulate

▶ The **manipulation** of people's personal information without consent is a criminal offense.
(同意なく人の個人情報を改ざんすることは、犯罪行為である)

□ 0369 **dry** [drai]	形 **arid, rainless, parched**	乾燥した 名 dryness

▶ Mars has a very **dry** environment, although some frozen water lies below the surface.
(火星の表面の下には凍結した水があるが、とても乾燥した環境だ)

□ 0370 **assist with**	熟 **help with, aid, support**	～を助ける、手伝う

▶ Financial advisors **assist with** managing and increasing their clients' personal wealth.
(金融アドバイザーは、クライアントの個人資産を管理し増やすのを手助けする)

□ 0371 **acute** [əkjú:t]	形 **severe, intense, extreme**	激しい、ひどい、深刻な

▶ The Environmental Protection Agency has documented many cases of **acute** injury and death from fires.
(環境保護庁は、火災による重傷と死亡の多くの事例を記録してきた)

最新傾向 acuteには「鋭い」という意味もあります。an acute observation「鋭い観察」。同義語問題ではkeen、sharpが出題されます。

□ 0372 **article** [ɑ́ːrtikl]	名 **object, item, thing**	品物、品

▶ Every single **article** in the museum is more than a thousand years old.
(その博物館に収蔵されている品はどれもみな千年以上前のものだ)

□ 0373 **scrutiny** [skrúːtəni]	名 **close observation, examination, inspection**	綿密な調査、精査 動 scrutinize

▶ After much **scrutiny**, experts determined that the painting was authentic.
(徹底的な精査ののち、専門家はその絵画が本物であると断定した)

□ 0374 **recompense** [rékəmpèns]	名 **repayment, compensation**	報酬、補償

▶ Bobby offered to mow his neighbor's lawn as **recompense** for accidentally breaking her window with his baseball.
(ボビーは近所の人に、野球のボールで誤って窓を割ってしまった代償として芝生を刈ることを申し出た)

□ 0375 **reflect** [riflékt]	❶動 **show, indicate, display, demonstrate**	～を反映する、表す

▶ Chants of "Encore!" **reflected** the crowd's enjoyment of the performance.
(「アンコール！」の合唱は、演奏に対する聴衆の喜びを表していた)

reflect	❷動 **meditate, think, consider, ponder**	(～を) よく考える

▶ Casey needed some time to **reflect** before making her decision.
(キャシーは、決断を下す前にじっくり考える時間が必要だった)

DAY 7

☐ 0376 **immeasurably** [iméʒərəbli]	副 **greatly, extremely**	計り知れないほど

▶ Quality of life has improved **immeasurably** because of modern technology.
（生活の質は、現代技術のおかげで計り知れないほど向上してきた）

☐ 0377 **rudiments** [rúːdəmənts]	名 **basics, elements, fundamentals**	基本、基礎

▶ George mastered the **rudiments** of Russian grammar in one year.
（ジョージはロシア語文法の基礎を1年でマスターした）

☐ 0378 **mortality** [mɔːrtǽləti]	名 **death**	死亡、死ぬ運命

▶ In the 19th century, world **mortality** rates declined due to advances in medicine.
（19世紀、医学の進歩により世界の死亡率は低下した）

最新傾向 mortalityの形容詞形 mortalは、「致命的な」という意味。同義語問題ではlethal、fatalが出題されるので一緒に覚えておきましょう。

☐ 0379 **awkward** [ɔ́ːkwərd]	形 **clumsy, unskillful**	ぎこちない

▶ A child's **awkward** first steps are an important milestone in his or her physical development.
（子どものぎこちない最初の歩みは、その子の身体的な発達における重要な節目だ）

0380 **constrain** [kənstréin]

❶動 oblige, bind, force, pressure ～を強いる

▶The threat of social exclusion **constrains** people to behave in culturally acceptable ways.
(社会で排除されることへの恐れは、人々に文化的に受け入れられる仕方で振る舞うよう強いる)

constrain

❷動 inhibit, restrain, restrict ～を抑圧する、抑制する

▶The country's economic growth was **constrained** by a high level of inflation.
(その国の経済成長は、高レベルのインフレーションによって抑制された)

0381 **turmoil** [tə́ːrmɔil]

名 unrest, agitation, stir 混乱、騒動

▶When the electricity went out across the city, it created **turmoil** among the residents.
(その都市全体が停電になり、住民に混乱を引き起こした)

出題頻度レベル ★☆☆

0382 **property** [prápərti]

❶名 characteristic, character, quality 属性、特性

▶Professor Kim discussed the **properties** of gas molecules in detail during the lecture.
(キム教授は講義中、気体分子の特性について詳細に論じた)

property

❷名 estate, possession, havings 財産、所有物、私有地

▶Albert lost all of his **property** in the fire.
(アルバートは火災で全財産を失った)

0383 **fuel** [fjúːəl]	動 give energy to; encourage	～に燃料［動力］を供給する

▶Coal **fueled** the engines used in the steamships of the 19th century.
（石炭は、19世紀の蒸気船に使われていたエンジンに動力を供給していた）

最新傾向 同類語のencourageには「～を激励する」のほかに、「～を助長する」という意味もあります。encourage the revolution「革命を助長する」。

0384 **majestic** [mədʒéstik]	形 magnificent, grand, august	威厳のある、雄大な

▶The bald eagle is so **majestic** that the US made the animal its national bird.
（ハクトウワシはとても威厳があるので、アメリカでは国鳥にしている）

0385 **preeminent** [priémənənt]	形 outstanding, distinguished, foremost	抜群の、卓越した、顕著な

▶Marcel Duchamp was one of the **preeminent** artists of the 20th century.
（マルセル・デュシャンは20世紀の傑出した芸術家の1人だった）

0386 **crude** [kruːd]	形 rough, primitive, raw, unrefined	未加工の

▶Dietary experts believe that **crude** sea salt contains more nutrients than its refined counterparts.
（食物の専門家は、精製されていない海塩は精製塩より多くの栄養を含んでいると考えている）

□ 0387 **variety** [vəráiəti]	❶名 **diversity, multiplicity**	多様性、変化に富むこと

► The **variety** of trees is a result of millions of years of evolution.
（樹木の多様さは、何百万年もの進化の結果である）

variety	❷名 **type, species, sort, kind**	種類

► The catfish is a popular **variety** of freshwater fish.
（ナマズは、人気のある淡水魚の一種だ）

□ 0388 **typically** [típikəli]	副 **usually, normally, ordinarily**	典型的に、通常は

► Pain relief tablets **typically** take ten to thirty minutes to start working.
（鎮痛剤は通常、効き始めるのに10分から30分かかる）

□ 0389 **supplementary** [sʌ́pləméntəri]	形 **additional, extra**	追加の

► These days, many people work a second job for **supplementary** income.
（最近では多くの人々が副収入を得るために副業をしている）

最新傾向 supplementalはsupplementaryと同じように、「追加の」という意味の形容詞です。一緒に覚えておきましょう。

□ 0390 **reduce** [ridjú:s]	動 **decrease, diminish, cut**	～を減らす、削減する

► The poor tobacco crops of 1755 greatly **reduced** the amount of tobacco exports.
（1755年のタバコの不作は、タバコの輸出量を大幅に減らした）

0391
subject [sʌ́bdʒikt]

❶名 participant | 被験者

▶The **subjects** in the medical experiment have been screened for health issues.
(その医学実験の被験者たちは、健康上の問題がないかどうか調べられた)

subject [səbdʒékt]

❷動 expose | ～をさらす、(嫌なことを)～に受けさせる

▶After a few weeks, young owls leave the nest and **subject** themselves to danger.
(数週間後、若いフクロウたちは巣を離れ、身を危険にさらす)

DAY 7

0392
flee [fli:]

動 run away from, escape, abscond | ～から逃げる

▶Although many criminals attempted to **flee** Alcatraz Prison, it was nearly escape-proof.
(多くの犯罪者がアルカトラズ刑務所から脱走しようとしたが、この刑務所はほとんど脱走不可能だった)

QUIZ

次の1～10の同義語をⓐ～ⓙから選びましょう。

1. unwieldy
2. dominate
3. controversy
4. exude
5. dry
6. striking
7. ephemeral
8. crude
9. precede
10. accomplish

ⓐ achieve, execute, work out
ⓑ noticeable, remarkable, attention-getting
ⓒ difficult to manage, awkward
ⓓ come before, antecede, forerun
ⓔ give off, release, emit
ⓕ short-lived, living for a short time
ⓖ arid, rainless, parched
ⓗ control, govern, rule
ⓘ rough, primitive, raw
ⓙ dispute, debate, disagreement

1.ⓒ 2.ⓗ 3.ⓙ 4.ⓔ 5.ⓖ 6.ⓑ 7.ⓕ 8.ⓘ 9.ⓓ 10.ⓐ

出題頻度レベル ★★★

□ 0393 **furthermore** [fə́ːrðərmɔ̀ːr]	副 in addition, moreover	さらに

▶ Using organic compost reduces the need for chemical fertilizers. **Furthermore**, it strengthens the soil.
（有機堆肥の使用は化学肥料の必要性を減らす。さらに、それは土壌を強化する）

□ 0394 **proliferate** [prəlífərèit]	動 multiply, become numerous, increase in number	急増する、増殖する 名 proliferation

▶ Mosquitoes **proliferate** faster and bite more as the air becomes warmer.
（蚊は、気温が高くなるとより急速に繁殖し、たくさん刺すようになる）

□ 0395 **assess** [əsés]	動 evaluate, estimate, judge, appraise	～を評価する、査定する 名 assessment

▶ With the help of her counselors, Helen began to **assess** her life in a more positive way.
（カウンセラーの助けを得て、ヘレンは自分の人生をもっと肯定的に評価し始めた）

最新傾向 assessとスペリングも発音も似ているaccessは「接近、入場（approach、admission）」という意味。混同しないように注意しましょう。

□ 0396 **spur** [spəːr]	❶名 stimulus, incitement, incentive	刺激、激励、動機

▶ The coach's speech was a much needed **spur** for the team.
（コーチのスピーチは、チームがとても必要としていた刺激になった）

spur	❷動 stimulate, prompt	～を刺激する、促進する

▶ The free trade agreement **spurred** economic development in the region.
（自由貿易協定は、その地域内の経済発展を刺激した）

DAY 8

□ 0397
eclectic [ikléktik]
形 **diverse**, **various**, **manifold**
折衷的な、多肢にわたる

▶ Social media sites reflect the **eclectic** opinions that exist in society today.
（ソーシャルメディアのサイトは、今日の社会に存在する多種多様な意見を反映している）

□ 0398
crucial [krú:ʃəl]
形 **decisive**, **important**, **essential**, **vital**, **acute**
極めて重要な
副 crucially

▶ Public opinion was the **crucial** factor in entering the war.
（世論は、戦争に突入する上で極めて重要な要素だった）

□ 0399
intricate [íntrikət]
形 **complex**, **complicated**, **elaborate**, **tangled**
複雑な

▶ The exterior walls of the Aztec temple are covered with **intricate** designs.
（そのアステカ族の寺院の外壁は、複雑な模様で覆われている）

□ 0400
palatial [pəléiʃəl]
形 **magnificent**, **grand**, **majestic**, **splendid**
豪華な、宮殿のような

▶ Many tourists visit Beverly Hills to see the **palatial** homes of celebrities.
（多くの観光客が、有名人の豪華な邸宅を見るためにビバリーヒルズを訪れる）

□ 0401
potent [poutnt]
形 **powerful**, **strong**, **influential**
有力な、強い、効力のある

▶ Scorpions have a stinger at the end of their tail, and it is a very **potent** weapon.
（サソリは尾の先に毒針を持っていて、それはとても強力な武器だ）

最新傾向 potentの名詞形 potencyは「（薬などの）効能」という意味。同義語問題ではefficacyが出題されます。

□ 0402
extract [ikstrǽkt]
動 **draw**, **derive**, **remove**
～を引き出す

▶ Slaves were put to work on plantations to **extract** maximum harvests from the cotton fields.
（奴隷たちは、綿花畑で最大限の収穫を引き出すために、プランテーションで働かされた）

0403 course through	熟 run through	～の中を流れる

▶The Amazon River **courses through** the Brazilian rainforest.
（アマゾン川はブラジルの熱帯雨林の中を流れている）

0404 criterion [kraitíəriən]	名 standard, measure, norm	基準

▶**Criteria** for graduate school admissions vary greatly depending on the university.
（大学院への入学基準は、大学によって大きく異なる）

最新傾向 例文中のcriteriaはcriterionの複数形です。別の単語と早合点しないように気をつけましょう。

0405 enjoy [indʒɔ́i]	動 experience	～を享受する、経験する

▶The record company **enjoyed** an increase in album sales after it opened an online store.
（そのレコード会社はオンラインストアを開設後、アルバムの売上増に恵まれた）

0406 inadvertently [ìnədvə́ːrtntli]	副 unintentionally, accidentally, unwittingly	不注意に、うっかりして

▶Grace **inadvertently** deleted the accounting files from her computer.
（グレイスは、コンピューターから会計のファイルをうっかり削除してしまった）

0407 peril [pérəl]	名 danger, jeopardy, hazard	危険

▶Travelers who visit countries where sickness is common put themselves in **peril**.
（病気がまん延している国を訪れる旅行者は、自身を危険にさらすことになる）

0408 **arduous** [ɑ́:rdʒuəs]

形 **di**fficult, **s**trenuous, **l**aborious

困難な、骨の折れる

▶Only 38 percent of climbers have been able to make the **arduous** trek to Annapurna's summit.
（登山者のわずか38%しか、アンナプルナ山の山頂までの困難な道を登りきることができていない）

DAY 8

0409 **feat** [fi:t]

名 **a**chievement, **a**ccomplishment, **e**xploit

偉業、功績

▶The Taj Mahal is considered a remarkable **feat** of structural engineering.
（タージ・マハルは、構造工学の素晴らしい偉業だと考えられている）

出題頻度レベル ★★★

0410 **friction** [fríkʃən]

名 **con**flict, **c**lash, **dis**cord, **s**trife

摩擦、不和、あつれき

▶**Friction** between France and Germany existed before the start of World War I.
（第一次世界大戦の開始以前から、フランスとドイツの間には不和が存在していた）

0411 **materialize** [mətíəriəlàiz]

動 **a**ppear, **e**merge, **l**oom

現れる、～を具体化する

▶The people in the lifeboat were relieved when a ship **materialized** in the distance.
（救命ボートに乗っている人々は、遠くに船が現れて安心した）

最新傾向 materializeの名詞形materialは「物質」という意味。同義語問題ではsubstance、matterが出題されるので一緒に覚えておきましょう。

0412 **regulate** [régjulèit]

動 **ad**just, **c**ontrol

～を調節する

▶Mammals differ from other animals in the way they **regulate** body temperature.
（哺乳類は、体温を調節する方法がほかの動物と異なっている）

0413 **demise** [dimáiz]

名 **end, fall, collapse, downfall**

終焉、終結

▶ The Battle of Midway ensured the **demise** of the Japanese Empire.
（ミッドウェー海戦は、大日本帝国の崩壊を確実にした）

0414 **frankly** [frǽŋkli]

副 **honestly, openly, truthfully, candidly**

率直に

▶ In the interview, the celebrity spoke **frankly** about her recent personal problems.
（インタビューの中で、その有名人は最近の個人的な問題について率直に話した）

0415 **immensely** [iménsli]

副 **extremely, excessively, enormously, incredibly**

非常に、とても
形 immense

▶ The world's population grew **immensely** during the 20th century.
（世界の人口は、20世紀の間に大幅に増加した）

0416 **deem** [di:m]

動 **consider, regard, believe**

～を（…と）考える、見なす

▶ The doctor **deemed** it necessary for the patient to undergo surgery immediately.
（医師は、その患者はただちに手術を受ける必要があると判断した）

0417 **consumption** [kənsʌ́mpʃən]

名 **use, utilization**

消費
動 consume

▶ The **consumption** of drugs has increased in the country despite the government's best efforts to prevent it.
（その国では、政府が防止に最大限の努力をしたにもかかわらず、薬物の消費が増加している）

0418 **suspend** [səspénd]

動 **hang, dangle, swing**

～をつるす

▶ The workers **suspended** the lights from the ceiling of the building's lobby.
（作業員は、建物のロビーの天井に照明をつり下げた）

最新傾向 suspendには「～を延期する」という意味もあります。suspend the road construction「道路工事を延期する」。この場合、同義語問題ではdefer、postponeが出題されます。

□ 0419 **prevent** [privént]	動 **preclude, avoid, impede, avert**	～を妨げる、防ぐ

▶The environmental bill **prevents** citizens from dumping garbage into the lake.
（環境法案は、市民が湖にごみを捨てるのを防止している）

□ 0420 **authentic** [ə:θéntik]	形 **genuine, true, real**	本物の 名 authenticity

▶The museum has a large collection of **authentic** artifacts from the late 1400s.
（その博物館は、1400年代後半の本物の遺物を多数収蔵している）

□ 0421 **redundant** [ridʌ́ndənt]	形 **superfluous, unnecessary; wordy, repetitious**	余分な； 冗長な

▶Students often make the mistake of including **redundant** information in their essays.
（学生はよく、レポートに余計な情報を含めてしまうという誤りをする）

□ 0422 **profuse** [prəfjú:s]	形 **abundant, plentiful, copious, lavish**	豊富な、物惜しみしない

▶The old English sheepdog has a **profuse** coat of fur that keeps it warm in the winter.
（オールド・イングリッシュ・シープドッグは、冬に温かさを保つ豊富な毛で覆われている）

□ 0423 **ornament** [ɔ́:rnəmənt]	動 **decorate, adorn, embellish**	～を飾る 形 ornamental

▶Timothy's house was **ornamented** with various flowers.
（ティモシーの家は、さまざまな花で飾られていた）

□ 0424 **demolish** [dimáliʃ]	動 **destroy, wreck**	～を破壊する

▶ Large hurricanes and typhoons can easily **demolish** entire cities.
（巨大なハリケーンや台風は、都市全体を簡単に破壊することがある）

□ 0425 **voracious** [vɔːréiʃəs]	形 **insatiable, greedy, gluttonous**	旺盛な、飽くことを知らない

▶ Because growing children can have **voracious** appetites, they may need to eat more often than most adults.
（育ち盛りの子どもは食欲が旺盛になりうるので、たいていの大人よりも頻繁に食べる必要があるかもしれない）

最新傾向 voraciousとスペリングも発音も似ているveraciousは「真実の（truthful、honest）」という意味。混同しないように注意しましょう。

□ 0426 **as well as**	熟 **in addition to, not to mention**	～と同様に、～だけでなく

▶ Florida is a popular tourist destination because it has a warm climate **as well as** beautiful beaches.
（フロリダは、美しいビーチだけでなく気候が温暖なこともあり、人気の旅行先だ）

□ 0427 **extreme** [ikstríːm]	形 **intense, severe; excessive**	極度の、極端な

▶ A polar bear's thick fur protects it from the **extreme** cold.
（ホッキョクグマの厚い毛皮は、極度の寒さから身を守っている）

□ 0428 **reform** [riːfɔ́ːrm]	❶名 **betterment**	改善、改革

▶ The protestors hoped that their actions would lead to **reform**.
（抗議する人々は、自分たちの行動が改革につながることを望んでいた）

reform	❷動 **amend, improve, ameliorate**	～を改善する、改革する

▶ The company would go bankrupt unless it **reformed** its spending.
(その会社は、支出を改善しない限り、倒産するだろう)

☐ 0429 **determinant** [ditə́:rmənənt]	名 **cause, factor**	決定要素

▶ Unsanitary water is one major **determinant** for the spread of infectious diseases.
(不衛生な水は、感染症まん延の1つの大きな決定要素だ)

☐ 0430 **inclination** [inklənéiʃən]	名 **tendency, trend; preference, taste**	傾向、意向

▶ The Mongols had little **inclination** to ally with other nomadic peoples of Northern Asia.
(モンゴル人は、アジア北部のほかの遊牧民と同盟を結ぼうという気があまりなかった)

☐ 0431 **inflation** [infléiʃən]	名 **expansion, swelling, enlargement**	膨張 動 inflate

▶ According to the theory, the universe began a rapid **inflation** following the Big Bang.
(その理論によると、宇宙はビッグバンのあとに急速な膨張を始めた)

☐ 0432 **routine** [ru:tí:n]	形 **ordinary, normal, conventional**	決まりきった、ありふれた 副 routinely

▶ Successful applicants avoid giving **routine** answers in interviews.
(合格する応募者は、面接で型にはまった回答をすることを避ける)

☐ 0433 **accessible** [æksésəbl]	形 **reachable, able to be reached; obtainable**	近づきやすい； 手に入れやすい

▶ Eagles nest high on cliffs that are **accessible** by few predators.
(ワシは、捕食者がほとんど近づけない崖の高いところに巣を作る)

□ 0434 **constituent** [kənstítʃuənt]	形 **component, elemental**	構成する 動 constitute 名 constitution

▶ Carl Linnaeus conducted a great deal of research on the **constituent** parts of the human body.
(カール・リンネは、人体を構成する部分について非常に多くの研究を行った)

最新傾向 constituentは形容詞だけではなく、「有権者」という意味の名詞としても使われます。support of the constituents「有権者たちの支持」。同義語問題ではvoter、electorが出題されるので一緒に覚えておきましょう。

出題頻度レベル ★★★

□ 0435 **insolent** [ínsələnt]	形 **impertinent, impudent, rude**	横柄な、生意気な

▶ The waiter's **insolent** attitude offended the customers in the restaurant.
(そのウエイターの横柄な態度は、レストランの客の気分を害した)

□ 0436 **to be sure**	熟 **certainly, definitely, surely**	確かに

▶ **To be sure**, Shakespeare's contributions to the English language cannot be discounted.
(確かに、シェイクスピアが英語という言語にもたらした貢献は無視できない)

□ 0437 **broadly** [brɔ́:dli]	副 **generally, mostly**	大まかに、概して

▶ **Broadly** speaking, Alfred Hitchcock's films are suspenseful.
(大まかに言って、アルフレッド・ヒッチコックの映画はサスペンスに満ちている)

□ 0438 **echo** [ékou]	❶動 **reflect, resound, resonate**	反響する、こだまする

▶ The sound of Mozart's music **echoed** off the walls of the concert hall.
(モーツァルトの音楽の音色は、コンサートホールの壁に反響した)

echo	❷動 imitate; repeat, reiterate	～をそっくりまねる

▶ The ballet students **echoed** the movements of their instructor.
（バレエの生徒たちは、インストラクターの動きをまねた）

DAY 8

□ 0439 **shoddy** [ʃɑ́di]	形 inferior, poor	粗悪な、安っぽい

▶ The car repair shop had a reputation for doing **shoddy** work.
（その自動車修理店は、粗雑な仕事をするという評判だった）

□ 0440 **gear** [giər]	動 adjust, adapt, change	～を調整する、適合させる

▶ The teacher **geared** her lessons to the individual abilities of each class.
（その教師は自分の授業を、クラスごとの個々の能力に応じて調整した）

最新傾向 gearは動詞だけではなく、「道具、装備」という意味の名詞としても使われます。climbing gear「登山用具」。同義語問題ではequipment、toolが出題されます。

□ 0441 **absorb** [æbsɔ́ːrb]	動 take in, imbibe, soak up	～を吸収する

▶ Alcohol that is stored in barrels **absorbs** the wood's scent, giving it a unique flavor.
（たるに貯蔵されたアルコールは木の香りを吸収し、独特の風味がつく）

□ 0442 **whereby** [hwɛ̀ərbái]	接 through which, by which	それによって

▶ Plants engage in a process called photosynthesis **whereby** they produce sugars and starches.
（植物は光合成と呼ばれるプロセスを行い、それによって糖分とデンプンを生み出す）

□ 0443 **assemble** [əsémbl]	動 gather together, bring together, collect	～を集める、集合させる

▶The family was **assembled** in the big, white dining room.
（その家族は、大きな白いダイニングルームに集められた）

□ 0444 **liberate** [líbərèit]	動 **free, release, loosen**	～を解放する、自由にする

▶Rebel forces **liberated** many political prisoners when they took over the city.
（反乱軍はその都市を占拠したとき、多くの政治犯を解放した）

□ 0445 **rational** [rǽʃənl]	形 **logical, sensible, reasonable**	合理的な、理性的な

▶Big purchases, such as a car or home, should be based on **rational** thinking, not on emotions.
（車や家などの大きな買い物は、感情ではなく、合理的な思考に基いて行うべきだ）

□ 0446 **resistance** [rizístəns]	名 **opposition, objection, refusal to accept**	抵抗、反抗

▶In the 1960s, American people protested in the streets to show their **resistance** to the Vietnam War.
（1960年代、アメリカの人々はベトナム戦争への反対を示すため、街頭で抗議活動を行った）

最新傾向 resistanceの動詞形 resistには「～に抵抗する」のほかに、「(したいことを) 我慢する」という意味もあります。同義語はrefrain from、abstain fromが出題されるので一緒に覚えておきましょう。

□ 0447 **indefinite period**	熟 **a period whose end has not been determined**	無期限

▶Due to safety issues, the bridge will be closed for an **indefinite period**.
（安全性の問題のため、その橋は無期限で通行止めになる）

□ 0448 **ardent** [ɑ́ːrdənt]	形 **enthusiastic, passionate, fervent**	熱心な、熱烈な

▶Thousands of **ardent** fans gathered at the stadium to watch the Olympics.
（オリンピックを見ようと、スタジアムには何千人もの熱烈なファンが集まった）

□ 0449

extinct [ikstíŋkt]

形 **having died out, defunct** 絶滅した

▶ Plants and animals are becoming **extinct** at the fastest rate ever known in human history.

（動植物は、人類史上未だかつてない速度で絶滅しつつある）

□ 0450

be accompanied by

熟 **occur together with** ～を伴う、～と同時に起こる

▶ The patient's sore throat **was accompanied by** a fever.

（患者ののどの痛みは発熱を伴っていた）

□ 0451

overestimated [òuvəréstəmeitid]

形 **bigger than actual value** 過大評価された

▶ Recent studies have shown that the benefits of dieting are **overestimated**.

（最近の調査において、ダイエットの効果は過大評価されていることが示されてきた）

DAY 8

QUIZ

次の1～10の同義語をⓐ～ⓙから選びましょう。

1. proliferate
2. extract
3. prevent
4. authentic
5. peril
6. inadvertently
7. arduous
8. regulate
9. rational
10. resistance

ⓐ adjust, control
ⓑ unintentionally, accidentally, unwittingly
ⓒ difficult, strenuous, laborious
ⓓ draw, derive, remove
ⓔ genuine, true, real
ⓕ opposition, objection, refusal to accept
ⓖ danger, jeopardy, hazard
ⓗ multiply, become numerous
ⓘ preclude, avoid, impede
ⓙ logical, sensible, reasonable

1.ⓗ **2.**ⓓ **3.**ⓘ **4.**ⓔ **5.**ⓖ **6.**ⓑ **7.**ⓒ **8.**ⓐ **9.**ⓙ **10.**ⓕ

出題頻度レベル ★★★

□ 0452 **initiate** [iníʃièit]	動 start, begin, originate, commence	～を開始する 名 initiative

▶ The government has **initiated** several new welfare policies to assist the poor.
（政府は、貧しい人々を支援する複数の新しい福祉政策を開始した）

□ 0453 **tremendous** [triméndəs]	形 great, large, gigantic, huge	とてつもない、巨大な

▶ The Arab-Israeli conflict has had a **tremendous** impact on the world economy.
（アラブ人とイスラエル人の対立は、世界経済に甚大な影響を与えてきた）

最新傾向 tremendousとスペリングが似ているtremulousは「震える（trembling、vibrating）」という意味。試験で間違わないように注意しましょう。

□ 0454 **breakthrough** [bréikθrù:]	名 (sudden) advance, progress	進歩、躍進、大発見

▶ The discovery of a cure for AIDS would be a huge **breakthrough** for modern medicine.
（エイズの治療薬が発見されれば、現代医療にとって大きな進歩となるだろう）

□ 0455 **cope with**	熟 deal with, manage, handle	～に対処する

▶ The soccer players **coped with** heavy rain and a muddy field as they played the game.
（サッカー選手たちは、その試合の最中、大雨とぬかるむフィールドにうまく対処した）

□ 0456 **inducement** [indjú:smənt]	名 incentive, incitement, lure	誘因、動機 動 induce

▶The research shows that the greatest **inducement** to productivity in the workplace is managerial style.
（その調査は、職場で生産性を上げる最大の誘因が管理スタイルであることを示している）

□ 0457 **irreversible** [ìrivə́:rsəbl]	形 irreparable, irrevocable, irremediable	撤回できない、取り消せない

▶Long exposure to freezing temperatures can cause **irreversible** damage to skin.
（凍えるような温度に長時間さらされると、肌に取り返しのつかないダメージを与えかねない）

□ 0458 **comprise** [kəmpráiz]	❶動 include, encompass	～を含む、包含する

▶The textbook **comprises** a large number of detailed illustrations and charts.
（その教科書には、数多くの詳細な図表が含まれている）

comprise	❷動 consist of, be made up of, be composed of	～から成る

▶The Dow Jones Industrial Average **comprises** thirty of the largest companies in the US.
（ダウ平均株価は、アメリカの最大手企業30社で構成されている）

□ 0459 **culmination** [kʌ̀lmənéiʃən]	名 high point, apex, pinnacle	頂点、全盛

▶Being promoted to company president was the **culmination** of Timothy's 20-year career.
（会社の社長に昇進したことは、ティモシーの20年のキャリアにおける絶頂だった）

最新傾向 culminationの動詞形 culminateには「最高潮に達する」のほかに、「終わる」という意味もあります。同義語問題ではend、finish、terminateが出題されます。

□ 0460 **allegiance** [əlíːdʒəns]	名 **loyalty**, **fidelity**, **commitment**, **dedication**	忠誠、献身

▶Immigrants must promise their **allegiance** to their new country.
（移民は、新しい国に忠誠を誓わなければならない）

□ 0461 **notable** [nóutəbl]	形 **remarkable**, **outstanding**; **important**	注目に値する；重要な 副 notably

▶Professor Dixon's **notable** achievements in academia earned him the respect and admiration of his colleagues.
（ディクソン教授の研究生活におけるすぐれた功績は、同僚からの尊敬と称賛をもたらした）

□ 0462 **idiosyncrasy** [ìdiəsíŋkrəsi]	名 **peculiarity**, **eccentricity**, **oddity**	特異性

▶An **idiosyncrasy** of modern life is that people are busier than ever despite technology.
（現代生活の特異性とは、科学技術にもかかわらず、人々がかつてなく忙しくなっていることだ）

□ 0463 **minute** [mainjúːt]	形 **tiny**, **very small**, **diminutive**	微細な 副 minutely

▶Bacteria are so **minute** that they can only be observed using a microscope.
（バクテリアはとても微細なので、顕微鏡を使ってしか観察することができない）

□ 0464 **markedly** [mɑ́ːrkidli]	副 **significantly**, **noticeably**, **considerably**, **substantially**	著しく、際立って 形 marked

▶The Moon's density is **markedly** less than the Earth's.
（月の密度は、地球の密度よりも著しく小さい）

0465 **phenomenon** [finάmənὰn]

名 **occurrence, incident**

現象

形 phenomenal

▶The Great Red Spot on Jupiter is one of many natural **phenomena** that fascinate astronomers.

（木星の大赤斑は、天文学者を魅了する数多くの自然現象の1つだ）

最新傾向 例文中のphenomenaはphenomenonの複数形です。別の単語と早合点しないように注意しましょう。

0466 **disseminate** [disémənèit]

動 **spread, disperse, distribute**

～を広める、普及させる

名 dissemination

▶The rumor about Kate's mysterious absence was **disseminated** by word of mouth.

（ケイトが理由もわからず欠席したといううわさは口伝えで広まった）

0467 **current** [kə́:rənt]

形 **present, existing**

現在の

副 currently

▶If one wants to see the **current** trends in fashion, there is no better place to visit than Paris.

（ファッションの最新の流行を知りたければ、パリほど訪れるのにふさわしい場所はない）

0468 **detrimental** [dètrəméntl]

形 **harmful, injurious, damaging, pernicious**

有害な

▶Drinking and smoking have been proven to be **detrimental** to health.

（飲酒と喫煙は、健康に有害であることが証明されてきた）

出題頻度レベル ★★★

□ 0469 **presume** [prizú:m]	動 **believe, accept as true**	～を推定する

▶ Biologists **presume** that a massive asteroid was responsible for the extinction of the dinosaurs.
（生物学者は、巨大な小惑星が恐竜の絶滅の原因になったと考えている）

□ 0470 **anarchy** [ǽnərki]	名 **disorder, chaos, disorganization**	無秩序、混乱

▶ During the protests, **anarchy** filled the city's streets.
（抗議行動の間、その都市の通りはどこも混乱状態になった）

□ 0471 **snake** [sneik]	動 **wind, meander, curve, twist**	くねる、くねって進む

▶ The highway **snakes** through the mountains and has many incredible views along the way.
（その幹線道路は山々を縫うように走り、沿道には多くの素晴らしい眺めが広がっている）

□ 0472 **sophisticated** [səfístəkèitid]	形 **complex, highly developed**	精巧な、非常に高度な

▶ A more **sophisticated** approach was needed to solve the problem.
（その問題を解決するには、より精巧なアプローチが必要だった）

最新傾向 sophisticatedには「洗練された」という意味もあります。sophisticated styles and tastes「洗練されたスタイルと嗜好」。同義語問題ではcultured、refinedが出題されるので一緒に覚えておきましょう。

□ 0473 **derive** [diráiv]		動 **originate, trace; obtain, gain**	～の由来をたどる；～を引き出す

▶ The name of Colorado's Pueblo County is **derived** from the Spanish word for "village."
（コロラド州のプエブロ郡という名は、「村」という意味のスペイン語に由来する）

□ 0474 **sole** [soul]		形 **only, single, solitary**	唯一の 副 solely

▶ In the movie, the **sole** survivor of a plane crash learns to live on a deserted island.
（その映画では、飛行機墜落事故の唯一の生存者が無人島で生きることを学んでいく）

□ 0475 **embellish** [imbéliʃ]		動 **decorate, make attractive, adorn, beautify, ornament**	～を装飾する 名 embellishment

▶ Louis XIV **embellished** his palaces with luxurious furniture.
（ルイ14世は豪華な調度品で宮殿を飾った）

□ 0476 **antagonize** [æntǽgənàiz]		動 **anger, aggravate; counteract**	～の反感を買う、～を敵に回す

▶ The author **antagonized** her critics by writing angry responses to reviews on her website.
（その著者は、自身のウェブサイトで書評に対する怒りの返答を書いて批評者たちの反感を買った）

☐ 0477 **yearn** [jəːrn]	動 **long, desire, crave, pine**	切望する

▶After more than a decade of war, everyone in the two countries **yearned** for peace.
（10年以上にわたる戦争のあと、両国の誰もが平和を切望していた）

最新傾向 yearnは「同情する」という意味でも使われます。yearn over the poor「貧しい人々に同情する」。同義語問題ではsympathize、feel compassionが出題されるので一緒に覚えておきましょう。

☐ 0478 **permit** [pərmít]	動 **allow, let, approve**	～を許す

▶Visitors to national parks are not **permitted** to have campfires during the dry season.
（国立公園への入園者が乾季にキャンプファイアーをすることは許可されていない）

☐ 0479 **scarcity** [skéərsəti]	名 **lack, shortage, insufficiency, deficiency**	不足、欠乏 形 scarce

▶A **scarcity** of fish damaged the seaside town's economy.
（魚不足が海辺の町の経済に損害を与えた）

☐ 0480 **renounce** [rináuns]	動 **give up, reject, relinquish**	～を放棄する

▶Monks **renounce** material possessions and live a very simple life.
（修道士は物質的な財産を放棄して、とても質素な生活を送る）

☐ 0481 **keep in check**	熟 **limit, control, restrict, restrain**	～を抑制する

▶If government spending is not **kept in check**, economic problems will result.
（政府の支出が抑制されなければ、経済的な問題が起こるだろう）

☐ 0482
subsistence
[səbsístəns]

名 **survival, existence, living**

生存、生計
動 subsist

► Early humans relied on hunting as their primary means of **subsistence**.
（初期の人類は、生存のための主な手段として狩猟に頼っていた）

☐ 0483
annually [ǽnjuəli]

副 **each year, yearly, every year**

年に１回、毎年
形 annual

► Interest on the bank loan is usually calculated **annually**.
（銀行のローンの利息は通常、年に1度計算される）

☐ 0484
emerge [imə́:rdʒ]

動 **appear, loom, spring up, come out, develop**

出現する、現れる
名 emergence

► Every 17 years, cicadas **emerge** by the millions in North America.
（北アメリカでは17年ごとにセミが百万単位で現れる）

最新傾向 developには、「発達する」のほかに、「現れる」という意味もあります。The symptoms developed rapidly.「症状がすぐ現れた」。

☐ 0485
customary [kʌ́stəmèri]

形 **habitual, traditional, typical, accustomed**

慣習の、通例の

► It is **customary** to burn an American flag when it becomes torn.
（アメリカの国旗は破れたら燃やすのが慣習になっている）

☐ 0486
widely [wáidli]

副 **extensively, broadly**

広く

► Franz Schubert's compositions did not become **widely** known until many years after his death.
（フランツ・シューベルトの作った曲は、死後何年もたつまで広く知られることはなかった）

□ 0487 **assign** [əsáin]	動 **specify, designate, appoint**	～を割り当てる

▶ The teacher **assigned** a seat to each student.
（教師はそれぞれの生徒に席を割り当てた）

□ 0488 **equivocal** [ikwívəkəl]	形 **ambiguous, vague, obscure, uncertain**	両方の意味に取れる、あいまいな

▶ The president was criticized for giving **equivocal** responses about his immigration policy during an interview.
（大統領は、インタビュー中に自身の移民政策についてあいまいな回答をしたことで非難された）

□ 0489 **release** [rilí:s]	❶動 **free, liberate, loose**	～を解放する

▶ Johnson will be **released** from prison tomorrow.
（ジョンソンは明日、刑務所から釈放される）

release	❷動 **emit, give off, discharge, exude**	～を放つ、放出する

▶ The burning of fossil fuels **releases** poisonous gases into the air.
（化石燃料を燃やすと、大気中に有毒なガスが放出される）

□ 0490 **essentially** [isénʃəli]	副 **basically, fundamentally, primarily**	本質的に、本来 形 essential

▶ Although Kelly is **essentially** content with her single life, she does occasionally consider starting a family.
（ケリーは独身生活に本質的には満足しているが、時々家庭を築くことを考えるのも事実だ）

□ 0491 **oversee** [òuvərsí:]	動 **supervise, control, superintend**	～を監督する

▶ It is the job of the manager to **oversee** factory workers.
（工場の従業員を監督するのは、管理者の仕事だ）

□ 0492 **rapidly** [rǽpidli]	副 **quickly, fast**	急速に 形 rapid

▶ Theodore's health declined **rapidly**, and in 1933, he died of cancer.
（セオドアの健康状態は急速に悪化し、1933年にがんで亡くなった）

□ 0493 **acknowledge** [æknάlidʒ]	動 **recognize, admit, accept**	～を認める

▶ The professor **acknowledged** the unrealistic deadline for the assignment and changed it.
（教授は、その課題の締め切りが非現実的であることを認めて変更した）

最新傾向 acknowledgeの名詞形 acknowledgementには「承認」のほかに、「感謝」という意味もあります。この場合、同義語問題ではappreciation、gratitudeが出題されます。

□ 0494 **rough** [rʌf]	形 **uneven, rugged, bumpy, coarse**	でこぼこの、起伏の多い 副 roughly

▶ The merchants completed the trip over the **rough** mountain road.
（商人たちは起伏の激しい山道を越えて旅を終えた）

出題頻度レベル ★☆☆

□ 0495 **preclude** [priklú:d]	❶動 **prevent, stop, hinder**	～を妨げる、邪魔する

▶ According to Adam Smith, the feudal system **precluded** economic progress.
（アダム・スミスによると、封建制度は経済的な進歩を阻害した）

preclude	❷動 **rule out, exclude**	（前もって）～を排除する

▶ Sherlock Holmes always said that once you **preclude** all impossibilities, whatever is left is the answer.
（シャーロック・ホームズはいつも、ありえないことをすべて除外してしまえば、どんなものが残ってもそれが答えだと語っていた）

□ 0496 **portable** [pɔ́:rtəbl]	形 **able to be carried, mobile, movable**	持ち運びできる、携帯用の

▶ Engineers are developing new **portable** medical devices that can be taken wherever you go.
(エンジニアたちは、どこへでも持っていける新しい携帯用の医療機器を開発している)

□ 0497 **presumable** [prizú:məbl]	形 **probable, likely, possible**	推定できる、ありそうな 動 presume 副 presumably

▶ An undetected gas leak was the **presumable** cause of the explosion.
(検出されなかったガス漏れが、爆発の考えられる原因だった)

□ 0498 **calculatedly** [kǽlkjulèitidli]	副 **deliberately, intentionally, knowingly**	計画的に、故意に

▶ Spaces in the seminar have been **calculatedly** limited to facilitate more intimate discussions.
(セミナー会場のスペースは、より親密な討論を促進するためにあえて制限されていた)

□ 0499 **deviation** [dì:viéiʃən]	名 **departure, divergence, aberration**	逸脱、外れること

▶ Jenny is a talented skater and her poor performance in the competition was a **deviation** from the norm.
(ジェニーは才能のあるスケート選手で、その大会でのお粗末な演技は、いつもの状態ではなかった)

最新傾向 deviationとスペリングが似ているdevotionは、「献身(dedication、commitment)」という意味。試験で間違わないように注意しましょう。

□ 0500 **hairline** [hέərlàin]	形 **slight**, **thin**	細い

▶The contractor noted that the **hairline** cracks in the wall needed to be repaired before they got bigger.
(その建設請負業者は、壁にある細いひびが大きくなる前に修復する必要があることに気づいた)

□ 0501 **formulate** [fɔ́:rmjulèit]	❶動 **develop**, **devise**, **forge**	～を考え出す、組み立てる

▶The marketing department is **formulating** a plan to attract more clients.
(マーケティング部は、さらに多くのクライアントを引きつける計画を練り上げている)

formulate	❷動 **state**, **specify**, **express**	～を明確に述べる、系統立てて述べる

▶The speaker **formulated** his ideas in clear and concise language that the audience understood easily.
(講演者は、聴衆が理解しやすい明確で簡潔な言葉で自分の考えを系統立てて述べた)

□ 0502 **astute** [əstjú:t]	形 **insightful**, **shrewd**; **clever**, **sharp**	鋭い、抜け目のない

▶The professor was impressed with Daniel's **astute** observations about the poem.
(教授は、その詩についてのダニエルの鋭い考察に感銘を受けた)

□ 0503 **reliable** [riláiəbl]	形 **dependable**, **trustworthy**, **credible**	信頼できる、頼りになる

▶Jane wanted to know if there was someone **reliable** in her life.
(ジェーンは、人生で信頼できる人がいるのかどうか知りたかった)

□ 0504 **take precedence over**	熟 **be more important than, come before**	～に優先する

▶In a hospital emergency room, patients with severe trauma **take precedence over** people with minor injuries.
（病院の救急治療室では、重症の外傷患者のほうが、軽症の人々よりも優先される）

□ 0505 **allusion** [əlú:ʒən]	名 **reference, mention, implication, suggestion**	言及、ほのめかし

▶During his presentation, the speaker made an **allusion** to one of the scenes in Shakespeare's *Macbeth*.
（講演者はプレゼンテーション中に、シェークスピアの『マクベス』のある場面について言及した）

最新傾向 allusionと一緒に、次の単語を区別して覚えましょう。
・delusion　妄想
・illusion　幻想、錯覚

□ 0506 **locomotion** [lòukəmóuʃən]	名 **movement, motion**	移動（力）、運動（力）

▶The invention of the airplane took human **locomotion** to a higher level.
（飛行機の発明で、人類の移動能力はそれまでよりも高いレベルに到達した）

□ 0507 **principally** [prínsəpəli]	副 **mainly**	主に 形 principal

▶Edgar Allen Poe **principally** wrote poems and short stories, although he did produce one play.
（エドガー・アラン・ポーは脚本を1本書いてはいるが、主に詩と短編小説を書いた）

0508 rebellion [ribéljən]

名 uprising, revolt | 反乱、反抗

▶The **rebellion** of British colonists in North America led to the formation of the United States.

(北米におけるイギリス人入植者たちの反乱が、アメリカ合衆国の形成につながった)

0509 revive [riváiv]

動 recover | 回復する

▶The economy **revived** following an extended period of increased consumer spending.

(長期にわたる個人消費の増加に続いて、経済が回復した)

DAY 9

QUIZ

次の1〜10の同義語をⓐ〜ⓙから選びましょう。

1. initiate	ⓐ allow, let, approve
2. tremendous	ⓑ uneven, rugged, bumpy
3. subsistence	ⓒ start, begin, originate
4. assign	ⓓ complex, highly developed
5. rough	ⓔ habitual, traditional, typical
6. permit	ⓕ survival, existence, living
7. sophisticated	ⓖ recognize, admit, accept
8. emerge	ⓗ specify, designate, appoint
9. acknowledge	ⓘ great, large, gigantic
10. customary	ⓙ appear, loom, spring up

1.ⓒ **2.**ⓘ **3.**ⓕ **4.**ⓗ **5.**ⓑ **6.**ⓐ **7.**ⓓ **8.**ⓙ **9.**ⓖ **10.**ⓔ

DAY 10

今回のターゲットは 57 語
0510 >>> 0566

出題頻度レベル ★★★

□ 0510 **modify** [mádəfài]	動 change, alter, adjust, adapt	～を変更する、修正する

▶ Many software settings can be **modified** to improve the performance of a computer.
（コンピューターの性能を向上させるために、多くのソフトウェアの設定は変更することができる）

□ 0511 **initially** [iníʃəli]	副 at first, originally, primarily	最初は、当初は 動 initiate 形 initial

▶ Ben **initially** supported Roger's plan, but later opposed it.
（ベンは当初、ロジャーの計画を支持していたが、あとになって反対した）

□ 0512 **critical** [krítikəl]	形 ❶ (most) important, crucial, essential	決定的な、重大な 副 critically

▶ Air traffic controllers must make **critical** decisions every day that affect the lives of many people.
（航空管制官は毎日、多くの人命に影響する重要な決定をしなければならない）

critical	形 ❷ dangerous, risky	危機の

▶ The patient's adverse reaction to the medicine caused his heart rate to drop to a **critical** level.
（患者はその薬に拒絶反応を起こし、心拍数が危険な水準にまで低下した）

□ 0513 **luminous** [lú:mənəs]	形 brilliant, bright, shining, glowing	光を発する、輝く

▶ The **luminous** object that appeared over Europe in AD 1066 was Halley's Comet.
（紀元1066年にヨーロッパの上空に現れた輝く物体は、ハレー彗星だった）

最新傾向 luminousには「明快な」という意味もあります。a concise and luminous explanation「簡潔で明快な説明」。同義語問題ではclear、explicitが出題されるので一緒に覚えておきましょう。

☐ 0514 **facilitate** [fəsílətèit]	動 **ease, make easy, help, assist, aid**	～を容易にする、促進する

▶ Freedom of information laws **facilitate** access to government documents for researchers.
(情報公開法は、研究者が政府の文書にアクセスすることを容易にする)

☐ 0515 **refinement** [ri:fáinmənt]	名 **small improvement, advancement, enhancement**	精製、改良、改善 動 refine

▶ For 14 years, Alfred Wegener made numerous **refinements** to his theory of continental drift.
(アルフレッド・ウェゲナーは14年間にわたり、自らの大陸移動説に数々の改良を加えた)

☐ 0516 **attribute** [ǽtrəbjù:t]	❶名 **characteristic, trait, quality, property**	属性、特質

▶ The prime minister's ability to speak eloquently is considered one of his greatest **attributes**.
(首相の雄弁に語る能力は、彼の最もすぐれた特質の1つと見なされている)

attribute [ətríbju:t]	❷動 **ascribe, credit, impute, refer**	～を（…の）せいにする、～に帰する

▶ The world's increase in energy use can be **attributed** to the population growth.
(世界のエネルギー使用の増加は、人口の増加に帰することができる)

☐ 0517 **belch** [beltʃ]	動 **suddenly emit, discharge, erupt, vent**	～を噴出する

▶ Volcanoes can **belch** toxic fumes without warning.
(火山は前触れもなく有害なガスを噴出することがある)

DAY 10

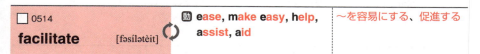

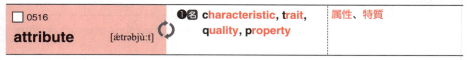

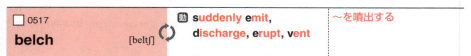

□ 0518 **underrate** [ʌ̀ndərréit]	動 **un**dervalue, **un**derestimate, **be**little	～を過小評価する

► Many parents **underrate** the importance of playing with their children.
(多くの親は、子どもと遊ぶことの重要性を過小評価している)

□ 0519 **immense** [iméns]	形 **large**, **e**normous, **h**uge, **t**remendous	巨大な、莫大な 副 immensely

► The **immense** statue of the Greek goddess Athena attracted many tourists to the Acropolis.
(ギリシャの女神アテナの巨大な像は、たくさんの観光客をアクロポリスに引きつけた)

最新傾向 immenseとスペリングが似ているimmerseは「～を浸す、埋める(bury、submerge)」という意味。

□ 0520 **virtue** [vә́:rtʃu:]	❶名 **g**oodness	美徳、善行

► According to legend, King Arthur was both a great warrior and a man of **virtue**.
(伝説によると、アーサー王は偉大な戦士でありながら、高徳の士でもあった)

virtue	❷名 **m**erit, **d**esirable **q**uality, **s**trength	長所、強み

► A **virtue** shared by all great leaders is the ability to motivate others.
(偉大なリーダーのすべてに共通する長所は、ほかの人々をやる気にさせる能力だ)

□ 0521 **bustling** [bʌ́sliŋ]	形 **b**usy, **l**ively	にぎやかな、騒がしい

► During the summer, the sidewalks and shops near the beach are **bustling** with people.
(夏の間、ビーチの近くの歩道と店は多くの人でにぎわう)

最新傾向 bustlingの動詞形bustleは「急ぐ」という意味。同義語はrush、hastenが出題されるので一緒に覚えておきましょう。

□ 0522 **distinct** [distíŋkt]	❶形 different, separate, discrete	別個の、独特な、まったく異なる 名 distinction

▶Each region of Italy maintains its own **distinct** traditions.
(イタリアの地域はそれぞれ、独自の伝統を維持している)

distinct	❷形 definite, clear and recognizable	明白な、明瞭な

▶There was a **distinct** difference in the twins' personalities.
(その双子の性格には、はっきりとした違いがあった)

□ 0523 **thriving** [θráiviŋ]	形 prosperous, successful, flourishing	栄えている、繁盛している

▶Our town used to be very small, but it has grown into a **thriving** community.
(私たちの町はかつてはとても小さかったが、繁栄した地域に成長した)

□ 0524 **obvious** [ábviəs]	形 evident, clear, apparent, conspicuous	明らかな、明白な

▶It was **obvious** that Fred didn't understand what Wilma meant.
(ウィルマの言おうとしたことをフレッドが理解していないのは明らかだった)

□ 0525 **exceptional** [iksépʃənl]	形 extraordinary, abnormal, unusual	並外れた、特別な、例外的な 副 exceptionally

▶The Ancient Greek Olympians displayed an **exceptional** amount of strength and endurance.
(古代ギリシャのオリンピック選手たちは、並外れた強さと持久力を発揮した)

□ 0526 **cumbersome** [kʌ́mbərsəm]	形 difficult to handle, burdensome, awkward	(重さや大きさのために)扱いにくい、厄介な

▶Although the cultivator looks **cumbersome**, it is actually easy to use.
(その耕運機は扱いにくそうに見えるが、実際には使うのは簡単だ)

出題頻度レベル ★★★

□ 0527
boon [buːn]
名 **great benefit, advantage**
恵み、恩恵

▶ Due to so many people purchasing gifts, the Christmas season is always a **boon** to retail stores.
(とても多くの人が贈り物を買うので、クリスマスシーズンはいつも小売店にとって恵みとなる)

最新傾向 boonとスペリングが似ているboomは「急に発展する（flourish、thrive）」という意味。試験で間違わないように注意しましょう。

□ 0528
optimum [ɑ́ptəməm]
形 **best, most favorable, supreme**
最適な、最高の、最善の

▶ Machines achieve **optimum** performance when they are properly maintained and regularly used.
(機械は、適切なメンテナンスをし、定期的に使用するときに、最高の動作をする)

□ 0529
uniformly [júːnəfɔ̀ːrmli]
副 **evenly, regularly, consistently**
均一に、一様に
形 uniform

▶ If the paint is not spread **uniformly** on the wall, there will be variations in color when it dries.
(塗料は壁に均一に塗り広げないと、乾いたときに色むらができる)

□ 0530
unleash [ʌ̀nlíːʃ]
動 **release, unloose**
〜を解放する、〜の束縛を解く

▶ We took our dogs to the fenced park so that we could **unleash** them and let them run free.
(私たちは飼い犬を放して自由に走らせられるように、フェンスで囲まれた公園に連れて行った)

□ 0531
acquire [əkwáiər]
動 **obtain, gain, procure, earn**
〜を獲得する、習得する

▶ Some people **acquired** great wealth by investing in the stock market.
(株式市場に投資して巨額の富を得る人もいた)

☐ 0532
enigma [ənígmə]
名 mystery, puzzle, riddle
謎
形 enigmatic

▶Even today, the origin of Egypt's great pyramids is an **enigma**.
(今日でもなお、エジプトの巨大ピラミッドの起源は謎である)

☐ 0533
steadfast [stédfæ̀st]
形 unwavering, firm, enduring, resolute
しっかりした、不動の
副 steadfastly

▶It is the president's **steadfast** belief that Congress needs more women.
(議会に女性を増やす必要があるというのは、大統領の揺るぎない信念だ)

☐ 0534
dainty [déinti]
形 delicate, exquisite, refined
優美な、繊細な

▶At the wedding, the decorations included thousands of **dainty** flowers.
(その結婚式には、何千もの優美な花も飾られていた)

☐ 0535
anomaly [ənɑ́məli]
名 irregularity, abnormality, exception
変則、異常、例外

▶Modern airplanes are very safe, so crashes are **anomalies**.
(現代の飛行機はとても安全なので、墜落事故は異例である)

☐ 0536
splendid [spléndid]
形 marvelous, magnificent
華麗な、見事な
名 splendor

▶The Palace of Versailles is a **splendid** example of French architecture.
(ヴェルサイユ宮殿はフランス建築の華麗な一例である)

☐ 0537
rapport [ræpɔ́:r]
名 bond, relationship, link, tie
親密な関係

▶The friendly teacher had a strong **rapport** with his students.
(その優しい教師は、生徒たちと強い絆で結ばれていた)

☐ 0538 **question** [kwéstʃən]	動 **take a critical look at, dispute**	～を疑う、～に異議を唱える

▶ Some people **question** the educational value of certain testing methods, such as multiple-choice exams.
（多肢選択式試験のような特定の試験方法については、その教育的な価値を疑問視する人もいる）

最新傾向 ～ing形のquestioningは「不審そうな」という意味の形容詞。同義語問題ではsuspicious、doubtfulが出題されるので一緒に覚えておきましょう。

☐ 0539 **scatter** [skǽtər]	動 **disperse, dissipate, distribute, spread out, widely spread**	～をばらまく

▶ The man **scattered** grass seeds all over the lawn.
（男性は、芝地全体に草の種をまいた）

☐ 0540 **escalate** [éskəlèit]	動 **intensify, increase, mount, rise**	～を段階的に拡大する、エスカレートする［させる］

▶ The demonstration quickly **escalated** when a protestor threw a glass bottle at the police.
（デモは、1人の抗議者が警官隊にガラスびんを投げつけるとたちまちエスカレートした）

☐ 0541 **temporary** [témpərèri]	形 **short-lived, makeshift, for a limited time, transitory**	一時的な、つかの間の

▶ The pill caused a few **temporary** side effects.
（その錠剤は、一時的な副作用をいくつか引き起こした）

☐ 0542 **attest** [ətést]	動 **confirm, support, prove**	～を証明する、～の証拠となる

▶ Three witnesses signed the will to **attest** its authenticity.
（3人の証人が、その遺言書が真正のものであることを証明するために、それに署名した）

☐ 0543 **fortify** [fɔ́ːrtəfài]	動 **strengthen, reinforce**	～を強化する

▶ To prepare for war, the general had his men **fortify** the walls of the fort.
（戦争に備えるため、将軍は部下たちに要塞の壁を強化させた）

☐ 0544 **remove** [rimúːv]	動 **eliminate, extract, withdraw**	～を取り除く

▶ A plastic surgeon can **remove** scars using a laser.
（形成外科医は、レーザーを使って傷跡を取り除くことができる）

DAY 10

☐ 0545 **end** [end]	名 **purpose, goal, aim**	目的、目標

▶ The **end** of the project is to increase agricultural yields in Sub-Saharan Africa.
（プロジェクトの目的は、サハラ以南のアフリカにおける農業生産量を増加させることだ）

最新傾向 endは「限界」という意味でも使われます。the end of one's tolerance「～の我慢の限界」。同義語はlimit、boundaryが出題されます。

☐ 0546 **plentiful** [pléntifəl]	形 **abundant, bountiful, rich**	たくさんの、豊富な

▶ Fish and plankton are **plentiful** in the sea.
（海には、魚とプランクトンが豊富にいる）

☐ 0547 **make it**	熟 **arrive**	到着する、間に合う

▶ Despite the traffic congestion downtown, all the fans managed to **make it** on time for the concert.
（中心街の交通渋滞にもかかわらず、すべてのファンがどうにか時間ぎりぎりでコンサートに間に合った）

最新傾向 make itには「成功する」という意味もあります。make it as a singer「歌手として成功する」。同義語問題ではget on、succeedが出題されるので一緒に覚えておきましょう。

☐ 0548 **devastate** [dévəstèit]	動 **destroy, demolish, ravage, ruin**	～を荒廃させる、破壊する 名 devastation

▶The logging industry has **devastated** many tropical rainforests in South America.
(木材産業は、南米の多くの熱帯雨林を破壊してきた)

□ 0549 **eminently** [émənəntli]	副 **exceptionally**, **highly**, **extremely**	著しく、大いに 形 eminent

▶The city's new subway system is **eminently** practical.
(その都市の新しい地下鉄システムは、非常に実用的だ)

□ 0550 **subtraction** [səbtrǽkʃən]	名 **decrease**, **deduction**, **reduction**	引くこと、引き算、控除

▶Many teachers opposed the **subtraction** of funds for art and music.
(多くの教師が、美術と音楽への資金の減額に反対した)

□ 0551 **as a rule of thumb**	熟 **in general**	大ざっぱに言って、経験則として

▶**As a rule of thumb**, people should visit the dentist for a check-up every six months.
(大ざっぱに言って、6カ月ごとに歯医者に検診に行ったほうがいい)

□ 0552 **blur** [bləːr]	動 **make less distinct**, **obscure**, **cloud**	～をぼやけさせる

▶The new political party **blurred** the lines between conservatives and liberals.
(新政党は保守派とリベラル派の線引きをあいまいにした)

出題頻度レベル ★★★

□ 0553 **relay** [ríːlei]	動 **transfer**, **communicate**, **transmit**, **impart**	～を伝える、中継する

▶In the 19th century, news reports were **relayed** by telegram.
(19世紀、ニュース報道は電報で伝えられていた)

0554
expandable
[ikspǽndəbl]

形 **able to be enlarged, extendable**

拡張できる、広げられる
動 expand

▶The dining room table is **expandable** to accommodate dinner guests.
（そのダイニングテーブルは、夕食の来客に対応できるよう広げられる）

最新傾向 expandableとスペリングも発音も似ているexpendableは「必要ない（dispensable、unnecessary）」という意味。混同しないように注意しましょう。

0555
scrupulous
[skrú:pjuləs]

❶形 **careful, fastidious, meticulous**

几帳面な、周到な

▶The police officer was praised for his **scrupulous** performance of duties.
（その警察官は、職務を周到に遂行したことで称えられた）

scrupulous
❷形 **honest, moral**

実直な、良心的な

▶A **scrupulous** real estate agent does not charge clients excessive fees.
（実直な不動産業者は、顧客に過度の手数料を請求しない）

0556
approximately
[əprɑ́ksəmətli]

副 **about, roughly, nearly**

およそ、約
形 approximate
名 approximation

▶**Approximately** 25 percent of the world's electricity is used by the US alone.
（世界の電力の約25%が、アメリカ1国だけで使われている）

0557
paradoxical
[pæ̀rədɑ́ksikəl]

形 **seemingly contradictory, ironic**

逆説的な；矛盾する
副 paradoxically
名 paradox

▶Einstein thought that using violence to restore peace was **paradoxical**.
（アインシュタインは、平和を回復するために暴力を用いるのは矛盾していると考えていた）

0558
source [sɔ:rs]

名 **origin, beginning, derivation**

起源、源

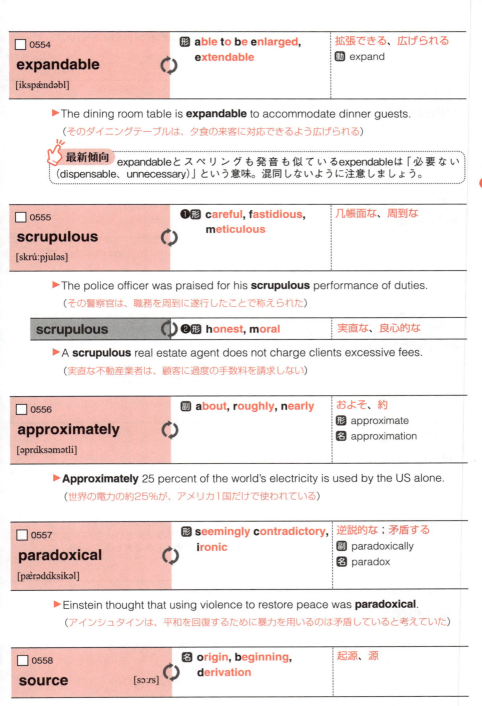

▶Located in central Africa, Lake Victoria is the **source** of the Nile River.
(ビクトリア湖はアフリカ中央部に位置し、ナイル川の水源となっている)

□ 0559 **adhere** [ædhíər]	動 **stick, cleave, cling**	付着する

▶The glue that covers a stamp's back allows it to **adhere** to an envelope.
(切手の裏面を覆っているのりは、切手が封筒にはりつくようにしている)

□ 0560 **available** [əvéiləbl]	形 **accessible, obtainable**	利用できる、手に入る

▶Books were **available** to the masses for the first time with the invention of Gutenberg's printing press.
(グーテンベルクの印刷機の発明によって、本は初めて大衆が手に入れられるものになった)

□ 0561 **get rid of**	熟 **eliminate, remove, dispose of**	～を取り除く

▶Meditation has become a popular way for people to **get rid of** stress.
(瞑想は、人がストレスを取り除くための人気の方法になっている)

□ 0562 **repel** [ripél]	動 **drive away, beat off**	～を追い払う、撃退する

▶The high walls of Medieval castles made it easy to **repel** attackers.
(中世の城の高い壁は、攻撃者を撃退することを容易にしていた)

最新傾向 repelの形容詞形 repellentは「不快感を与える」という意味。同義語問題ではdisgusting、repulsiveが出題されるので一緒に覚えておきましょう。

□ 0563 **maximize** [mǽksəmàiz]	動 **increase to the greatest possible degree**	～を最大にする

▶Manufacturers set prices for their products that will **maximize** their potential profits.
(メーカーは自社の製品に、潜在的利益を最大化する価格を設定する)

☐ 0564
outermost [áutərmòust]
形 **farthest away, farthest, most remote**
最も外側の

▶ Neptune is the **outermost** planet in the solar system.
（海王星は太陽系で最も外側にある惑星だ）

☐ 0565
bind [baind]
動 **tie, fasten**
～を縛る、結ぶ

▶ For hygiene reasons, restaurant employees with long hair must **bind** it before they start work.
（衛生上の理由から、髪の長いレストランの従業員は仕事を始める前に髪を束ねなければならない）

☐ 0566
visible [vízəbl]
形 **perceptible**
目に見える

▶ The symptoms of the life-threatening disease may not be **visible** for several years after infection.
（命を脅かすその病気の症状は、感染後数年間は目に見えない可能性がある）

QUIZ

次の1～10の同義語をⓐ～ⓙから選びましょう。

1. luminous	ⓐ disperse, dissipate, distribute
2. facilitate	ⓑ evident, clear, apparent
3. rapport	ⓒ intensify, increase, mount
4. scatter	ⓓ accessible, obtainable
5. immense	ⓔ brilliant, bright, shining
6. attest	ⓕ bond, relationship, link
7. obvious	ⓖ ease, make easy, help
8. escalate	ⓗ seemingly contradictory, ironic
9. available	ⓘ confirm, support, prove
10. paradoxical	ⓙ large, enormous, huge

1.ⓔ **2.**ⓖ **3.**ⓕ **4.**ⓐ **5.**ⓙ **6.**ⓘ **7.**ⓑ **8.**ⓒ **9.**ⓓ **10.**ⓗ

DAY 6-10 Review TEST

次の英文の下線部の語と最も意味の近いものを (A)～(D) の中からひとつ選びましょう。解答は次のページに掲載しています (解答は赤シートで消すことができます)。

1. The Greeks deceived the Trojans with a giant wooden horse that concealed a group of soldiers.
(A) liberated (B) decorated (C) misled (D) detached

2. An ample supply of oxygen is required for the cells of the body to function correctly.
(A) even (B) abundant (C) improved (D) average

3. Talented art forgers are able to perfectly duplicate famous works of art.
(A) reproduce (B) depict (C) capture (D) absorb

4. Supplementary information is found in an appendix at the back of the textbook.
(A) Detailed (B) Useful (C) Specific (D) Extra

5. Beneath the city of Paris is a 200-mile intricate network of tunnels that date back to 13th century mining.
(A) extensive (B) isolated (C) elaborate (D) invisible

6. Many procedures became redundant with the advent of the Ford assembly line in the early 20th century.
(A) vague (B) superfluous (C) absurd (D) aggressive

7. The US government offered extremely cheap land as an inducement for people to settle the West.
(A) aftermath (B) alternative (C) enterprise (D) incentive

8. The ancient Japanese samurai code required an oath of absolute allegiance to the Emperor unto death.
(A) consensus (B) dedication (C) power (D) recompense

9. Architects are tasked with finding the optimum balance between form and function in their structures.
(A) supreme (B) required (C) firm (D) delicate

10. A common attribute of animal species that live on islands is their comparatively small size.
(A) characteristic (B) shortcoming (C) condition (D) truism

解答と訳

正解のあとの数字は、見出し語の通し番号を表しています。

1. (C) 0297
ギリシャ人は、兵士の一団を隠した巨大な木馬でトロイア人を欺いた。

2. (B) 0298
人体の細胞が正常に機能するには、十分な酸素供給が必要だ。

3. (A) 0342
優れた贋作者は、有名な芸術作品を完璧に複製することができる。

4. (D) 0389
補足情報は、教科書の巻末にある付属資料に書かれている。

5. (C) 0399
パリ市の地下には、13世紀の地下採掘にさかのぼる200マイルの入り組んだトンネル網が存在する。

6. (B) 0421
20世紀初頭、フォードの組み立てラインの出現に伴い、多くの手順が不要になった。

7. (D) 0456
アメリカ政府は、西部への入植を促す刺激策として、極めて安価な土地を提供した。

8. (B) 0460
日本の侍の古い掟では、天皇に対して死ぬまで絶対的な忠誠を誓うことを義務づけていた。

9. (A) 0528
建築家は、建造物において形と機能の最適なバランスをとる任務を担っている。

10. (A) 0516
島に生息する動物種によく見られる特性は、大きさが比較的小さいことだ。

出題頻度レベル ★★★

□ 0567 **plausible** [plɔ́:zəbl]	形 **possible, believable, likely, probable**	もっともらしい

▶ The story seemed **plausible**, but witnesses said it was untrue.
（その話はもっともらしく思われたが、目撃者はそれは真実ではないと言った）

□ 0568 **transform** [trænsfɔ́:rm]	動 **convert, change, alter**	～を変える、変形させる

▶ Generators **transform** physical energy into electrical energy.
（発電機は物理的なエネルギーを電気エネルギーに変える）

□ 0569 **counterpart** [káuntərpɑ̀:rt]	名 **complement; equivalent**	（機能が）同等のもの［人］

▶ Medieval religious books often included beautiful illustrations as a **counterpart** to the written text.
（中世の宗教的な書物にはよく、文章と同じ価値を持つものとして、美しい挿し絵が含まれていた）

□ 0570 **nevertheless** [nèvərðəlés]	副 **in spite of that, however, still, yet, nonetheless**	それにもかかわらず

▶ Beagles make excellent pets. **Nevertheless**, they can become unruly without proper training.
（ビーグル犬は優れたペットになる。とはいえ、適切な訓練を受けなければ手に負えなくなることもある）

☐ 0571
pronounced [prənáunst]
形 notable, striking, marked, significant, noticeable, distinct, strong
際立った、著しい

▶The development of agricultural pesticides led to a **pronounced** increase in crop yields.
(農業用殺虫剤の開発は、作物生産高の著しい増加につながった)

最新傾向 pronouncedは「確固たる」という意味でも使われます。her pronounced confidence「彼女の確固たる自信」。同義語問題ではdecidedが出題されるので一緒に覚えておきましょう。

☐ 0572
celebrated [séləbrèitid]
形 famous, renowned, well-known
有名な、名高い

▶General Sherman's march to the sea was probably the most **celebrated** military campaign in US history.
(シャーマン将軍の海への進軍は、おそらくアメリカ史上最も有名な軍事活動だった)

☐ 0573
exceedingly [iksí:diŋli]
副 highly, extremely, excessively, hugely
非常に、極めて

▶Prior to the 2008 economic crisis, real estate prices had become **exceedingly** expensive.
(2008年の経済危機以前は、不動産価格は非常に高騰していた)

☐ 0574
chancy [tʃǽnsi]
形 risky, perilous, dangerous
不確かな、危険な

▶Climbing Mt. Everest is **chancy**, as many people die on the mountain every year.
(エベレスト登山は危険で、毎年その山で多くの人が亡くなっている)

☐ 0575
vertical [vә́:rtikәl]
形 upright, up-and-down, erect
垂直の

▶The three **vertical** bands of the French flag symbolize liberty, equality, and brotherhood.
(フランス国旗の3本の縦の帯は、自由と平等と友愛を象徴している)

□ 0576 **persist** [pərsíst]	動 **continue, last, endure, remain**	続く、残存する 形 persistent 名 persistence

▶ Fears **persisted** even after weather forecasters declared that the hurricane would not come ashore.
（天気予報でハリケーンが上陸することはないと断言されたあとも、不安は残った）

□ 0577 **magnitude** [mǽgnətjù:d]	名 **extent, size, degree, measure, amount**	規模、大きさ、(地震の) マグニチュード

▶ The **magnitude** of an earthquake is measured on the Richter scale.
（地震の規模は、リヒタースケールで計測される）

□ 0578 **discern** [disə́:rn]	動 **identify, detect, distinguish**	～を見分ける、識別する

▶ A leader must be able to **discern** the best course of action for the group.
（リーダーは、集団が取るべき最善の行動方針を見分けることができなければならない）

最新傾向 ～ing形のdiscerningは「洞察力のある」という意味の形容詞。同義語問題ではastute、perceptiveが出題されます。

□ 0579 **generate** [dʒénərèit]	動 **produce, create**	～を生み出す、発生させる

▶ To **generate** enough electricity for the countryside, the mayor had 200 wind turbines built.
（その地方に十分な電力を生み出すために、市長は200基の風力発電機を建てさせた）

□ 0580 **eccentric** [ikséntrik]	形 **unusual, bizarre, peculiar, odd**	風変わりな、異様な

▶ Vaudeville actors typically wore **eccentric** costumes on stage.
（ボードビル芸人はたいてい、舞台で風変わりな衣装をまとっていた）

□ 0581 **alternative** [ɔ:ltə́:rnətiv]	❶形 **substitutive; different**	代わりとなる、代わりの 動 alternate

▶ The city encouraged people to take **alternative** means of transportation to help reduce traffic congestion.
(市は交通渋滞の緩和の助けになるよう、別の交通手段を利用することを人々に呼びかけた)

alternative	❷名 **substitute, choice, option**	代わりになるもの、選択肢

▶ Applesauce can be a good non-dairy **alternative** for eggs when baking.
(アップルソースはオーブン料理の際に、卵のおいしい非乳製代替物になる)

DAY 11

□ 0582 **strategy** [strǽtədʒi]	名 **plan, method, scheme**	戦略、方策

▶ The **strategy** of some predators is to camouflage themselves and wait perfectly still for hours.
(捕食者の中には、擬態して何時間もまったく動かずに待つ戦略を取るものもいる)

□ 0583 **refine** [riːfáin]	動 **improve, perfect**	～に磨きをかける、～を洗練する 名 refinement

▶ The writing tutor suggested ways for the student to **refine** his essay and garner a better grade.
(ライティングの指導教員は、学生がレポートを洗練させてよりよい成績を取る方法を提案した)

出題頻度レベル ★★★

□ 0584 **precious** [préʃəs]	形 **valuable, dear, priceless**	貴重な

▶ The colonies were forced into providing **precious** metals to the mother country.
(植民地は、本国に貴金属を無理やり提供させられた)

最新傾向 preciousとスペリングが似ているpreciseは「正確な（exact、accurate）」という意味。試験で間違わないように注意しましょう。

□ 0585 **subtle** [sʌtl]	形 **hard to recognize, hardly perceived, slight**	把握しがたい、微妙な

▶ The signs of dishonesty are so **subtle** that they often go undetected.
(不誠実さの兆候はとてもかすかで、しばしば見過ごされる)

☐ 0586 **conducive to**	熟 favorable to, helpful for, beneficial to	～につながる、～を促す

▶ Energetic teachers and fun lessons are **conducive to** student learning.
（精力的な教師と楽しい授業は、生徒の学習を促す）

☐ 0587 **preoccupied with**	熟 concentrated on, absorbed in, immersed in	～に夢中になった、心を奪われている

▶ The crook made his getaway while officials were **preoccupied with** the fire he started.
（その悪党は、自分が起こした火事に職員が気を取られている間に逃走した）

☐ 0588 **swift** [swift]	形 quick, speedy, fleet	迅速な、素早い 副 swiftly

▶ With a **swift** movement, Maggie stood upright.
（素早い動きでマギーはまっすぐ立ち上がった）

☐ 0589 **menace** [ménəs]	動 threaten, intimidate, frighten	～に脅威を与える、～を脅かす

▶ The thief **menaced** the neighborhood for weeks before being caught.
（その泥棒は、捕らえられるまで数週間にわたって近隣を脅かした）

☐ 0590 **akin to**	熟 similar to, like	～と似た、同類の

▶ Ukrainians are culturally and racially **akin to** Russians.
（ウクライナ人は、文化的、人種的にロシア人に似ている）

☐ 0591 **expend** [ikspénd]	動 use, use up, spend, consume	～を費やす、消費する

▶ Athletes **expend** more energy in hot and humid weather, so they are likely to feel tired more quickly.
（運動選手たちは、暑くじめじめした天候では余分にエネルギーを消耗するので、疲れを感じるのが早くなりがちだ）

最新傾向 expendとスペリングも発音も似ているexpandは「拡大する（enlarge、increase）」という意味。

□ 0592 **belittle** [bilítl]	動 **disregard**, **underestimate**	～を軽視する、見くびる

► Jane did not realize that she was **belittling** her colleagues by constantly interrupting them.
（ジェインは、絶えず話をさえぎることで同僚を軽んじているということに気づいていなかった）

□ 0593 **commend** [kəménd]	動 **admire**, **praise**, **compliment**	～をほめる

► The general **commended** the soldiers for their bravery during the battle.
（その将軍は、戦闘中の兵士たちの勇敢さをほめた）

最新傾向 commendとスペリングも発音も似ているcommandは「命令（order、dictate）」という意味。混同しないように注意しましょう。

□ 0594 **sue** [su:]	動 **take a strong legal action against**, **charge**	～を訴える

► The company **sued** its supplier for breach of contract.
（その会社は、納入業者を契約違反で訴えた）

□ 0595 **innovation** [inəvéiʃən]	名 **new development**, **novelty**, **new idea**	革新、新しく導入したもの 形 innovative

► Built-in cameras and web browsing capabilities are amazing **innovations** in cellular phone technology.
（内蔵カメラとウェブサイト閲覧機能は、携帯電話技術における素晴らしい革新だ）

□ 0596 **fragmentation** [frægməntéiʃən]	名 **destruction**, **disintegration**, **disruption**	分裂、破砕、崩壊

► The Cultural Revolution in China caused a **fragmentation** of societal ideals.
（中国の文化大革命は社会の理想の崩壊を引き起こした）

□ 0597 **mainly** [méinli]	副 **principally, generally, primarily, chiefly**	主に

► In California, rain occurs **mainly** during the winter months.
（カリフォルニアでは、雨は主に冬場に降る）

□ 0598 **sufficient** [səfíʃənt]	形 **enough, adequate, ample**	十分な、足りる 副 sufficiently

► For most healthy adults, a few days of rest is **sufficient** to get over a cold.
（ほとんどの健康な大人なら、風邪を治すには数日の休養で十分だ）

□ 0599 **abnormally** [æbnɔ́ːrməli]	副 **unusually, oddly, exceptionally, atypically**	異常に

► An **abnormally** rapid heart rate may indicate a serious health problem.
（異常に速い心拍数は、深刻な健康上の問題を示している可能性がある）

□ 0600 **barrier** [bǽriər]	名 **bar, obstacle, obstruction**	障壁、障害（物）

► The mountains form a natural **barrier** between the two countries.
（その山々は、2国間の自然の障壁を成している）

最新傾向 barには「酒場」のほかに、「障害」という意味もあります。a bar to effective communication「効果的なコミュニケーションの障害になるもの」。

□ 0601 **gigantic** [dʒaigǽntik]	形 **huge, immense, colossal**	巨大な

► The **gigantic** thunderstorm in Japan was much more serious than anyone had anticipated.
（日本のとてつもなく激しい雷雨は、誰もが予想していたよりもはるかに深刻なものだった）

□ 0602 **reproduce** [rìːprədjúːs]	❶動 **copy, duplicate, imitate**	～を再生する、再現する、複製する

▶The director sometimes **reproduces** others' styles as homage to their work.
（その監督は時々、ほかの監督のスタイルを彼らの作品へのオマージュとして再現する）

reproduce	❷動 **breed, multiply, propagate**	繁殖する

▶All living organisms need to **reproduce** to keep their species alive.
（すべての生物は、種を存続させるために繁殖する必要がある）

□ 0603 **allow** [əláu]	動 **enable, permit, let**	～が（…することを）可能にする、許す

▶Farmers **allowed** firefighters to use water from their ponds to put out the wildfire.
（農場主たちは、山火事を消すために、消防隊員が自分たちの池の水を使うことを許可した）

□ 0604 **penetrate** [pénətrèit]	動 **pierce, go through, enter**	～を貫通する、～に入り込む

▶A large iceberg **penetrated** the Titanic's steel frame and caused the ship to sink.
（大きな氷山がタイタニック号の鋼鉄のフレームを貫通し、船を沈没させた）

□ 0605 **device** [diváis]	名 **mechanism, apparatus, appliance**	装置、デバイス 動 devise

▶The smartphone is one of the most useful **devices** for communication.
（スマートフォンは、コミュニケーションに最も役立つ機器の1つだ）

□ 0606 **divergent** [daivə́:rdʒənt]	形 **varying, different, dissimilar**	異なる、分岐する 動 diverge

▶In the debate, the political candidates discussed their **divergent** views.
（討論で、国政選挙の候補者たちはお互いの異なる見解について議論した）

□ 0607 **flaw** [flɔ:]	名 **defect, fault, blemish, shortcoming**	欠点、欠陥

▶In the play *Cyrano De Bergerac*, the protagonist's most obvious **flaw** is his grotesque nose.
（劇曲『シラノ・ド・ベルジュラック』で、主人公の最も目立つ欠陥はグロテスクな鼻だ）

☐ 0608
buffer [bʌ́fər]

動 protect, cushion

緩衝の機能を果たす

▶ Installing thick windows in your home will **buffer** against the cold weather.
（家に分厚い窓を取りつけると、寒い気候を和らげる）

☐ 0609
refute [rifjúːt]

動 disprove, rebut, prove false

～に反ばくする、～の誤りを証明する

▶ Galileo **refuted** the theory that the Earth was at the center of the universe.
（ガリレオは、地球が宇宙の中心であるという説に反ばくした）

出題頻度レベル ★★★

☐ 0610
domestic [dəméstik]

形 household, home, family

家庭内の、家庭の

▶ If both the husband and wife work, they should share the **domestic** chores.
（夫と妻の両方が働いている場合、2人は家庭の仕事を分担するべきだ）

最新傾向 domesticの動詞形domesticateは「～を飼いならす、飼育する」という意味。同義語問題ではtame、trainが出題されるので一緒に覚えておきましょう。

☐ 0611
on the spur of the moment

熟 without planning, on impulse

とっさに、衝動的に

▶ **On the spur of the moment**, Lucy and Henry drove to the beach to enjoy the unexpectedly warm day.
（ルーシーとヘンリーはとっさの思いつきで、予想外の暖かい日を楽しもうとビーチへドライブした）

☐ 0612
temperate [témpərət]

形 moderate, mild, clement

温暖な、穏やかな

▶ Fruits such as apples and pears grow in **temperate** climates.
（リンゴやナシなどの果物は、温暖な気候で育つ）

☐ 0613 **consistent with**	熟 **in agreement with, congruent with**	～と一致する、矛盾しない

▶ Erica chose a major that was **consistent with** her goal of being a doctor.
（エリカは、医師になるという目標と一致する専攻を選んだ）

☐ 0614 **splendor** [spléndər]	名 **magnificence, grandeur, majesty**	壮麗さ、見事さ 形 splendid

▶ The **splendor** of the massive statues on Easter Island impressed early European explorers.
（イースター島の巨大な像の壮大さは、初期のヨーロッパの探検家たちを感動させた）

☐ 0615 **prosper** [prɑ́spər]	動 **succeed, flourish, thrive**	繁栄する、成功する 名 prosperity 形 prosperous

▶ Careful planning and good opportunities can help a business **prosper**.
（慎重な計画といい機会が、事業の成功の一助となりうる）

☐ 0616 **brew** [bru:]	動 **develop, loom, be on the way**	(望ましくないことが) 起ころうとしている

▶ Meteorologists use radar and satellite imaging to determine whether a typhoon is **brewing**.
（気象学者は、レーダーと衛星画像を使って台風が発生しようとしているのかを判断する）

☐ 0617 **persevere** [pə̀:rsəvíər]	動 **continue, carry on, persist**	がんばり通す、やり通す

▶ Despite his injury, the marathon runner **persevered** until the end of the race.
（けがにもかかわらず、そのマラソン選手はレースの最後まで走り抜いた）

最新傾向 persevereとスペリングが似ているpreserveは「～を保護する、保存する（protect、conserve）」という意味。試験で間違わないように注意しましょう。

☐ 0618 **bias** [báiəs]	名 **prejudice**	先入観、偏見

▶Some nutritionists have a strong **bias** against genetically modified food.
（栄養学者の中には、遺伝子組み換え食品に対して強い偏見を持っている人もいる）

□ 0619 **administer** [ædmínistər]	❶動 **manage, supervise, conduct**	～を管理する、運営する

▶An external consultant has been hired to **administer** the large governmental grant.
（多額の政府の補助金を管理するために、外部のコンサルタントが雇われた）

administer	❷動 **give, provide**	（薬）を投与する

▶It's crucial to double-check the dosage of the medication before you **administer** it.
（薬を投与する前に、投薬量を再確認することは極めて重要だ）

□ 0620 **groundless** [gráundlis]	形 **unfounded, baseless**	根拠のない

▶Although Sarah knew her fear of the dark was **groundless**, she still used a nightlight.
（サラは自分の暗闇に対する恐怖が根拠のないものだとわかっていたが、それでも常夜灯を使った）

□ 0621 **arouse** [əráuz]	動 **stimulate, provoke, incite**	～を刺激する、喚起する

▶The strange sight in the distance **aroused** Watson's curiosity, so he moved closer to get a better look.
（遠くに変わったものが見えて、ワトソンは好奇心が高まり、もっとよく見えるように近くに移動した）

最新傾向 arouseには「～を目覚めさせる」という意味もあります。arouse Jane from sleep「ジェーンを眠りから目覚めさせる」。同義語問題ではawakeが出題されるので一緒に覚えておきましょう。

□ 0622 **occupy** [ákjupài]	動 **engross, engage, absorb**	～を占める、専心させる

▶Basic needs, such as food and shelter, **occupied** the minds of early humans.
（食糧や住まいといった基本的な要求が初期の人類の頭を占めていた）

☐ 0623
virtual [və́ːrtʃuəl]

形 **almost complete**

事実上の、実質上の
副 virtually

► A further reduction in the size of the Arctic ice cap is a **virtual** certainty.
（北極の氷冠の大きさがさらに減少するのは、事実上確実だ）

☐ 0624
unexplored [ʌnikspló:rd]

形 **uncovered**

調査［探検］されていない

► The student wrote a paper on some of the **unexplored** aspects of social media.
（その学生は、ソーシャルメディアのまだ調査されていない側面のいくつかについて、論文を書いた）

☐ 0625
tuned to

熟 **in agreement with**

～に合わせた、調和した、一致した

► An employee who is **tuned to** the goals of management is more likely to be promoted.
（経営の目標に同調している従業員は、昇進する可能性がより高い）

DAY 11

QUIZ

次の1～10の同義語をⓐ～ⓙから選びましょう。

1. penetrate	ⓐ varying, different, dissimilar
2. nevertheless	ⓑ extent, size, degree
3. sufficient	ⓒ pierce, go through, enter
4. gigantic	ⓓ huge, immense, colossal
5. celebrated	ⓔ continue, carry on, persist
6. magnitude	ⓕ plan, method, scheme
7. subtle	ⓖ famous, renowned, well-known
8. divergent	ⓗ hard to recognize, hardly perceived
9. persevere	ⓘ enough, adequate, ample
10. strategy	ⓙ in spite of that, however, still

1. ⓒ **2.** ⓙ **3.** ⓘ **4.** ⓓ **5.** ⓖ **6.** ⓑ **7.** ⓗ **8.** ⓐ **9.** ⓔ **10.** ⓕ

DAY 12

今回のターゲットは **57** 語

0626 >>> 0682

出題頻度レベル ★★★

☐ 0626 **duration** [djuréiʃən]	名 **span, length, term**	継続、（続いている）期間

▶ Napoleon lived on the island of Elba for the **duration** of one year.
（ナポレオンはエルバ島に1年にわたって住んだ）

☐ 0627 **massive** [mǽsiv]	形 **huge, enormous, very large, tremendous, colossal**	巨大な、大規模な

▶ The company's refusal to raise wages resulted in a **massive** strike.
（その会社が賃上げを拒否した結果、大規模なストライキが起こった）

☐ 0628 **feasible** [fí:zəbl]	形 **practicable, viable, possible, achievable, most likely**	実行可能な、ありそうな

▶ After years of investment and research, commercial flights to outer space are now becoming **feasible**.
（長年の投資と研究をへて、宇宙への商業飛行は今や実現可能になりつつある）

☐ 0629 **vibrant** [váibrənt]	❶形 **active, vivacious, energetic**	力強い、活気に満ちた

▶ Honey bees communicate with one another through **vibrant** dances.
（ミツバチは活発なダンスでお互いに意思疎通をする）

vibrant	❷形 vivid, bright, brilliant	（色が）鮮やかな

▶Although ancient Roman statues usually appear white today, many of them were originally painted in **vibrant** colors.
（古代ローマの彫像は現在では白く見えることがほとんどだが、その多くはもともと鮮やかな色で塗られていた）

最新傾向 vibrantの名詞形vibrationは「震え、振動」という意味。同義語問題ではtremor、quiverが出題されるので一緒に覚えておきましょう。

□ 0630 accumulation [əkjù:mjuléiʃən]	名 buildup, collection, stock	蓄積 動 accumulate

▶Over the years, the **accumulation** of garbage in the river has contaminated the water.
（長年にわたり、川に蓄積したごみが水質を汚染してきた）

□ 0631 link [liŋk]	❶名 connection, bond, tie	つながり、関連、連結

▶The politician severed all **links** with his party.
（その政治家は所属政党とのあらゆるつながりを絶った）

link	❷動 connect, relate, associate	～をつなぐ、関連づける

▶Investigators had nothing to **link** the suspect to the crime.
（捜査員たちは、事件とその容疑者を関連づけるものを何も持っていなかった）

□ 0632 informally [infɔ́:rməli]	副 commonly, casually	非公式に、形式ばらずに

▶The city of Paris is **informally** known as "The City of Light."
（パリという都市は、通称「光の都」として知られている）

☐ 0633 **sovereign** [sάvərən]	名 **master, monarch, ruler**	主権者、君主

▶ Traditionally, the **sovereign** of Great Britain lives in Buckingham Palace.
（伝統的に、グレートブリテンの君主はバッキンガム宮殿で暮らす）

☐ 0634 **key** [kiː]	❶形 **important, central, essential**	重要な、鍵となる

▶ Ambassadors can perform a **key** role in negotiating a peace treaty between hostile countries.
（大使は、敵対する国の間で和平条約の交渉をする際に、重要な役割を果たすことができる）

key	❷名 **tone**	（音楽の）キー

▶ The symphony orchestra played a famous musical piece in a lower **key** than usual.
（その交響楽団はある有名な曲をいつもより低いキーで演奏した）

最新傾向 keyには「秘訣」という意味もあります。the key to success「成功の秘訣」。同義語問題ではsecret、clueが出題されます。

☐ 0635 **eventually** [ivéntʃuəli]	副 **in the end, finally, ultimately, later, in (due) time**	結局は、ついに 形 eventual

▶ The US **eventually** recognized the Filipinos' desire for independence.
（アメリカは最終的に、フィリピンの人々の独立を願う気持ちを認めた）

最新傾向 in timeには「間に合って」のほかに、「やがて」という意味もあります。In time, the massive star will explode.「やがて、その巨大な星は爆発するだろう」。

☐ 0636 **persistent** [pərsístənt]	形 **continuous, enduring, long-lasting, constant**	持続する、しつこい 動 persist 名 persistence

▶ The **persistent** sound of crickets chirping kept Steve from getting a good night's sleep.
（やむことのないコオロギの鳴き声のせいで、スティーブは夜ぐっすり眠ることができなかった）

□ 0637 **corroborate** [kərάbərèit]	動 **confirm, verify, substantiate**	～を確証する、（事実や陳述などを）裏づける

▶ With DNA evidence, it is easier to **corroborate** a person's identity.
（DNA鑑定による証拠で、人物の身元を確証することが容易になった）

□ 0638 **inaugurate** [inɔ́ːgjurèit]	動 **introduce, initiate, begin, commence**	～を開始する

▶ Andre Breton helped **inaugurate** the surrealist movement by publishing the *Manifesto of Surrealism* in 1924.
（アンドレ・ブルトンは、1924年に『シュールレアリズム宣言』を出版して、シュールレアリズム運動の開始に一役買った）

□ 0639 **further** [fə́ːrðər]	形 **additional, extra, supplementary**	さらなる、それ以上の

▶ It was determined that the little girl would need **further** therapy to fully recover from the car accident.
（その幼い少女は、交通事故から完全に回復するためにはさらなる治療が必要だということがわかった）

□ 0640 **concentrate on**	熟 **focus on, pay attention to**	～に集中する、専念する

▶ Meditation can help you **concentrate on** being in the present.
（瞑想は、今を生きることに集中する助けになりうる）

0641 **moreover** [mɔːróuvər]	副 **additionally, in addition, as well, besides**	さらに、その上

▶Melanie had gotten thinner with age; **moreover**, her whole image had changed.
(メラニーは年をとってやせていた。その上、彼女の全体的な印象も変わっていた)

0642 **execute** [éksikjùːt]	❶動 **perform, carry out, fulfill, implement**	～を実行する、実施する

▶The cheerleading squad practiced for weeks until they could **execute** their routine without any mistakes.
(そのチアリーディングチームは、演目をミスなく行えるようになるまで何週間も練習した)

最新傾向 executeには「～を処刑する」という意味もあります。execute the criminal「犯罪者を処刑する」。同義語問題ではput to deathが出題されるので一緒に覚えておきましょう。

execute	❷動 **produce**	～を制作する

▶The skilled artist **executed** detailed and lifelike paintings.
(その腕利きの芸術家は、精緻で生きているような絵画を制作した)

出題頻度レベル ★★★

0643 **urbane** [əːrbéin]	形 **cultivated, sophisticated, polished, refined**	洗練された

▶My brother looked quite **urbane** in his new tuxedo.
(兄は新しいタキシードを着ると、かなりあか抜けて見えた)

0644 **boast** [boust]	❶動 **show off, brag, swagger, pride oneself on**	～を自慢する

▶Muhammad Ali **boasted** that he was the greatest boxer to ever live.
(モハメド・アリは、自分はこれまでで最も優れたボクサーだと自慢した)

boast	❷動 **proudly possess**	～を誇りにする、（誇りとして）～がある

▶Paris **boasts** several famous and widely visited landmarks.
（パリには、有名で多くの人が訪れるいくつものランドマークがある）

□ 0645 **envision** [invíʒən]	動 **imagine, conceive, visualize**	～を思い描く、想像する

▶Martin Luther King Jr. **envisioned** a world with no racial barriers.
（マーチン・ルーサー・キング・ジュニアは、人種の壁のない世界を思い描いた）

□ 0646 **intermediate** [intərmíːdiət]	形 **in-between, between extremes, median**	中間の、中級の

▶A number of interesting developments occur during the **intermediate** stage of the insect's life cycle.
（その昆虫のライフサイクルにおける中間段階では、多くの興味深い発達が起こる）

□ 0647 **frightful** [fráitfəl]	形 **alarming, fearsome**	恐ろしい、ぞっとするような

▶Tom's unusual behavior was quite **frightful**, enough to worry the entire family.
（トムの異常行動はかなり恐ろしいもので、家族全員をひどく心配させるほどだった）

□ 0648 **irrevocable** [irévəkəbl]	形 **permanent, irreversible, unchangeable**	変更できない、取り消せない 副 irrevocably

▶Tattoos are no longer **irrevocable**, though removing them is painful and costly.
（入れ墨はもはや消すことができないものではないが、除去するのは苦痛を伴い費用も高い）

DAY 12

□ 0649
disintegration
[disìntəgréiʃən]

名 **breaking apart, collapse**

分解、崩壊
動 disintegrate

▶ The **disintegration** of a country during civil war has devastating, long-term effects on the people.
（内戦中の国内の分裂は、民衆に壊滅的で長期に及ぶ影響を与える）

□ 0650
burgeoning
[bə́:rdʒəniŋ]

形 **rapidly expanding, growing, escalating**

急成長する、急増する

▶ A **burgeoning** deer population has been interfering with traffic by wandering onto the highways.
（急増するシカの群れが幹線道路に迷い込んでしまい、交通の妨げとなっている）

□ 0651
terrestrial [təréstriəl]

形 **earthly, worldly**

世俗の、この世の

▶ The yogi believes that only when we get rid of our **terrestrial** desires are we truly free.
（そのヨガ行者は、世俗の欲望を取り除いたときにのみ、真に自由になるのだと信じている）

最新傾向 terrestrialは「陸生の、陸地の」という意味でも使われます。terrestrial animals「陸生動物」。同義語問題ではland-based、onshoreが出題されます。

□ 0652
adorn [ədɔ́:rn]

動 **decorate, beautify, ornament**

～を飾る

▶ Christine **adorned** herself in her finest jewelry for the party.
（クリスティーンはパーティーのために一番いい宝飾品で身を飾った）

☐ 0653
revolution [rèvəlú:ʃən]

名 **fundamental change, innovation**

革命、大変革
動 revolutionize

▶ Louis Pasteur's germ theory of disease caused a **revolution** in medical thought.
(ルイ・パスツールによる病気の細菌説は、医学の思考に革命をもたらした)

☐ 0654
randomness [rǽndəmnis]

名 **lack of pattern**

無作為、でたらめ
形 random

▶ Constellations offer a practical way to assign order to the **randomness** of stars.
(星座は、不規則に散らばる星々に秩序を与える実用的な方法を提供する)

☐ 0655
superficial [sù:pərfíʃəl]

形 **external, not deep, exterior**

表面的な、うわべだけの
副 superficially

▶ John put on a **superficial** appearance of being happy, but he was actually quite upset.
(ジョンは見かけは楽しそうに装っていたが、実際にはかなり気分を害していた)

☐ 0656
diversion [divə́:rʒən]

名 **distraction**

関心をそらすもの、わきへそらすこと

▶ Magicians use attractive assistants as a **diversion** when performing their tricks.
(マジシャンは手品をするとき、魅力的なアシスタントたちを注意をそらすものとして使う)

☐ 0657
originate from

熟 **come from, derive from, stem from**

～から生じる

▶ Light that **originates from** distant stars takes millions of years to reach the Earth.
(遠く離れた星々から生じる光は、地球に届くまでに何百万年もかかる)

☐ 0658 **intimate** [íntəmət]	形 **close, familiar**	親密な 副 intimately

▶Marilyn Monroe was **intimate** with many of the greatest minds of her day.
（マリリン・モンローは当時の最も優れた人物の多くと親密だった）

最新傾向 intimateとスペリングが似ているintimidateは「〜を脅迫する、怖がらせる（threaten、menace）」という意味。試験で間違わないように注意しましょう。

☐ 0659 **blossom** [blάsəm]	動 **flourish, bloom, thrive**	栄える、発展する

▶European art and culture began to **blossom** during the Renaissance.
（ヨーロッパの芸術と文化は、ルネッサンス期に開花し始めた）

☐ 0660 **groundwork** [gráundwə̀ːrk]	名 **foundation, basis, footing**	基礎、土台

▶Isaac Newton's writings on mathematics laid the **groundwork** for the development of modern calculus.
（アイザック・ニュートンの数学に関する著作は、現代の微積分学の発展の土台を築いた）

☐ 0661 **trivial** [tríviəl]	形 **small, frivolous, unimportant, insignificant**	ささいな、取るに足りない

▶The mayor argued that the cost of the new library was **trivial** compared to the benefit it offered.
（市長は、新しい図書館にかかる費用はそれがもたらす恩恵に比べれば取るに足りないと主張した）

☐ 0662 **posterity** [pastérəti]	名 **future generations, next generations**	後代、子孫

▶The conservation efforts of today will help preserve the environment for **posterity**.
（現在の環境保護活動は、後代のために環境を守る助けになる）

☐ 0663 **aggravate** [ǽgrəvèit]	動 **make worse, worsen, exacerbate**	～を悪化させる

▶ Consuming alcohol and spicy food can **aggravate** stomach conditions.
（アルコールと辛い物を摂取することは、胃の状態を悪化させる可能性がある）

☐ 0664 **obtainable** [əbtéinəbl]	形 **available, accessible, attainable**	入手できる 動 obtain

▶ Most of the ingredients for Chinese cooking are **obtainable** at the supermarket.
（中華料理の材料のほとんどは、そのスーパーで手に入れることができる）

☐ 0665 **extent** [ikstént]	名 **range, scope, stretch**	範囲、程度

▶ The **extent** of topics covered during the lecture was quite diverse.
（その講義で扱われたトピックの範囲は、かなり多岐にわたっていた）

☐ 0666 **ingenious** [indʒí:njəs]	形 **inventive, creative, innovative, (very) clever**	巧妙な、独創的な 名 ingenuity

▶ An **ingenious** system of water pumps has been built to protect the city from flooding.
（その都市を洪水から守るために、送水ポンプの精巧なシステムが構築された）

最新傾向 ingeniousとスペリングが似ているingenuousは「純粋な（naive、innocent）」という意味。

☐ 0667 **burst** [bə:rst]	動 **break open, break out**	破裂する、爆発する

▶ The water pipe **burst** and ruined the kitchen floor.
（水道管が破裂して、台所の床をだめにした）

☐ 0668
outlying [àutláiiŋ]
形 **far from the center, remote, distant**
中心から遠く離れた

▶The price of land is much lower in **outlying** areas than in the city centers.
(地価は、都市の中心部よりも遠隔地のほうがずっと安い)

出題頻度レベル ★★★

☐ 0669
revolve around
熟 **focus on, center on**
～を中心に回る

▶Many parents feel that their lives **revolve around** their young children.
(多くの親は、自分の生活が幼い子どもたちを中心に回っていると感じている)

☐ 0670
meticulously
[mətíkjuləsli]
副 **carefully, precisely**
慎重に、非常に注意深く
形 meticulous

▶The project needs to be **meticulously** planned since the team only has four weeks to complete it.
(チームには完成まで4週間しかないので、そのプロジェクトは慎重に計画されなければならない)

☐ 0671
utilitarian [ju:tilətéəriən]
形 **practical, pragmatic, functional**
実利の、実用的な

▶The factory is very **utilitarian** in design.
(その工場は、設計がとても実用的だ)

☐ 0672
constitute [kάnstətjù:t]
動 **make up, comprise, compose**
～を構成する
名 constitution
形 constituent

▶Several different ethnic groups **constitute** the population of Malaysia.
(複数の異なる民族グループがマレーシアの人口を構成している)

□ 0673 **reciprocal** [risíprəkəl]	形 **mutual**	相互の

▶Though the two authors had different ideas about the same subject, they had a **reciprocal** respect.
（2人の著者は同じ主題について異なる考えを持っていたが、お互いを尊敬していた）

最新傾向 reciprocalの動詞形reciprocateは「やりとりする」という意味。同義語問題では trade、exchangeが出題されるので一緒に覚えておきましょう。

□ 0674 **tendency** [téndənsi]	名 **inclination**, **trend**, **proneness**	傾向 動 tend

▶There has been a recent **tendency** among teachers to give more lenient punishments.
（近ごろの教師たちは、以前よりも軽い罰を与える傾向がある）

□ 0675 **artifact** [á:rtəfækt]	名 **object**, **item**, **article**	人工物、遺物

▶The archaeologist discovered the **artifact** 2.5 meters below the ground.
（考古学者は、地下2.5メートルのところでその人工物を発見した）

□ 0676 **expedite** [ékspədàit]	動 **accelerate**, **speed up**, **urge**, **rush**	～を早める、促進させる

▶To **expedite** the passport renewal process, applicants must pay an additional fee.
（パスポートの更新プロセスを早めるには、申請者は追加料金を払わなければならない）

□ 0677 **scenario** [sinέəriòu]	名 **situation**, **sequence of events**	筋書き、状況

▶Comedians often use everyday **scenarios** to appeal to the audience.
（お笑い芸人はしばしば、観客を引きつけるために日常的な状況を使う）

☐ 0678 **define** [difáin]	動 **identify**	～を定義する

▶ In 2006, the International Astronomical Union **defined** the difference between planets and dwarf planets.
（2006年、国際天文学連合は惑星と準惑星の違いを定義した）

☐ 0679 **propulsion** [prəpʌ́lʃən]	名 **moving forward**, **thrust**, **impetus**	推進（力）

▶ Before motors were invented, wind was used as the means of **propulsion** for ships.
（モーターが開発される前は、風が船の推進力の手段として使われていた）

☐ 0680 **resolute** [rézəlù:t]	形 **firm**, **determined**, **steadfast**, **unwavering**	断固とした、決意の固い

▶ Without a **resolute** commitment to stop illegal hunting, the tiger's future is in danger.
（密猟を阻止する断固とした取り組みがないため、トラの未来は危険にさらされている）

最新傾向 resoluteの名詞形resolutionは「決心、決意」という意味。同義語問題ではdeterminationが出題されるので一緒に覚えておきましょう。

☐ 0681 **phase** [feiz]	名 **period**, **stage**, **step**	段階

▶ The first **phase** of construction on the fort was completed before the War of 1812.
（その要塞建設の第1段階は、1812年の米英戦争の前に完了した）

□ 0682 **fairly** [féərli]	❶副 **reasonably, moderately, pretty**	かなり、幾分

▶ Mr. Caldwell arrives **fairly** early at work to read the newspaper before the staff arrives.
(コールドウェルさんは、スタッフが来る前に新聞を読むためかなり早く出社している)

fairly	❷副 **impartially**	公正に、公平に

▶ Judges are expected to conduct all cases **fairly**.
(判事は、すべての裁判を公正に行うことが期待されている)

QUIZ

次の1～10の同義語をⓐ～ⓙから選びましょう。

1.	duration	ⓐ small, frivolous, unimportant
2.	feasible	ⓑ external, not deep, exterior
3.	irrevocable	ⓒ span, length, term
4.	superficial	ⓓ object, item, article
5.	moreover	ⓔ inventive, creative, innovative
6.	eventually	ⓕ permanent, irreversible, unchangeable
7.	ingenious	ⓖ additionally, in addition, as well
8.	frightful	ⓗ practicable, viable, possible
9.	trivial	ⓘ alarming, fearsome
10.	artifact	ⓙ in the end, finally, ultimately

1.ⓒ **2.**ⓗ **3.**ⓕ **4.**ⓑ **5.**ⓖ **6.**ⓙ **7.**ⓔ **8.**ⓘ **9.**ⓐ **10.**ⓓ

出題頻度レベル ★★★

□ 0683 **merely** [míərli]	副 **simply, only, no more than, just, purely**	ただ、単に 形 mere

▶ The man **merely** wanted to buy a bottle of water, but the store was already closed.
（その男性はただ水を1本買いたかっただけだったが、店はすでに閉まっていた）

□ 0684 **decimate** [désəmèit]	動 **destroy, eliminate, wipe out, demolish, devastate**	～の多くの人を殺す、～を著しく衰退させる 名 decimation

▶ The Black Plague **decimated** the population in Europe.
（黒死病はヨーロッパの人口を激減させた）

□ 0685 **incentive** [inséntiv]	名 **motivation, motive, encouragement, inducement**	動機、刺激、誘因

▶ The prize for first place was a new car, so contestants had a large **incentive** to win.
（1等賞は新車だったので、出場者には勝つための大きな誘因となっていた）

最新傾向 incentiveとスペリングが似ているinceptiveは「初めの（initial、first）」という意味。試験で間違わないように注意しましょう。

□ 0686 **retrieve** [ritrí:v]	動 **bring back, get back, recover, obtain, regain**	～を取り戻す

▶ The police officers **retrieved** the stolen money from the thief's hiding place.
（警察官は、泥棒の隠れ家から盗まれた金を取り戻した）

□ 0687 **compress** [kəmprés]	動 **condense, compact, contract, crush**	～を圧縮する

▶The machine **compresses** old cars into blocks of scrap metal.
(その機械は、古い車を押しつぶしてくず鉄の塊にする)

☐ 0688 **designate** [dézignèit]	動 **indicate, identify, specify, define**	～を指定する、示す

▶The statue **designates** where the famous speech took place.
(その像は、有名な演説が行われた場所を示している)

☐ 0689 **dissemination** [disèmənéiʃən]	名 **spread, distribution, diffusion**	普及、流布 動 disseminate

▶The **dissemination** of scientific knowledge changed human society.
(科学知識の普及は人間社会を変えた)

☐ 0690 **marked** [mɑːrkt]	形 **noticeable, considerable, prominent, discernible**	目立った、著しい 副 markedly

▶Mental illness can be difficult to diagnose because symptoms are not always **marked**.
(精神疾患は、症状が必ずしも顕著なわけではないため、診断が難しいことがある)

☐ 0691 **hypothetical** [hàipəθétikəl]	形 **supposed, imaginary**	仮説の、仮定の

▶Physicists accept the existence of **hypothetical** particles in space to make their theories plausible.
(物理学者たちは、彼らの理論に妥当性を持たせるため、宇宙にある仮説粒子の存在を認めている)

☐ 0692 **flow** [flou]	名 **stream, current; movement, motion**	流れ、移動

▶After the accident was finally cleared by the tow truck, the **flow** of traffic improved.
(レッカー車が事故現場をようやく片づけると、車の流れがよくなった)

最新傾向 形容詞形flowingは「流暢な」という意味。同義語問題ではfluentが出題されます。

☐ 0693 **precise** [prisáis]		形 **exact**, **accurate**, **definite**	正確な、厳密な 副 precisely 名 precision

▶ The investigators will look into the **precise** details of the airplane crash.
(捜査員は飛行機の墜落事故について、正確な詳細を調査するだろう)

☐ 0694 **stipulate** [stípjulèit]		動 **require**, **demand**, **call for**	(契約条件として)〜を規定する、要求する

▶ The contract **stipulates** that employees report to work at 9 a.m. from Monday to Friday.
(その契約は、従業員が月曜日から金曜日まで午前9時に出社するよう規定している)

☐ 0695 **perspective** [pərspéktiv]		名 **point of view**, **viewpoint**, **orientation**	観点、見方

▶ The data provides a fascinating new **perspective** on the pattern of industrial development.
(そのデータは、工業発展のパターンについて興味深い新しい見方を示している)

最新傾向 perspectiveとスペリングが似ているprospectiveは「見込みのある (potential、possible)」という意味。試験で間違わないように注意しましょう。

☐ 0696 **enhance** [inhǽns]		動 **improve**, **enrich**, **intensify**	〜を高める、増す

▶ The invention of the telegraph **enhanced** the speed of communication.
(電報の発明は、コミュニケーションの速度を高めた)

☐ 0697 **fundamental** [fʌ̀ndəméntl]		形 **essential**, **basic**, **primary**, **elementary**	基本的な、根本的な

▶ Math and science are **fundamental** subjects that every student must learn.
(数学と科学は、すべての生徒が学ばなければならない基本的な教科である)

□ 0698
evident [évədənt]

形 **clear, apparent, obvious, manifest**

明らかな、明白な
名 evidence

▶The presence of cycles in history is **evident** when studying later Mesopotamia.
(歴史にサイクルが存在することは、メソポタミア後期を学ぶと明白になる)

□ 0699
shift [ʃift]

動 **move, transfer, change, switch**

～を移す、変える

▶The chief executive decided to **shift** production to another factory.
(その最高幹部は、生産拠点を別の工場に移すことを決めた)

DAY 13

出題頻度レベル ★★★

□ 0700
unique among

熟 **different from other**

～の中で特異な

▶Because of its ability to catch insects, the Venus flytrap is **unique among** plants.
(ハエトリソウは、昆虫を捕まえる能力があるためにほかの植物と異なっている)

□ 0701
full-fledged [fúlflèdʒd]

形 **well-developed, full-blown**

十分に発達した、一人前の

▶Tina started selling her art as a hobby, but it soon turned into a **full-fledged** business.
(ティナは自分の作品を趣味で販売し始めたが、すぐに本格的なビジネスになった)

□ 0702
laborious [ləbɔ́:riəs]

形 **difficult, strenuous**

困難な、骨の折れる

▶It took Michelangelo four years of **laborious** painting to finish the Sistine Chapel Ceiling.
(ミケランジェロは、システィーナ礼拝堂の天井画を完成させるのに、4年間かけて困難な描画をした)

最新傾向 laboriousには「よく働く」という意味もあります。a laborious workforce「よく働く従業員」。同義語問題ではindustrious、diligentが出題されるので一緒に覚えておきましょう。

0703 **emit** [imít]

動 **give off, exhale, release, discharge, send out** ～を発する、放出する

▶ In the fireplace was a red-hot fire which **emitted** a small amount of smoke.
（暖炉には、煙を少し出して赤く燃える炎があった）

0704 **stunning** [stʌ́niŋ]

形 **amazing, impressive, breathtaking, spectacular** 驚くべき、素晴らしい

▶ The Hubble Space Telescope can capture **stunning** images of distant galaxies.
（ハッブル宇宙望遠鏡は、遠くの銀河の素晴らしい画像を捉えることができる）

0705 **tantalizing** [tǽntəlàiziŋ]

❶形 **tempting, enticing** 興味をそそる、欲望をかき立てる

▶ Credit card information is a **tantalizing** target for hackers and other cybercriminals.
（クレジットカード情報は、ハッカーやほかのサイバー犯罪者たちにとって興味をそそる標的だ）

tantalizing ❷形 **teasing** じらすような

▶ Although the food was not ready, the hungry guests could smell the **tantalizing** aromas from the kitchen.
（食事はまだできていなかったが、空腹の客たちにはキッチンから食欲をそそる香りがしていた）

0706 **abandoned** [əbǽndənd]

形 **no longer occupied, deserted, vacant** 見捨てられた、放棄された

▶ The **abandoned** site of Machu Picchu in Peru was rediscovered in 1911.
（ペルーのマチュピチュの放棄された遺跡は1911年に再発見された）

0707 **transmit** [trænsmít]

動 **convey, communicate, send** ～を送る、伝える

▶ Samuel Morse first **transmitted** a message by telegraph in 1844.
（サミュエル・モールスは1844年に電報で初のメッセージを送った）

0708 **candidly** [kǽndidli]

副 **honestly**, **frankly**, **plainly** 率直に、包み隠さず

▶The author **candidly** answered the questions during the interview.
(その著者はインタビューの間、率直に質問に答えた)

0709 **compulsorily** [kəmpʌ́lsərəli]

副 **by requirement**, **obligatorily**, **mandatorily** 強制的に、義務として 形 compulsory

▶Taxes are **compulsorily** paid to the government by all residents of a country.
(税金は、義務として国のすべての住民によって政府へ支払われる)

DAY 13

0710 **aid** [eid]

動 **assist**, **support**, **help**, **back** ～を助ける、援助する

▶For her volunteer work, Catherine **aided** elderly patients in a nursing home.
(キャサリンはボランティア活動で、老人ホームの高齢患者の介助をした)

0711 **deliberation** [dilìbəréiʃən]

名 **discussion**, **debate**, **conference** 審議

▶After a long **deliberation**, the jury announced its decision in the murder trial.
(長い審議のあと、陪審員団は殺人事件の裁判の判決を発表した)

最新傾向 deliberationには「熟考」という意味もあります。a thoughtful deliberation「思いやりのある熟考」。同義語問題ではconsideration、reflectionが出題されるので一緒に覚えておきましょう。

0712 **preposterous** [pripɑ́stərəs]

形 **unbelievable**, **absurd**, **nonsensical** 非常識な、ばかげた

▶The once popular theory regarding the existence of intelligent life on Mars now seems **preposterous**.
(火星に知的生命体が存在するというかつて人気のあった説は、今ではばかげたものに思える)

☐ 0713 **sparse** [spɑːrs]	❶形 **scattered, thinly distributed**	まばらな 副 sparsely

▶Houses are **sparse** throughout the desolate region.
（その人里離れた地域では、住居がまばらだった）

sparse	❷形 **scanty, meager, scarce, limited**	乏しい

▶The sailor survived several weeks in a lifeboat with only **sparse** provisions.
（その船乗りは、救命ボートに乗ってほんのわずかな食糧だけで数週間生き延びた）

☐ 0714 **occasionally** [əkéiʒənəli]	副 **once in a while, now and then, sometimes**	時々 形 occasional

▶The Kilauea Volcano in Hawaii **occasionally** erupts and releases lava into the surrounding area.
（ハワイのキラウエア火山は時折噴火して、周辺の地域に溶岩を放出する）

☐ 0715 **inconceivable** [inkənsíːvəbl]	形 **unthinkable, unimaginable**	想像もつかないような

▶Exploring outer space was once considered **inconceivable**.
（宇宙探索は、かつては想像もつかないことだと考えられていた）

☐ 0716 **breeding** [bríːdiŋ]	名 **reproduction, propagation**	繁殖

▶The **breeding** of pandas in captivity is rare.
（飼育されているパンダの繁殖は珍しい）

☐ 0717 **overriding** [òuvərráidiŋ]	形 **dominant, chief, principal**	最も重要な、主要な

▶Water quality is the **overriding** concern in many developing countries.
（水質は、多くの発展途上国で最優先の関心事だ）

最新傾向 overrideは「～に優先する」という意味の動詞。同義語問題ではtake precedence overが出題されます。

□ 0718 **favor** [féivər]	動 **prefer, lean toward**	～を好む

▶ Although many people enjoy the excitement of cities, some people **favor** the quiet life of the country.
(多くの人が都市の刺激を楽しんでいるが、田舎での静かな暮らしを好む人もいる)

DAY 13

□ 0719 **sediment** [sédəmənt]	名 **remains, deposition**	沈殿物、おり

▶ As wine ages, **sediment** collects at the bottom of the bottle.
(ワインが熟成するにつれて、ボトルの底におりがたまる)

□ 0720 **clever** [klévər]	形 **ingenious, smart, brilliant, bright**	賢い、利口な

▶ Solar power is a **clever** solution to the problem of dwindling fossil fuel reserves.
(太陽エネルギーは、減少する化石燃料の埋蔵量の問題への賢い解決策だ)

□ 0721 **consistently** [kənsístəntli]	副 **regularly, typically, unchangingly**	終始一貫して、絶えず

▶ Hawks **consistently** return to the same place to breed year after year.
(タカは繁殖するために、毎年一貫して同じ場所に戻ってくる)

□ 0722 **rate** [reit]	動 **judge, assess, evaluate**	～を評価する

▶ In the art contest, six different art teachers will **rate** the entries of the participants before choosing a winner.
(その美術コンテストでは、6人の異なる美術教員が応募者の作品を評価し、優勝作品を選ぶ)

最新傾向 rateは動詞だけではなく、「割合」という意味の名詞としても使われます。rate of traffic accident「交通事故の割合」。同義語問題ではratio、proportionが出題されるので一緒に覚えておきましょう。

□ 0723 **predominate** [pridɑ́mənèit]	❶動 **outweigh, prevail**	優勢である、優勢を占める

▶Service-related companies now **predominate** in a town that was once known for its manufacturing companies.
(かつて製造業の企業で知られたある町では、今はサービス関連企業が優勢を占めている)

predominate [pridɑ́mənət]	❷形 **most popular**	優勢な、支配的な

▶Reality shows have been the **predominate** format for TV shows in recent years.
(リアリティー番組は近年、支配的なテレビ番組のフォーマットになっている)

□ 0724 **realize** [rí:əlàiz]	❶動 **be aware of, understand, catch on**	～に気づく、～を理解する

▶Einstein **realized** that there were problems with Newton's law of gravity.
(アインシュタインは、ニュートンの万有引力の法則に問題があることに気がついた)

realize	❷動 **achieve, accomplish, fulfill**	～を実現する

▶It often takes several years for new businesses to **realize** a profit.
(新規事業が利益を生むには数年かかることが多い)

□ 0725 **circuitous** [sərkjú:ətəs]	形 **indirect, roundabout**	遠回りの、遠回しの

▶The path up the mountain was **circuitous** and took five hours to hike.
(その山への道は遠回りで、歩くのに5時間かかった)

出題頻度レベル ★☆☆

□ 0726 **owing to**	前 **due to, because of, as a result of**	～のために

▶The government had to introduce new economic reforms **owing to** the recession.
(政府は、不況のために新たな経済改革を導入しなければならなかった)

0727 **model** [madl]	名 **specimen, prototype, example**	モデル、手本

▶Some treatments that have worked in the rat **model** have also been successful in humans.
(ラットのモデルでうまくいっている治療法には、人間でも成功しているものもある)

最新傾向 modelは名詞だけではなく、「模範的な」という意味の形容詞としても使われます。model behavior「模範的な行動」。同義語問題ではexemplaryが出題されるので一緒に覚えておきましょう。

DAY 13

0728 **with respect to**	熟 **with regard to, in terms of, in reference to**	～に関して、ついて

▶The Middle East plays an important role **with respect to** global energy security.
(中東は、世界のエネルギーの安全保障に関して重要な役割を果たしている)

0729 **continuous** [kəntínjuəs]	形 **uninterrupted, ongoing, unceasing, consecutive**	連続的な、継続的な

▶The **continuous** noise from the construction site bothered the area's residents.
(建設現場からの絶え間ない騒音は、その地域の住民を悩ませた)

0730 **collaborate** [kəlǽbərèit]	動 **cooperate, put effort together, work together**	協力する、協同する 形 collaborative

▶The high school **collaborated** with the public library to make the fair a great success.
(その高校はフェアを大成功させるために、公立図書館と協力した)

0731 **anonymous** [ənánəməs]	形 **unknown, unnamed, unidentified, innominate**	匿名の

▶Nancy was grateful to an **anonymous** reader for some helpful comments.
(ナンシーは、匿名の読者が役立つコメントをくれたことに感謝した)

0732 **somewhat** [sʌ́mhwʌ̀t]	副 **to some degree, to some extent, rather**	いくらか

▶The global unemployment rate has improved **somewhat** since the financial crisis.
(世界の失業率は、金融危機以降いくらか改善されてきた)

☐ 0733 **damaging** [dǽmidʒiŋ]	形 **harmful, detrimental, noxious**	有害な

▶Skin cancer can result from the **damaging** effects of the sun.
(太陽の有害な影響の結果として、皮膚がんにかかることがある)

☐ 0734 **dramatically** [drəmǽtikəli]	副 **greatly, substantially, remarkably**	著しく、劇的に 形 dramatic

▶John's personality has changed **dramatically** over the past few years.
(ジョンの性格は、ここ数年で劇的に変化してきた)

☐ 0735 **heighten** [haitn]	動 **increase, intensify**	～を増す、強める、高める

▶Mandy's vague excuse **heightened** her father's anxiety.
(マンディのあいまいな言い訳は、彼女の父の不安を大きくした)

☐ 0736 **share** [ʃɛər]	名 **portion, part, allotment**	分担、割り当て

▶Bob's roommate was constantly late with his **share** of the rent.
(ボブのルームメイトは、家賃の分担金を支払うのがいつも遅れた)

☐ 0737 **shortly** [ʃɔ́ːrtli]	副 **soon, presently**	すぐに、間もなく

▶Mr. Jones is currently out of the office because of a business lunch, but he will be back **shortly**.
(ジョーンズ氏は今ビジネスランチで外出しているが、すぐに職場に戻るだろう)

最新傾向 shortlyには「素っ気なく」という意味もあります。end a conversation shortly「会話を素っ気なく終わらせる」。同義語問題ではcurtly、abruptlyが出題されるので一緒に覚えておきましょう。

□ 0738
besides [bisáidz]

❶副 in addition, moreover | その上、そのほかに

▶ Tom has the most experience for the job. **Besides**, he is very charismatic.
（トムはその仕事で最も経験がある。その上、彼はとてもカリスマ性がある）

besides ❷前 apart from | ～を除いて、～以外には

▶ There was nothing in the safe **besides** a few old documents.
（金庫にはわずかな古い文書以外、何もなかった）

□ 0739
seep [si:p]

動 ooze, flow slowly, pass through slowly | しみ出る、漏れる

▶ The gas **seeped** throughout the entire building before anyone noticed the leaking valve.
（バルブ漏れに誰も気づかないうちに、ガスは建物全体に行き渡った）

□ 0740
habit [hǽbit]

名 usual behavior, custom, practice | 習慣、癖

▶ Harry's little sister has a **habit** of biting her fingernails.
（ハリーの妹は、爪をかむ癖がある）

QUIZ

次の1～10の同義語をⓐ～ⓙから選びましょう。

1. retrieve	ⓐ move, tranfer, change
2. compress	ⓑ bring back, get back, recover
3. abandoned	ⓒ portion, part, allotment
4. sparse	ⓓ harmful, detrimental, noxious
5. shift	ⓔ require, demand, call for
6. stipulate	ⓕ scanty, meager, scarce
7. unique among	ⓖ no longer occupied, deserted, vacant
8. damaging	ⓗ convey, communicate, send
9. share	ⓘ different from other
10. transmit	ⓙ condense, compact, contract

1.ⓑ **2.**ⓙ **3.**ⓖ **4.**ⓕ **5.**ⓐ **6.**ⓔ **7.**ⓘ **8.**ⓓ **9.**ⓒ **10.**ⓗ

出題頻度レベル ★★★

□ 0741 **lethal** [líːθəl]	形 **deadly, dangerous, fatal, pernicious**	死を招く、致命的な

▶ The black mamba is one of the world's most **lethal** snakes.
（ブラックマンバは世界で最も致命的な毒をもつヘビの1種だ）

□ 0742 **modest** [mádist]	形 **small, not large, limited; simple**	あまり大きくない、質素な

▶ The apartment Janet lives in is a **modest** one, but it satisfies her needs.
（ジャネットが住んでいるマンションはそれほど広くないが、必要なものは揃っている）

最新傾向 modestは「謙虚な」という意味でも使われます。a modest personality「謙虚な性格」。同義語問題ではhumble、unpretentiousが出題されるので一緒に覚えておきましょう。

□ 0743 **component** [kəmpóunənt]	名 **element, constituent, ingredient, part, factor**	構成要素、成分

▶ Nitrogen is one of the major **components** of the air humans breathe.
（窒素は人間が吸う空気の主要な構成要素の1つだ）

□ 0744 **exploitation** [èksplɔitéiʃən]	名 **use, abuse, misuse**	搾取、利己的な利用 動 exploit

▶ The Keating-Owen Act of 1916 was an early attempt to address the **exploitation** of child labor.
（1916年のキーティング-オーウェン法は児童労働の搾取に対処する初期の取り組みだった）

□ 0745 **relic** [rélik]	名 **remains, remnant, vestige**	遺物、名残

▶In the jungle, archaeologists uncovered pottery and other **relics** from an ancient civilization.
(そのジャングルの中で、考古学者たちは古代文明の陶器や遺物を発掘した)

□ 0746 **profoundly** [prəfáundli]	副 **deeply; completely, strongly**	深く、大いに 形 profound

▶The death of the popular king **profoundly** affected the emotions of his subjects.
(人気のあった王の死去は、臣下たちの感情に深く影響した)

□ 0747 **deflect** [diflékt]	動 **change the direction of, divert**	～をそらす

▶When man-made disasters occur, governments try to **deflect** the blame.
(人災が起こると、政府は批判をそらそうとする)

□ 0748 **highlight** [hàiláit]	動 **emphasize, stress, underline, accent**	～を強調する、目立たせる

▶The burglary **highlighted** the company's need to upgrade its security system.
(侵入事件は、その会社がセキュリティーシステムを改良する必要性を浮き彫りにした)

□ 0749 **exert** [igzə́ːrt]	動 **apply, exercise, employ, put forth, wield**	～を発揮する、行使する

▶Oil drills **exert** a tremendous amount of force and can easily break through hard rock.
(石油掘削機はすさまじい力を発揮し、固い岩盤を簡単に突き通すことができる)

最新傾向 exertの名詞形exertionは「努力」という意味。同義語問題ではeffort、strainが出題されるので一緒に覚えておきましょう。

□ 0750 **potential** [pəténʃəl]	❶形 **possible, prospective, latent**	可能性がある、潜在的な 副 potentially

▶Chameleons change color to blend into the background when they detect a **potential** predator nearby.
(カメレオンは、近くに捕食者の可能性があるものを察知すると、背景の色に溶け込むように体の色を変える)

potential ❷名 **possibility** 可能性、潜在能力

▶ The **potential** for lightning to strike the same location twice is small.
（雷が同じ場所に2回落ちる可能性は小さい）

☐ 0751
recurring [rikə́:riŋ]
形 **repeated, recurrent**
繰り返し起こる

▶ Darcy had to see a therapist because he kept having **recurring** nightmares about drowning.
（ダーシーは、溺れる悪夢を繰り返し見続けていたため、セラピストに診てもらわなければならなかった）

☐ 0752
meager [mí:gər]
形 **scanty, scarce, very low, deficient**
わずかな、乏しい、不十分な

▶ Lincoln's **meager** education aroused his desire to learn.
（リンカーンは不十分な教育しか受けていなかったので、学びたいという願望がわき上がった）

☐ 0753
prevail [privéil]
❶動 **be dominant, dominate, be widespread, be prevalent**
普及している、優勢である
形 prevalent

▶ In Alaska's cold and harsh climate, evergreen trees such as spruce **prevail**.
（アラスカの寒く厳しい気候下では、トウヒなどの常緑樹が広がっている）

prevail ❷動 **triumph** 勝つ、勝る

▶ The young candidate unexpectedly **prevailed** in the mayoral election.
（その若い候補者は、意外にも市長選挙で勝利した）

☐ 0754
exclusively [iksklú:sivli]
副 **solely, only, entirely, totally**
排他的に、まったく〜のみ
動 exclude
形 exclusive

▶ The St. Patrick's Day party was an **exclusively** Irish affair.
（聖パトリック祭のパーティーは、完全にアイルランドだけの行事だった）

☐ 0755
consensus [kənsénsəs]
名 **agreement, consent**
（意見の）一致、総意
動 consent

▶ After a long meeting, the two sides were finally able to reach a **consensus**.
（長い会議のあと、両サイドはついに合意に至ることができた）

□ 0756 **now and then**	熟 **occasionally, from time to time, at times**	時々

▶ Nicholas rarely eats meat, but he eats seafood **now and then**.
（ニコラスはめったに肉を食べないが、魚介類は時々食べる）

□ 0757 **discrete** [diskríːt]	形 **separate, distinct, individual**	分離している、別々の

DAY 14

▶ Researchers have found that many newly married couples keep their money in **discrete** accounts.
（研究者たちは、新婚夫婦の多くが自分のお金を別々の口座に預けていることを知った）

最新傾向 discreteと発音もスペリングも似ているdiscreetは「慎重な（careful、cautious）」という意味。試験で間違わないように注意しましょう。

出題頻度レベル ★★★

□ 0758 **anchor** [ǽŋkər]	動 **hold in place, secure, fasten**	～を固定する

▶ The panel was firmly **anchored** by two large bolts.
（そのパネルは2本の大きなボルトでしっかり固定されていた）

□ 0759 **improbable** [imprɑ́bəbl]	形 **unlikely, implausible, doubtful**	ありそうもない、本当らしくない

▶ Winning the lottery is highly **improbable**.
（宝くじに当たるなんて、ほとんどありえない）

□ 0760 **pragmatic** [prægmǽtik]	形 **practical, utilitarian**	実用的な、実際的な

▶The politician promised to take a **pragmatic** approach to governance rather than strictly follow his party's ideology.
(その政治家は、党のイデオロギーに厳格に従うよりも、統治に役立つ実際的なアプローチを取ると約束した)

□ 0761 **undisputed** [ʌ̀ndispjúːtid]	形 **acknowledged, accepted, recognized**	誰もが認める、明白な

▶Sir Isaac Newton is the **undisputed** father of modern optics.
(アイザック・ニュートン卿は、誰もが認める現代光学の父だ)

□ 0762 **allocation** [æ̀ləkéiʃən]	名 **distribution, assignment, allotment**	割り当て、配分 動 allocate

▶The **allocation** of funds is a challenge for any government.
(資金の配分は、どの政府にとっても難題だ)

□ 0763 **inconclusive** [ìnkənklúːsiv]	形 **not definitive, indecisive**	決定的でない

▶Doctors ordered a second test since the results of the first test were **inconclusive**.
(医師たちは、最初の検査の結果が決定的ではなかったため、2回目の検査を命じた)

□ 0764 **withstand** [wiθstǽnd]	動 **endure, resist, sustain**	～に耐える

▶His mother doesn't think Bill is capable of **withstanding** hardship for long.
(ビルの母親は、彼が長い間困難に耐えられるとは思っていない)

最新傾向 resistには「～に抵抗する」のほかに、「～をに耐える」という意味もあります。resist the temptationで「誘惑に耐える」。

□ 0765 **cornerstone** [kɔ́ːrnərstòun]	名 **foundation, basic element, basis, underpinning**	基礎、土台

▶The **cornerstone** of a healthy relationship is honest communication.
(健全な関係の土台は、誠実なコミュニケーションだ)

☐ 0766 **marvelous** [mɑ́:rvələs]	形 **wonderful**, **astonishing**, **amazing**	驚くべき、素晴らしい

▶It's really **marvelous** what modern medicine can do to relieve the pain of patients.
(現代医学が患者の痛みを和らげるためにできることは、本当に素晴らしい)

最新傾向 marvelousの動詞形marvelは「驚く、驚嘆する」という意味。同義語問題ではbe amazed、admireが出題されるので一緒に覚えておきましょう。

DAY 14

☐ 0767 **clue** [klu:]	名 **information**, **indication**, **evidence**, **trace**, **sign**	糸口、手がかり

▶Because the painting was not signed, experts originally had no **clue** about who painted it.
(その絵画には署名がなかったため、専門家たちには当初、誰が描いたのか手がかりがなかった)

☐ 0768 **unintentionally** [ʌninténʃənəli]	副 **inadvertently**, **accidentally**, **unconsciously**	意図せずに、故意ではなく

▶Helen expressed her regret to Tommy even though she had damaged his car **unintentionally**.
(ヘレンがトミーの車を傷つけてしまったのは故意ではなかったが、彼女は彼に申し訳ないと言った)

☐ 0769 **peak** [pi:k]	名 **height**, **pinnacle**, **summit**, **maximum**	頂き、山頂、絶頂期

▶The flu season is expected to reach its **peak** in late January.
(インフルエンザの季節は、1月後半にピークに達すると予想されている)

☐ 0770 **continual** [kəntínjuəl]	形 **constant**, **incessant**, **ceaseless**	断続的な、絶え間ない

▶ Doris finally got a refund for the faulty microwave after making **continual** complaints.
（ドリスは繰り返し苦情を伝え、ようやく欠陥品の電子レンジの払い戻しを受けた）

□ 0771 **thorough** [θə́:rou]	形 **complete, exhaustive, intensive**	徹底的な 副 thoroughly

▶ A **thorough** proofreading is done on each issue of the magazine before it is sent to the printers.
（その雑誌は各号とも、印刷所へ送られる前に徹底的な校正が行われる）

□ 0772 **accurate** [ǽkjurət]	形 **precise, correct, exact, true**	正確な、精密な 副 accurately

▶ The movie was praised for giving an **accurate** depiction of what happens in a war.
（その映画は、戦争において起こることを正確に描いたことで賞賛された）

□ 0773 **mobilize** [móubəlàiz]	動 **put into action, deploy**	～を動員する

▶ To prepare for any possible hostilities to come, the military was **mobilized**.
（起こりえるあらゆる武力衝突に備えて、軍隊が動員された）

最新傾向 mobilizeの形容詞形mobileは「移動できる」という意味。同義語問題ではmovable、portableが出題されるので一緒に覚えておきましょう。

□ 0774 **given that**	熟 **accepting that, considering that**	～ということを考えると

▶ **Given that** dogs are descendants of wolves, it is not surprising that they look similar.
（犬がオオカミの子孫であることを考えると、両者の外見が似ているのは不思議ではない）

□ 0775 **cargo** [kɑ́:rgou]	名 **shipment, load, freight, burden**	積み荷、貨物

▶ The sailors unloaded the **cargo** from the ship.
（船員たちは船から積み荷を降ろした）

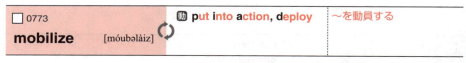

☐ 0776 **solitary** [sɑ́lətèri]	形 **isolated**, **secluded**, **remote**; **alone**, **lonely**	孤独な、人里離れた

▶The neighborhood kids made it a Halloween tradition to visit the **solitary** house on the hill.
(近所の子どもたちは、丘の上の一軒家を訪れることをハロウィンの恒例にした)

☐ 0777 **slightly** [sláitli]	副 **a little**, **somewhat**, **a bit**	わずかに 形 slight

▶This year's bar exam was **slightly** harder than the one last year.
(今年の司法試験は、去年よりも少し難しかった)

☐ 0778 **deliberately** [dilíbərətli]	副 **intentionally**, **consciously**, **on purpose**	わざと、意図的に 形 deliberate

▶The teacher **deliberately** used simple terms to explain the complex concept to the students.
(その教師は、複雑な概念を生徒たちに説明するのに意図的に平易な言葉を使った)

☐ 0779 **unthinkable** [ʌnθíŋkəbl]	形 **inconceivable**, **unimaginable**	考えられない、想像できない

▶It seems **unthinkable** that people once worked and studied without using the Internet.
(かつてインターネットを使わずに仕事や勉強をしていたとは、想像もつかないように思える)

☐ 0780 **coinage** [kɔ́inidʒ]	名 **creation**, **innovation**	造語、新語

▶The online community has added several **coinages** to the English language.
(オンラインコミュニティーは、英語にいくつか新語を加えてきた)

☐ 0781 **obligation** [ɑ̀bləgéiʃən]	名 **responsibility**, **duty**, **liability**	義務、責任 動 obligate

▶In Israel, it is the **obligation** of all citizens to serve in the military.
(イスラエルでは、兵役に服することは全国民の義務だ)

☐ 0782 **reconcile** [rékənsàil]	動 **bring together, reunite**	～を和解させる

▶ The international mediator attempted to **reconcile** the two countries.
（その国際調停機関は、両国を和解させようとした）

☐ 0783 **severe** [səvíər]	形 **harsh, extreme, rigorous, strict**	厳しい、厳格な 副 severely 名 severity

▶ The schoolmaster firmly believed in **severe** disciplinary measures.
（その校長は、厳しい懲罰措置の価値を固く信じていた）

最新傾向 severeとスペリングが似ているseverは「～を切断する、分離する（cut、separate）」という意味。試験で間違わないように注意しましょう。

☐ 0784 **foremost** [fɔ́ːrmòust]	形 **most respected, most important, preeminent, supreme**	真っ先の、一番先の、主要な

▶ Colin Powell is considered by many to be the **foremost** African-American government official in US history.
（コリン・パウエルは、アメリカ史上真っ先に挙げられるべきアフリカ系アメリカ人の政府官僚だと多くの人に見なされている）

出題頻度レベル ★☆☆

☐ 0785 **surge** [səːrdʒ]	動 **increase, rise, wax**	急上昇する、沸き上がる

▶ After the country hosted its first World Cup, interest in soccer among the local population **surged**.
（その国は初めてワールドカップの開催国となったあと、地元の人々の間でサッカーへの関心が急上昇した）

☐ 0786 **hasten** [heisn]	動 **accelerate, rush, hurry, speed up**	～を早める、急がせる 形 hasty

▶The Great Depression **hastened** the development of social services, such as social security.
（大恐慌は、社会保障などの社会サービスの発展を促進した）

□ 0787 **tentatively** [téntətivli]	副 **without certainty, uncertainly, hesitantly**	ためらいがちに、おずおずと 形 tentative 名 tentativeness

▶Jack often speaks **tentatively** in meetings because he lacks confidence.
（ジャックは自信がないため、会議でよくおずおずと話す）

□ 0788 **scorn** [skɔ:rn]	動 **ridicule, disdain, sneer, despise**	～をさげすむ、軽蔑する

▶Henry was tired of being **scorned** by his classmates because of his height.
（ヘンリーは、身長のことでクラスメートにばかにされるのにうんざりしていた）

□ 0789 **throughout** [θru:áut]	前 **during every part of, during the whole of**	～の至る所に、～の間ずっと

▶The amusement park is open **throughout** the year, even in the winter.
（その遊園地は、一年を通して、冬でも開園している）

□ 0790 **pitfall** [pítfɔ̀:l]	名 **difficulty, trouble**	落とし穴、隠れた危険

▶A sudden downturn in the stock market is one of the **pitfalls** of investing.
（株式市場の突然の下落は、投資の落とし穴の1つだ）

最新傾向 pitfallと一緒に、次の単語を区別して覚えておきましょう。
・befall　（悪いことが）起こる
・downfall　没落

□ 0791 **coupled with**	熟 **together with, combined with**	～と相まっての、結びついた

▶A lack of exercise **coupled with** a high-calorie diet can lead to obesity.
（運動不足は高カロリーの食事と重なると、肥満につながりうる）

0792 **huge** [hjuːdʒ]	形 **enormous, large, massive, mammoth, gigantic**	巨大な、莫大な

▶The French owned a **huge** amount of land in the western part of the US during the 18th century.
（フランス人は18世紀、アメリカ西部に広大な土地を所有していた）

0793 **span** [spæn]	❶名 **duration, period, length**	期間

▶The paper briefly summarizes the vast problems during the war's eleven-year **span**.
（その論文は、戦争があった11年の期間中に見られた数々の問題を簡潔に要約している）

span	❷動 **extend across, cover, cross**	～に及ぶ、わたる

▶The Golden Gate Bridge **spans** a mile-wide strait that connects San Francisco Bay and the Pacific Ocean.
（金門橋は、サンフランシスコ湾と太平洋を結ぶ幅1マイルの海峡に架かっている）

0794 **hollow** [hɑ́lou]	形 **empty, vacant, void, unfilled**	中が空洞の

▶Oil tankers are large ships that have **hollow** containers which can be filled with petroleum for transport.
（石油タンカーは、輸送する石油を入れられる空の容器を持つ大型船だ）

最新傾向 hollowとスペリングが似ているhallowは「神聖化する、崇敬する（sanctify、revere）」という意味。試験で間違わないように注意しましょう。

0795 **appreciable** [əpríːʃiəbl]	形 **significant, noticeable, considerable**	目に見えるほどの、明らかな 副 appreciably

▶In some Amazonian villages, there is no **appreciable** difference between modern and ancient lifestyles.
（アマゾンには、現代と古代の生活様式に大きな違いがない村もある）

☐ 0796
shield [ʃi:ld]

動 **protect, defend, safeguard**

〜を保護する、かばう

▶Lisa brings an umbrella to **shield** herself from the hot sun during the summer months.
（リサは夏の間、暑い太陽から身を守るために日傘を持ち歩いている）

☐ 0797
spearhead [spíərhèd]

動 **lead, lead the way, head**

〜の先頭に立つ

▶Nelson Mandela **spearheaded** South Africa's struggle for independence.
（ネルソン・マンデラは、南アフリカの独立に向けた闘いの先頭に立った）

☐ 0798
methodically [məθádikəli]

副 **systematically**

整然と、系統立てて、念入りに
形 methodical

▶Astronomers **methodically** count the number of sunspots that occur each year.
（天文学者たちは、毎年発生する太陽黒点の数を系統立てて数えている）

☐ 0799
manage to

熟 **be able to**

なんとか〜する

▶With a lot of effort, the team **managed to** win the championship game.
（多大な努力の結果、そのチームは決勝戦でどうにか勝つことができた）

DAY 14

QUIZ

次の1〜10の同義語をⓐ〜ⓙから選びましょう。

1. component	ⓐ acknowledged, accepted, recognized
2. exploitation	ⓑ element, constituent, ingredient
3. modest	ⓒ shipment, load, freight
4. obligation	ⓓ height, pinnacle, summit
5. clue	ⓔ responsibility, duty, liability
6. consensus	ⓕ constant, incessant, ceaseless
7. undisputed	ⓖ use, abuse, misuse
8. peak	ⓗ information, indication, evidence
9. cargo	ⓘ agreement, consent
10. continual	ⓙ small, not large, limited

1.ⓑ **2.**ⓖ **3.**ⓙ **4.**ⓔ **5.**ⓗ **6.**ⓘ **7.**ⓐ **8.**ⓓ **9.**ⓒ **10.**ⓕ

DAY 15

今回のターゲットは 56 語

0800 ≫ 0855

出題頻度レベル ★★★

□ 0800 **intact** [intǽkt]	形 undamaged, unbroken, whole, complete, unaffected	無傷の、完全なままの

▶ The machine remained **intact** despite the explosion.
（機械はその爆発にもかかわらず、無傷のままだった）

□ 0801 **albeit** [ɔ:lbí:it]	接 although, though, even though	～ではあるが、～にもかかわらず

▶ Many developing economies are growing steadily, **albeit** slowly.
（発展途上国の経済の多くは、ゆっくりではあるが、着実に成長している）

□ 0802 **complex** [kəmpléks]	❶形 intricate, complicated, elaborate, involved	複雑な

▶ Biologists seek to understand how **complex** species evolved from simpler ones.
（生物学者たちは、複雑な種がより単純な種からどのように進化してきたのか理解しようとしている）

最新傾向 involvedには「関係した、巻き込まれた」のほかに、「複雑な」という意味もあります。an involved storyで「複雑なストーリー」。

complex [kɑ́mpleks]	❷名 group of buildings; system	複合施設、複合体

▶ A new shopping **complex** is being built in town.
（新しい商業複合施設が町に建設されている）

□ 0803 **conventional** [kənvénʃənl]	形 traditional; customary, standard, usual	慣習の、伝統的な 副 conventionally 名 convention

▶ In ancient times, **conventional** farming practices included the use of organic fertilizer.
（古代には、慣習的な農業慣行では有機肥料も使用した）

☐ 0804
reasonable [rí:zənəbl]
❶形 **sensible**, **rational**, **logical**
理性的な、合理的な

▶ It seems **reasonable** to be tough on habitual criminals.
（常習犯に厳しくすることは理にかなっているように思われる）

reasonable
❷形 **sufficient**
まあまあの、手ごろな

▶ The quality of the restaurant's food is **reasonable** considering the low prices.
（そのレストランの食事の品質は、安さを考えるとまあまあだ）

☐ 0805
attainment [ətéinmənt]
名 **achievement**, **accomplishment**, **fulfillment**
達成、到達
動 attain

▶ It takes many years of practice to reach that level of **attainment** in chess.
（チェスでそのレベルの技能に到達するには何年もの練習が必要だ）

☐ 0806
progressively [prəgrésivli]
副 **increasingly**
徐々に、次第に
形 progressive

▶ The government must clean up the air by setting **progressively** tighter pollution limits on power plants.
（政府は、発電所に対する汚染上限を徐々に厳しくすることで、大気を浄化しなければならない）

☐ 0807
drawback [dró:bæ̀k]
名 **disadvantage**, **problem**, **defect**, **shortcoming**
欠点、不利

▶ One **drawback** of the book is that it does not contain any English translations.
（その本の1つの難点は、英語の翻訳がまったく収録されていないことだ）

最新傾向 drawbackと一緒に、次の単語を区別して覚えておきましょう。
・setback　妨害、挫折
・cutback　削減

☐ 0808
suppress [səprés]
❶動 **hold back**, **restrain**
～を抑える、抑制する

▶ Jonas was unable to **suppress** his anger.
（ジョナスは怒りを抑えることができなかった）

DAY 15

suppress	❷動 stop by force	～を鎮圧する

▶Hundreds of troops were sent to **suppress** the rebellion.
（何百もの軍隊が反乱を鎮圧するために送られた）

□ 0809 **incidentally** [ìnsədéntəli]	副 by the way	ついでに言えば、ところで

▶Nathan is on vacation today; **incidentally**, he'll be gone all week.
（ネイサンは今日は休暇をとっている。ちなみに、今週はずっといない）

□ 0810 **tactic** [tǽktik]	名 strategy, maneuver	戦略、戦術、方策

▶Prohibitionists achieved their goals because of their group **tactics**.
（禁酒法支持者たちは集団戦略によって目標を達成した）

最新傾向 tacticとスペリングが似ているtacitは「無言の（implicit、implied）」という意味。試験で間違わないように注意しましょう。

□ 0811 **substantial** [səbstǽnʃəl]	形 (fairly) large, considerable, significant, noticeable	かなりの、相当な 副 substantially

▶A **substantial** number of adults become single parents as a result of divorce.
（かなりの数の大人が、離婚の結果、ひとり親になる）

□ 0812 **verify** [vérəfài]	動 confirm, establish the truth of, validate	～を立証する、証明する

▶The Hubble Space Telescope helped scientists **verify** the existence of black holes.
（ハッブル宇宙望遠鏡は、科学者たちがブラックホールの存在を立証するのに役立った）

□ 0813 **sustained** [səstéind]	形 constant, continued, uninterrupted, prolonged	持続した、長く続く

▶Running a marathon requires **sustained** physical activity and great endurance.
（マラソンを走ることは、持続的な身体運動とかなりの耐久力を必要とする）

□ 0814 **radical** [rǽdikəl]	❶形 **fundamental, basic**	根本的な、抜本的な 副 radically

▶ The president promised to make **radical** changes to the country's health care system.
(大統領は、国の保健医療制度を抜本的に変革すると約束した)

radical	❷形 **extreme, drastic**	過激な、急進的な

▶ **Radical** social change came about when a revolutionary consciousness was developed.
(過激な社会の変化が、革命的な意識が高まったときに起こった)

DAY 15

□ 0815 **prime** [praim]	形 **peak, high-quality, superior, main**	最高の、主要な

▶ The **prime** time for bird watching is early morning, when there are few people to disturb the wildlife.
(野鳥観察に一番いい時間は、野生の生き物を邪魔する人がほとんどいない早朝だ)

□ 0816 **grasp** [græsp]	動 **understand, catch, comprehend, apprehend**	～を把握する、理解する

▶ Only a few students could **grasp** Professor Benton's physics lecture.
(ごく一部の学生しかベントン教授の物理の講義を理解できなかった)

最新傾向 graspには「～を握る」という意味もあります。grasp the handle tightly「ハンドルをしっかり握る」。同義語問題ではgrip、seizeが出題されるので一緒に覚えておきましょう。

出題頻度レベル ★★★

□ 0817 **prominently** [prámənəntli]	副 **very noticeably, conspicuously, notably**	著しく、顕著に 形 prominent 名 prominence

▶ Economic issues are expected to figure **prominently** in the upcoming election.
(経済的な争点は、間近に迫った選挙で大きく取り上げられると予想される)

0818 **precipitate** [prisípətèit]	動 bring about, cause, give rise to, trigger	～を突然引き起こす

▶The protest by the labor union **precipitated** changes in the company's policies.
(労働組合からの抗議は、会社の方針に変化を引き起こした)

0819 **interlock** [ìntərlák]	動 link, connect, join	結合する、連結する

▶According to the theory of continental drift, the Himalayas were formed when two large land masses **interlocked**.
(大陸移動説によると、ヒマラヤ山脈は2つの大きな陸塊が連結したときに形成された)

0820 **accordingly** [əkɔ́:rdiŋli]	副 consequently, for that reason	それゆえに、したがって

▶Sam was told to speak briefly; **accordingly**, he shortened his speech.
(サムは手短に話すように言われた。それで、彼は演説を短縮した)

0821 **relevant** [réləvənt]	形 applicable, pertinent, germane	関係のある、関連のある

▶During the investigation, the committee looked at all **relevant** facts in the case.
(調査の間、委員会はその事件に関連のあるすべての事実を考察した)

0822 **remarkably** [rimɑ́:rkəbli]	副 surprisingly	意外にも、驚いたことに 形 remarkable

▶The sky was full of very dark clouds, but **remarkably** it did not rain.
(空は真っ暗な雲で覆われていたが、意外にも雨は降らなかった)

0823 **disputable** [dispjú:təbl]	形 challengeable, debatable, arguable	議論の余地がある、疑わしい 動 dispute

▶The scientist's claim was controversial because it was based on **disputable** evidence.
(その科学者の主張は、疑わしい根拠に基づいていたため物議をかもした)

□ 0824 **ambitious** [æmbíʃəs]	形 **desiring success, aspiring**	野心のある、意欲的な

▶As a military leader who conquered a huge portion of the ancient world, Alexander the Great was highly **ambitious**.
（古代世界の広大な領域を征服した軍事指導者として、アレクサンドロス大王は大きな野心を抱いていた）

□ 0825 **congeal** [kəndʒíːl]	動 **solidify, harden, stiffen, condense**	凝結する、凝固する

▶Once the chef took the meat out of the oven, it began to cool down and a layer of fat **congealed** over it.
（シェフがオーブンから肉を取り出すと、肉は冷め始め、脂肪の層が一面に固まった）

最新傾向 congealとスペリングが似ているconcealは「～を隠す、見えないようにする（hide、cover）」という意味。試験で間違わないように注意しましょう。

□ 0826 **cautious** [kɔ́ːʃəs]	形 **careful, wary, prudent, discreet**	注意深い、慎重な

▶The hikers chose a **cautious** approach in the unfamiliar territory.
（ハイカーたちは、慣れない場所で慎重なアプローチを選んだ）

□ 0827 **realm** [relm]	名 **area, field, sphere, domain**	領域、分野、範囲

▶The microscope allowed for many new discoveries in the **realm** of biology.
（顕微鏡は生物学の領域で多くの新発見を可能にした）

□ 0828 **dam** [dæm]	動 **block, obstruct**	～をせき止める、抑える

▶To construct their shelters, beavers **dam** streams with pieces of wood they have collected.
（ビーバーは、すみかを作るため、集めた木片で流れをせき止める）

☐ 0829 **flattery** [flǽtəri]	名 praise	お世辞

▶ Mike often uses **flattery** to get his boss's attention.
(マイクはよく上司の気を引くためにお世辞を言う)

☐ 0830 **amplify** [ǽmpləfài]	動 increase, magnify, enlarge, expand	～を増大させる、拡大する 名 amplification

▶ Scientific farming can **amplify** the production of wheat.
(科学的な農業は小麦の生産量を増大させることができる)

☐ 0831 **dimension** [diménʃən]	名 size, magnitude	大きさ、規模

▶ Lucy should accurately measure the **dimensions** of her office before ordering a desk.
(ルーシーは、机を注文する前に事務所の大きさを正確に測るべきだ)

☐ 0832 **deplete** [diplíːt]	動 exhaust, empty, use up; reduce	～を使い果たす、枯渇させる

▶ The family **depleted** their savings to renovate the house they bought recently.
(その家庭は、最近購入した住宅の改修で貯金を使い果たした)

最新傾向 exhaustには「～をひどく疲れさせる」のほかに、「～を使い果たす」という意味もあります。exhaust fossil fuelsで「化石燃料を使い果たす」。

☐ 0833 **characteristic** [kæ̀riktərístik]	❶形 distinctive, peculiar, special	特徴的な、特有の

▶ The ostrich's **characteristic** size and speed set it apart from other birds.
(ダチョウは、特徴的な体格と(走る)速さで、ほかの鳥から際立っている)

characteristic	❷名 quality, feature, trait	特徴、特性

▶ Freedom of expression is a fundamental **characteristic** of democracy.
(表現の自由は、民主主義の根本的な特徴だ)

☐ 0834 **ice sheet**	名 **glacier**	氷床

▶ Fjords are coastal landforms formed millions of years ago by massive **ice sheets**.
（フィヨルドは、巨大な氷床によって何百万年も前に形成された海岸の地形だ）

☐ 0835 **spectator** [spékteitər]	名 **viewer, onlooker**	観客、見物人

▶ The tennis match attracted over 30,000 **spectators**.
（そのテニスの試合は、3万人以上の観客を集めた）

☐ 0836 **bountifully** [báuntifəli]	副 **abundantly, copiously, plentifully, exuberantly**	豊富に、たっぷり 形 bountiful

▶ In mountain meadows, wildflowers bloom **bountifully** in the spring.
（山の牧草地では、春になると野の花が豊かに咲き乱れる）

☐ 0837 **suffer paralysis**	熟 **lose the ability to move**	まひになる

▶ People who have serious neck injuries may **suffer paralysis** as a result.
（首に重傷を負った人は、結果としてまひを患う可能性がある）

☐ 0838 **variation** [vɛ̀əriéiʃən]	名 **variance, fluctuation, difference**	変化、変動

▶ In Canada, the **variation** in temperature between the summer and winter is dramatic.
（カナダでは、夏と冬の気温の変化が激しい）

☐ 0839 **periphery** [pərífəri]	名 **edge, boundary, border, fringe**	周辺、外縁

▶ The outer **periphery** of a hurricane is generally made up of rainbands.
（ハリケーンの周縁部は、通常降雨帯でできている）

□ 0840 **apparently** [əpǽrəntli]	副 **seemingly, ostensibly, outwardly**	見たところ、一見すると 形 apparent

▶The book Jeff purchased at the used bookstore had yellow pages, so it was **apparently** old.
(ジェフが古本屋で購入した本はページが黄ばんでいて、見たところ古いもののようだった)

最新傾向 apparentlyは「明らかに」という意味でも使われます。apparently damaged「明らかに損傷した」。同義語問題ではevidently、clearlyが出題されるので一緒に覚えておきましょう。

□ 0841 **far-reaching** [fɑ́:rì:tʃiŋ]	形 **extensive, widespread, broad**	広範囲に及ぶ

▶If a large meteor hit the Earth, it would have **far-reaching** consequences for all organisms.
(もし大きな隕石が地球に衝突すれば、すべての生物に広範な影響があるだろう)

□ 0842 **embody** [imbɑ́di]	❶動 **incarnate, represent, manifest**	～を具現化する、具体化する 名 embodiment

▶Literature often **embodies** the social ideals of either the author or the author's culture.
(文学はよく、著者の、または著者が属する文化の社会的な理想を具現化している)

embody	❷動 **contain, incorporate**	～を含む、取り入れる

▶The composition **embodied** several musical styles, including jazz, funk, and reggae.
(その曲は、ジャズやファンク、レゲエを含む複数の音楽スタイルを取り入れていた)

出題頻度レベル ★☆☆

□ 0843 **evade** [ivéid]	動 **escape, avoid, elude, dodge, shun**	～を逃れる、避ける

▶Camouflage is one technique animals use to **evade** predators.
(擬態は、動物が捕食者から逃れるために用いる1つの方法だ)

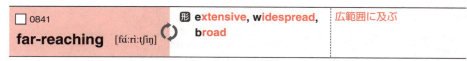

☐ 0844 **against** [əgénst]
前 **next to, beside** ～に接触して、寄りかかって

▶In some European cities, modern buildings were built directly **against** medieval walls.
(ヨーロッパの都市の中には、現代の建築物が中世の壁に直接接触して建設されているところもある)

☐ 0845 **due to**
熟 **caused by, owing to, attributable to** ～のために、～により

▶Falling real estate prices **due to** decreased demand is a cause for concern.
(需要の減少による不動産価格の落ち込みは、心配の種だ)

☐ 0846 **classify** [klǽsəfài]
動 **categorize, arrange, assort** ～を分類する

▶It is the job of scientists to **classify** all living organisms into groups that can be applied universally.
(全生物を普遍的に適用できるグループに分類するのは、科学者の仕事だ)

☐ 0847 **oblige** [əbláidʒ]
動 **force, require, compel** ～を義務づける、強いる

▶Roman emperors **obliged** their subjects to pay taxes, and those who refused were punished severely.
(ローマの皇帝たちは臣民に税の支払いを強制し、支払いを拒んだ者は厳しく処罰された)

最新傾向 obligeは「～を助ける、～に恩恵を施す」という意味でも使われます。oblige the police with information「警察に情報を提供し助ける」。同義語問題ではassist、benefitが出題されるので一緒に覚えておきましょう。

☐ 0848 **identical** [aidéntikəl]
形 **same, indistinguishable, equal** 同じ、同一の、等しい

▶These two laptops are **identical** in size and weight, but they have different processing power.
(これら2つのノートパソコンはサイズと重さは同じだが、処理能力は異なる)

0849		
intimately [íntəmətli]	副 closely	親密に 形 intimate

▶ Friends who spend a lot of time together often get to know each other **intimately**.
(一緒に長い時間を過ごす友人同士は多くの場合、お互いを深く知るようになる)

0850		
questionable [kwéstʃənəbl]	形 doubtful, suspicious, dubious	疑わしい

▶ The report's conclusions are **questionable** because the sample used was very small.
(使われたサンプルがとても少ないため、その報告の結論は疑わしい)

0851		
spot [spɑt]	動 detect, see, find	～を見分ける、～に気づく

▶ Almost instinctively, Luis **spotted** the lack of conviction in Ellen's tone.
(ほとんど直感的に、ルイスはエレンの声の調子に確信がないことに気づいた)

最新傾向 spotは動詞だけではなく、「場所」という意味の名詞としても使われます。a popular spot for coffee「コーヒーで有名な所」。同義語問題ではplace、siteが出題されるので一緒に覚えておきましょう。

0852		
immerse [imə́ːrs]	動 cover, plunge, dip	～を浸す、つける

▶ Temporary spring lakes form in the valleys after the mountain snow melts and **immerses** everything in water.
(山の雪が解けてすべてを水に浸すと、谷に一時的な春の湖ができる)

0853		
not in consensus with	熟 not in agreement with	～と合意していない、意見が合わない

▶ Residents of the city are **not in consensus with** the mayor about his plan to close the park.
(その都市の住民は、公園を閉鎖するという市長の計画について、市長と意見が一致していない)

☐ 0854 **tempted to**	熟 **inclined to**	～したくなる、～する気にさせられる

▶Sarah was **tempted to** buy the car when she saw the low price.
（安い価格を目にし、サラはその車を買いたくなった）

☐ 0855 **inception** [insépʃən]	名 **beginning**	初め、発足

▶Since its **inception**, the anti-smoking campaign has raised a lot of money.
（開始以来、その喫煙防止キャンペーンにはたくさんのお金が集まった）

QUIZ

次の1～10の同義語をⓐ～ⓙから選びましょう。

1. intact	ⓐ area, field, sphere
2. drawback	ⓑ applicable, pertinent, germane
3. congeal	ⓒ disadvantage, problem, defect
4. attainment	ⓓ variance, fluctuation, difference
5. realm	ⓔ categorize, arrange, assort
6. disputable	ⓕ doubtful, suspicious, dubious
7. relevant	ⓖ undamaged, unbroken, whole
8. variation	ⓗ achievement, accomplishment, fulfillment
9. classify	ⓘ challengeable, debatable, arguable
10. questionable	ⓙ solidify, harden, stiffen

1.ⓖ **2.**ⓒ **3.**ⓙ **4.**ⓗ **5.**ⓐ **6.**ⓘ **7.**ⓑ **8.**ⓓ **9.**ⓔ **10.**ⓕ

DAY 11-15 Review TEST

次の英文の下線部の語と最も意味の近いものを (A)～(D) の中からひとつ選びましょう。解答は次のページに掲載しています (解答は赤シートで消すことができます)。

1. Nikola Tesla, the inventor of the induction motor, developed his reputation as a mad scientist from his eccentric personal habits.
   (A) remarkable (B) renowned (C) genuine (D) unusual

2. A 16th-century European geographical theory that California was an island was refuted in the later expeditions of Juan Bautista de Anza.
   (A) strengthened (B) confirmed (C) advanced (D) disproved

3. Some experts envision a future in which all major diseases have been eradicated.
   (A) imagine (B) promote (C) commend (D) desire

4. Respectful and open dialogue is essential to sustaining intimate relationships.
   (A) consistent (B) authentic (C) eclectic (D) close

5. Smallpox decimated the local population, which had no immunity to the foreign disease.
   (A) unleashed (B) impacted (C) frightened (D) destroyed

6. During the presidential debate, economic consideration predominated all other issues being discussed.
   (A) disregarded (B) raised (C) generated (D) outweighed

7. The Monroe Doctrine was the cornerstone of American foreign policy during the 19th century.
   (A) basis (B) epitome (C) formulation (D) instrument

8. During mating season, male bison try to exert their dominance in the herd.
   (A) achieve (B) initiate (C) exercise (D) retain

9. Napoleon made an attempt at conquering all of Europe, albeit without success.
   (A) undoubtedly (B) besides (C) although (D) unfortunately

10. Because of population decline in the suburbs, the periphery of the city contains many run-down buildings.
    (A) territory (B) fringe (C) apex (D) core

正解のあとの数字は、見出し語の通し番号を表しています。

1. (D) 0580
誘導電動機を発明したニコラ・テスラは、その風変わりな性向により、狂気の科学者と評されるようになった。

2. (D) 0609
カリフォルニアが島だという16世紀のヨーロッパの地理説は、後にフアン·バウティスタ·デ·アンサの遠征によって反証された。

3. (A) 0645
主な疾病がすべて根絶された未来を思い描く専門家もいる。

4. (D) 0658
敬意のある開かれた対話が、親密な関係を持続するには不可欠だ。

5. (D) 0684
天然痘により、多くの地元の人々が死亡した。彼らは、外国から持ち込まれた病気に免疫がなかった。

6. (D) 0723
大統領選の討論中、議論されたあらゆる論点の中で経済に関する考察が最も多かった。

7. (A) 0765
モンロー主義は、19世紀のアメリカの外交政策の根幹だった。

8. (C) 0749
繁殖期に雄のバイソンは群れの中で優勢を示そうとする。

9. (C) 0801
ナポレオンは、成功はしなかったものの、ヨーロッパ全土を征服しようとした。

10. (B) 0839
郊外で人口が減ったため、その都市の周縁には荒廃した建物がたくさんある。

出題頻度レベル ★★★

☐ 0856
subsequently
[sʌ́bsikwəntli]

副 later, afterward

そのあと、続いて
形 subsequent
名 subsequence

▶ Taylor said he was a wealthy aristocrat, but this **subsequently** proved to be false.
（テイラーは自分が裕福な貴族だと言ったが、あとになってそれは嘘だと判明した）

☐ 0857
explicit [iksplísit]

形 clear, specific, obvious, unambiguous, definite

明確な、明白な

▶ The secretary was given **explicit** instructions not to give callers the manager's private phone number.
（その秘書は、電話をかけてきた人に部長の私用の電話番号を教えないよう、明確な指示を与えられた）

最新傾向 explicitとスペリングが似ているelicitは「(反応などを) 引き起こす (bring out、call forth)」という意味。試験で間違わないように注意しましょう。

☐ 0858
prevailing [privéiliŋ]

形 dominant, widespread, current, existing

優勢な、広まっている

▶ There is a **prevailing** opinion among experts that housing prices will continue to rise.
（専門家の間では、住宅価格は上がり続けるだろうという意見が優勢だ）

☐ 0859
rudimentary
[rù:dəméntəri]

❶形 basic, elementary, fundamental

初歩の、基礎の、基本の

▶ Joy has only a **rudimentary** understanding of art.
（ジョイには、芸術について初歩的な理解しかなかった）

rudimentary	❷形 **primitive, undeveloped**	原始的な、未発達の

▶In its **rudimentary** form, basketball was played using woven baskets and a soccer ball.
（バスケットボールは、原初的な形態においては、編まれたかごとサッカーボールでプレーされていた）

☐ 0860 allude to	熟 **suggest, refer to, imply, indicate**	～をほのめかす、示唆する

▶In his speech, the president **alluded to** his plan to provide a free college education to all citizens.
（大統領は演説の中で、全国民に大学教育を無償化する計画をほのめかした）

☐ 0861 assertive [əsə́:rtiv]	形 **forceful, dogmatic**	自己主張の強い、独断的な

▶**Assertive** people are used to getting what they want.
（自己主張の強い人は、自分が欲しいものを手に入れることに慣れている）

☐ 0862 fuse [fju:z]	❶動 **melt, dissolve**	（熱で）溶ける、溶かす

▶The fire was so hot that it caused the tires on the car to **fuse**.
（炎はとても熱かったため、車のタイヤを溶かした）

fuse	❷動 **combine, merge**	融合する、結合する

▶Humans are born with 300 bones, some of which **fuse** over time, resulting in 206 bones in an adult body.
（人間は300本の骨を持って生まれるが、そのうちのいくつかは徐々に結合し、成人の身体になると骨は206本になる）

最新傾向 fuseと一緒に、次の単語を区別して覚えておきましょう。
・diffuse　拡散する、～を拡散させる
・infuse　～を吹き込む、注入する

DAY 16

□ 0863 **transitory** [trǽnsətɔ̀:ri]	形 short-lived, brief, ephemeral, fleeting	一時的な、はかない

▶ There was a storm this morning, but it was **transitory**.
(けさ嵐があったが、それは一時的なものだった)

□ 0864 **inviolable** [inváiələbl]	形 without exception, allowing no exception; sacred	犯してはならない、不可侵の

▶ Each citizen's right to vote is based on a law that is **inviolable** within a democracy.
(すべての市民の投票権は、民主主義において犯すことのできない法に基づいている)

□ 0865 **supersede** [sù:pərsí:d]	動 replace, displace, supplant, substitute	～に取って代わる、代わって就任する

▶ The amended trade agreement between Egypt and Israel **supersedes** the previous version.
(エジプトとイスラエル間の改正された貿易協定は、その前の版に取って代わる)

□ 0866 **abundant** [əbʌ́ndənt]	形 plentiful, bountiful, ample, numerous	豊富な 名 abundance

▶ Plants are extremely **abundant** on the east coast of North America.
(北米の東海岸では、植物が極めて豊富だ)

□ 0867 **significant** [signífikənt]	形 considerable, substantial, serious; important, essential	かなりの、重要な 副 significantly

▶ The Dolphin-Safe campaign brought a **significant** change to the tuna industry.
(イルカ保護キャンペーンは、マグロ漁業に大きな変化をもたらした)

□ 0868 **elaboration** [ilæ̀bəréiʃən]	名 development, improvement	念入りに作ること、綿密な仕上げ 副 elaborately

▶ The continual **elaboration** of new ideas is essential for scientific progress.
(新しい考えを継続的に練り上げていくことは、科学の進歩にとって極めて重要だ)

☐ 0869 **pristine** [prísti:n]	形 **unspoiled, pure, untouched**	汚れていない、純粋なままの

▶ Industrial wastes from the factory polluted the once **pristine** river.
(工場からの産業廃棄物は、かつて美しかった川を汚染した)

☐ 0870 **steadily** [stédili]	副 **consistently, continuously, constantly, at an unvarying rate**	着実に

▶ Lawn and garden chemical usage has been dropping **steadily** for the last two decades.
(芝生や庭用の化学薬品の使用は、過去20年間で着実に減少してきている)

☐ 0871 **hence** [hens]	副 **therefore, consequently, thus**	だから、ゆえに、したがって

▶ The eggs were fresh and **hence** the chef used them to prepare an omelet.
(卵は新鮮だったので、シェフはオムレツを作るのに使った)

☐ 0872 **fabricate** [fǽbrikèit]	動 **make, produce, build**	～を（組み立てて）作る

▶ New nanotechnology tools are allowing engineers to **fabricate** very thin, two-dimensional materials.
(新たなナノテクノロジーを利用した道具のおかげで、エンジニアは非常に薄い二次元材料を作ることができる)

最新傾向 fabricateには「～を偽造する、でっち上げる」という意味もあります。fabricate the signature「サインを偽造する」。同義語問題ではforge、fakeが出題されるので一緒に覚えておきましょう。

出題頻度レベル ★★☆

☐ 0873 **meet** [mi:t]	動 **deal with, handle**	～に対処する

DAY 16

▶President Lincoln had to **meet** the challenge of a national civil war.
(リンカーン大統領は、国内紛争という難題に対処しなければならなかった)

□ 0874 **devour** [diváuər]	動 **eat, consume, gulp, gobble**	～をがつがつ食べる、むさぼる

▶The men were so hungry after work that they each **devoured** three platefuls of food.
(男たちは仕事のあととてもお腹が空いていたので、1人3皿ずつ食事をむさぼり食った)

□ 0875 **amiss** [əmís]	形 **wrong, erroneous, faulty**	間違った、欠陥がある

▶Something went **amiss** during the flight, and the helicopter crashed into the sea.
(飛行中何らかの不具合が発生し、ヘリコプターは海に墜落した)

□ 0876 **figure out**	熟 **determine, calculate, work out**	～を理解する、～だとわかる

▶Archaeologists **figured out** that the skeleton was over a thousand years old.
(考古学者たちは、その骸骨が1000年以上前のものであることを解明した)

□ 0877 **augment** [ɔ:gmént]	動 **supplement**	～を増加させる

▶The donated sculptures **augmented** the museum's fine collection of modern art.
(寄贈された彫刻は、その美術館の現代芸術の優れた収蔵品をさらに充実させた)

□ 0878 **trespass** [tréspæs]	動 **invade, encroach, infringe**	(不法に) 侵入する、侵害する

▶Tom and Sally were **trespassing** on privately owned land.
(トムとサリーは、私有地に侵入していた)

□ 0879 **deduce** [didʒú:s]	動 **conclude, infer, derive**	～を推定する、推測する

▶ The mechanic **deduced** that the car's problem was due to a damaged brake pad.
（修理工は、その車の不具合がブレーキパッドの損傷によるものだと推測した）

最新傾向 deduceの名詞形deductionは「推論」のほかに、「削減、控除」という意味でも使われます。同義語問題ではreduction、cutが出題されます。

□ 0880 **quantify** [kwɑ́ntəfài]	動 **measure**	～の量を計る、数量化する

▶ An IQ test is a common way to **quantify** people's intelligence.
（IQテストは、人の知能を数量化する一般的な方法だ）

□ 0881 **aggregation** [æ̀grigéiʃən]	名 **group**, **body**, **assemblage**	集合、集団 動 aggregate

▶ An **aggregation** of people have lined up to purchase the latest mobile phone.
（人の一団が、最新の携帯電話を買うために列を作っていた）

□ 0882 **lax** [læks]	形 **careless**, **neglectful**, **negligent**	緩い、怠慢な

▶ According to the article, the disaster at the nuclear power plant resulted from **lax** management.
（その記事によると、原発事故はずさんな管理の結果起こった）

□ 0883 **pace** [peis]	名 **speed**, **rate**, **tempo**	ペース、速度

▶ The **pace** of the car slowed as road conditions worsened.
（道路の状態が悪くなるにつれて、車の速度は落ちた）

□ 0884 **inspect** [inspékt]	動 **examine**, **scan**, **check**	～を検査する

▶ Customs officials **inspect** travelers' luggage for any banned items.
（税関職員は、何か禁じられた物品がないか、旅行者の手荷物を検査する）

□ 0885 **keen** [kiːn]	形 **sharp, acute**	鋭い 副 keenly

▶Samurai swords are well known for their durability and **keen** edge.
（武士の刀は、その耐久性と鋭利な刃でよく知られている）

最新傾向 keenは「熱心な」という意味でも使われます。a class of keen learner「熱心な学習者がいるクラス」。同義語問題ではeager、earnestが出題されます。

□ 0886 **abandon** [əbǽndən]	動 **desert, give up, forsake, relinquish**	～を見捨てる、放棄する；（沈む船など）から離れる

▶The passengers **abandoned** the Titanic approximately one hour after it collided with an iceberg.
（乗客たちは、タイタニック号が氷山に衝突したおよそ1時間後に船から脱出した）

□ 0887 **prowess** [práuis]	名 **ability, competence, expertise**	優れた腕前、能力

▶Lions are skilled predators that are famous for their hunting **prowess**.
（ライオンは、狩猟の能力で知られる優れた捕食者だ）

□ 0888 **anyone can see**	熟 **it is clear, it is apparent**	～は誰の目にも明らかである

▶The bridge was severely damaged, so **anyone could see** that it was unsafe.
（その橋はひどく損傷していて、安全でないことは誰の目にも明らかだった）

□ 0889 **coarse** [kɔːrs]	形 **rough, crude**	粗い、ざらざらした

▶Alligator skin is extremely tough and has a **coarse**, dry texture.
（ワニの皮膚は極めて固く、粗くて乾燥した質感がする）

□ 0890 **impervious** [impə́ːrviəs]	形 **impermeable, resistant, impenetrable**	（液体や気体などを）通さない

▶The new police vest is claimed to be **impervious** to bullets.
（警察の新しいベストは、銃弾を通さないと謳われている）

□ 0891 **moderate** [mɑ́dərèit]	❶動 lessen, diminish	穏やかになる、やわらぐ

▶After the rain **moderated**, the floods in the area quickly disappeared.
(雨足が弱まると、その地域の洪水はすぐに引いた)

moderate [mɑ́dərət]	❷形 gentle, temperate, mild	穏やかな、適度な

▶The golden retriever's **moderate** nature makes it an ideal dog for families with children.
(ゴールデンレトリバーは穏やかな性格なので、子どものいる家庭には理想的な犬だ)

最新傾向 moderateと発音が似ているmodulateは、「～を調節する (adjust、regulate)」という意味。試験で間違わないように注意しましょう。

□ 0892 **stagnant** [stǽgnənt]	形 inactive, sluggish	停滞した、不景気な

▶Maintaining friendships is important since a **stagnant** social life can contribute to depression.
(停滞した社会生活はうつ病につながる可能性があるので、友人関係を維持することは重要だ)

□ 0893 **drive** [draiv]	❶動 propel, force, push, impel, compel	～を駆り立てる、追いやる

▶The scandal **drove** the prime minister to resign.
(その不祥事は、首相を辞任に追い込んだ)

drive	❷名 ambition	意欲、やる気

▶According to many CEOs, the **drive** to succeed is more important than knowledge or skills.
(多くのCEOによると、成功しようという気概は知識やスキルよりも重要だ)

drive	❸名 campaign, effort	(組織的な) 運動

▶The organization's nationwide **drive** to raise funds for cancer research was unprecedentedly successful.
(その組織によるがん研究のための資金集めの全国キャンペーンは、前例がないほどの成功を収めた)

最新傾向 effortには「努力」のほかに、「運動、活動」という意味もあります。the peace effort「平和運動」。

DAY 16

□ 0894 **anxiety** [æŋzáiəti]	名 **worry, angst, uneasiness**	心配、不安 形 anxious

▶ Finances are among the leading causes of **anxiety** in today's society.
(財政状態は、現代社会における不安の主な要因の1つだ)

□ 0895 **allegedly** [əlédʒidli]	副 **supposedly, reportedly**	伝えられるところでは 形 alleged

▶ Native Americans **allegedly** came to America from Asia thousands of years ago.
(アメリカ先住民は、何千年も前にアジアからアメリカにやって来たとされている)

□ 0896 **utilize** [jú:təlàiz]	動 **employ, use, make use of**	～を使う、利用する

▶ In the future, every house may be equipped with a heating system that **utilizes** solar energy.
(将来、どの家庭にも太陽エネルギーを使った暖房が装備されるようになるかもしれない)

□ 0897 **differential** [dìfərénʃəl]	形 **uneven, discriminatory**	差別的な

▶ Psychologists agree that parents should avoid **differential** treatment toward their children.
(心理学者は、親は子どもたちに対して差をつけた扱いを避けるべきだということで意見が一致している)

□ 0898 **maintain** [meintéin]	❶動 **preserve, continue, sustain, keep**	～を維持する、持続する

▶ J. K. Rowling has **maintained** a private life despite the media attention she has received.
(J・K・ローリングは、メディアから注目を受けたにもかかわらず、私生活を維持している)

maintain	❷動 **claim, assert, contend**	～を主張する

▶ Some refugees **maintain** that their present situation is worse than before.
(現在置かれている状況のほうが以前よりも悪いと訴える難民もいる)

出題頻度レベル ★★★

□ 0899 **jointly** [dʒɔ́intli]	副 **together, in conjunction with, as one**	共同で

▶ A study conducted **jointly** by researchers from two universities confirmed the finding.
（2つの大学の研究者が共同で行った研究は、その調査結果が正しいことを確認した）

最新傾向 jointlyの形容詞形jointは「共同の」という意味。同義語問題ではmutual、collectiveが出題されるので一緒に覚えておきましょう。

□ 0900 **catastrophic** [kæ̀təstrɑ́fik]	形 **disastrous, harmful, tragic, calamitous**	壊滅的な、悲惨な

▶ The attack on Pearl Harbor was a **catastrophic** event in American history.
（真珠湾攻撃はアメリカの歴史における悲惨な出来事だった）

□ 0901 **aridity** [ərídəti]	名 **dryness, waterlessness**	乾燥 形 arid

▶ The extreme **aridity** of the Atacama Desert is due to its geographical location between two high mountain chains.
（アタカマ砂漠の極度の乾燥は、2つの高い山脈の間にあるという地理的な位置に起因している）

□ 0902 **paradoxically** [pæ̀rədɑ́ksikəli]	副 **contradictorily, surprisingly**	逆説的に 形 paradoxical 名 paradox

▶ **Paradoxically**, studying late the night before an exam can result in a lower score.
（逆説的にも、試験前夜に遅くまで勉強をすると、結果的に点数が低くなる可能性がある）

□ 0903 **archetypal** [ɑ́ːrkitàipəl]	形 **ideal, classic, exemplary**	典型的な

▶Shakespeare's *Hamlet* is considered the **archetypal** revenge tragedy.
（シェークスピアの『ハムレット』は、典型的な復讐悲劇と見なされている）

☐ 0904 **purposely** [pə́ːrpəsli]	副 **intentionally, deliberately, knowingly**	わざと、故意に

▶The computer network was **purposely** shut down to prevent the spread of a virus.
（コンピューターのネットワークは、ウイルスのまん延を防ぐため、あえて遮断された）

☐ 0905 **collision** [kəlíʒən]	名 **crash, smash**	衝突 動 collide

▶Lowering the speed limit has been proven to reduce the number of vehicle **collisions**.
（制限速度を下げることは、自動車衝突事故の件数を減らすことが証明されている）

☐ 0906 **implant** [implǽnt]	動 **insert, embed**	～を埋め込む

▶Doctors **implanted** the medical device in the patient's body.
（医師は、患者の体内に医療機器を埋め込んだ）

☐ 0907 **standpoint** [stǽndpɔ̀int]	名 **perspective, point of view**	観点、見地

▶From the coach's **standpoint** it looked like a touchdown, but the referee saw it differently.
（コーチの目にはタッチダウンしたかに見えたが、審判の見方は違っていた）

☐ 0908 **cue** [kjuː]	名 **signal, sign**	合図、手がかり

▶The sound of the first whistle was a **cue** that the game was about to begin.
（最初の笛の音は、試合が始まろうとしているという合図だった）

☐ 0909
trappings [trǽpiŋz]
名 **decoration, ornament, adornment**
装飾

▶While some Greek vases were created with designs, others were made without **trappings**.
(ギリシャの花びんには模様が施されているものがある一方で、装飾なしで作られているものもある)

☐ 0910
spawn [spɔːn]
動 **give rise to, create, produce**
～を生じさせる、引き起こす

▶The popularity of the first tablet **spawned** a large number of imitators.
(最初のタブレット端末の人気は、模倣する会社を多数生み出した)

最新傾向 spawnは動詞だけではなく、「(魚、カエルなどの) 卵、孵化したばかりの子ども」という意味の名詞としても使われます。deposit their spawn「卵を産む」。同義語問題ではoffspringが出題されるので一緒に覚えておきましょう。

☐ 0911
outbreak [áutbrèik]
名 **sudden increase, upsurge**
発生、急激な増加

▶The **outbreak** of violence in the war-torn region was covered by the media.
(戦争で荒廃した地域での暴力行為の増加がメディアで報じられた)

QUIZ

次の1～10の同義語をⓐ～ⓙから選びましょう。

1. explicit
2. prevailing
3. trespass
4. abandon
5. assertive
6. abundant
7. elaboration
8. utilize
9. differential
10. purposely

ⓐ desert, give up, forsake
ⓑ intentionally, deliberately, knowingly
ⓒ employ, use, make use of
ⓓ dominant, widespread, current
ⓔ development, improvement
ⓕ forceful, dogmatic
ⓖ uneven, discriminatory
ⓗ invade, encroach, infringe
ⓘ clear, specific, obvious
ⓙ plentiful, bountiful, ample

1.ⓘ 2.ⓓ 3.ⓗ 4.ⓐ 5.ⓕ 6.ⓙ 7.ⓔ 8.ⓒ 9.ⓖ 10.ⓑ

DAY 17

今回のターゲットは **56** 語

0912 ⟫ 0967

出題頻度レベル ★★★

□ 0912 **prolonged** [prəlɔ́:ŋd]	形 lengthy, extended, protracted	長期の、延長した

▶ People exposed to loud noise for a **prolonged** period of time may suffer hearing loss.
（長期間大きな音にさらされた人は難聴になる可能性がある）

□ 0913 **relative** [rélətiv]	形 comparable	比較的な、相対的な 副 relatively

▶ The church offered **relative** peace and quiet in the chaotic city.
（その教会は、混沌とした都市の中で、相対的な安らぎと静けさをもたらした）

□ 0914 **ultimate** [ʌ́ltəmət]	❶形 eventual, final, supreme	最終的な、究極の 副 ultimately

▶ The **ultimate** objective of Hinkley's research is to expand the Earth's natural resources.
（ヒンクリーの研究の最終的な目標は、地球の天然資源を拡大することだ）

ultimate	❷形 fundamental, basic, primary	根本的な、基本的な

▶ According to economists, an increase in the money supply is the **ultimate** cause of inflation.
（経済学者によると、通貨供給量の増加はインフレーションの根本的な要因だ）

□ 0915 **brittle** [brítl]	形 easily broken, breakable, fragile	壊れやすい、もろい

▶ The old woman's bones were so **brittle** that her leg broke when she slipped on ice.
（その高齢の女性の骨はとてももろくなっていて、氷の上で滑ったときに脚を骨折した）

□ 0916 **pioneer** [pàiəníər]	❶名 **leader, founder**	先駆者、開拓者

►Steve Jobs was a technology **pioneer** who revolutionized the computer industry.
（スティーブ・ジョブズは、コンピューター産業に革命を起こしたテクノロジーの先駆者だった）

pioneer	❷動 **first develop, (first) start, first use, introduce**	～を（先駆けて）開発する

►Alexander Graham Bell **pioneered** telecommunications.
（アレクサンダー・グラハム・ベルが電気通信を初めて開発した）

DAY 17

□ 0917 **heritage** [héritidʒ]	名 **inheritance, legacy; tradition**	遺産

►Museums are an important means by which a country can conserve its cultural **heritage**.
（博物館は、国が文化遺産を保存できる重要な手段だ）

□ 0918 **impetus** [ímpətəs]	名 **motivation, stimulus, spur, impulse**	勢い、はずみ、刺激

►Einstein's work provided the **impetus** for a major shift in the study of physics.
（アインシュタインの研究は、物理学の研究における大きな変化にはずみをつけた）

最新傾向 impetusと発音が似ているimpetuousは「性急な（hasty、rash）」という意味。試験で間違わないように注意しましょう。

□ 0919 **threshold** [θréʃhould]	名 **limit, margin**	境界、限界

►Due to the heavy rain, the dam reached its **threshold** for water containment and broke.
（大雨のため、そのダムは貯水量の限界に達し、決壊した）

□ 0920 **intensify** [inténsəfài]	動 **reinforce, strengthen, enhance**	～を強化する、激しくなる 形 intense 名 intensity

▶ Free trade agreements are designed to **intensify** economic ties between member countries.
（自由貿易協定は、加盟国の経済関係を強化することを目的としている）

□ 0921 **orchestrate** [ɔ́ːrkəstrèit]	動 **coordinate, organize**	～を組織する

▶ The military leaders **orchestrated** a scheme that overthrew the democratically elected government.
（軍事指導者たちは、民主的に選ばれた政府を転覆させる策略を練った）

□ 0922 **hamper** [hǽmpər]	動 **obstruct, impede, hinder, restrict, prevent**	～を妨げる、邪魔する

▶ Waterfalls **hamper** the progress of salmon as they migrate upstream.
（サケが川を上るとき、滝はその行く手を阻む）

□ 0923 **inhospitable** [inhɑ́spitəbl]	❶形 **unfavorable, unfriendly**	不親切な、無愛想な

▶ The **inhospitable** tribe never welcomed any outsiders into its village.
（その無愛想な部族は、村へ入ってくる外部の人間を決して歓迎しなかった）

inhospitable	❷形 **not suitable, uninhabitable**	住みにくい、荒れ果てた

▶ A fever in the body creates an **inhospitable** environment for bacteria so that they cannot replicate.
（体内の熱は、細菌にとって住みにくい環境を作り出し、それが増殖できないようにしている）

□ 0924 **roughly** [rʌ́fli]	副 **approximately, nearly, about**	約、およそ 形 rough

▶ The US has spent **roughly** $2 billion a year on AIDS-related issues since 1989.
（アメリカは1989年以降、エイズ関連の問題に年間約20億ドルを使っている）

□ 0925 **prevalent** [prévələnt]	形 **common, general, widespread**	普及している、広く行き渡った 動 prevail

▶The most **prevalent** diseases of our times are related to modern lifestyle.
(現代に最もまん延している病気は、現代の生活習慣と関連がある)

□ 0926 **orientation** [ɔ̀:riəntéiʃən]	❶名 **perspective, inclination, disposition**	方向性、志向

▶Researchers have discovered that most people prefer friends with a similar political **orientation**.
(研究者たちは、ほとんどの人が自分に似た政治的志向を持つ友人のほうを好むということを明らかにしてきた)

orientation	❷名 **introduction, induction**	オリエンテーション

▶First-year students attend an **orientation** at the school to learn about rules and procedures.
(1年生は規則や手続きについて知るために学校のオリエンテーションに参加する)

最新傾向 orientationの動詞形orientは「～に向ける」のほかに、「～を適応させる」という意味でも使われます。同義語問題ではadjust、adaptが出題されるので一緒に覚えておきましょう。

□ 0927 **converge** [kənvə́:rdʒ]	動 **come together, meet, move closer, gather**	一点に集まる、集中する

▶Curious onlookers began to **converge** at the scene of the crime.
(野次馬が犯罪現場に集まり始めた)

□ 0928 **inflate** [infléit]	動 **swell, bloat, expand, enlarge**	膨らむ 名 inflation

▶The hot-air balloon slowly **inflated** and took off.
(熱気球はゆっくりと膨らみ、離陸した)

DAY 17

出題頻度レベル ★★★

0929 **terrain** [təréin]	名 **l**and, **l**and**sc**ape, **t**er**ri**tory, **a**r**ea**	地域、地形

▶ Under Diane's direction, crew members will search the **terrain** for meteorites.
（ダイアンの指示の下、乗組員たちは隕石を見つけるためにその地域を探索することになっている）

0930 **critically** [krítikəli]	副 **f**undamentally, **d**ecisively, **c**rucially	とても、決定的に 形 critical

▶ The first few years of a child's development are **critically** important.
（子どもの成長の最初の数年間は、とても重要だ）

0931 **in earnest**	熟 **s**eriously, **e**arnestly, **s**olemnly	真剣に、本気で

▶ The president spoke **in earnest** about the growing social problems.
（大統領は増大する社会問題について真剣に語った）

0932 **agile** [ǽdʒəl]	形 **n**imble, **q**uick, **a**ctive	素早い、機敏な

▶ For such huge beasts, brown bears are amazingly **agile** and can easily chase down prey in open areas.
（ヒグマは、巨大な獣にしては驚くほど機敏で、開けた場所で獲物を簡単に追いかけることができる）

最新傾向 activeには「活発な」のほかに、「機敏な」という意味もあります。the river otter's active movements「カワウソの機敏な動き」。

0933 **standstill** [stǽndstìl]	名 **c**omplete **s**top, **h**alt	停止、休止

▶ A labor strike can bring a company's production to a **standstill**.
（労働者のストライキは、会社の生産を停止させることがある）

□ 0934 **persuasively** [pərswéisivli]	副 **convincingly, compellingly**	説得力をもって

▶In sales, the ability to talk **persuasively** to customers is essential.
(販売業務では、顧客に説得力をもって話す能力が不可欠だ)

□ 0935 **miraculous** [mirǽkjuləs]	形 **amazing, astonishing, marvelous, unbelievable**	奇跡的な、驚くべき

▶The child's **miraculous** escape from the burning building was caught on camera.
(燃えている建物からの子どもの奇跡的な脱出がカメラに捉えられた)

□ 0936 **intangible** [intǽndʒəbl]	形 **nonmaterial, impalpable, incorporeal**	無形の、触ることのできない

▶Particle physics is primarily concerned with **intangible** objects.
(素粒子物理学は主に、触ることのできない対象物を扱う)

□ 0937 **secure** [sikjúər]	❶動 **obtain, get, acquire, procure**	～を確保する、手に入れる

▶The manager approved Foster's plan to **secure** necessary information.
(部長は、必要な情報を入手するというフォスターの案を認めた)

最新傾向 secureは「～を固定する」という意味でも使われます。secure the ships anchor「船のいかりを固定する」。同義語問題ではfasten、chainが出題されるので一緒に覚えておきましょう。

secure	❷形 **safe**	安全な、確実な

▶Online banking is **secure**, provided that a person's password is never shared.
(オンラインバンキングは、パスワードが共有されない限り、安全だ)

☐ 0938
subsist [səbsíst]

動 **survive, endure, exist**
生きていく、存在する
名 subsistence

▶ The shipwrecked sailors had to **subsist** on the few fish they could catch each day.
(難破した船の乗組員たちは毎日、その日に釣れたわずかな魚で生き延びなければならなかった)

☐ 0939
undoubtedly [ʌndáutidli]

副 **certainly, definitely, without question**
疑いなく、明らかに

▶ Babe Ruth is **undoubtedly** one of the greatest baseball players of all time.
(ベーブ・ルースは間違いなく史上最高の野球選手の1人だ)

☐ 0940
dispose of

熟 **get rid of**
～を処分する

▶ Area residents can **dispose of** their Christmas trees by dropping them off at the city's recycling center.
(地域住民は、クリスマスツリーを市のリサイクルセンターに運び込んで処分することができる)

☐ 0941
archive [ɑ́:rkaiv]

名 **official document, record**
公文書、保存記録

▶ In the past few decades, the government has converted many **archives** from paper to electronic form.
(この数十年間で、政府は多くの公文書を紙から電子形態に変換した)

☐ 0942
regenerate [ridʒénərèit]

動 **renew, revive, revitalize**
～を再生する、再建する

▶ The public school system was **regenerated** by a dramatic increase in government funding.
(公立学校制度は、政府資金の大幅な増加によって再生された)

□ 0943 **mode** [moud]	名 **method, form, fashion, style**	方法、様式、流儀

▶ The North Americans showed a desire for an effective **mode** of transportation.
(北米の人々は、効率的な輸送手段が欲しいという意向を示した)

最新傾向 fashionには「ファッション、流行」のほかに、「方法」という意味もあります。in an orderly fashion「規則的な方法で」。

□ 0944 **commemorate** [kəmémərèit]	動 **celebrate, memorialize**	～を記念する

▶ To **commemorate** the victory, Napoleon awarded everyone in his army a medal.
(勝利を記念するために、ナポレオンは自らの軍の全員に勲章を与えた)

□ 0945 **imprecise** [ìmprisáis]	形 **inexact, inaccurate**	不正確な

▶ Predicting earthquakes is an **imprecise** science because of the limited data available.
(地震の予測は、利用できるデータが限られているため、不正確な科学だ)

□ 0946 **state** [steit]	動 **indicate, specify, express**	明言する

▶ A passport **states** a traveler's name, birth date, and nationality.
(パスポートには、旅行者の氏名、生年月日、国籍が明記されている)

DAY 17

0947
anticipate [æntísəpèit]

動 **expect, foresee, predict, forecast**
〜を予期する、予想する

▶ Michelle did not prepare much for the exam, so she did not **anticipate** such an excellent result.
(ミシェルはあまり試験の準備をしていなかったので、そのようないい成績を予想していなかった)

最新傾向 anticipateには「〜を待ちこがれる、期待する」という意味もあります。anticipate the films release「その映画の公開を楽しみに待つ」。同義語問題ではawait、look forward toが出題されるので一緒に覚えておきましょう。

0948
henceforth [hènsfɔ́ːrθ]

副 **from now on, hereafter**
今後は

▶ The court ruled that the company is **henceforth** required to offer health insurance to its employees.
(裁判所は、その企業は今後従業員に対し、健康保険を提供しなければならないという判決を下した)

0949
transparent [trænspɛ́ərənt]

形 **clear, obvious, lucid, limpid**
透明な

▶ The conglomerate makes its financial records as **transparent** as possible.
(その複合企業は、財務記録をできる限り透明にしている)

0950
prominence [prɑ́mənəns]

名 **importance, greatness**
重要(性)、目立つこと
形 prominent
副 prominently

▶ The right to equal pay began gaining **prominence** in the US in 1942.
(対等な賃金を受ける権利は、1942年にアメリカで注目を集め始めた)

□ 0951 **incorporate** [inkɔ́ːrpərèit]	動 **include, combine, integrate**	～を組み込む、合体させる

▶Louise traced how Americans **incorporate** nature into their urban and suburban lives.
（ルイーズは、アメリカ人が都市や郊外での生活にどのように自然を取り入れているかを追った）

□ 0952 **meticulous** [mətíkjuləs]	形 **careful, thorough, precise**	極めて注意深い、慎重な 副 meticulously

▶A **meticulous** doctor checks the patient's medical records for allergies before prescribing medicine.
（注意深い医師は、薬を処方する前に、アレルギーがないか患者の医療記録を確認する）

□ 0953 **dismantle** [dismǽntl]	動 **take apart, disassemble, break down**	～を解体する、取り壊す

▶Before they could transport the bed, the movers had to **dismantle** its huge wooden frame.
（引っ越し業者は、運ぶ前にベッドの大きな木枠を解体しなければならなかった）

□ 0954 **lavish** [lǽviʃ]	形 **rich, deluxe, luxurious**	豊富な、豪華な

▶Under the Christmas tree were **lavish** gifts, which were donated by local charities, for all of the children.
（クリスマスツリーの下には、地元の慈善団体から子どもたち全員に寄付された豪華な贈り物があった）

最新傾向 lavishは形容詞だけではなく、「～を気前よく与える」という意味の動詞としても使われます。lavish praise on the actors「俳優たちに惜しみない称賛を送る」。同義語問題ではshower、heapが出題されます。

DAY 17

出題頻度レベル ★★★

☐ 0955 **dynamic** [dainǽmik]	❶形 active, energetic, vigorous, robust	活動的な、力強い

▶The Ugrós is a **dynamic** folk dance from Hungary that features jumping couples.
（ウグローシュは、飛び跳ねる2人組が特徴のハンガリーの躍動的な民族舞踊だ）

dynamic	❷名 energy, power, driving force	原動力

▶The **dynamic** of a team is determined by the relationship between the coach and players.
（チームの原動力は、コーチと選手の関係で決まる）

☐ 0956 **overlook** [òuvərlúk]	動 miss, fail to notice	～を見落とす

▶Economists tend to **overlook** factors that cannot be easily quantified.
（経済学者は、簡単に数値化できない要素を見落としがちだ）

☐ 0957 **dormant** [dɔ́ːrmənt]	形 inactive, torpid	眠っている、休止状態の

▶In many horror movies, a monster lies **dormant** until roused by a careless human.
（多くのホラー映画において、怪物は不注意な人間に起こされるまで眠っている）

☐ 0958 **exempt** [igzémpt]	形 free, immune, not subject to, excused	免除された

▶Single people who earn less than $10,000 per year are **exempt** from paying income taxes.
（収入が年間1万ドル未満の単身者は、所得税の支払いを免除される）

□ 0959 **as a whole**		熟 generally, overall, all together, by and large	全体として

▶Viewed **as a whole**, the thirteen original US colonies had a population of 2.4 million.
（全体として見ると、アメリカの最初の13植民地には240万の人口があった）

□ 0960 **rather**	[rǽðər]	❶副 instead	むしろ、それどころか

▶The rain did not stop. **Rather**, it became stronger.
（雨は止まなかった。それどころか強くなった）

rather	❷副 somewhat, slightly	やや、幾分

▶Lucas's plan to open a café near the university is **rather** interesting.
（大学の近くにカフェを開くというルーカスの計画は、ちょっと面白い）

DAY 17

□ 0961 **justify**	[dʒʌ́stəfài]	動 support, prove, give a rational basis of	～を正当化する

▶The debate club taught its members how to **justify** their opinions with logic and facts.
（ディベート部では、論理と事実を使った自分の意見を正当化する方法を部員たちに教えた）

最新傾向 justifyの名詞形justificationは、「言い訳、正当化」という意味。同義語問題では excuse、explanationが出題されるので一緒に覚えておきましょう。

□ 0962 **chaotic**	[keiɑ́tik]	形 disorganized, disordered, anarchic	混沌とした

▶Kindergarten classes can become **chaotic** if children are not constantly engaged in some form of activity.
（幼稚園のクラスは、子どもたちが絶えず何かの活動に集中していないと、無秩序状態になることがある）

☐ 0963 **commence** [kəméns]	動 **begin, start, originate, initiate**	始まる

▶ The film festival **commenced** on Saturday morning and lasted until Sunday night.
(その映画祭は土曜日の朝に始まり、日曜日の夜まで続いた)

☐ 0964 **improvised** [ímprəvàizd]	形 **unplanned, unprepared, unrehearsed**	即興の

▶ Some comedians do not prepare jokes in advance and instead give **improvised** performances.
(芸人の中には、事前にジョークを用意せずに、その代わり即興の芸をする人もいる)

☐ 0965 **stem from**	熟 **originate from, derive from, arise from**	～から生じる、～が原因である

▶ The rise in fuel prices **stemmed from** the energy crisis of the 1970s.
(燃料価格の上昇は、1970年代のエネルギー危機に起因していた)

☐ 0966 **judiciously** [dʒu:díʃəsli]	副 **wisely, sensibly, prudently**	思慮深く、賢明に

▶ Good rulers **judiciously** use their power instead of abusing it.
(よき統治者は、権力を乱用せず賢明に用いる)

☐ 0967 **tolerate** [tάlərèit]	動 **accept, allow, permit**	～を容認する、許す

▶ The manager stated that inappropriate behavior in the workplace would not be **tolerated**.
(部長は、職場での不適切な行為は許容されないと述べた)

QUIZ

次の1～10の同義語をⓐ～ⓙから選びましょう。

1. prolonged	ⓐ obstruct, impede, hinder
2. intensify	ⓑ begin, start, originate
3. lavish	ⓒ miss, fail to notice
4. terrain	ⓓ lengthy, extended, protracted
5. hamper	ⓔ complete stop, halt
6. converge	ⓕ land, landscape, territory
7. standstill	ⓖ reinforce, strengthen, enhance
8. meticulous	ⓗ rich, deluxe, luxurious
9. overlook	ⓘ careful, thorough, precise
10. commence	ⓙ come together, meet, move closer

1.ⓓ **2.**ⓖ **3.**ⓗ **4.**ⓕ **5.**ⓐ **6.**ⓙ **7.**ⓔ **8.**ⓘ **9.**ⓒ **10.**ⓑ

出題頻度レベル ★★★

□ 0968
initiative [iníʃiətiv]
名 enterprise, ambition, drive
主導権、イニシアチブ
動 initiate

▶People expect leaders to show great **initiative** when faced with a crisis.
(人々は、危機に直面したときに指導者たちがすぐれたイニシアチブを発揮するのを期待している)

最新傾向 initiativeは「計画、構想」という意味でも使われます。initiative to raise money「お金を集めるための計画」。同義語問題ではplan、schemeが出題されます。

□ 0969
provided that
熟 if, once, on the condition that, supposing
もし～ならば、～という条件で

▶Lila could watch two hours of television **provided that** she finished her homework first.
(リラは、もし先に宿題を終えれば、テレビを2時間見ることができた)

□ 0970
phenomenal [finámənl]
形 extraordinary, remarkable
驚くべき
名 phenomenon

▶The discovery of the electron was a **phenomenal** advance in physics.
(電子の発見は、物理学における驚くべき進歩だった)

□ 0971
likewise [làikwáiz]
❶副 similarly, in the same way
同じように、同様に

▶France has signed the environmental agreement, and Germany is expected to do **likewise**.
(フランスはその環境協定に署名し、ドイツも同様に署名するものと予測されている)

likewise
❷副 also, as well
さらに、そのうえ

▶Sarah nearly failed chemistry and she **likewise** struggled to pass biology.
(サラは化学を危うく落としそうになり、そのうえ、生物でも合格するため悪戦苦闘した)

□ 0972 **tangible** [tǽndʒəbl]
形 material, physical, concrete, substantial
触れられる、有形の

▶**Tangible** assets, such as equipment and land, have a physical form.
(機器や土地などといった有形資産は、物理的な形状を持っている)

□ 0973 **absurd** [æbsə́:rd]
形 ridiculous, preposterous, ludicrous
ばかげた、不合理な

▶Claims about the existence of UFOs seem **absurd** to many people.
(UFOの存在にまつわる主張は、多くの人々にとってばかげたことのように思える)

□ 0974 **inclement** [inklémənt]
形 unfavorable, harsh, severe
(天候が) 厳しい

▶Bears hibernate in winter to cope with limited food and to avoid **inclement** weather.
(クマは冬の間、限られた食料でしのぎ、厳しい天候を避けるために冬眠する)

最新傾向 inclementとスペリングが似ているincrementは「増加 (increase、gain)」という意味。試験で間違わないように注意しましょう。

□ 0975 **overly** [óuvərli]
副 excessively, inordinately, unduly
過度に、あまりにも

▶If children have everything done for them by their parents, they may become **overly** dependent.
(子どもは親に何もかもしてもらっていると、過度に依存するようになる可能性がある)

□ 0976 **consume** [kənsú:m]
❶動 expend, use up, completely use, exhaust
~を消費する、使い果たす
名 consumption

▶The people next door **consume** a lot of electricity in heating their home.
(隣の家の人たちは、家の暖房に多くの電力を消費している)

consume
❷動 destroy, devastate, demolish
(火事や病気などが) ~を破壊する

▶The forest fire was so great that it **consumed** everything in its path.
(山火事はとても大規模で、行く手にあるすべてのものを焼き尽くした)

consume	❸動 eat, devour	～を食べ尽くす

▶Maggots are sometimes used to clean out wounds as they only **consume** dead tissue.
(ウジは壊死組織しか食べないので、傷口をきれいにするのに使われることがある)

□ 0977 overall [óuvərɔ̀:l]	形 general, total, comprehensive	全体の、総合的な

▶The violinist made a couple mistakes, but the **overall** performance of the piece was good.
(そのバイオリニストは2～3回ミスをしたが、その曲の演奏は全体としてはよかった)

□ 0978 promote [prəmóut]	動 encourage, advance, further, forward	～を促進する

▶There was a meeting to **promote** trade between China and the US.
(中国とアメリカの間の貿易を促進するための会議があった)

□ 0979 proliferation [prəlìfəréiʃən]	名 increase, growth, multiplication	激増、急増 動 proliferate

▶The **proliferation** of invasive plant species sometimes harms native vegetation.
(侵入植物種の激増は、土地固有の植生に害を与えることがある)

□ 0980 copious [kóupiəs]	形 plentiful, abundant, ample, bountiful	豊富な、大量の

▶The **copious** rainfall in the winter allowed the farmers to irrigate their crops all year.
(冬季の豊富な降雨のおかげで、農家は年間を通じて作物の灌漑を行うことができる)

□ 0981 negligible [néglidʒəbl]	形 insignificant, slight, minor, trivial	無視してよい、取るに足りない

▶Carbon dioxide has a **negligible** effect on ozone depletion.
(二酸化炭素はオゾン層の減少にごくわずかな影響しか与えない)

☐ 0982
notably [nóutəbli]
副 particularly, especially, in particular
特に、とりわけ
形 notable

▶ **Notably**, many women writers in the 1800s used pen names.
（とりわけ、1800年代の多くの女性作家たちはペンネームを用いた）

☐ 0983
inhibit [inhíbit]
動 hinder, restrict, limit, restrain, ban, prohibit, forbid
～を抑制する、禁止する

▶ The law **inhibits** the use of pesticides on properties next to large bodies of water.
（その法律は、大きな水域に隣接する地所での殺虫剤の使用を禁止している）

最新傾向 inhibitとスペリングが似ているinhabitは「～に住む（live in、dwell in）」という意味。試験で間違わないように注意しましょう。

☐ 0984
worshiper [wə́ːrʃipər]
名 people participating in a religious service
礼拝者

▶ In Buddhism, **worshipers** often bow in front of a statue of Buddha.
（仏教では、仏像の前で参拝者が頭を下げることが多い）

出題頻度レベル ★★★

☐ 0985
pool [puːl]
❶動 combine, put together
～を出し合う

▶ Members of the community **pooled** their resources to purchase land for a park.
（その地域社会の人々は、公園用の土地を購入するために資金を出し合った）

pool
❷名 combination, group
（記者などの）集団

▶ A **pool** of journalists from various international newspapers gathered in the conference room for the announcement.
（さまざまな国の新聞記者の一団が、その発表を聞くために会議室に集まった）

☐ 0986
at the urging of
熟 at the recommendation of
～の強い勧めによって

DAY 18

▶ **At the urging of** world leaders, many governments are attempting to stop the development of nuclear weapons.
（世界のリーダーたちの要請で、多くの政府が核兵器の開発を止めようとしている）

□ 0987 **ornamental** [ɔ̀ːrnəméntl]	形 **decorative**, **beautifying**, **embellishing**	装飾的な、装飾用の 動 ornament

▶ The Alhambra Palace in Spain is surrounded by **ornamental** gardens that enhance the palace's beauty.
（スペインのアルハンブラ宮殿は、その宮殿の美しさを引き立てる装飾的な庭園に囲まれている）

□ 0988 **regime** [rəʒíːm]	名 **government**, **administration**, **authorities**	政治体制、政権

▶ A new **regime** took power after the successful military coup.
（軍事クーデターの成功後、新政権が実権を握った）

□ 0989 **acclaim** [əkléim]	動 **praise**, **compliment**, **applaud**	～を称賛する、絶賛する

▶ Critics **acclaimed** the actress for her superb performance in the hit Broadway play.
（批評家たちは、ブロードウェイのヒット作におけるすぐれた演技に対してその女優を絶賛した）

最新傾向 acclaimと一緒に、次の単語を区別して覚えておきましょう。
- reclaim　～を取り戻す
- declaim　激しく非難する

□ 0990 **comprehensible** [kɑ̀mprihénsəbl]	形 **understandable**, **apprehensible**, **knowable**	理解できる、わかりやすい

▶ Experience taught Rachel that life could be predictable and **comprehensible**.
（レイチェルは、人生は予測でき、理解可能なものでありうると、経験から学んだ）

□ 0991 **disparity** [dispǽrəti]	名 **inequality**, **imbalance**, **disproportion**	格差、不均衡

▶ The pay **disparity** between men and women has been slowly decreasing over time.
（男女間の賃金の不均衡は、時とともに少しずつなくなってきている）

0992 **bold** [bould]	形 daring, brave, courageous	大胆な、勇敢な

▶ Despite Nancy's **bold** words, there was a cold terror in her eyes as she confronted the intruder.
（勇ましい言葉とは裏腹に、侵入者に直面したとき、ナンシーの目には激しい恐怖が浮かんでいた）

最新傾向 boldには「鮮明な」という意味もあります。the painting's bold color「その絵画の鮮明な色」。同義語問題ではvivid、brightが出題されるので一緒に覚えておきましょう。

DAY 18

0993 **noteworthy** [nóutwə̀ːrði]	形 important, notable, significant	注目すべき

▶ The Lumière brothers were **noteworthy** pioneers in early film.
（リュミエール兄弟は初期の映画における特筆すべき先駆者だ）

0994 **spectacular** [spektǽkjulər]	形 magnificent, splendid, impressive	壮観な、目覚ましい

▶ Each room in the hotel had a **spectacular** view of the ocean.
（ホテルのそれぞれの部屋から、海の壮大な眺めを望むことができた）

0995 **extracted from**	熟 taken out of, drawn out of	～から抽出された

▶ The oils **extracted from** olives or sesame seeds have low smoke points.
（オリーブやゴマから抽出された油は、煙点が低い）

0996 **tantalize** [tǽntəlàiz]	動 tempt	～をじらす

▶ Lotteries **tantalize** people with the prospect of getting rich quickly.
（宝くじは、手っ取り早く裕福になる期待を持たせて人の気持ちをそそる）

□ 0997 **allied** [əláid]	形 **related, linked, connected**	類似の、関連した

▶ Depression and anxiety are two closely **allied** mental health issues.
（うつと不安は、2つの密接に関連する精神衛生上の問題だ）

□ 0998 **authoritative** [əθɔ́:rətèitiv]	形 **official, authorized**	権威のある、信頼できる 名 authority

▶ The science magazine will not publish an article unless it cites **authoritative** sources.
（その科学雑誌は、論文が権威ある情報源を引証していない限り、掲載しない）

□ 0999 **moral** [mɔ́:rəl]	名 **lesson, message, teaching**	教訓

▶ *Aesop's fables* generally contain an important **moral** in each story.
（『イソップ物語』は概して、どの物語も重要な教訓を含んでいる）

最新傾向 moralとスペリングが似ているmoraleは「士気、意欲（spirit、confidence）」という意味。試験で間違わないように注意しましょう。

□ 1000 **compatible** [kəmpǽtəbl]	形 **consistent, congruous, consonant**	矛盾のない、両立する

▶ NGOs must make certain that the projects they fund are **compatible** with their core values.
（NGOは、出資するプロジェクトが自分たちの基本的な価値観と矛盾しないものであることを確認しなければならない）

□ 1001 **buildup** [bíldʌ̀p]	名 **accumulation**	増加、増強

▶ The **buildup** of cholesterol in the body can lead to high blood pressure.
（体内のコレステロールの増加は、高血圧につながる可能性がある）

□ 1002 **stress** [stres]	❶動 **emphasize, highlight, underline**	～を強調する

▶All his life, Michael's parents had **stressed** the importance of education.
（マイケルの両親は、彼が生まれてからずっと教育の重要性を強調していた）

stress	❷名 **emphasis, accent**	強調、重点

▶Hippocrates laid more **stress** upon the expected outcome of a disease than upon its diagnosis.
（ヒポクラテスは、病気の診断よりも、病気の予測される結果に重きを置いた）

□ 1003 **respective** [rispéktiv]	形 **particular, individual**	それぞれの 副 respectively

▶Each **respective** museum in the city specializes in a different art form or period.
（市内のそれぞれの美術館は、芸術の異なる形態や時期に特化している）

□ 1004 **peculiarity** [pikjù:liǽrəti]	名 **feature, characteristic, quality**	独自性、特性 形 peculiar

▶A need for privacy is a cultural **peculiarity** in Western society.
（プライバシーの必要性は、西欧社会における文化的な特性だ）

□ 1005 **rely upon**	熟 **depend upon, resort to**	～に頼る

▶Prosecutors must **rely upon** testimony when little physical evidence is available.
（検察官は、物的証拠がほとんど入手できない場合、証言に頼らなければならない）

□ 1006 **rapid** [rǽpid]	形 **fast, quick, speedy, swift**	急速な 副 rapidly

▶**Rapid** environmental change can be a challenge to the survival of species.
（環境の急速な変化は、種の存続にとって難題になることがある）

DAY 18

☐ 1007 **saturate** [sǽtʃərèit]	動 **soak, drench, wet thoroughly**	～を浸す

▶ **Saturate** the cloth in cleaning fluid before wiping down the windows.
（窓をふく前に、洗浄液に布を浸してください）

☐ 1008 **constitution** [kɑ̀nstətjúːʃən]	名 **form, structure**	構成、構造 動 constitute 形 constituent

▶ In chemistry, compounds that have a similar **constitution** are called analogues.
（化学では、似た構造を持つ化合物は類似体と呼ばれる）

最新傾向 constitutionは「憲法」という意味でも使われます。amend a constitution「憲法を改正する」。同義語問題ではlaws、charterが出題されるので一緒に覚えておきましょう。

☐ 1009 **efface** [iféis]	動 **wipe out, erase, expunge**	～を消す、ぬぐい去る

▶ Victims of traumatic incidents often wish they could **efface** their memories of the event.
（心的外傷が残る出来事の被害者たちはよく、その出来事の記憶を消すことができたらと願う）

☐ 1010 **manageable** [mǽnidʒəbl]	形 **controllable, affordable, easy to handle**	扱いやすい

▶ Wild horses must go through substantial training before they become **manageable**.
（野生の馬は、扱いやすくなるまでにかなりの訓練を受けなければならない）

出題頻度レベル ★☆☆

☐ 1011 **approach** [əpróutʃ]	❶動 **come close, move toward, come toward, near, reach**	近づく

▶ Parents should teach their children what to do when a stranger **approaches**.
（親は子どもに、知らない人が近づいてきたときにどうするべきか教えたほうがよい）

approach ❷名 method, way | 方法、アプローチ

▶In the world of mass production, Henry Ford's **approach** became the industry standard for many years.
（大量生産の世界において、ヘンリー・フォードの手法は長年、業界基準となった）

□ 1012
routinely [ru:tí:nli]

副 commonly, regularly, habitually | いつものように、日常的に
形 routine

▶Mr. Smith **routinely** forgot to turn off the lights when he went out.
（スミス氏は、いつものように出かけるときに電気を消し忘れた）

□ 1013
adapt [ədǽpt]

動 adjust, acclimate, conform | 順応する

▶Vicky **adapted** to the new school quite easily.
（ビッキーは新しい学校にかなりすんなり順応した）

□ 1014
implication [ìmplikéiʃən]

名 consequence, result | （予想される）結果

▶The program has been designed to teach prisoners the **implications** of bad behavior.
（そのプログラムは、悪い行いをした結果を収監者たちに教えるためのものだった）

最新傾向 implicationは「暗示、含蓄」という意味でも使われます。an implication about the future「未来に関する暗示」。同義語問題ではinference、intimationが出題されます。

□ 1015
unambiguous [ʌnæmbígjuəs]

形 clear, distinct, definite | あいまいでない、明確な

▶John's attitude about lying was **unambiguous**—he insisted upon the truth at all times.
（嘘をつくことに関するジョンの姿勢ははっきりしていた─彼はいつでも事実を要求した）

DAY 18

□ 1016 **rigor** [rígər]	❶名 **harshness, strictness, rigidness**	厳しさ、厳格さ 形 rigorous

▶A strict ruler, Roman emperor Septimius Severus applied the law with **rigor**.
（厳しい統治者だったローマ皇帝セプティミウス・セウェルスは、法を厳格に適用した）

rigor	❷名 **hardship, adversity**	苦しさ、過酷さ

▶Soldiers are often traumatized by the **rigors** of war.
（兵士たちは、戦争の過酷さから心的外傷を負うことが多い）

□ 1017 **contentious** [kənténʃəs]	形 **disputed, controversial, argumentative**	議論を引き起こす、異論のある 動 contend 名 contention

▶The death penalty is a **contentious** issue for many people today.
（死刑制度は現在、多くの人々にとって異論のある問題だ）

□ 1018 **competent** [kámpətənt]	形 **adept, skilled, capable**	有能な

▶A **competent** accountant can help a company minimize its tax burden.
（有能な会計士は、企業の税負担を最小限にする手助けをすることができる）

最新傾向 competentには「十分な」という意味もあります。competent skills for the job「その仕事に対する十分な技量」。同義語問題ではsufficient、adequateが出題されるので一緒に覚えておきましょう。

□ 1019 **incredible** [inkrédəbl]	形 **unbelievable, inconceivable, unimaginable**	信じられない

▶Larry's claim that he could run a mile in under three minutes was **incredible**.
（1マイルを3分以内で走ることができるというラリーの主張は信じ難かった）

□ 1020 **string** [striŋ]	名 **series, chain**	一連、一続き

▶Michael Jackson had a **string** of hit albums in the 1980s.
（マイケル・ジャクソンは1980年代に一連のヒットアルバムを出した）

□ 1021 **decompose** [di:kəmpóuz]	動 **decay, rot**	分解する、腐敗する

▶ Fallen leaves slowly **decompose** and enrich the soil on the forest floor.
（落ち葉はゆっくりと分解し、林床の土壌を肥やす）

□ 1022 **lateral** [lǽtərəl]	形 **side**	横の、側面の

▶ The X-rays provided front and **lateral** views of the brain.
（X線写真は、脳を正面からと横から見た図を提供した）

QUIZ

次の1〜10の同義語をⓐ〜ⓙから選びましょう。

1. regime	ⓐ encourage, advance, further
2. tangible	ⓑ decorative, beautifying, embellishing
3. ornamental	ⓒ government, administration, authorities
4. comprehensible	ⓓ daring, brave, courageous
5. phenomenal	ⓔ form, structure
6. promote	ⓕ extraordinary, remarkable
7. negligible	ⓖ understandable, apprehensible, knowable
8. constitution	ⓗ insignificant, slight, minor
9. adapt	ⓘ material, physical, concrete
10. bold	ⓙ adjust, acclimate, conform

1.ⓒ **2.**ⓘ **3.**ⓑ **4.**ⓖ **5.**ⓕ **6.**ⓐ **7.**ⓗ **8.**ⓔ **9.**ⓙ **10.**ⓓ

出題頻度レベル ★★★

□ 1023 **forage** [fɔ́:ridʒ]	❶動 **seek for food, search, hunt, rummage**	（食糧などを）あさる

▶Steve was surprised to find a raccoon **foraging** in his garbage can.
（スティーブは、アライグマが彼のごみ箱をあさっているのを見つけて驚いた）

forage	❷名 **feed, fodder, food**	飼料

▶Grasses serve as **forage** for a wide variety of animals.
（草は、さまざまな動物の飼料になる）

□ 1024 **erect** [irékt]	動 **build, construct, raise, set up**	～を立てる、建設する

▶Nearly $4.8 billion was used to **erect** more than 200 waste disposal facilities.
（200カ所以上の廃棄物処理施設を建設するのに、48億ドル近くが使われた）

最新傾向 erectは動詞だけではなく、「まっすぐに立った」という意味の形容詞としても使われます。an erect statue「まっすぐに立った銅像」。同義語問題ではupright、straightが出題されるので一緒に覚えておきましょう。

□ 1025 **integral** [íntigrəl]	❶形 **essential, crucial, indispensable**	なくてはならない、不可欠な

▶Sufficient sleep is an **integral** part of overall good health.
（十分な睡眠は、健康全般に欠かせない要素だ）

integral	❷形 **complete**	完全な

▶The museum contains an **integral** collection of the artist's paintings and sculptures.
（その美術館は、その芸術家の絵画と彫刻の完全なコレクションを収蔵している）

1026 precisely [prisáisli]	副 exactly, accurately, correctly, with precision	正確に 形 precise 名 precision

▶Measure the cake ingredients **precisely** before adding them to the mixing bowl.
(ミキシングボウルに入れる前に、ケーキの材料を正確に計ってください)

1027 handle [hændl]	動 process, manage, deal with	～を処理する、扱う

▶Workers should **handle** the complaints in the same order as they are received.
(従業員たちは、苦情を受けたのと同じ順番で処理するべきだ)

1028 objective [əbdʒéktiv]	❶名 purpose, aim, goal	目的、目標

▶The **objective** of astronomers has always been to add knowledge to the field of astronomy.
(天文学者の目的はいつでも、天文学の分野に知識を加えることだった)

objective	❷形 unbiased, impartial	客観的な

▶Justice is often represented by scales, which emphasize the importance of **objective** standards.
(正義は、客観的な基準の重要性を強調する天秤でしばしば象徴される)

1029 deviate [dí:vièit]	動 depart, turn aside, diverge, stray	それる、外れる 名 deviation

▶In the past, sailors looked at the stars so that they would not **deviate** from their course.
(船乗りたちはかつて、針路から外れないように星を見た)

最新傾向 departには「出発する」のほかに、「外れる」という意味もあります。depart from the norm「基準から外れる」。

1030 vigor [vígər]	名 energy, strength, vitality	活力、元気 形 vigorous

DAY 19

▶ Parasites can cause a wide range of symptoms, from headaches to loss of **vigor**.
（寄生虫は、頭痛から虚脱感まで、さまざまな症状を引き起こすことがある）

□ 1031 **decisive** [disáisiv]	形 **significant**, **definitive**, **definite**	決定的な、明白な

▶ A **decisive** victory for the North, the Battle of Gettysburg led to the end of the Civil War.
（北軍の決定的な勝利に終わったゲティスバーグの戦いは、南北戦争に終止符を打つことになった）

□ 1032 **primordial** [praimɔ́ːrdiəl]	形 **beginning**, **original**, **earliest**	原始の、最初の

▶ In the **primordial** stage of cell division, enzymes that are necessary for replication are synthesized.
（細胞分裂の最初の段階で、複製に必要な酵素が合成される）

□ 1033 **cluster** [klʌ́stər]	動 **gather**, **group**, **assemble**	群がる

▶ The autograph seekers **clustered** around the celebrity following the awards ceremony.
（授賞式のあと、サインを求める人々がその有名人の周りに群がった）

最新傾向 clusterは動詞だけではなく、「群れ」という意味の名詞としても使われます。a cluster of students「学生たちの集団」。同義語問題ではbunch、clumpが出題されるので一緒に覚えておきましょう。

□ 1034 **revise** [riváiz]	動 **change**, **modify**, **alter**, **edit**, **correct**	～を修正する、変更する

▶ Scientists **revised** their earlier claims that the ozone layer would recover by 2050.
（科学者たちは、2050年までにオゾン層が回復するだろうという以前の主張を見直した）

□ 1035 **obscure** [əbskjúər]	形 **unclear**, **uncertain**, **hidden**, **dim**, **faint**	不明瞭な、ぼんやりした

▶ Jane had trouble identifying the **obscure** figures in the old photograph.
（ジェーンは、古い写真にぼんやり写る人物が誰かを特定するのに苦労した）

□ 1036 **rebound** [ribáund]	❶動 **recover, rally, bounce back**	回復する、立ち直る

▶ The American economy **rebounded** from the Great Depression only when the World War II began.
（アメリカ経済は、第二次世界大戦が開戦してやっと大恐慌から回復した）

rebound [rí:bàund]	❷名 **recovery, return**	回復、立ち直り

▶ The **rebound** of the lake's trout population happened quickly once all forms of fishing were banned.
（あらゆる形態の釣りが禁止されるとすぐ、湖のマスの個体数の回復が起きた）

DAY 19

□ 1037 **thus** [ðʌs]	副 **consequently, therefore, accordingly**	したがって、だから

▶ New drugs can lower blood pressure, **thus** reducing the risk of stroke.
（新薬は血圧を下げることができ、その結果、脳卒中のリスクを低下させる）

□ 1038 **minutely** [mainjú:tli]	副 **in detail, meticulously**	詳細に 形 minute

▶ A human being's brain activity can now be **minutely** examined.
（人間の脳の活動は、今では詳細に調べられる）

□ 1039 **tend** [tend]	動 **take care of, look after, care for, foster**	～の世話をする、面倒を見る

▶ Alice asked her neighbors to **tend** her garden when she went away on vacation.
（アリスは、休暇で出かけている間に庭の世話をしてくれるよう近所の人に頼んだ）

最新傾向 tendには「傾向がある」という意味もあります。tend to sleep late「遅く寝る傾向がある」。同義語問題ではbe inclined、be likelyが出題されるので一緒に覚えておきましょう。

出題頻度レベル ★★★

□ 1040 **impact** [ímpækt]	名 **influence, effect, repercussion**	影響、衝撃

▶The printing press had a major **impact** on history.
（印刷機は歴史に大きな影響を与えた）

□ 1041 **luxuriant** [lʌgʒúəriənt]	形 **rich, abundant, exuberant, opulent**	豊富な、繁茂した

▶Tracts of **luxuriant** plant life cover the Amazon River's basin.
（生い茂る植物の広がりが、アマゾン川流域を覆っている）

□ 1042 **altogether** [ɔ̀:ltəgéðər]	副 **fully, completely, entirely, totally, wholly**	完全に、すっかり

▶Quitting smoking **altogether** is difficult, so many people fail several times before succeeding.
（タバコを完全にやめるのは難しいので、多くの人々が禁煙に成功するまでに何度か挫折する）

□ 1043 **astounding** [əstáundiŋ]	形 **amazing, astonishing, surprising**	驚くべき、驚異的な 副 astoundingly

▶Copernicus made the **astounding** discovery that the Earth revolves around the Sun.
（コペルニクスは、地球が太陽の周りを回っているという驚くべき発見をした）

□ 1044 **propagation** [prɑ̀pəgéiʃən]	名 **spread, dissemination**	普及、伝播 動 propagate

▶The **propagation** of Christianity throughout the Roman Empire occurred over a period of centuries.
（ローマ帝国全体へのキリスト教の伝播は、何世紀もかけて起こった）

☐ 1045 **encroach** [inkróutʃ]	動 **trespass, invade, intrude**	侵入する、侵害する 名 encroachment

►The hunters were fined heavily for **encroaching** on the farmer's property.
（ハンターたちは、農場主の敷地内に侵入したことで重い罰金を科された）

☐ 1046 **bizarre** [bizɑ́ːr]	形 **strange, odd, erratic, exotic, irregular**	奇妙な、奇抜な

►Everyone stared at the young woman because her dress was so **bizarre**.
（その若い女性のドレスはとても奇抜だったので、誰もが彼女のことをじっと見た）

☐ 1047 **elevate** [éləvèit]	動 **raise, lift, heave, hoist**	～を持ち上げる

►Without cranes, it would be nearly impossible to **elevate** the large steel beams of skyscrapers.
（クレーンがなければ、超高層ビルの大きな鋼鉄製のはりを持ち上げることはほとんど不可能だろう）

☐ 1048 **superb** [supə́ːrb]	形 **excellent, outstanding, magnificent**	最高の、素晴らしい

►Fans cheered wildly at the athlete's **superb** performance.
（その選手の素晴らしい演技に、ファンたちは熱狂的な歓声を上げた）

☐ 1049 **accommodate** [əkɑ́mədèit]	❶動 **lodge, make room for, hold**	～を宿泊させる、収容できる

►The resorts were carefully planned to **accommodate** large numbers of tourists.
（そのリゾートは、多数の観光客が宿泊できるように入念に計画された）

accommodate	❷動 **adjust to, suit, adapt, fit**	～に順応する

►Good business managers must have the ability to **accommodate** change in the workplace.
（よいビジネスマネージャーは、職場の変化に適応する能力を備えていなければならない）

DAY 19

□ 1050 **infinite** [ínfənət]	形 **limitless, unlimited, immeasurable, boundless**	無限の、果てしない

▶ Scientists disagree as to whether the universe is **infinite** or whether it has boundaries.
(科学者たちは、宇宙が無限なのか、あるいは宇宙に果てがあるのかについて、意見が分かれている)

最新傾向 infiniteとスペリングが似ているindefiniteは「不明確な(uncertain、undefined)」という意味。試験で間違わないように注意しましょう。

□ 1051 **glimpse into**	熟 **brief view into, quick look into**	～をちらりと見ること

▶ The travel magazine gives readers a **glimpse into** cultures around the world.
(その旅行雑誌から、読者は世界中の文化を垣間見ることができる)

□ 1052 **mold** [mould]	動 **shape, form, fashion**	～を形作る、型に入れて作る

▶ The Grand Canyon was **molded** by water and wind over an extended period of time.
(グランドキャニオンは、水と風によって長い時間をかけて形作られた)

□ 1053 **wary** [wέəri]	形 **cautious, distrustful, watchful**	用心深い、慎重な

▶ Taiwan's government was **wary** of becoming economically dependent on China.
(台湾政府は、中国に経済的に依存するようになることに慎重だった)

□ 1054 **expansion** [ikspǽnʃən]	名 **spread, growth**	拡大、拡張 動 expand 形 expansive

▶ The development of new colonies led to the **expansion** of the British Empire.
(新しい植民地の発達は、大英帝国の拡大につながった)

□ 1055 **autonomy** [ɔ:tánəmi]	名 **self-rule, independence**	自治、自主性 形 autonomous

▶The powers of the American federal government limit the **autonomy** of individual states.
（アメリカ連邦政府の権力は、個々の州の自治を制限する）

□ 1056 **complaint** [kəmpléint]	名 **protest, grievance**	苦情、不満

▶Student **complaints** of being overworked must be taken seriously by instructors.
（やることが多すぎるという学生の不満を、講師は真剣に受け止めなければならない）

□ 1057 **subordinate** [səbɔ́:rdənət]	形 **secondary, subject, dependent**	下位の、従属する

▶In the US, municipal and state courts are **subordinate** to federal ones.
（アメリカでは、地方裁判所と州立裁判所は連邦裁判所の下位にある）

最新傾向 subordinateは形容詞だけではなく、「～を服従させる」という意味の動詞としても使われます。subordinate an opponent「敵を服従させる」。同義語問題ではsubdueが出題されるので一緒に覚えておきましょう。

□ 1058 **thrive** [θraiv]	動 **do well, prosper, flourish**	繁栄する、盛んになる

▶Slavery in America **thrived** because there was a scarcity of labor.
（アメリカの奴隷制度は、労働力不足であったために盛んになった）

□ 1059 **by and large**	熟 **for the most part, on the whole**	全般的に、大体

▶**By and large**, the members of Jinny's team agreed on the terms of the contract.
（ジニーのチームのメンバーたちは、契約条件についておおむね意見が一致した）

□ 1060 **unique to**	熟 **existing only in, exclusive to**	～に特有の

▶A brain area **unique to** humans is responsible for analytical planning.
（ヒトに特有の脳の部位は、分析的な計画を司っている）

DAY 19

☐ 1061
annual [ǽnjuəl]
形 **yearly**
1年間の；年に1回の
副 annually

▶ Rainforests typically receive between two and five meters of **annual** rainfall.
（熱帯雨林は通常、1年に2メートルから5メートルの降雨がある）

☐ 1062
frigid [frídʒid]
形 **cold, freezing, frosty**
極寒の

▶ The **frigid** temperatures drove most people to stay indoors.
（極寒の気温のために、ほとんどの人は屋内にとどまることを余儀なくされた）

☐ 1063
appreciate [əprí:ʃièit]
動 **recognize, understand, perceive**
～を正しく理解する、認識する
名 appreciation

▶ A good educator **appreciates** that each child has different strengths and weaknesses.
（よき教育者は、子ども一人ひとりが異なる強みと弱点を持っていることを理解している）

最新傾向 appreciateには「～に感謝する」という意味もあります。appreciate his efforts「彼の努力に感謝する」。同義語問題ではbe grateful for、be thankful forが出題されるので一緒に覚えておきましょう。

☐ 1064
apparatus [æ̀pərǽtəs]
名 **equipment, device**
器具、装置

▶ The hospital did not have the necessary **apparatus** for taking X-rays.
（その病院には、X線の写真を撮影するのに必要な装置がなかった）

☐ 1065
engender [indʒéndər]
動 **cause, bring about, generate**
～を生み出す、生じる

▶ A friendly work environment **engenders** good relationships between co-workers.
（心地よい職場環境は、同僚の間によい関係を生む）

出題頻度レベル ★☆☆

□ 1066 **adverse** [ædvə́:rs]	形 **negative, unfavorable, not favorable, harmful**	反対の、敵意のある

▶ President Bush's speech received an **adverse** reaction from most European leaders.
（ブッシュ大統領の演説は、ほとんどのヨーロッパのリーダーから拒絶反応を受けた）

□ 1067 **accomplished** [əkámpliʃt]	形 **skilled, proficient**	熟達した

▶ Robin is an **accomplished** sculptor.
（ロビンは、熟達した彫刻家だ）

□ 1068 **conceal** [kənsí:l]	動 **hide, cover, obscure**	～を隠す、秘密にする

▶ Police officers found the cocaine **concealed** inside the doll.
（警察官たちは、人形の中に隠されたコカインを発見した）

□ 1069 **uniform** [jú:nəfɔ̀:rm]	形 **consistent, even, invariable**	不変の、均一の、同形の 副 uniformly

▶ Using a mold will ensure every cookie is **uniform** in size and shape.
（型を使うことで、すべてのクッキーの大きさと形を確実に均一にできる）

□ 1070 **complement** [kámpləmənt]	名 **supplement**	補足物、補完物

▶ Wine experts recommend white wine as the perfect **complement** to salmon.
（ワインの専門家たちは、白ワインをサーモンにぴったりのお供として薦めている）

最新傾向 complementとスペリングも発音も似ているcomplimentは「賛辞（praise、admiration）」という意味。混同しないように注意しましょう。

DAY 19

1071
refrain from

熟 avoid, abstain from, keep from

〜を控える

▶ Museum visitors are asked to **refrain from** taking photographs of the exhibits.
（博物館の来館者は、展示品の写真撮影を控えるよう求められている）

1072
column [kάləm]

名 pillar, post

円柱、柱

▶ In coastal areas, houses are often built on **columns** to protect against flooding by ocean waves.
（沿岸部の地域では、海の波で水浸しにならないよう柱の上に家が建てられることが多い）

1073
underscore [ʌ́ndərskɔ̀ːr]

動 emphasize, reinforce, underline, accentuate

〜を強調する、明確にする

▶ In the lecture, Dr. Jones **underscored** that exercise is the only cure for obesity.
（講義の中で、ジョーンズ博士は運動が肥満の唯一の治療法だと強調した）

1074
inspire [inspáiər]

動 motivate, fire the imagination of

〜を奮起させる、〜に刺激を与える

▶ A real person **inspired** Charles Dickens to write his classic, *A Christmas Carol*.
（ある実在の人物が、チャールズ・ディケンズに名作『クリスマス・キャロル』を書く着想を与えた）

1075
swell [swel]

動 increase, expand, enlarge

増える、膨張する

▶ California's population **swelled** during the Gold Rush.
（カリフォルニア州の人口は、ゴールドラッシュ中に増加した）

1076
deficient [difíʃənt]

形 not enough, insufficient, inadequate

不足した、不十分な

▶ Plants may turn from green to yellow if they are **deficient** in nitrogen.
（植物は、窒素が不足すると緑色から黄色に変わることがある）

最新傾向 deficientの名詞形deficiencyは、「欠陥、欠乏」という意味。同義語問題ではdeprivation、lackが出題されるので一緒に覚えておきましょう。

☐ 1077 **indiscriminately** [ìndiskrímənətli]	副 **randomly**	無差別に

▶The police **indiscriminately** arrested people at the site of the demonstration.
（警察は、デモの現場にいる人々を無差別に逮捕した）

☐ 1078 **to some extent**	熟 **within limits**	ある程度

▶University students are, **to some extent**, free to select their own courses.
（大学生は、ある程度自由に講座を選ぶことができる）

☐ 1079 **hierarchical** [hàiərɑ́ːrkikəl]	形 **arranged in order of**	階層的な

▶The **hierarchical** structure of large companies may limit innovation.
（大企業の階層的な構造は、イノベーションを制限する可能性がある）

DAY 19

QUIZ

次の1～10の同義語をⓐ～ⓙから選びましょう。

1. revise	ⓐ strange, odd, erratic
2. integral	ⓑ take care of, look after, care for
3. bizarre	ⓒ unclear, uncertain, hidden
4. autonomy	ⓓ change, modify, alter
5. precisely	ⓔ motivate, fire the imagination of
6. obscure	ⓕ exactly, accurately, correctly
7. luxuriant	ⓖ essential, crucial, indispensable
8. inspire	ⓗ not enough, insufficient, inadequate
9. deficient	ⓘ rich, abundant, exuberant
10. tend	ⓙ self-rule, independence

1.ⓓ **2.**ⓖ **3.**ⓐ **4.**ⓙ **5.**ⓕ **6.**ⓒ **7.**ⓘ **8.**ⓔ **9.**ⓗ **10.**ⓑ

DAY 20

今回のターゲットは 55 語

1080 >>> 1134

出題頻度レベル ★★★

□ 1080 **harness** [hɑ́ːrnis]	動 utilize, put to use, employ	（自然の力）を利用する

▶ The ancient Egyptians **harnessed** the power of water for agriculture.
（古代エジプト人は、水力を農業に活用した）

□ 1081 **prestige** [prestíːʒ]	名 high regard, status	名声、威信

▶ Being enrolled at a top university gives a student **prestige**.
（トップクラスの大学に入学することは、学生に名声を与える）

□ 1082 **radically** [rǽdikəli]	副 extremely, completely; essentially	徹底的に、根本的に 形 radical

▶ Developments in computer technology led to **radically** different methods of communication.
（コンピューター技術の進歩は、根本的に異なるコミュニケーション手段につながった）

□ 1083 **exhibit** [igzíbit]	動 show, display, present, demonstrate, set forth	～を見せる、示す

▶ The dancer **exhibited** grace and dignity despite her foot injury.
（そのダンサーは、足のけがにもかかわらず、優雅さと気品を見せた）

□ 1084 **deposit** [dipɑ́zit]	動 lay, place, lay down, set down, leave behind	～を置く、預ける

▶ Express mail must be **deposited** in the pickup box by noon for next-day delivery.
（速達便は、翌日に配達されるようにするには、集荷ボックスに正午までに入れなければならない）

最新傾向 depositは動詞だけではなく、「沈殿物」という意味の名詞としても使われます。a deposit of silt「土砂の沈殿物」。同義語問題では accumulation、sedimentが出題されるので一緒に覚えておきましょう。

□ 1085 **shatter** [ʃǽtər]	動 break, destroy, smash	～を粉々に壊す

▶ A tornado **shattered** the windows of nearby houses last night.
（竜巻が昨夜、近隣の家屋の窓を粉々にした）

□ 1086 **barren** [bǽrən]	形 infertile, sterile, lifeless, unable to sustain life	不毛の

▶ The **barren** soil of the Rocky Mountains provides few nutrients to the grass.
（ロッキー山脈のやせた土壌は、草にほとんど栄養を与えない）

□ 1087 **consent** [kənsént]	動 agree, assent	同意する 名 consensus

▶ Not all Native American tribes **consented** to having their land taken away by the government.
（アメリカ先住民のすべての部族が、政府に土地を取り上げられることに同意したわけではなかった）

□ 1088 **give rise to**	熟 cause, produce, provoke, bring about	～を引き起こす

▶ Jake's dramatic weight gain **gave rise to** several health problems.
（ジェイクの急激な体重の増加は、いくつかの健康問題を引き起こした）

□ 1089 **size up**	熟 evaluate, measure, assess, appraise	～を評価する

▶ A company must **size up** its competition before entering a new market.
（企業は、新市場に参入する前に競合他社について評価しなければならない）

□ 1090 **mimic** [mímik]	動 imitate, copy, reproduce	～をまねる、模倣する

DAY 20

▶ Many insects **mimic** twigs or leaves for protection.
（多くの昆虫が、身を守るために小枝や葉に姿を似せる）

□ 1091 **contiguous** [kəntígjuəs]	形 **neighboring**, **adjacent**, **adjoining**	隣接する、接触する

▶ The US and Canada are **contiguous** nations that share the world's longest border.
（アメリカとカナダは、世界最長の国境を共有する隣接した国家だ）

最新傾向 contiguousとスペリングが似ているcontagiousは「伝染性の（infectious、transmissible）」という意味。試験で間違わないように注意しましょう。

□ 1092 **engage** [ingéidʒ]	❶動 **involve**	～を従事させる、引き込む

▶ The lawyer **engaged** his colleagues in a conversation about legal ethics.
（その弁護士は、法曹倫理に関する会話に同僚を引き入れた）

engage	❷動 **reserve**, **book**	～を予約する

▶ An assistant to the CEO **engaged** a famous banquet hall for the dinner.
（CEOのアシスタントは、晩餐会に有名な宴会場を予約した）

engage	❸動 **hire**	～を雇う

▶ The magazine **engaged** the services of several excellent writers to make its articles more interesting.
（その雑誌は、記事をもっと面白くするために、複数のすぐれたライターのサービスを雇った）

最新傾向 engageの名詞形 engagementには「雇用」のほかに、「交戦、戦闘」という意味もあります。同義語問題ではcombat、battleが出題されるので一緒に覚えておきましょう。

□ 1093 **initial** [iníʃəl]	形 **first**, **original**, **earliest**	最初の、初めの 動 initiate 副 initially

▶ The theory based on the team's **initial** research was disproven by later studies.
（チームの最初の調査に基づいた理論は、後の研究で誤りが立証された）

□ 1094 **essential** [isénʃəl]	❶形 **fundamental**	本質的な、根本的な 副 essentially

▶The Earth itself is the most **essential** natural resource.
(地球そのものが、最も根本的な天然資源だ)

essential	❷形 **indispensable, required**	不可欠の、必須の

▶Completing medical school is an **essential** step to becoming a doctor.
(医学部を修了することは、医師になるために欠かせない一歩だ)

□ 1095 **pertinent** [pə́ːrtənənt]	形 **relevant, related, germane**	関連のある

▶The detective wanted to know all the **pertinent** details.
(その探偵は、関連のある詳細な情報すべてを知りたがった)

□ 1096 **traumatic** [trəmǽtik]	形 **highly stressful, upsetting, disturbing**	心の傷になるような 名 trauma

▶Psychologists help patients to recover from **traumatic** experiences.
(心理学者は、患者が心の傷になるような経験から回復するのに手を貸す)

出題頻度レベル ★★★

□ 1097 **on the whole**	熟 **in general, generally, overall, by and large**	全体として、概して

▶**On the whole**, Africa is a warm continent, but some areas have cold weather.
(アフリカは概して温暖な大陸だが、寒冷な気候の地域もある)

□ 1098 **dispersal** [dispə́ːrsəl]	名 **distribution, scattering**	散布、分散 動 disperse

▶Wind is one of the primary factors in the **dispersal** of dandelion seeds.
(風は、タンポポの種がまき散らされる主な要因の1つである)

最新傾向 dispersalとスペリングが似ているdisposalは「処分、廃棄(removal、clearance)」という意味。試験で間違わないように注意しましょう。

DAY 20

1099 **sought-after** [sɔ́ːt-æ̀ftər]

形 desired, desirable, in demand

求められている、需要の多い

▶ Water is a **sought-after** resource in areas of Pakistan suffering from severe drought.
（水は、深刻な干ばつに苦しむパキスタンの諸地域で需要の多い 資源だ）

1100 **expand** [ikspǽnd]

動 enlarge, increase, swell, bloat

～を拡大する、広げる
名 expansion
形 expansive

▶ In 1803, the Louisiana Purchase **expanded** the territory of the US by 828,000 square miles.
（1803年、ルイジアナ購入でアメリカの領土は828,000平方マイル拡大した）

1101 **mastery** [mǽstəri]

❶名 control

支配、統制
動 master

▶ The best way to gain **mastery** over one's fears is to confront them.
（恐怖に打ち勝つ最善策は、それに立ち向かうことだ）

mastery

❷名 expertise

熟練、精通

▶ Marcus Tullius Cicero was a Roman statesman and orator who is remembered for his **mastery** of Latin prose.
（マルクス・トゥッリウス・キケロは、熟達したラテン語の散文で記憶されているローマの政治家であり能弁家だった）

1102 **perpetually** [pərpétʃuəli]

副 continually, incessantly, ceaselessly

永久に、絶え間なく

▶ Wind power plants may be established in places where the wind blows **perpetually**.
（風力発電所は、風が絶え間なく吹く場所に建てることができる）

1103 **evacuate** [ivǽkjuèit]

動 move out

避難する

▶ Flooding forced the building's residents to **evacuate**.
（洪水で、その建物の住人は避難を余儀なくされた）

☐ 1104 **excrete** [ikskríːt]	動 **expel, discharge, eject**	～を排出する、分泌する

▶Certain types of frogs native to South America **excrete** toxins through their skin.
（南米原産の特定の種類のカエルは、皮膚から毒素を分泌する）

最新傾向 excreteとスペリングが似ているexecrateには「～をひどく嫌う（loathe、despise）」という意味があります。

☐ 1105 **gradually** [grǽdʒuəli]	副 **slowly, little by little**	徐々に、だんだんと

▶The scars from the accident are **gradually** disappearing, but there will always be a small mark on Kevin's forehead.
（事故の傷は徐々に消えてきているが、ケビンの額にはずっと小さな傷跡が残るだろう）

DAY 20

☐ 1106 **affluent** [ǽfluənt]	❶形 **plentiful, abundant**	豊富な

▶Ancient Rome received an **affluent** supply of grain from Egypt.
（古代ローマ帝国はエジプトから豊富な穀物の供給を受けた）

affluent	❷形 **wealthy, rich, well-off**	裕福な

▶Jackie came from an **affluent** family.
（ジャッキーは裕福な家庭の出だ）

☐ 1107 **stationary** [stéiʃənèri]	形 **unmoving, motionless, immobile**	動かない、静止した

▶A **stationary** target is easy to aim at.
（動かない標的は狙いやすい）

☐ 1108 **cling to**	熟 **stick to, hold tightly, adhere to**	～にくっつく

▶Static electricity can make light objects **cling to** one another.
（静電気は軽い物体を互いにくっつけ合うことができる）

□ 1109 **endow** [indáu]	❶動 **donate**	～に基金を寄付する

▶ The successful businessman **endowed** his college with a generous monetary gift.
(成功した実業家は、彼の大学に多額のお金を寄付した)

endow	❷動 **grant, provide, endue**	(資質・才能などを)～に授ける、与える

▶ From his first public performance, critics realized that the young pianist was **endowed** with an incredible gift.
(その若いピアニストの初公演から、批評家たちは、彼が素晴らしい天賦の才を授かっていることに気づいた)

最新傾向 endowの名詞形 endowmentには「寄付」のほかに、「才能、資質」という意味でもあります。同義語問題ではtalent、giftが出題されるので一緒に覚えておきましょう。

□ 1110 **verging on**	熟 **bordering on**	～に近い、ほとんど等しい

▶ The critic's comments were so harsh that they were **verging on** insults.
(その批評家のコメントはとても辛らつで、ほとんど侮辱に等しかった)

□ 1111 **contemptuous** [kəntémptʃuəs]	形 **scornful, disdainful**	軽蔑的な、人を見下した

▶ The presidential candidate made **contemptuous** statements about his opponents.
(その大統領候補者は対立候補たちについて侮蔑的な発言をした)

□ 1112 **accelerate** [æksélərèit]	動 **increase in speed, speed up**	加速する

▶ The airplane **accelerated** as it headed down the runway.
(航空機は滑走路を進むにつれて速度を上げた)

□ 1113 **confirm** [kənfə́ːrm]	動 **ascertain, verify**	～を確かめる、確認する

▶ Multiple studies have **confirmed** the connection between smoking and cancer.
（複数の研究で、喫煙とがんの関連性が確認されている）

☐ 1114 **harsh** [hɑːrʃ]	形 **severe, rigorous, inclement**	厳しい、辛らつな

▶ Conditions in the prison camp were unbearably **harsh**.
（その捕虜収容所の環境は、耐えられないほど厳しかった）

☐ 1115 **mere subsistence**	熟 **basic living necessaries**	必要最低限の生活

▶ Technological advances have helped many farmers make a profit and work for more than **mere subsistence**.
（技術の発展で、多くの農業従事者が利益を出せるようになり、最低限の生活以上のために仕事ができるようになった）

DAY 20

☐ 1116 **adherent** [ædhíːərənt]	名 **supporter, advocate**	支持者、信奉者 動 adhere

▶ The senator's **adherents** donated money for his reelection campaign.
（その上院議員の支持者たちは、再選のための選挙活動にお金を寄付した）

☐ 1117 **invaluable** [invǽljuəbl]	形 **precious, priceless, valuable**	（評価できないほど）貴重な

▶ Clean air is an **invaluable** asset that is crucial for health in all societies.
（きれいな空気は、あらゆる社会において健康に欠かすことのできない貴重な財産だ）

☐ 1118 **successive** [səksésiv]	形 **sequential, consecutive, serial**	連続する、継続的な 副 successively 名 succession

▶ The **successive** victories won by the team qualified it for the national championship tournament.
（その連勝によって、チームは全国大会への出場権を得た）

□ 1119 **coating** [kóutiŋ]	名 **layer, film**	コーティング、塗装

►A chemical **coating** is applied to smartphone screens to make them more durable.
（スマートフォンの画面には、耐久性を高めるために化学コーティングが施されている）

□ 1120 **resume** [rizú:m]	動 **restart, begin again, recommence**	再開する

►The conference will **resume** after a short break for lunch.
（その会議は、短い昼食休憩のあと、再開する）

□ 1121 **dual** [dj́ú:əl]	形 **double, twofold**	二重の、２つの要素から成る

►After the addition of the camera feature, many cellular phones began to serve a **dual** purpose.
（カメラ機能が加わったあと、多くの携帯電話は二重の用途で役立つようになった）

□ 1122 **composite** [kəmpɑ́zit]	名 **mixture, compound**	合成物

►An alloy is a **composite** of metals joined together to form a new material.
（合金は、新素材を作るために金属を混合した合成物だ）

出題頻度レベル ★★★

□ 1123 **illuminate** [ilú:mənèit]	動 **light, brighten; clarify**	明るくする；～を明らかにする

►During the expedition deep into the forest, the explorers used lanterns to **illuminate** the way.
（森の奥深くへと探検する間、探検家たちは道を照らすためにランタンを使った）

□ 1124 **allure** [əlúər]	動 **attract, invite, appeal, lure**	～を魅惑する

▶The beautiful Sirens in Greek mythology **allured** countless men and drove them to their death.
（ギリシャ神話に登場する美しいセイレーンは、無数の男を魅惑して死に追いやった）

最新傾向 inviteには「～を招待する」のほかに、「～を誘う」という意味もあります。invite customers into the shop「客をお店に誘う」。

□ 1125 **rekindle** [ri:kíndl]	動 **re**new, **ar**ouse, **re**awaken	～を再び燃え上がらせる、よみがえらせる

▶Going to see a classical music concert **rekindled** Ben's love of the violin.
（クラシック音楽のコンサートへ行ったことは、ベンのバイオリンへの愛を再び呼び覚ました）

□ 1126 **devastation** [dèvəstéiʃən]	名 **de**struction, **de**molition, **r**uin	破壊、荒廃 動 devastate

▶The **devastation** of cities and villages is inevitable in wartime.
（町や村の荒廃は、戦時中には避けられない）

□ 1127 **tentative** [téntətiv]	形 **u**ncertain, **u**nsure	不確かな 副 tentatively 名 tentativeness

▶Though the results were **tentative**, the experiment seemed to promise a cure for the disease.
（結果は不確かなものだったが、実験からはその病気の治療法が期待できるように思われた）

□ 1128 **suppose** [səpóuz]	動 **a**ssume, **p**resume, **s**urmise	～と思う、推定する

▶As Steve's wife didn't answer the phone, he **supposed** that she was out.
（スティーブは、妻が電話に出なかったので、出かけているのだろうと思った）

□ 1129 **primitive** [prímətiv]	❶形 **e**arly, **p**rimeval	原始の、初期の

▶Most **primitive** cave paintings are representations of animals.
（原始時代の洞窟画のほとんどは、動物を描いたものだ）

DAY 20

primitive	❷形 simple, rudimentary	未発達な

▶The tourist's **primitive** understanding of the language made it difficult for him to communicate with the locals.
(その旅行者は言語の理解が初歩的だったため、地元の人々とコミュニケーションを取るのが難しかった)

□ 1130 interrupt [intərʌ́pt]	動 break off	～のじゃまをする、～を遮る

▶Frequent technical problems with the computer equipment **interrupted** the flow of Charlie's presentation.
(コンピューター機器の頻繁な技術的問題が、チャーリーのプレゼンテーションの流れを遮った)

□ 1131 conform [kənfɔ́:rm]	動 comply, obey, follow	～に従う、適合する

▶Many companies expect their employees to **conform** to a strict dress code.
(多くの企業は、社員が厳しい服装規定に従うことを求めている)

□ 1132 combine [kəmbáin]	動 incorporate, mix, unite	～を結合させる、組み合わせる

▶The artist **combined** rich colors and interesting patterns in his work.
(その芸術家は、鮮明な色彩と面白い模様を作品の中で組み合わせた)

□ 1133 terminal [tə́:rmənl]	形 final, last	終わりの

▶All passengers are required to get off the train at the **terminal** station.
(乗客全員が終着駅で下車するように求められる)

最新傾向 terminalは「(病気などが)末期的な、致命的な」という意味でも使われます。a terminal illness「末期疾患」。同義語はfatal、deadlyが出題されるので一緒に覚えておきましょう。

1134 point out

熟 state, indicate, show | 〜を指摘する

▶The article **pointed out** that more funding is needed for public education.
(その記事は、公教育にさらなる資金が必要であることを指摘した)

QUIZ

次の1〜10の同義語をⓐ〜ⓙから選びましょう。

1. exhibit	ⓐ layer, film
2. contiguous	ⓑ break off
3. expand	ⓒ indispensable, required
4. coating	ⓓ distribution, scattering
5. harness	ⓔ show, display, present
6. essential	ⓕ destruction, demolition, ruin
7. dispersal	ⓖ neighboring, adjacent, adjoining
8. devastation	ⓗ restart, begin again, recommence
9. interrupt	ⓘ enlarge, increase, swell
10. resume	ⓙ utilize, put to use, employ

1.ⓔ **2.**ⓖ **3.**ⓘ **4.**ⓐ **5.**ⓙ **6.**ⓒ **7.**ⓓ **8.**ⓕ **9.**ⓑ **10.**ⓗ

DAY 16-20 Review TEST

次の英文の下線部の語と最も意味の近いものを（A）～（D）の中からひとつ選びましょう。解答は次のページに掲載しています（解答は赤シートで消すことができます）。

1. The stagnant economy, precipitated by the international trade embargoes, was of great concern to the nation's policymakers.

(A) uneven (B) domestic (C) striking (D) sluggish

2. The vehicle was badly damaged in the collision though luckily none of the passengers were injured.

(A) crash (B) turbulence (C) resistance (D) incident

3. People with incomes below a certain threshold are not required to pay income tax.

(A) credence (B) capacity (C) limit (D) interest

4. A typical jazz performance involves musicians playing a mix of rehearsed and improvised songs.

(A) insightful (B) unplanned (C) sophisticated (D) important

5. The employee's objectives were not compatible with the goals of the company.

(A) congruous (B) contradictory (C) concerned (D) identical

6. Copyright is often a contentious issue among competing technology companies.

(A) relevant (B) critical (C) fundamental (D) disputed

7. The Battle of Waterloo in 1815 resulted in a decisive defeat for Napoleon's army.

(A) questionable (B) definitive (C) shocking (D) temporary

8. People from isolated cultures are wary when approached by strangers.

(A) intrusive (B) durable (C) reliable (D) cautious

9. Andrew Carnegie endowed public libraries across America with millions of dollars.

(A) assigned (B) released (C) transferred (D) donated

10. In the Victorian era, affluent landowners hired laborers to work their fields.

(A) wealthy (B) royal (C) prominent (D) knowledgeable

正解のあとの数字は、見出し語の通し番号を表しています。

1. (D) 0892
国際的な通商禁止によって引き起こされた経済の停滞は、その国の政策立案者にとって深刻な懸念となっていた。

2. (A) 0905
その車両は衝突でひどく損傷したが、運よく乗客の誰にもけがはなかった。

3. (C) 0919
収入が一定値を下回る人は、所得税を支払う義務がない。

4. (B) 0964
典型的なジャズ演奏では、用意した曲に即興を混ぜて演奏する音楽家が登場する。

5. (A) 1000
その従業員の目的は、会社の目標と相いれなかった。

6. (D) 1017
著作権はよく、競合するテクノロジー企業の間で、論争を引き起こす問題になる。

7. (B) 1031
1815年のワーテルローの戦いは、ナポレオン軍の決定的な敗北という結果となった。

8. (D) 1053
隔離された文化の人々は、知らない人が近づいてきたときに慎重な態度をとる。

9. (D) 1109
アンドリュー・カーネギーは、アメリカじゅうの公立図書館に何百万ドルも寄付した。

10. (A) 1106
ビクトリア時代には、裕福な地主は畑で耕作する労働者を雇った。

出題頻度レベル ★★★

□ 1135 **flourish** [flʌ́:riʃ]	動 **thrive, prosper, blossom, do well**	繁栄する、花開く

▶Watercolor painting began to **flourish** in Britain around 1750.
（水彩画は1750年ごろにイギリスで栄え始めた）

□ 1136 **dissipate** [dísəpèit]	動 **disperse, scatter**	～を散らす、放散する

▶The wind **dissipated** the pollen over a distance of hundreds of meters.
（風は花粉を何百メートルという距離を越えて放散させた）

最新傾向 dissipateは「～を浪費する」という意味でも使われます。dissipate the funds「資金を浪費する」。同義語問題ではsquander、wasteが出題されるので一緒に覚えておきましょう。

□ 1137 **profound** [prəfáund]	❶形 **great, significant**	大きな、重大な 副 profoundly

▶Carson has a **profound** sense of responsibility for the zoo animals' welfare.
（カーソンは、動物園の飼育動物の福祉に強い責任感を持っている）

profound	❷形 **deep, fundamental**	深い、根本的な

▶Rene Descartes made the **profound** philosophical statement "I think, therefore I am."
（ルネ・デカルトは、「我思う、故に我あり」という深遠な哲学的な言葉を残した）

profound	❸形 **far-reaching**	大規模な、広範囲の

▶The discovery of X-rays in the late nineteenth century had **profound** implications for medicine.
（19世紀後半のX線の発見は、医学に広範な影響を及ぼした）

□ 1138 **intriguing** [intríːgiŋ]	形 **interesting but not completely understood, fascinating**	興味をそそる、魅力的な

► It is **intriguing** that the universe's largest black hole does not swallow nearby stars and planets.
(宇宙最大のブラックホールが近くの恒星や惑星を飲み込まないというのは興味深い)

□ 1139 **considerably** [kənsídərəbli]	副 **significantly, appreciably, fairly**	かなり、ずいぶん 形 considerable

► A **considerably** large number of deaths due to influenza were recorded in the 1920s.
(インフルエンザによるかなり多くの死亡者数が1920年代に記録された)

DAY 21

□ 1140 **ingenuity** [ìndʒənjúːəti]	名 **creativeness, inventiveness; cleverness**	発明の才、創意工夫 形 ingenious

► Thomas Edison was a man of extraordinary **ingenuity**.
(トマス・エジソンは、並外れた発明の才を持つ人物だった)

□ 1141 **conquer** [káŋkər]	動 **defeat, prevail, triumph**	～を征服する、～に打ち勝つ

► The Spartans were so well-trained that they easily **conquered** most of their opponents.
(スパルタ人はとてもよく訓練されていたため、敵軍のほとんどをたやすく打ち破った)

最新傾向 conquerの名詞形 conquestは「(努力による) 獲得」という意味。同義語問題ではacquisitionが出題されます。

□ 1142 **fragment** [frǽgmənt]	❶名 **piece, flake, particle, part**	破片、かけら 形 fragmentary

► Detectives found a **fragment** of glass which would later help them solve the crime.
(刑事たちは、後にその犯罪の解決に役立つことになるガラスの破片を発見した)

fragment [frægmént]	❷動 break apart, shatter, divide	～をばらばらにする

▶Financial troubles and domestic violence are all issues that can **fragment** a family.
（金銭的なトラブルや家庭内暴力はすべて、家庭を崩壊させうる問題だ）

☐ 1143 **spell** [spel]	名 a certain period of time	しばらくの間

▶Students should be allowed to rest for a **spell** after completing a difficult exam.
（学生は難しい試験を終えたあとは、しばらくの間、休むことができるようにするべきだ）

☐ 1144 **facet** [fǽsit]	名 aspect, phase	物事などの側面、様相

▶All individuals show different **facets** of their personalities, depending on who their audience is.
（人は皆、聞き手が誰であるかによって、人格の異なる側面を見せる）

☐ 1145 **mundane** [mʌndéin]	形 ordinary, banal, commonplace	平凡な、ありふれた

▶Kelly believes that **mundane** activities such as cooking and cleaning are a waste of time.
（ケリーは、料理や掃除などの平凡な作業は時間の無駄だと思っている）

☐ 1146 **dense** [dens]	形 crowded, thick, compact	密集した、濃い

▶The **dense** vegetation of the Amazon rainforest makes it difficult to travel on foot.
（アマゾンの熱帯雨林の密集した植生は、徒歩での移動を困難にしている）

☐ 1147 **random** [rǽndəm]	形 unplanned, unpredictable, chance	思いつきの、でたらめな 名 randomness

▶The most common personality disorders frequently include mood swings and **random** behavior.
（最もよく見られる人格障害は、しばしば気分の変動と思いつきの行動を伴う）

□ 1148 **mere** [miər]	形 **nothing more than, insignificant**	たったの、単なる 副 merely

▶ The stock market gained a **mere** one percent for the entire year, causing investors to look elsewhere for profits.
（株式市場はまる一年でわずか1%しか伸びず、投資家たちは利益を求めてほかに目を向けるようになった）

□ 1149 **persistence** [pərsístəns]	名 **continuation, ceaselessness**	持続、粘り強さ 動 persist 形 persistent

▶ The **persistence** of economic growth in the country has improved its standard of living.
（その国では、経済成長の持続で、生活水準が向上した）

□ 1150 **intrusive** [intrúːsiv]	形 **interfering, meddlesome**	押しつけがましい、出しゃばりの

▶ Some learning experts believe that child education should be less **intrusive**.
（学習の専門家の中には、子どもの教育はあまり押しつけないほうがいいと考える人もいる）

最新傾向 intrusiveの動詞形 intrudeは「介入する、侵入する」という意味。同義語問題ではpush in、encroachが出題されるので一緒に覚えておきましょう。

□ 1151 **culminate in**	熟 **reach completion in, reach the highest point in**	ついに～になる、～で最高潮に達する

▶ T.S. Eliot's ideas about poetry **culminated in** his masterpiece, *The Waste Land*.
（T・S・エリオットの詩に関する考えは、傑作『荒地』に結実した）

出題頻度レベル ★★★

□ 1152 **stabilize** [stéibəlàiz]	動 **hold in place, support**	～を安定させる、固定する

▶ The damaged ceiling was **stabilized** by the addition of temporary support beams.
（損傷した天井は、一時的な支持ばりを追加して固定された）

□ 1153 **prompt** [prɑmpt]	動 **cause, bring about, induce; stimulate**	～を引き起こす、刺激する 副 promptly

▶ The increase in college fees **prompted** an angry response from students.
（大学の学費の値上げは、学生からの怒りの反応を引き起こした）

□ 1154 **distinction** [distíŋkʃən]	名 **difference, divergence, contrast**	区別、差異 形 distinct

▶ Dickinson identifies an important **distinction** between rights and duties.
（ディクソンは、権利と義務の重要な差異を明らかにしている）

□ 1155 **constant** [kάnstənt]	形 **unchangeable, steady, stationary**	不変の、一定の 副 constantly

▶ The first treadmills operated at **constant** speeds, but newer models have multiple speeds.
（最初のランニングマシンは一定のスピードで動いたが、その後のモデルは複数のスピードを搭載している）

□ 1156 **appreciation** [əprìːʃiéiʃən]	名 **understanding, comprehension**	（真価の）理解、鑑賞眼 動 appreciate

▶ Everyone's **appreciation** of modern art increased after the lecture.
（講義のあと、皆の現代芸術に対する理解が深まった）

□ 1157 **sophistication** [səfistəkéiʃən]	名 **expertise**	高度な知識

▶ Daniel's level of **sophistication** in technology surpasses those of other experts in the field.
（ダニエルの科学技術に関する知識レベルは、その分野のほかの専門家のレベルを超えている）

最新傾向 sophisticationは「洗練」という意味でも使われます。the sophistication of modern fashion「最新流行の洗練さ」。同義語問題ではurbanity、refinementが出題されるので一緒に覚えておきましょう。

1158 **pronouncement** [prənáunsmənt]

名 statement, declaration, proclamation

表明、宣言

▶ A wedding ceremony often concludes with a **pronouncement** that the man and woman are now husband and wife.
（結婚式は、男性と女性は今や夫婦であるという宣言で締めくくられることが多い）

1159 **flag** [flæg]

動 lessen, weaken, fade, wither

衰える、弱る

▶ When interest in its product **flagged**, the company decided to change its marketing strategy.
（その企業は、自社製品への関心が弱まると、マーケティング戦略を変更することに決めた）

最新傾向 flagは「（参照のため）～を表示する」という意味でも使われます。flag the client's file「顧客のファイルを表示する」。同義語問題ではmark、labelが出題されるので一緒に覚えておきましょう。

1160 **ambivalent** [æmbívələnt]

形 mixed, unsure, undecided

相反する感情を持つ

▶ Joe has **ambivalent** feelings about getting back into a relationship with his ex-girlfriend.
（ジョーは元恋人と関係を元に戻そうかどうか決めかねている）

1161 **term** [təːrm]

動 call, name, designate, denominate

～を（…と）呼ぶ、称する
名 terminology

▶ Claude Monet founded a new style of painting that was **termed** impressionism.
（クロード・モネは、印象派と称される新しい絵画様式を確立した）

1162 **flawed** [flɔːd]

形 incorrect, defective, imperfect

欠陥のある

▶ Early scientists made inaccurate estimates of the Earth's age based on **flawed** data.
（初期の科学者たちは、地球の年齢について、欠陥のあるデータに基づいて不正確な推定をしていた）

1163
reminisce [rèmənís]

動 recollect, remember, recall, look back

懐かしむ、回想する

► Karen and Esther walked through the park as they **reminisced** about their college days.
(カレンとエスターは、学生時代を懐かしみながら公園を歩いた)

1164
destitute of

熟 lacking, empty of, deficient in

～を持っていない

► Early British colonists were **destitute of** the skills needed to survive in America.
(イギリスの初期の入植者たちは、アメリカで生き延びるのに必要な技術を持っていなかった)

1165
regrettably [rigrétəbli]

副 unfortunately, lamentably, sadly

残念ながら

► **Regrettably**, city council has voted to cancel the popular anti-poverty program.
(残念なことに、市議会は支持の高い貧困撲滅計画の中止を投票で決めた)

1166
principle [prínsəpl]

名 basic method, original method

原理、原則

► In some Amazon tribes, the **principles** of homebuilding have not changed since ancient times.
(アマゾンのいくつかの部族では、住宅建設の原理は古代から変化していない)

最新傾向 principleとスペリングが似ているprincipalは「主要な、主な（main、chief）」という意味。試験で間違わないように注意しましょう。

1167
contain [kəntéin]

動 include, comprise

～を含む、包含する

► Independent filmmaking **contains** a different set of challenges than film production at major studios.
(独立系の映画製作には、大手の映画会社における映画製作とは違った一連の困難がある)

□ 1168
juncture [dʒʌ́ŋktʃər]
名 **c**onnection, **j**unction, **l**ink
接合点、連結点

▶A weakened **juncture** was responsible for the collapse of the building.
(弱くなった連結部が建物の崩壊の原因だった)

□ 1169
discount [diskáunt]
動 **i**gnore, **d**isregard
～を軽視する

▶It's getting more and more difficult to **discount** the possibility of another global economic crisis.
(再び世界経済危機が起こる可能性はますます看過しづらくなってきている)

□ 1170
or so
熟 **r**oughly
～かそこらで

▶The author began writing short stories when he was twenty **or so**.
(その作家は20歳かそのくらいのときに短編を書き始めた)

□ 1171
dejected [didʒéktid]
形 **d**epressed, **d**ownhearted
落胆した、意気消沈した

▶The singer's fans felt **dejected** because the concert was canceled.
(その歌手のファンは、コンサートが中止になって落胆した)

□ 1172
proposal [prəpóuzəl]
名 **i**dea, **o**ffer, **p**roposition, **s**uggestion
提案、申し出

▶The **proposal** to increase the number of immigrants admitted into the country is controversial.
(入国を認める移民の数を増やす提案には異論も多い)

□ 1173
for all
熟 **in** **s**pite **o**f, **w**ith **a**ll, **d**espite
～にもかかわらず

▶**For all** their efforts, the engineers could not repair the damaged ship.
(努力したにもかかわらず、エンジニアたちは損傷した船を修復することができなかった)

□ 1174
uniquely [ju:ní:kli]

副 **exceptionally, distinctively**

独自に、比類なく

▶ Sloths are **uniquely** adapted to spending long periods of time hanging upside down.
（ナマケモノは、逆さまにぶら下がって長時間過ごすことに、他に類を見ないほど適応している）

□ 1175
criticize [krítəsàiz]

動 **find fault with, blame, condemn, censure**

～を批判する、非難する

▶ Civil rights leaders **criticized** the government for failing to protect minorities.
（公民権運動のリーダーたちは、政府がマイノリティーを保護していないと批判した）

□ 1176
erode [iróud]

動 **wear down, wear away, wear out**

～を浸食する

▶ Over time, water and wind can **erode** even the hardest rock formation into dust.
（水と風は、最も固い岩層さえも徐々に浸食して粉塵にすることができる）

最新傾向 erodeの名詞形 erosionは「浸食」という意味。同義語問題ではcorrosionが出題されるので一緒に覚えておきましょう。

□ 1177
tension [ténʃən]

名 **strain, pressure**

緊張

▶ Laughing out loud helps ease **tension**.
（大声で笑うことは緊張をほぐすのに役立つ）

□ 1178
ancient [éinʃənt]

形 **early, old, prehistoric, antique**

古代の、太古の

▶ Most **ancient** Greek philosophies denied the existence of God.
（大部分の古代ギリシャの哲学説は、神の存在を否定した）

出題頻度レベル ★☆☆

1179 **inherently** [inhíərəntli]

副 essentially, intrinsically

本質的に、生得的に

形 inherent

▶ Stocks are **inherently** risky investments that have the potential to significantly decrease in value.

(株は、価値が著しく下がる可能性のある本質的に危険な投資である)

1180 **sporadic** [spərǽdik]

形 occasional, intermittent, irregular, infrequent

散発的な、時々起こる

副 sporadically

▶ During World War II, many cities were subject to **sporadic** bombing raids.

(第二次世界大戦中、多くの都市が散発的な爆撃にさらされた)

DAY 21

1181 **apex** [éipeks]

名 crest, peak, acme, pinnacle

頂点、最高潮

▶ Retail store profits reach an **apex** in December, during the Christmas season.

(小売店の利益は、12月のクリスマスシーズンに最高潮に達する)

1182 **though** [ðou]

❶副 however, nevertheless, yet, still

でも、しかし

▶ The actress was nominated for an Oscar. She probably won't win, **though**.

(その女優はオスカーにノミネートされた。しかし、おそらく受賞することはないだろう)

though

❷接 although, while, albeit

~だけれども

▶ Paul admitted making mistakes, **though** he claims never to have lied.

(ポールは決してうそはついていないと主張しているが、誤りを犯したことは認めた)

最新傾向 thoughとスペリングが似ているthoroughは「徹底的な(exhaustive、scrupulous)」という意味。

1183 **infer** [infə́ːr]

動 conclude, derive, reason, deduce

推測する

▶ The hunters **inferred** that there were no large animals in the area.

(ハンターたちは、その辺りに大型の動物はいないと推測した)

□ 1184 **core** [kɔːr]	名 **central idea, center, heart**	中核、核心

▶The **core** of Clinton's plan was to set up regional health alliances.
（クリントンの計画の中核は、地域医療保険組合を設立することだった）

□ 1185 **mutation** [mjuːtéiʃən]	名 **change, variation, alteration**	変化、変異

▶The Center for Disease Control and Prevention monitors infectious viruses that are likely to undergo **mutation**.
（疾病管理予防センターは、変異を起こしそうな感染性ウイルスを監視している）

□ 1186 **thrill** [θril]	名 **excitement, exhilaration, frisson**	ぞくぞくする感じ、スリル

▶The **thrill** of bungee jumping is exciting for some people and terrifying for others.
（バンジージャンプのスリルにわくわくする人もいるが、身のすくむ人もいる）

□ 1187 **mutilate** [mjúːtəlèit]	動 **damage, injure, disable**	～を損傷する、（手足など）を切断する

▶The injury **mutilated** the soccer player's knee and forced him to retire from the sport.
（そのサッカー選手はけがでひざを損傷し、競技から引退せざるを得なくなった）

□ 1188 **rigidly** [rídʒidli]	副 **strictly, rigorously, severely**	厳しく、厳格に 形 rigid

▶Medieval philosophers **rigidly** adhered to Aristotle's teachings.
（中世の哲学者たちは、アリストテレスの教えをかたくなに信奉していた）

□ 1189 **matter** [mǽtər]	❶名 **substance, material, stuff**	物、物質

▶Plants are only able to grow in soil that contains a sufficient amount of organic **matter**.
（植物は、十分な量の有機物を含有する土壌においてのみ、生育できる）

matter	❷名 issue	事柄、問題

▶The committee will discuss the **matter** of school funding in its next meeting.
（その委員会は、次の会議で学校の資金の問題について議論する）

最新傾向 matterは名詞だけではなく、「重要である」という意味の動詞としても使われます。Being on time matters.「時間を守ることは重要だ」。同義語問題ではbe importantが出題されるので一緒に覚えておきましょう。

□ 1190 **contradicting** [kὰntrədíktiŋ]	形 opposing	矛盾する

▶There are several **contradicting** theories about the formation of the moon.
（月の形成については、いくつか相反する説がある）

□ 1191 **unwilling** [ʌnwíliŋ]	形 reluctant	気が進まない、嫌々やらされる

▶Many of the people involved in the experiment were **unwilling** participants.
（その実験に関わった人々の多くは、嫌々参加した人々だった）

DAY 21

QUIZ

次の1～10の同義語をⓐ～ⓙから選びましょう。

1. flourish	ⓐ find fault with, blame, condemn
2. proposal	ⓑ significantly, appreciably, fairly
3. flag	ⓒ unplanned, unpredictable, chance
4. reminisce	ⓓ mixed, unsure, undecided
5. considerably	ⓔ thrive, prosper, blossom
6. random	ⓕ lessen, weaken, fade
7. intrusive	ⓖ idea, offer, proposition
8. criticize	ⓗ occasional, intermittent, irregular
9. sporadic	ⓘ interfering, meddlesome
10. ambivalent	ⓙ recollect, remember, recall

1.ⓔ 2.ⓖ 3.ⓕ 4.ⓙ 5.ⓑ 6.ⓒ 7.ⓘ 8.ⓐ 9.ⓗ 10.ⓓ

DAY 22

今回のターゲットは **58** 語

1192 ≫ 1249

出題頻度レベル ★★★

□ 1192 **skeptical** [sképtikəl]	形 **doubting, incredulous, dubious, suspicious**	疑い深い、懐疑的な

▶ **Skeptical** observers were amazed when the man walked on a wire across the Grand Canyon.
(その男性がグランドキャニオンにわたしたワイヤーを渡ったとき、懐疑的に見ていた人たちは驚いた)

□ 1193 **optimal** [ɑ́ptəməl]	形 **best, ideal, most satisfactory**	最適な、最善の

▶ Early childhood is the **optimal** period for second language acquisition.
(幼児期は第二言語習得に最適な時期だ)

□ 1194 **hint** [hint]	名 **indication, implication, clue**	暗示、手がかり

▶ To sailors, a red sky in the morning is a **hint** that bad weather is approaching.
(船乗りにとって、朝の赤い空はもうすぐ天候が崩れるという兆しである)

最新傾向 hintは名詞だけではなく、「～をそれとなく言う」という意味の動詞としても使われます。hint him what she wants「彼女が欲しいものをそれとなく彼に言う」。同義語問題ではsuggest、insinuateが出題されるので一緒に覚えておきましょう。

□ 1195 **challenge** [tʃǽlindʒ]	❶名 **difficulty, problem**	難題、難問

▶ The main **challenge** that early goldminers faced in Alaska was the cold.
(初期の採金者たちがアラスカで直面した大きな問題は、寒さだった)

challenge	❷動 question, dispute	～（の正当性）を疑う、～に異議を唱える

▶Experts **challenged** the authenticity of the images that were supposedly those of Ansel Adams.
（専門家たちは、アンセル・アダムズのものと考えられている画像の正真性を疑った）

□ 1196 potentially [pəténʃəli]	副 possibly, perhaps, maybe	潜在的に、もしかすると 形 potential

▶The student's plagiarism on her final paper could **potentially** lead to the university pressing criminal charges.
（その学生の最終論文での盗用は、大学が刑事告発することにつながる可能性があった）

□ 1197 compel [kəmpél]	動 force, oblige, require, coerce	～に強いる、強要する

▶Slave women were **compelled** to do arduous tasks all day long.
（奴隷の女性は、一日中つらい仕事を強制的にさせられた）

□ 1198 simultaneously [sàiməltéiniəsli]	副 at the same time, concurrently, in parallel	同時に 形 simultaneous

▶The website slows down when too many people access it **simultaneously**.
（あまりにも多くの人々が同時にアクセスすると、ウェブサイトの速度は遅くなる）

□ 1199 static [stǽtik]	形 unchanging, immobile, unmoving	静止した、動かない

▶The price of oil has remained fairly **static** for some weeks.
（石油価格は、この数週間、ほとんど動かないでいる）

☐ 1200 **retain** [ritéin]	動 **preserve, keep, maintain**	～を保持する、保つ

▶ Americans must **retain** a copy of their tax forms from the previous three years.
（アメリカ人は、過去3年分の納税申告書の写しを保持しなければならない）

最新傾向 retainとスペリングが似ているrestrainは「抑制する（suppress、repress）」という意味。試験で間違わないように注意しましょう。

☐ 1201 **strictly** [stríktli]	❶副 **rigorously, severely, tightly, precisely**	厳しく、厳格に

▶ Traffic rules are **strictly** enforced by the police department in the city.
（その市では、交通規則が警察によって厳しく施行されている）

strictly	❷副 **only, exclusively, solely**	完全に（～のためだけに）

▶ The computers in the school library should be used **strictly** for educational purposes.
（学校図書館のコンピューターは完全に教育上の目的のためだけに使われるべきだ）

☐ 1202 **exceptionally** [iksépʃənəli]	副 **uncommonly, unusually, distinctively**	例外的に、並外れて 形 exceptional

▶ **Exceptionally** bright children sometimes do not get along with their peers.
（並外れて頭のいい子どもは、同級生になじめないときがある）

☐ 1203 **consequently** [kάnsəkwèntli]	副 **as a result, therefore, hence, thus**	その結果、それゆえに 形 consequent 名 consequence

▶ China has made efforts to increase global trade, which has **consequently** led to a more established economy.
（中国は国際貿易を増やす努力をし、その結果、より確固とした経済につながった）

□ 1204 **obtain** [əbtéin]	動 **acquire**, **gain**, **earn**, **derive**, **achieve**	～を得る、獲得する 形 obtainable

▶Jake was thrilled when he finally **obtained** his driver's license after failing the test twice before.
（ジェイクは、2回試験に不合格になったあとやっと運転免許を取得して、大喜びした）

□ 1205 **epitomize** [ipítəmàiz]	❶動 **exemplify**, **typify**, **represent**	～の典型である

▶Theodore Roosevelt **epitomized** the qualities of a successful leader.
（セオドア・ルーズベルトは、成功するリーダーの資質を典型的に備えていた）

epitomize	❷動 **summarize**, **abridge**	～を要約する

▶Photographers can sometimes **epitomize** an entire story in a single picture.
（写真家は時に、物語の全体を1枚の写真に凝縮させることがある）

DAY 22

□ 1206 **aggregate** [ǽgrigət]	❶形 **overall**, **total**; **combined**, **collective**	集合した、総計の 名 aggregation

▶The **aggregate** demand for affordable housing increases every year.
（手ごろな価格の住居に対する総需要は、毎年増加している）

aggregate [ǽgrigèit]	❷動 **gather**, **collect**, **combine**, **accumulate**, **amass**	集まる、総計で（～に）なる

▶Particles and gases **aggregate** in outer space to eventually form stars and planets.
（微粒子と気体は宇宙空間で一体になり、ついには恒星や惑星を形成する）

最新傾向 aggregateとスペリングも発音も似ているaggravateは「悪化させる（make worse、exacerbate）」という意味。混同しないように注意しましょう。

□ 1207
in principle

熟 **theoretically, in theory, on paper**

原則として、原理上は

▶ **In principle**, solar energy could provide enough electricity for the whole planet.
（原理的には、太陽エネルギーは地球全体に十分な電力を供給することが可能だ）

□ 1208
sequentially
[sikwénʃəli]

副 **consecutively, successively**

連続して
名 sequence

▶ Ralph numbered all the pages of his paper **sequentially**.
（ラルフは論文の全ページに連続して番号を振った）

出題頻度レベル ★★★

□ 1209
surveillance
[sərvéiləns]

名 **observation, watch, supervision**

監視、監督

▶ Electronic **surveillance** is an effective method used to detect and prevent criminal behavior.
（電子機器を用いた監視は、犯罪行為を検知し、防止するのに使われる効果的な方法だ）

□ 1210
accompany [əkʌ́mpəni]

動 **occur with, come with**

〜を伴う、〜と同時に起こる

▶ In some thunderstorms, large hail **accompanies** the heavy wind, thunder, and lightning.
（雷雨においては、強風と雷鳴、稲妻に多量のひょうが伴うことがある）

□ 1211
hazardous [hǽzərdəs]

形 **dangerous, perilous, risky, unsafe**

危険な
名 hazard

▶ **Hazardous** materials used in agriculture can seep into the ground and taint water resources.
（農業で使用される危険物質は、地面にしみ込んで水源を汚染することがある）

□ 1212 **thwart** [θwɔ:rt]	動 **frustrate**	～を挫折させる、妨害する

▶The economic crisis **thwarted** the government's plan to increase social welfare spending.
（経済危機は、社会福祉費を増加させる政府の計画を挫折させた）

□ 1213 **vanish** [vǽniʃ]	動 **disappear, fade, evaporate**	消える

▶Like a ghost, the magician **vanished** into thin air at the conclusion of his performance.
（そのマジシャンは、演技の終わりに幽霊のように跡形もなく消えた）

最新傾向 vanishと発音が似ているbanishは「～を追放する（exile、expatriate）」という意味。試験で間違わないように注意しましょう。

□ 1214 **synthesis** [sínθəsis]	名 **combination, union, integration**	統合、総合 動 synthesize

▶Paul's art is a **synthesis** of technology and organic material.
（ポールの芸術は、技術と有機物の融合である）

□ 1215 **forum** [fɔ́:rəm]	名 **public area, public square**	公共広場

▶In ancient Rome, open markets were often **forums** for meetings and discussions.
（古代ローマでは、屋外の市場はしばしば会合や討論のための公共広場となっていた）

□ 1216 **invade** [invéid]	動 **trespass, enter, intrude, raid**	～を侵略する、～に侵入する

▶Illness occurs when harmful bacteria **invade** the cells of a healthy person.
（有害な細菌が健康な人の細胞に侵入したときに病気は発生する）

DAY 22

□ 1217 **quarters** [kwɔ́ːrtərz]	名 **residence, dwelling, habitation, abode**	営舎、宿舎

▶ The institute has its own staff **quarters** to accommodate full-time employees.
（その機関には、正規職員が宿泊できる独自の職員用宿舎がある）

最新傾向 動詞quarterには「～を宿泊させる」という意味があります。同義語問題ではaccommodate、houseが出題されるので一緒に覚えておきましょう。

□ 1218 **abolish** [əbáliʃ]	動 **eliminate, end, annul, revoke, nullify**	～を廃止する、撤廃する

▶ New laws introduced in the mid-nineteenth century **abolished** slavery in Russia.
（19世紀半ばに導入された新法は、ロシアの奴隷制を廃止した）

□ 1219 **staggering** [stǽgəriŋ]	形 **shocking, astonishing, stunning, astounding**	驚異的な、驚かせる

▶ A science magazine released the **staggering** news that nearly 7 million bats have died over the past few years.
（ある科学雑誌が、過去数年間で700万匹近くのコウモリが死亡したという驚くべきニュースを発表した）

□ 1220 **disclose** [disklóuz]	動 **reveal, divulge, unveil**	～を明らかにする、発表する、暴露する

▶ Government officials **disclosed** that they had been negotiating with the rebels.
（政府関係者は、反逆者たちと交渉していたことを明らかにした）

□ 1221 **scores** [skɔːrz]	名 **a large number, host, crowd, multitude**	たくさん、多数

▶ **Scores** of songs were considered for the movie soundtrack, but only ten were chosen.
（数多くの歌がその映画のサウンドトラックとして検討されたが、10曲だけしか選ばれなかった）

1222
eager to

熟 **anxious to, keen to, impatient to**

しきりに～したがる

▶During the holidays, the roads are crowded with travelers who are **eager to** see their families.
(休暇中は、家族に会いたい帰省者で道路が混雑する)

1223
systematically
[sìstəmǽtikəli]

副 **methodically**

体系的に

▶Companies must **systematically** test the security of their online networks to prevent data theft.
(企業は、データの盗難を防ぐためにオンラインネットワークの安全性を体系的に検査しなければならない)

1224
stimulate [stímjulèit]

動 **prompt, spur, promote, activate**

～を刺激する、励ます
名 stimulus

▶The New Deal included federal action to **stimulate** industrial recovery.
(ニューディール政策には、産業の回復を刺激するための連邦政府の活動が含まれていた)

最新傾向 stimulateとスペリングも発音も似ているsimulateは「～をまねる (imitate、pretend)」という意味。試験で間違わないように注意しましょう。

1225
limited [límitid]

形 **restricted, narrow, confined**

限られた、制限された

▶Northern cavefish are found only in caves in a **limited** area around the Ohio River.
(ノーザンケイブフィッシュは、オハイオ川周辺の限られた地域の洞窟にだけ見られる)

□ 1226 **excessive** [iksésiv]	形 **extreme, undue, exorbitant**	過度の、極端な

▶Many members of Congress considered Joseph McCarthy's claims of communist infiltration **excessive**.
（多くの下院議員は、共産主義の浸透についてのジョセフ・マッカーシーの主張は極端だと考えていた）

□ 1227 **similar** [símələr]	形 **comparable, alike, analogous**	同様の、類似の

▶Spanish and French are related languages so they share **similar** grammar and vocabulary.
（スペイン語とフランス語は関連のある言語なので、文法と語彙が似ている）

□ 1228 **entitled to**	熟 **given the right to, authorized to, qualified to**	～する権利［資格］がある

▶In the US, all citizens are **entitled to** vote upon reaching the age of 18.
（アメリカでは、すべての市民が18歳に達したら投票する権利を持つ）

最新傾向 entitleは「～に権利を与える」という意味の動詞。同義語問題ではempower、warrantが出題されるので一緒に覚えておきましょう。

□ 1229 **constantly** [kάnstəntli]	副 **continually, continuously, perpetually, always**	常に、絶えず 形 constant

▶As Priscilla walked through the village for the first time in 20 years, she was **constantly** reminded of her childhood.
（プリシラは20年ぶりにその村を歩きながら、絶えず子どものころを思い出していた）

□ 1230 **turbulence** [tə́ːrbjuləns]	名 **agitation, tumult, commotion, turmoil**	動乱、騒乱 形 turbulent

▶Peacekeepers tried to dampen the **turbulence** in the region.
（平和維持部隊は、その地域の動乱を抑えようとした）

☐ 1231 **essence** [esns]	名 **fundamental, essentiality, substance, nature**	本質

▶The **essence** of happiness is strong relationships and meaningful work.
（幸福の本質とは、強い絆と有意義な仕事である）

☐ 1232 **back up**	熟 **support, stand by, aid, assist**	～を支援する、支持する

▶Cheryl's parents did not **back up** her decision to switch her major from biology to drama.
（シェリルの両親は、生物学から演劇に専攻を変更するという彼女の決断を支持しなかった）

☐ 1233 **flexibility** [flèksəbíləti]	名 **adaptability, adjustability, versatility**	柔軟性、適応性 形 flexible

▶In addition to education and skills, workers need **flexibility** to thrive in today's business world.
（労働者が現在のビジネスの世界で成功するためには、教養と技術に加え、柔軟性が必要だ）

☐ 1234 **archaic** [aːrkéiik]	形 **antiquated, outdated, old, primitive**	古代の、古風な

▶Historians still debate how the prehistoric builders were able to construct Stonehenge using such **archaic** technology.
（歴史家は、先史時代の建設者がそのような原始的な技術を使って、どうやってストーンヘンジを建造することができたのか、いまだに論争している）

DAY 22

出題頻度レベル ★★★

□ 1235 **eject** [idʒékt]

動 **force out, throw out, expel**

～を追い出す

▶ The referee **ejected** two players who engaged in a tussle on the field.

（審判は、グラウンドで乱闘をした2人の選手を退場させた）

最新傾向 ejectと一緒に、次の単語を区別して覚えておきましょう。

・inject　～を注入する
・deject　～を落胆させる

□ 1236 **interpret** [intə́ːrprit]

動 **construe, explain; understand**

～を解釈する、説明する

▶ There are several different ways to **interpret** a poem.

（詩を解釈するにはいくつかの異なる方法がある）

□ 1237 **intensity** [inténsəti]

名 **strength**

激しさ、強烈さ

形 intense

▶ The **intensity** of the earthquake frightened the people who had never experienced one.

（その地震の強さは、地震を経験したことのなかった人々を怖がらせた）

□ 1238 **sloping** [slóupiŋ]

形 **inclining, inclined, slanted**

傾斜した

▶ Rain that falls in the mountains runs down the **sloping** ground into the valleys.

（山々に降った雨は、傾斜した地面を下り、谷へ流れ込む）

☐ 1239 **endeavor** [indévər]	動 **make an effort, strive, struggle, attempt**	努力する、努める

▶ Although she was exhausted, Corinne **endeavored** to finish painting the house before nightfall.
（コリンはとても疲れていたが、日暮れ前に家にペンキを塗り終えようと頑張った）

☐ 1240 **circumvent** [sə̀:rkəmvént]	動 **get around, bypass, detour**	～を回避する、迂回する

▶ Jack and Fred went north in order to **circumvent** the mountains.
（ジャックとフレッドは、山々を迂回するために北へ向かった）

☐ 1241 **counterproductive** [kàuntərprədʌ́ktiv]	形 **contrary to what is necessary**	逆効果の

▶ Crash diets are **counterproductive** because they never result in permanent weight loss.
（クラッシュダイエットは、決して永続的な減量にはならないので逆効果だ）

☐ 1242 **lucid** [lú:sid]	形 **clear, obvious, distinct**	明快な、わかりやすい

▶ The teacher's explanation was **lucid** enough for a child to understand.
（その教師の説明は、子どもが理解できるくらい明快だった）

☐ 1243 **delineate** [dilínièit]	動 **outline, trace**	～の輪郭を描く

▶ The Rio Grande River **delineates** the border between Texas and Mexico.
（リオ・グランデ川は、テキサス州とメキシコの間の国境線をなぞっている）

☐ 1244 **practical** [prǽktikəl]	形 **pragmatic, functional; effective**	実用的な；効果的な

▶ Setting a monthly budget is a **practical** way to reduce expenses and save money.
（毎月の予算を立てることは、出費を抑えてお金を貯める実用的な方法だ）

☐ 1245 **revere** [rivíər]	動 **honor, admire, venerate, respect**	～をあがめる、崇敬する

▶ Ancient Egyptians **revered** cats and included them as an important part of religious worship.
（古代エジプトの人々はネコをあがめ、宗教的な崇拝の重要な一部に含めていた）

☐ 1246 **unpromising** [ʌnprɑ́məsiŋ]	形 **unfavorable**	（将来の）見込みがない

▶ The child had a successful life despite growing up in **unpromising** circumstances.
（その子どもは、将来の見込みのない環境で育ったにもかかわらず、人生で成功した）

☐ 1247 **heed** [hi:d]	名 **attention, notice, caution**	注意

▶ If Nancy had paid **heed** to the warning, she wouldn't have fallen off the platform.
（ナンシーが警告に注意を払っていたら、駅のホームから転落することはなかっただろう）

最新傾向 heedは名詞だけではなく、「～に注意を払う」という意味の動詞としても使われます。heed the teacher「先生に注意を払う」。同義語問題ではpay attention to、listen toが出題されるので一緒に覚えておきましょう。

□ 1248 **location** [loukéiʃən]	名 **region, site, position, place**	場所、位置、所在地 動 locate

▶Coffee plants grow only in **locations** with cool temperatures.
（コーヒーの木は涼しい気温の場所でしか育たない）

□ 1249 **opposing** [əpóuziŋ]	形 **conflicting**	対立する、反対の

▶Leaders of democratic countries must deal with groups that have **opposing** interests.
（民主主義国家の首脳たちは、利害の対立する複数のグループに対応しなければならない）

QUIZ

次の1〜10の同義語をⓐ〜ⓙから選びましょう。

1. skeptical	ⓐ dangerous, perilous, risky
2. static	ⓑ doubting, incredulous, dubious
3. hazardous	ⓒ make an effort, strive, struggle
4. limited	ⓓ disappear, fade, evaporate
5. potentially	ⓔ construe, explain
6. vanish	ⓕ restricted, narrow, confined
7. hint	ⓖ unchanging, immobile, unmoving
8. synthesis	ⓗ possibly, perhaps, maybe
9. endeavor	ⓘ indication, implication, clue
10. interpret	ⓙ combination, union, integration

1.ⓑ **2.**ⓖ **3.**ⓐ **4.**ⓕ **5.**ⓗ **6.**ⓓ **7.**ⓘ **8.**ⓙ **9.**ⓒ **10.**ⓔ

DAY 23

今回のターゲットは **54** 語

1250 »> 1303

出題頻度レベル ★★★

□ 1250 **configuration** [kənfìgjuréiʃən]	名 arrangement; shape, form, conformation	配置；形状

▶The internal combustion engine is made up of a complex **configuration** of parts.
（内燃機関は、複雑な配置の部品でできている）

□ 1251 **induce** [indjú:s]	❶動 bring about, cause, stimulate	～を引き起こす、誘発する 名 inducement

▶Because it was so deadly, the Ebola epidemic **induced** a lot of fears and concerns in many people.
（致死率が高かったため、エボラの流行は多くの人々に多大な恐怖と不安をもたらした）

induce	❷動 persuade, convince	～を（…するよう）説得する

▶Bill's mother tried to **induce** him to see a doctor.
（ビルの母親は、彼が医者の診察を受けるよう説得しようとした）

□ 1252 **attain** [ətéin]	❶動 reach, arrive at	～に到達する 名 attainment

▶Mango trees grow rapidly and can **attain** heights of up to 90 feet.
（マンゴーの木は急速に成長し、最高90フィートの高さに達することがある）

attain	❷動 achieve, accomplish, realize	～を獲得する

▶James **attained** national fame as a leading spokesman for human rights.
（ジェームスは、人権を擁護する一流のスポークスマンとして全国的な名声を獲得した）

最新傾向 attainと一緒に、次の単語を区別して覚えておきましょう。
・retain ～を維持する、保有する
・detain ～を拘束する

□ 1253 **erratic** [irǽtik]
形 irregular, unpredictable, uneven
一定しない、不規則な

▶Mrs. Ascot was worried about her husband because his heartbeat was **erratic**.
(アスコットさんは、夫の心拍が不規則なので心配した)

□ 1254 **eventual** [ivéntʃuəl]
形 ultimate, final
最終的な
副 eventually

▶The Hoover Dam was a major engineering achievement with an **eventual** cost of $49 million.
(フーバーダムは最終的な工費4900万ドルをかけた土木工事の大きな偉業だった)

□ 1255 **mandate** [mǽndeit]
名 order, command, instruction
命令、指令

▶The president's **mandate** to free political prisoners was controversial.
(政治犯を解放せよという大統領の命令は、物議を醸した)

□ 1256 **prosperous** [prɑ́spərəs]
❶形 flourishing, thriving, blooming
繁栄している
動 prosper
名 prosperity

▶The formerly **prosperous** business began to fail after the economic crisis.
(以前は繁栄していたビジネスが、経済危機後にうまくいかなくなり始めた)

prosperous
❷形 financially successful, wealthy, affluent
裕福な

▶Argentina is one of the most **prosperous** countries in South America.
(アルゼンチンは、南米で最も裕福な国の1つだ)

□ 1257 **requisite** [rékwəzit]
❶名 necessity, requirement
必需品、必要条件
動 require

▶Food, air, water, shelter, and clothing are **requisites** for human survival.
(食べ物、空気、水、住まい、そして衣服は、人間の生存に欠かせないものだ)

requisite
❷形 essential, required, necessary
必要な、必須の

▶All cars are manufactured to have the **requisite** safety features, such as airbags.
（すべての自動車は、エアバッグなど、必須の安全機能を装備して製造される）

最新傾向 requisiteとスペリングが似ているrequiteは「～に報いる、恩返しをする（return、repay）」という意味。試験で間違わないように注意しましょう。

☐ 1258 **partake of**	熟 **consume, share**	～を食べる、飲む

▶Jerry could not **partake of** the snacks since he had severe food allergies.
（ジェリーは、重度の食物アレルギーがあるため、その軽食を食べることができなかった）

☐ 1259 **pledge** [pledʒ]	名 **promise, oath, vow, undertaking**	約束、公約

▶In her campaign speech, the mayoral candidate made a **pledge** to reduce the city's crime rate.
（その市長候補は、選挙演説中に、市内の犯罪率を下げるという公約を掲げた）

☐ 1260 **contend** [kənténd]	動 **argue, assert, maintain**	～を強く主張する 名 contention 形 contentious

▶The defense attorneys **contended** that their client was innocent.
（被告側弁護士は、依頼人が無実だと主張した）

☐ 1261 **confine** [kɑ́nfain]	❶名 **boundary, limit**	境界、範囲

▶The children were reminded to stay within the **confines** of the school.
（子どもたちは、学校の敷地内にとどまるように念を押された）

confine [kənfáin]	❷動 **cramp, enclose, cage; limit**	～を閉じ込める；～を制限する

▶A zoo must **confine** wild animals to protect visitors.
（動物園は、来園者を守るために野生の動物を閉じ込めなければならない）

☐ 1262 **dictate** [díkteit]	❶動 **require, suggest, prescribe**	～を命令する、指示する

▶The thirteenth amendment of the US Constitution **dictated** that slavery be abolished.
（アメリカ合衆国憲法修正第13条は、奴隷制の廃絶を規定した）

最新傾向 prescribeには「～を処方する」のほかに、「～を指示する」という意味もあります。prescribe that the students attend「学生たちに出席を指示する」。

dictate	❷動 **determine**	～を決定する

▶The final interview with the manager **dictated** which candidate would get the position.
（マネージャーとの最終面接で、どの応募者がその職に就くかが決まった）

□ 1263 **durable** [djúərəbl]	形 **long-lasting, lasting, enduring**	耐久性のある、長持ちする

▶The most **durable** relationships are based on common interests and mutual trust.
（最も長く持続する関係は、共通の関心事と相互の信頼に基づく）

□ 1264 **collectively** [kəléktivli]	副 **together, all together, unitedly**	集団で、共同で

▶The two families **collectively** decided to pitch in money for a new lake cabin to share.
（そのふた家族は、共同で使う湖畔の新しい小屋にお金を出し合うことを一緒に決めた）

□ 1265 **furnish** [fə́:rniʃ]	動 **provide, supply, offer**	～に供給する、与える

▶The counselor **furnished** Tim with the papers for his application.
（そのカウンセラーはティムに申込用書類を与えた）

□ 1266 **alter** [ɔ́:ltər]	動 **change, modify, metamorphose**	～を変える、変更する 名 alteration

▶Educators must occasionally **alter** the curriculum to keep up with current trends.
（教育者は、カリキュラムを最新の傾向に遅れをとらないよう時々変更しなければならない）

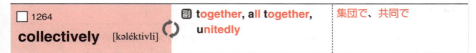

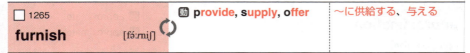

出題頻度レベル ★★★

□ 1267 **determine** [ditə́ːrmin]	❶動 **decide, resolve, conclude**	～を決定する

▶The organization **determined** that half of its yearly profits would go to charity.
（その組織は、年間利益の半分を慈善事業に寄付することに決めた）

determine	❷動 **figure out, calculate**	（原因など）を特定する、測定する

▶The amount of radiation in the sand grains was analyzed to **determine** when they were last exposed to sunlight.
（その砂粒の放射線量は、それが最後に日光にさらされたのがいつかを特定するために分析された）

最新傾向 determinedは「断固とした」という意味の形容詞。同義語問題ではresolute、firmが出題されるので一緒に覚えておきましょう。

□ 1268 **haul** [hɔːl]	動 **draw, pull, drag, heave**	～を引っ張る、引きずる

▶The movers had to **haul** the heavy couch two blocks down the street to get it into their truck.
（引っ越し業者は、その重いソファーをトラックに運び込むため、通りを2ブロック引きずっていかなければならなかった）

□ 1269 **approximation** [əprɑ̀ksəméiʃən]	名 **nearness, closeness, proximity**	近づくこと、接近 形 approximate 副 approximately

▶Flagstaff, Arizona attracts many tourists due to its **approximation** to the Grand Canyon.
（アリゾナ州のフラッグスタッフは、グランドキャニオンに近いため、多くの観光客を引きつけている）

□ 1270 **found wanting**	熟 **judged inadequate**	不十分だとわかって

▶Most of Sigmund Freud's theories have been **found wanting** by modern psychologists.
（ジークムント・フロイトの説のほとんどは、現代の心理学者たちから不十分であることが明らかにされてきた）

□ 1271 **classic** [klǽsik]	形 **typical, exemplary, model**	典型的な、規範となる

▶Queen is a **classic** example of a British rock band from the 1970s.
（クイーンは、1970年代のイギリスのロックバンドの典型例となっている）

最新傾向 classicは「最高の」という意味で使われます。Yeat's classic work「イェイツの最高作品」。同義語問題ではbest、finestが出題されるので一緒に覚えておきましょう。

□ 1272 **grossly** [gróusli]	副 **excessively**	著しく、はなはだしく

▶The investors were shocked to discover that the company's expected profits were **grossly** overestimated.
（投資家たちは、その企業の予想利益が著しく過大評価されていたことを知って衝撃を受けた）

□ 1273 **vivid** [vívid]	❶形 **bright, brilliant**	鮮やかな

▶The Pop Art movement featured the use of **vivid** colors and meaningful cultural themes.
（ポップ・アート運動は、鮮やかな色彩の使用と意味深長な文化的テーマが特徴だ）

vivid	❷形 **graphic, lifelike**	生き生きとした、生々しい

▶The **vivid** battle scenes in the war documentary made it difficult to watch at times.
（その戦争ドキュメンタリーは戦闘シーンが生々しく、時々見ていられなかった）

□ 1274 **artificial**	形 **synthetic, man-made**	人工の、人工的な

▶Christine's room was decorated with **artificial** flowers.
（クリスティーンの部屋は、造花で飾られていた）

DAY 23

☐ 1275 **transplant** [trænsplǽnt]	動 **place in another context, remove, relocate**	～を移植する、移住させる

▶Migrant workers who have been **transplanted** to unfamiliar countries often face great hardships.
（なじみのない国に移住させられた出かせぎ労働者はしばしば、大きな困難に直面する）

☐ 1276 **camouflage** [kǽməflɑ̀:ʒ]	動 **hide, disguise, conceal**	～を隠す、偽装する

▶Octopuses can change their skin color to **camouflage** themselves.
（タコは、姿を隠すために皮膚の色を変えることができる）

☐ 1277 **implement** [ímpləmənt]	名 **tool, instrument, appliance**	道具、器具

▶The dentist's **implements** were arranged neatly on a tray near the patient.
（その歯科医の器具は、患者の近くのトレーにきちんと並べられていた）

最新傾向 implementは名詞だけではなく、「～を実行する」という意味の動詞としても使われます。implement a new policy「新しい政策を実行する」。同義語問題ではexecute、enforceが出題されるので一緒に覚えておきましょう。

☐ 1278 **excavate** [ékskəvèit]	動 **dig out, dig up, unearth, disinter**	～を掘る、発掘する

▶In search of ancient ruins, an archaeology team **excavated** possible sites on the island of Patras.
（古代遺跡を探して、ある考古学チームがパトラス島で可能性のある場所を掘り起こした）

☐ 1279 **disgust** [disgʌ́st]	名 **distaste, nausea, aversion**	嫌悪感、反感

▶Although bullfighting is a cultural tradition of Spain, animal rights activists regard the sport with **disgust**.
（闘牛はスペインの文化的伝統だが、動物愛護の活動家たちはこのスポーツを嫌悪の目で見ている）

1280
secluded [siklú:did]

形 remote, hidden, isolated, solitary

人里離れた、人目につかない

▶ Tired of crowds, Janice chose to stay on a **secluded** beach.
（人混みに疲れたので、ジャニスはひっそりとした浜辺で過ごすことにした）

1281
engulf [ingʌ́lf]

動 swallow

～を飲み込む、巻き込む

▶ In 2004, a large tsunami **engulfed** many coastal areas in Southeast Asia.
（2004年、大きな津波が東南アジアの多くの沿岸地域を飲み込んだ）

1282
chronic [kránik]

形 persistent, constant, incessant

慢性的な、長く続く

▶ **Chronic** stress is an increasingly common health concern in our busy modern world.
（慢性的なストレスは、忙しい現代社会において、ますますよく見られる健康問題になっている）

1283
magnificent [mægnífəsnt]

形 superb, gorgeous, beautiful, splendid

壮大な

▶ Malaysia has enchanting islands and **magnificent** mountains.
（マレーシアには、魅惑的な島々と壮大な山々がある）

1284
truism [trú:izm]

名 self-evident truth, commonplace, cliché

わかりきったこと、決まり文句

▶ Too often, people who are seeking sincere advice receive thoughtless **truisms** from their friends and family.
（非常に多くの場合、真摯なアドバイスを求めている人は、友人や家族から思慮のないわかりきったことを言われる）

1285
accidental [æksədéntl]

形 unintentional, inadvertent, unintended

偶然の

▶ Alexander Fleming's **accidental** discovery of penicillin occurred while he was studying bacteria.
（アレクサンダー・フレミングによるペニシリンの偶然の発見は、彼が細菌の研究をしていたときに起こった）

☐ 1286 **invent** [invént]	動 **devise, originate**	～を発明する、考案する

▶ In addition to the light bulb, Thomas Edison **invented** the motion picture camera.
（トマス・エジソンは、電球に加えて、映画撮影用カメラも発明した）

☐ 1287 **inherent in**	熟 **characteristic of**	～に生まれつき備わっている、固有の

▶ Suckling is a behavior that is **inherent in** many mammal species.
（乳を飲むのは、哺乳類の多くの種が生来備えている行動だ）

☐ 1288 **expose** [ikspóuz]	動 **make visible, exhibit, uncover, subject**	～をさらす、暴露する

▶ Hemingway did not want to **expose** all aspects of his personal life to the public.
（ヘミングウェイは、自分の私生活のあらゆる側面を公にさらすことは望まなかった）

最新傾向 exhibitには「～を展示する」のほかに、「～を現す、さらす」という意味もあります。He exhibited his true nature.「彼は彼の本性を見せた」。

☐ 1289 **perpetuate** [pərpétʃuèit]	動 **continue, immortalize, eternize**	～を永続させる

▶ The reason a majority of the population remains poor is that corruption in government is **perpetuated**.
（人口の大半が貧しいままでいる理由は、政府の腐敗が長く続いているからだ）

☐ 1290 **be inclined to**	熟 **tend to**	～する傾向がある

▶ Parents naturally **are inclined to** favor their own children over those of others.
（親には元来、他の人の子どもよりも自分の子どもをかわいがる傾向がある）

☐ 1291
illusory [ilú:səri]
形 **misleading, deceptive, delusive**
錯覚の、人を惑わす

▶ Smiles can be **illusory** in that they sometimes mask contempt.
(笑顔はときに侮蔑を覆い隠すという点で、人を惑わすことがある)

出題頻度レベル ★☆☆

☐ 1292
heyday [héidèi]
名 **high point, golden age, prime, florescence**
全盛期、絶頂期

▶ During their **heyday**, rollerblades were the most popular form of outdoor recreation for kids and teens.
(全盛期には、ローラーブレードは子どもや10代の若者に最も人気のある屋外レクリエーションだった)

DAY 23

☐ 1293
proficient [prəfíʃənt]
形 **skilled, skillful, expert, adept**
熟達した、堪能な

▶ Few North Americans are **proficient** in more than one language.
(北米大陸では、2つ以上の言語に堪能な人はほとんどいない)

☐ 1294
amply [ǽmpli]
副 **generously, bountifully, lavishly**
十分に、豊富に

▶ The restaurant's storage room was **amply** stocked with food items from other countries.
(そのレストランの貯蔵室には、外国からの食品が豊富に蓄えられていた)

☐ 1295
desolate [désələt]
形 **deserted, bleak, dreary**
荒れ果てた、住む人のいない

▶ **Desolate** settlements known as ghost towns are common in the American Midwest.
(ゴーストタウンとして知られる荒れ果てた開拓地は、アメリカの中西部によく見られる)

最新傾向 desolateは「寂しい」という意味でも使われます。a desolate feeling「寂しい気分」。同義語問題ではlonely、solitaryが出題されるので一緒に覚えておきましょう。

□ 1296 **more subtle**	熟 **less noticeable**	さらにさりげない、よりかすかな

▶The political messages in Orozco's art were obvious, but they were **more subtle** in Rivera's.
(オロスコの芸術作品に見られる政治的なメッセージはあからさまだったが、リベラのものはもっとさりげなかった)

□ 1297 **disrupt** [disrʌ́pt]	動 **interfere with, interrupt, upset**	～を混乱させる、中断させる

▶The constant chatter from the back of the classroom **disrupted** Professor Gumpert's lecture.
(教室の後ろのほうから絶えず聞こえるしゃべり声が、ガンパート教授の講義を妨害した)

□ 1298 **forerunner** [fɔ́:rrʌ̀nər]	名 **predecessor, antecedent**	先駆者、先人

▶Invented in Germany in the nineteenth century, the "dandy horse" was a **forerunner** of the modern bicycle.
(「dandy horse」は、19世紀にドイツで発明され、現代の自転車の先駆けとなった)

□ 1299 **immediate** [imí:diət]	❶形 **instant, prompt, on-the-spot**	即時の、即刻の

▶Rubbing menthol balm onto muscles can provide **immediate** pain relief.
(メントールの軟こうを筋肉に擦りこむと、即座に痛みを緩和することができる)

immediate	❷形 **nearest, neighboring, adjacent**	すぐ隣の、近隣の

▶The **immediate** area was sealed off after the bombing attempt.
(爆破未遂のあと、その周辺の地域は封鎖された)

□ 1300 **wield** [wi:ld]	動 **exercise, use, handle**	(権力など)を振るう、行使する

▶A good leader **wields** his or her power only when necessary.
(よい指導者というものは、必要なときにしか権力を行使しない)

1301 crush [krʌʃ]	動 discourage, deflate	～を打ちのめす

▶The news that the proposal to build a new subway station had been rejected **crushed** residents of the neighborhood.
（地下鉄の駅を新設する提案が否決されたというニュースは、近隣住民を意気消沈させた）

最新傾向 crushは「～を粉砕する、押しつぶす」という意味でも使われます。a machine that crushes rocks「岩を粉砕する機械」。同義語問題ではsquash、crumbleが出題されます。

1302 manner [mǽnər]	名 way, fashion, mode	方法、やり方

▶Sociologists study human social behavior in a systematic **manner**.
（社会学者は、人間の社会行動を体系的な方法で研究する）

1303 uneasy [ʌ̀níːzi]	形 apprehensive, unstable, disturbed, ill at ease	不安な、心配な

▶The Chilean people were **uneasy** when General Pinochet took power following a bloody coup.
（チリの人々は、ピノチェト将軍が流血のクーデター後に権力を握ると、不安になった）

QUIZ

次の1～10の同義語をⓐ～ⓙから選びましょう。

1. configuration		ⓐ interfere with, interrupt, upset
2. eventual		ⓑ change, modify, metamorphose
3. collectively		ⓒ make visible, exhibit, uncover
4. expose		ⓓ ultimate, final
5. haul		ⓔ skilled, skillful, expert
6. durable		ⓕ draw, pull, drag
7. alter		ⓖ synthetic, man-made
8. artificial		ⓗ shape, form, conformation
9. proficient		ⓘ long-lasting, lasting, enduring
10. disrupt		ⓙ together, all together, unitedly

1.ⓗ **2.**ⓓ **3.**ⓙ **4.**ⓒ **5.**ⓕ **6.**ⓘ **7.**ⓑ **8.**ⓖ **9.**ⓔ **10.**ⓐ

出題頻度レベル ★★★

□ 1304 **sustain** [səstéin]	❶動 **support, bear, uphold**	～に耐える、持ちこたえる

▶The old shelf could not **sustain** the weight of the books.
（その古い棚は、本の重さに耐えられなかった）

sustain	❷動 **maintain, continue**	～を持続させる、維持する

▶Only one planet is able to **sustain** human life in our solar system.
（太陽系の中で、たった1つの惑星だけが人類の命を持続させることができる）

□ 1305 **subsequence** [sʌ́bsikwəns]	名 **succession, next in a series**	連続、続いて起こること 形 subsequent 副 subsequently

▶Brandy had the misfortune of performing in **subsequence** to an unusually gifted singer.
（ブランディは運悪く、類まれな才能を持つ歌い手の次に歌った）

□ 1306 **accumulate** [əkjúːmjulèit]	動 **gather, collect, compile, gradually increase in number**	～を蓄積する、ためる 名 accumulation

▶Donald **accumulated** much of his wealth in real estate.
（ドナルドは、富の多くを不動産事業で蓄積した）

□ 1307 **assert** [əsə́ːrt]	動 **claim, maintain, declare, forcefully establish, contend**	～を断言する、主張する 形 assertive

▶Many medieval scholars in Europe mistakenly **asserted** that the world was flat.
（中世ヨーロッパの多くの学者は、世界は平らであると誤った主張をしていた）

最新傾向 maintainは「～を維持する、持続する」のほかに、「～を主張する」という意味もあります。maintain one's innocence「～の無罪を主張する」。

□ 1308 **progressive** [prəgrésiv]	❶形 **advanced, liberal**	進歩的な、革新的な 副 progressively

▶ During the seventeenth century, the notion of women voting was a very **progressive** idea.
（17世紀には、女性が投票するという考えはとても進歩的な考え方だった）

progressive	❷形 **increasing, continuous**	徐々に進行する、進行性の

▶ **Progressive** loss of eyesight usually begins after age 40 and intensifies after age 60.
（進行性の視力低下はふつう40歳以降に始まり、60歳以降に強まる）

□ 1309 **strikingly** [stráikiŋli]	副 **remarkably, noticeably**	著しく、際立って 形 striking

▶ Marilyn Monroe was a **strikingly** beautiful woman with her blond hair, full lips, and shapely figure.
（マリリン・モンローは、金髪で、唇のふっくらした、スタイルのよい、際立って美しい女性だった）

□ 1310 **comparable** [kάmpərəbl]	形 **analogous, similar, equivalent, alike**	比較できる、似ている

▶ The newly discovered clay figures in Mexico were **comparable** to those found in China in terms of their scale.
（メキシコで新たに発見された土偶は、中国で見つかったものと大きさの点で似ていた）

□ 1311 **hinder** [híndər]	動 **interfere with, hamper, stunt, impede**	～を妨げる、遅らせる

▶ Terry's frequent absences **hindered** the team's research.
（テリーの頻繁な欠席が、チームの研究を遅らせた）

□ 1312 **concern** [kənsə́ːrn]	❶動 **worry**	～を心配させる

▶ The proposed plan to build a nuclear power plant there **concerned** the area's citizens.
（原子力発電所をそこに建設するという計画案は、その地域の市民を不安にした）

concern	❷名 **interest, regard, care**	関心、気配り

▶ Parents should have great **concern** regarding their children's education.
（親は子どもの教育に関して大いに関心を持つべきだ）

最新傾向 ～ing形のconcerningは「～について」という意味の前置詞。同義語問題ではwith reference to、regardingが出題されるので一緒に覚えておきましょう。

□ 1313 **presumably** [prizúːməbli]	副 **supposedly, probably, thought to be, it can be assumed**	たぶん、恐らく 動 presume 形 presumable

▶ The first people to populate the Americas **presumably** came from East and Central Asia.
（アメリカ大陸に初めて住むようになった人々は、恐らく、東アジアと中央アジアから渡ってきた）

□ 1314 **ritual** [rítʃuəl]	形 **ceremonial**	儀式の、儀式的な

▶ Among the **ritual** practices of ancient Egypt was mummifying the dead.
（古代エジプトの儀式的な慣習の中に、死者のミイラ化があった）

□ 1315 **unresolved** [ʌ̀nrizɑ́lvd]	形 **undecided, undetermined, unsettled**	決断していない、未解決の

▶ The issue of who in the family will inherit the large estate is still **unresolved**.
（家族の中で誰が広大な地所を相続するかという問題はまだ決着がついていない）

1316 **convey** [kənvéi]

動 **transmit**, **communicate**, **deliver**, **impart**

〜を運ぶ、伝える

▶ Some periodicals presently **convey** information by digital means only.

（現在は、デジタルの形態でしか情報を伝えていない定期刊行物もある）

最新傾向 communicateは「連絡する、やりとりする」のほかに、「〜を伝える」という意味もあります。communicate the message「メッセージを伝える」。

1317 **devise** [diváiz]

動 **invent**, **create**, **design**, **contrive**

〜を考案する、工夫する

名 device

▶ The government is carefully **devising** new trade rules.

（政府は、新たな貿易のルールを慎重に立案している）

1318 **astonish** [əstániʃ]

動 **amaze**, **surprise**, **astound**, **shock**

〜を驚かせる

▶ The beauty of the *Mona Lisa* never fails to **astonish** visitors.

（モナ・リザの美しさは、必ず来場者を驚かせる）

1319 **stringent** [stríndʒənt]

形 **strict**, **rigorous**, **tight**

厳しい、厳重な

▶ The Spartans' way of rearing their children was very **stringent**.

（スパルタ人の子育てのし方は、とても厳しかった）

1320 **vastly** [vǽstli]

副 **greatly**, **enormously**, **immensely**, **exceedingly**

大いに、非常に

形 vast

▶ Insect flight is considered **vastly** superior to that of the flying machines invented by humans.

（昆虫の飛行は、人類が発明した飛行機の飛行よりもはるかにすぐれていると考えられている）

出題頻度レベル ★★★

□ 1321 **to a large extent**	熟 **for the most part, mainly, largely**	かなりの程度まで、大幅に

▶The theory of evolution is **to a large extent** based on Charles Darwin's work.
（進化論はかなりの程度まで、チャールズ・ダーウィンの業績に基づいている）

□ 1322 **updated** [ʌpdéitid]	形 **newer**	最新の、更新された

▶**Updated** versions of classic films are often popular with movie fans.
（名作映画の最新版は、たいてい映画ファンに人気だ）

□ 1323 **impulse** [ímpʌls]	名 **stimulus, basic motivation, impetus**	刺激、衝動

▶Rivalry between the US and the Soviet Union was the **impulse** for the space race.
（アメリカとソビエト連邦とのライバル関係は、宇宙開発競争に弾みをつけた）

最新傾向 impulseの形容詞形 impulsiveは「衝動的な」という意味。同義語問題では spontaneous、impetuousが出題されるので一緒に覚えておきましょう。

□ 1324 **evidence** [évədəns]	名 **proof, verification**	証拠 形 evident

▶No **evidence** proved that the accused committed homicide.
（被告人が殺人を犯したことを証明する証拠はなかった）

□ 1325 **conjuncture** [kəndʒʌ́ŋktʃər]	名 **combination, connection, juncture**	結びつき、巡り合わせ

▶The business was losing money due to a **conjuncture** of low sales and high rent costs.
（その会社は、少ない売上と高い家賃が合わさって赤字を出していた）

☐ 1326 **aberrant** [əbérənt]	形 **abnormal, deviant, eccentric, erratic**	常軌を逸した、異常な

▶Children with autism start to show **aberrant** behavior as early as 2 years old.
（自閉症の子どもは、早ければ2歳から変わった行動を見せ始める）

☐ 1327 **firmly** [fə́ːrmli]	副 **securely, fixedly**	しっかりと、堅く

▶The Koh-i-noor diamond is **firmly** set in the crown once worn by Queen Elizabeth.
（コ・イ・ヌールというダイアモンドが、エリザベス女王がかつてつけていた王冠にしっかりとはめ込まれている）

☐ 1328 **invariably** [invέəriəbli]	副 **always, without exception, constantly**	いつも、常に 形 invariable

▶When forced to make decisions, people **invariably** act in their own interest.
（人は、決定を下さなければならなくなると、必ず自分の得になるように動く）

☐ 1329 **sacred** [séikrid]	形 **holy, divine**	聖なる、神聖な

▶Native Americans have pushed for laws that would preserve their **sacred** sites.
（アメリカの先住民は、彼らの神聖な場所を保護する法律を強く求めてきた）

☐ 1330 **cramped** [kræmpt]	形 **confined, restricted**	窮屈な、狭苦しい

▶Naval personnel who serve aboard submarines become accustomed to the **cramped** quarters.
（潜水艦に勤務する海軍の隊員は、狭苦しい宿所に慣れてくる）

☐ 1331
outdated [àutdéitid]
形 **old-fashioned, antiquated, archaic, outmoded**
時代遅れの、旧式の

▶ In many developing countries, **outdated** financial policies continue to prevent economic growth.
（多くの発展途上国では、時代遅れの金融政策が経済成長を妨げ続けている）

☐ 1332
self-confident [sèlfkάnfədənt]
形 **assured, self-assured**
自信のある

▶ According to several studies, **self-confident** people tend to get promoted more than those who lack self-esteem.
（複数の研究によると、自信のある人は、自尊心のない人よりも昇進しやすい傾向にある）

☐ 1333
allay [əléi]
動 **reduce, relieve, soothe**
～を和らげる、静める

▶ Paramedics tried to **allay** the pain of the burn victim before the ambulance arrived.
（救急医療隊員は、救急車が到着する前に、やけどを負った人の痛みを和らげようとした）

最新傾向 allayと一緒に、次の単語を区別して覚えておきましょう。
・alloy ～を合金にする、混ぜる
・ally ～と同盟を結ぶ

☐ 1334
authenticity [ɔ:θentísəti]
名 **genuineness, realness**
本物であること
形 authentic

▶ An art expert was asked to determine the **authenticity** of a painting that appeared to be a Jackson Pollock work.
（ある芸術の専門家が、ジャクソン・ポロックの作と思われる絵画が本物であるかを判断するよう依頼された）

□ 1335 **masked** [mæskt]	形 **concealed, covered**	隠された、覆面をした

▶The witnesses could not identify the criminal since his face was **masked** during the robbery.
（強盗事件の間、犯人は覆面をしていたので、目撃者は犯人が誰であるか特定できなかった）

□ 1336 **fracture** [fræktʃər]	名 **rupture, crack, gap, cleft**	割れ目、裂け目

▶Volcanoes can originate from **fractures** in the Earth's crust.
（火山は、地殻の割れ目から発生することがある）

□ 1337 **scanty** [skǽnti]	形 **scarce, sparse, thin, short, meager**	わずかな、乏しい

▶The **scanty** resources in deserts make them very difficult places for organisms to live.
（砂漠には資源が乏しいので、生物が生きるにはとても難しい場所になっている）

□ 1338 **debris** [dəbríː]	名 **fragment, wreckage, remains, dreg**	破片、がれき

▶The shipwreck left **debris** floating near the shore.
（難破船は、海岸付近に浮かぶがれきを残した）

□ 1339 **unexpectedly** [ʌ̀nikspéktidli]	副 **surprisingly, unpredictably**	思いがけなく、意外にも

▶The amateur chef's dishes were **unexpectedly** creative and delicious.
（そのアマチュアのシェフの料理は、意外にも創造的でおいしかった）

□ 1340
marginally [mάːrdʒinli]

副 **slightly, somewhat, a little**

ほんの少し、わずかに

▶Mars rotates **marginally** slower than the Earth, so one day lasts 24.6 hours.
(火星は地球よりもわずかに自転速度が遅いため、1日が24.6時間続く)

最新傾向 marginallyの形容詞形 marginalは「わずかな、取るに足りない」という意味。同義語問題ではminor、insignificantが出題されるので一緒に覚えておきましょう。

□ 1341
infrequent [infríːkwənt]

形 **uncommon, rare, unusual**

めったにない、まれな

▶Lately, Sylvia's trips home to see her parents have been **infrequent** due to financial difficulties.
(最近、シルビアが帰省して両親に会うのは、経済的に困っているのでたまにしかなくなっている)

□ 1342
capacity [kəpǽsəti]

名 **ability, talent, flair**

能力、才能

▶Thomas Jefferson, the third US president, had a great **capacity** for leadership.
(第3代アメリカ大統領のトマス・ジェファーソンは、すぐれたリーダーシップ能力の持ち主だった)

最新傾向 capacityはthe capacity of a dam「ダムの容量」のように、「容量、収容能力」の意味でも使われます。同義語問題ではvolume、dimensionが出題されます。

□ 1343
conceive [kənsíːv]

動 **imagine, envision, visualize**

～を思いつく、心に描く

▶According to a popular story, Newton **conceived** the idea of gravity while sitting under an apple tree.
(よく知られた話によると、ニュートンはりんごの木の下に座っていたときに重力という概念を思いついた)

1344 **immobile** [imóubəl]

形 **unable to move, motionless**

動かない、不動の

▶The **immobile** truck caused a traffic jam during rush hour this morning.
（けさ、動けなくなったトラックが、ラッシュアワー中に交通渋滞を引き起こした）

1345 **milestone** [máilstòun]

名 **significant event, important event**

画期的な出来事

▶The movie *Toy Story* was a **milestone** for the computer graphics industry.
（映画『トイ・ストーリー』は、コンピューターグラフィックス産業にとって画期的な出来事だった）

1346 **tempting** [témptiŋ]

形 **attractive, appealing, inviting, appetizing**

魅力的な、誘惑する、心をそそる

▶Jennifer found the job offer to be too **tempting** to resist.
（ジェニファーは、その仕事の依頼が抗いがたいほど魅力的だとわかった）

1347 **antagonistic** [æntæ̀gənístik]

形 **hostile, adversarial**

対立する、敵対する
動 antagonize

▶Many nations in the Middle East have **antagonistic** relationships with each other.
（中東の多くの国々は、互いに敵対関係にある）

出題頻度レベル ★★★

1348 **prized** [praizd]

形 **outstanding, prominent, valued**

極めて貴重な

▶Mother's **prized** orchids won first place in the flower show.
（母が大切にしているランが花の展覧会で1位を獲得した）

1349
cognitive [kάgnətiv]

形 **mental**

認識の

► Prolonged alcohol abuse has been shown to lead to permanent **cognitive** damage.
（長期にわたるアルコール乱用は、永続的な認知機能の損傷につながることが示されている）

最新傾向 cognitiveの名詞形 cognitionは「認知、知覚」という意味。同義語問題ではawareness、discernmentが出題されるので一緒に覚えておきましょう。

1350
refuge [réfju:dʒ]

名 **shelter, place of safety, sanctuary**

避難、避難所

► Sandra tried to find **refuge** from oppression in a foreign country.
（サンドラは抑圧から逃れられる避難先を海外に見つけようとした）

1351
full sweep

熟 **whole range**

全範囲

► The new documentary covers the **full sweep** of the emperor penguin's life cycle.
（その新作ドキュメンタリーは、コウテイペンギンのライフサイクルのすべてを扱っている）

1352
notwithstanding
[nὰtwiðstǽndiŋ]

前 **despite, in spite of**

～にもかかわらず

► **Notwithstanding** our objection, the proposal for a pay cut was approved.
（我々の反対にもかかわらず、賃金カットの提案は承認された）

1353
trap [træp]

動 **catch, capture**

～をわなで捕らえる

► Indigenous tribes of North America used hand-dug pits to **trap** larger animals.
（北米の先住部族は、手で掘った穴を使って大型動物を捕まえていた）

□ 1354 **methodical** [məθάdikəl]	形 **systematic, organized**	秩序だった、組織的だった 副 methodically

▶Rescuers conducted a **methodical** search for the missing hiker.
（救助隊員は、行方不明のハイカーを探すために組織的な捜索を行った）

□ 1355 **emergency** [imə́:rdʒənsi]	名 **crisis, exigency**	緊急事態、非常時

▶A food shortage due to poor crops has created a national **emergency**.
（不作による食糧不足は、国家的な非常事態をもたらした）

□ 1356 **gain** [gein]	名 **increase, rise, growth, augmentation**	増加、増大

▶Stockholders were pleased that their stocks showed a **gain** in value.
（株主は、保有株に価格の上昇が見られて喜んだ）

□ 1357 **signal** [sígnəl]	動 **cue, indicate, communicate, gesture, motion**	合図する

▶The police officer **signaled** for traffic to move on.
（警察官は、車に進むよう合図した）

□ 1358 **issue** [íʃu:]	名 **matter, point, question**	問題、問題点

▶Many health professionals warn that childhood obesity is becoming a serious **issue** in the US.
（多くの健康の専門家が、幼少期の肥満がアメリカで深刻な問題になっていると警告している）

最新傾向 issueは名詞だけではなく、「～を発表する」という意味の動詞としても使われます。issue the courts decision「裁判所の判決を発表する」。同義語問題ではannounce、proclaimが出題されるので一緒に覚えておきましょう。

DAY 24

□ 1359 **obliterate** [əblítərèit]	動 **delete, erase, efface**	～を消す、抹消する、除去する

▶ The thief **obliterated** evidence of his crime by destroying the surveillance video footage.
（泥棒は、監視カメラの映像を壊して、犯罪の証拠を消した）

□ 1360 **in addition**	熟 **moreover**	さらに

▶ Online gambling is highly addictive and risky. **In addition**, it is illegal.
（インターネット上のギャンブルは、依存性とリスクが高い。さらに、それは違法だ）

□ 1361 **at the same time**	熟 **simultaneously**	同時に

▶ In ice dancing, skaters usually jump **at the same time**.
（アイスダンスでは、スケーターたちはふつう同時にジャンプする）

□ 1362 **voracious predator**	熟 **strong competitor**	貪欲な捕食者

▶ Enron was a **voracious predator** that took over many other companies in the 1990s.
（エンロンは、1990年代に他企業を数多く買収した貪欲な略奪者だった）

QUIZ

次の1～10の同義語をⓐ～ⓙから選びましょう。

1. accumulate	ⓐ ability, talent, flair
2. comparable	ⓑ invent, create, design
3. debris	ⓒ attractive, appealing, inviting
4. infrequent	ⓓ analogous, similar, equivalent
5. tempting	ⓔ unable to move, motionless
6. devise	ⓕ cue, indicate, communicate
7. assert	ⓖ gather, collect, compile
8. capacity	ⓗ fragment, wreckage, remains
9. signal	ⓘ claim, maintain, declare
10. immobile	ⓙ uncommon, rare, unusual

1.ⓖ **2.**ⓓ **3.**ⓗ **4.**ⓙ **5.**ⓒ **6.**ⓑ **7.**ⓘ **8.**ⓐ **9.**ⓕ **10.**ⓔ

出題頻度レベル ★★★

□ 1363 **inevitable** [inévətəbl]	形 **unavoidable**, **certain**, **inescapable**	避けられない、必然の

▶ Death is an **inevitable** fact of human life that is sometimes hard to cope with rationally.

（死とは、時に理性的に対処するのが難しい人生の避けられない現実である）

最新傾向 certainの意味は「確かな」のほかに、「避けられない」という意味もあります。face certain punishment「避けられない処罰に直面する」。

□ 1364 **consequent** [kάnsəkwènt]	形 **resultant**, **resulting**, **eventual**, **ensuing**	結果の、結果として生じる 名 consequence 副 consequently

▶ The **consequent** spread of ash after an explosive volcanic eruption can affect world temperatures.

（爆発的な火山噴火のあとに結果として生じる灰の広がりは、世界の気温に影響することがある）

□ 1365 **decimation** [dèsəméiʃən]	名 **destruction**, **devastation**	大量殺戮、大量破壊 動 decimate

▶ A termite from western China is responsible for the **decimation** of forestland in the US.

（中国西部原産のシロアリが、アメリカの森林地帯の大量破壊の原因となっている）

□ 1366 **evoke** [ivóuk]	動 **arouse**, **cause**, **draw**, **produce**, **induce**	～を呼び起こす、喚起する

▶ The play's tragic main character **evoked** the audience's pity.

（その演劇の悲劇の主人公は、観客の同情を誘った）

☐ 1367 **vulnerable** [vʌ́lnərəbl]	形 **easily damaged, susceptible, weak, open to attack**	攻撃されやすい、無防備な

▶ Computers that lack antivirus software are **vulnerable** to attack by malware.
（ウイルス対策ソフトを入れていないコンピューターは、マルウェアの攻撃に対して脆弱だ）

☐ 1368 **elaborate** [ilǽbərət]	❶形 **detailed; more complex, complicated**	手の込んだ、精巧な

▶ Police uncovered an **elaborate** plot to rob the largest bank in the city.
（警察は、市内最大の銀行に強盗に入る巧妙な計画を暴いた）

elaborate [ilǽbərèit]	❷動 **make detailed**	詳しく述べる

▶ The spokesperson provided only a short statement at the press conference and did not **elaborate**.
（広報担当者は、記者会見で短い声明を出しただけで、詳しい説明はしなかった）

DAY 25

☐ 1369 **enigmatic** [ènigmǽtik]	形 **mysterious, puzzling**	謎の、得体の知れない

▶ Known as the father of modern mystery, Edgar Allan Poe has inspired countless writers with his **enigmatic** tales.
（エドガー・アラン・ポーは、現代ミステリーの父として知られ、その謎めいた物語で無数の作家に着想を与えた）

最新傾向 enigmaticと一緒に、次の単語を区別して覚えておきましょう。
・pragmatic　実用的な
・dogmatic　独断的な

☐ 1370 **coincide with**	熟 **correspond to, accord with**	～と一致する、符合する

▶ The labor union's opinion did not **coincide with** that of the factory owners.
（労働組合の意見は、工場主たちの意見と一致しなかった）

□ 1371 **seemingly** [síːmiŋli]	⟳	副 **apparently, ostensibly**	見たところでは

▶ According to experts, the newly discovered artwork is **seemingly** the work of Picasso.
（専門家によると、新たに発見された作品は見たところピカソの作品のようだ）

□ 1372 **wrought** [rɔːt]	⟳	形 **created, formed, manufactured**	精巧に作られた、細工された

▶ The Lion Bridges in Milwaukee include beautifully **wrought** railings made out of steel.
（ミルウォーキーのライオンブリッジには、鋼鉄製の美しく細工された欄干がある）

□ 1373 **obstacle** [ɑ́bstəkl]	⟳	名 **barrier, hindrance, impediment, obstruction**	障害、邪魔

▶ Busy highways are significant **obstacles** that must be overcome by migrating turtles.
（混雑した主要道路は、移動するカメが乗り越えなければならない大きな障害だ）

□ 1374 **lucrative** [lúːkrətiv]	⟳	形 **profitable, gainful, advantageous**	もうかる、利益の大きい

▶ Barbara was offered a **lucrative** three-year contract with the Walt Disney animation crew.
（バーバラは、ウォルト・ディズニーのアニメ制作班と仕事をする実入りのよい3年契約のオファーを受けた）

□ 1375 **extensive** [iksténsiv]	⟳	形 **widespread, large, wide, broad, far-reaching**	広範囲にわたる、広大な

▶ The influence of the Roman Empire in the ancient Mediterranean was **extensive**.
（古代地中海地域におけるローマ帝国の影響力は、広範囲に及んでいた）

☐ 1376 **dampen** [dǽmpən]	動 **moisten, wet, soak, saturate**	～を湿らせる

▶It is advisable to **dampen** your face with a wet washcloth before using exfoliating cream.
(角質除去クリームを使う前に、濡らしたタオルで顔を湿らせておくことをお勧めします)

最新傾向 dampenは「(熱意などを)くじく」という意味でも使われます。dampen the search efforts「捜索の努力を台無しにする」。同義語問題ではrestrain、deterが出題されるので一緒に覚えておきましょう。

☐ 1377 **opaque** [oupéik]	❶形 **unclear, obscure**	あいまいな、不明瞭な

▶The man's **opaque** answers aroused the suspicion of the detective.
(その男のあいまいな答えに、刑事は疑いを抱いた)

opaque	❷形 **impenetrable**	不透明な

▶The **opaque** stained glass windows of the cathedral create a dark, cave-like ambience inside the structure.
(大聖堂の不透明なステンドグラスの窓は、建物の中に暗い洞窟のような雰囲気を生み出している)

☐ 1378 **endorse** [indɔ́:rs]	❶動 **support, subscribe, back, advocate**	～を支持する、是認する

▶The majority of British politicians **endorsed** the prime minister's decision to go to war.
(イギリスの政治家の過半数が、戦争を始めるという首相の決定を支持した)

endorse	❷動 **sign**	(小切手・証書など)に裏書きする

▶Kelly **endorsed** the check before depositing it in her account.
(ケリーは、口座に預金する前に小切手に裏書きをした)

□ 1379 **advent** [ǽdvent]	名 **arrival, coming, introduction, appearance**	到来、出現

▶ The **advent** of the computer revolutionized modern people's lives.
（コンピューターの出現は、現代人の生活に革命を与えた）

□ 1380 **severely** [səvíərli]	副 **intensely, seriously, sharply**	激しく、厳しく 形 severe 名 severity

▶ Many newspapers have **severely** criticized the president for the country's high unemployment rate.
（多くの新聞が、国内の高い失業率について大統領を厳しく批判してきた）

出題頻度レベル ★★★

□ 1381 **immutable** [imjú:təbl]	形 **unchangeable, invariable, unalterable**	不変の

▶ The topic of today's lecture will be the five **immutable** rules for marketing.
（今日の講義のテーマは、マーケティングの5つの不変のルールだ）

最新傾向 immutableとスペリングが似ているimputableは「転嫁できる（attributable、ascribable）」という意味。試験で間違わないように注意しましょう。

□ 1382 **yardstick** [já:rdstik]	名 **measure, criterion, benchmark, standard**	基準、尺度

▶ Financial success is the **yardstick** by which many people judge others.
（金銭的な成功は、多くの人々が他人を評価する際の尺度だ）

□ 1383 **preserve** [prizə́:rv]	動 **protect, save, retain, maintain, conserve**	～を守る、保護する、保つ

▶ The senator took important steps to **preserve** the wildlife of his state.
（その上院議員は、州内の野生生物を保護するための重要な対策を講じた）

□ 1384 **conviction** [kənvíkʃən]	名 **strong belief, strong opinion, faith**	確信、信念 動 convince

▶Gandhi remained committed to his **convictions**, such as non-violence, his entire life.
（ガンジーは、非暴力といった自らの信念を一生貫いた）

□ 1385 **hallmark** [hɔ́ːlmɑ̀ːrk]	名 **feature, distinguishing trait, sure signal**	特徴、特質

▶Clarity is a **hallmark** of good writing.
（明瞭さはよい文章の特徴だ）

□ 1386 **timid** [tímid]	形 **shy, fearful, cowardly**	内気な、臆病な、気の小さい

▶Sarah tried hard to overcome her **timid** nature.
（サラは、自分の臆病な性格を懸命に克服しようとした）

□ 1387 **robust** [roubʌ́st]	形 **strong, vigorous, healthy, stalwart**	頑丈な、頑強な、たくましい

▶Researchers are genetically engineering crops to make them **robust**.
（研究者たちは、作物を強くするため、作物の遺伝子組み替えを行っている）

□ 1388 **discard** [diskɑ́ːrd]	動 **throw away, abandon, reject, dispose of, cast aside**	～を捨てる、処分する

▶Everyone should **discard** their paper, glass, and plastic into a separate recycling box.
（誰もが紙、ガラス、プラスチックを別々のリサイクル箱に捨てるべきだ）

□ 1389 **complicated** [kámpləkèitid]	形 complex, intricate, elaborate	複雑な

▶The issue of abortion is **complicated**, and debates about it are often left unresolved.
(人工中絶の問題は複雑で、これに関する議論は未解決のままになることが多い)

最新傾向 complicateは「～を複雑にする」という意味の動詞。同義語問題ではmake difficult、entangleが出題されるので一緒に覚えておきましょう。

□ 1390 **apart from**	前 besides, except for, excluding	～は別にして、～はさておき

▶Rachel's essay is very good, **apart from** a few grammatical errors.
(レイチェルのレポートは、いくつかの文法的誤りを除けばとてもよく書けている)

□ 1391 **graduate to**	熟 progress to, advance to, proceed to	～へ進む、昇進する

▶After serving as a colonel in the US army, Ulysses S. Grant **graduated to** general in 1861.
(アメリカ軍の大佐を務めたあと、ユリシーズ・S・グラントは1861年に大将に昇進した)

□ 1392 **demonstrate** [démənstrèit]	動 indicate, show, manifest	～を明らかにする、示す

▶At the parade, people **demonstrated** their national pride by waving flags.
(パレードで人々は旗を振って国家の誇りを示した)

□ 1393 **deluxe** [dəlúks]	形 **lavish, luxurious, opulent, rich**	豪華な、ぜいたくな

▶The **deluxe** suite in the hotel offered a fabulous view of the city.
（ホテルの豪華なスイートルームからは、市内の素晴らしい景色が見えた）

□ 1394 **dispute** [dispjú:t]	❶動 **argue, contend**	論争する 形 disputatious

▶The townspeople **disputed** with the local council over the decision to build a new road.
（町民は、新しい道路の建設の決定をめぐって町議会と論争した）

dispute [díspju:t]	❷名 **argument, disagreement, debate**	論争、議論

▶China and Japan struck a deal to end the **dispute** over agricultural trade products.
（中国と日本は、農産物の貿易をめぐる論争を終わらせる協定を結んだ）

□ 1395 **convention** [kənvénʃən]	名 **usually practiced custom, tradition, rule**	慣習、しきたり 形 conventional 副 conventionally

▶In some Asian countries, it is the **convention** not to look directly at those older than oneself.
（アジア諸国の中には、年上の人を直接見ないしきたりのところもある）

最新傾向 conventionは「会議、協議会」という意味でも使われます。a convention for investors「投資家たちのための会議」。同義語問題ではassembly、conferenceが出題されるので一緒に覚えておきましょう。

DAY 25

□ 1396 **rival** [ráivəl]	❶形 **competing, competitive, conflicting**	競争する、張り合う

▶The two **rival** companies have been at the forefront of the IT industry.
（その2つの競合企業は、IT産業の先端を走ってきた）

rival	❷名 **competitor, antagonist, opponent**	競争相手、対抗者

▶Unlike George Washington, John Adams had **rivals** for the presidency.
（ジョージ・ワシントンと違い、ジョン・アダムズには大統領選で複数の対立候補がいた）

rival	❸動 **compete with, match**	～と競争する、匹敵する

▶Heavy investment ensured that the new publication could **rival** its established competitors.
（多くの投資によって、その新しい出版物は既存の競合する出版物と渡り合うことができた）

□ 1397 **modulate** [mádʒulèit]	動 **adjust, regulate, tune**	～を調整する、調節する

▶The liver **modulates** the levels of various chemicals in the blood.
（肝臓は血液中のさまざまな化学物質の濃度を調整する）

□ 1398 **universal** [jù:nəvə́:rsəl]	形 **used everywhere, general**	全世界の、普遍的な

▶Used to mean "stop," a red light at a street intersection is a symbol that is virtually **universal**.
（「止まれ」という意味で使われる交差点の赤信号は、ほぼ全世界共通のシンボルだ）

□ 1399
equivalent [ikwívələnt]
形 equal, comparable, even, commensurate
同等の、相当する

▶Although much international aid goes to help the masses, an **equivalent** amount is lost due to corruption and inefficiency.
(多くの国際的な援助が大衆を助けるために使われるものの、同等の金額が汚職や非効率のために失われている)

□ 1400
sparsely [spɑ́ːrsli]
副 thinly, widely scattered
希薄に、まばらに
形 sparse

▶Turkey's **sparsely** populated eastern regions are home to six million Kurds.
(人口がまばらなトルコの東部地域には、600万人のクルド人が住んでいる)

□ 1401
exceed [iksíːd]
動 go beyond, surpass, have a greater number than
～を超える、超過する

▶Christine's yearly income **exceeded** Jack's total earnings from the previous 14 years.
(クリスティーンの年収は、ジャックの過去14年分の稼ぎの合計を上回った)

□ 1402
linger [líŋgər]
動 remain, stay
居残る、長引く

▶Although almost all the guests had left the party, Steven **lingered** to talk to the host.
(ほぼすべてのゲストがパーティーを後にしたが、スティーブンは主催者と話すために残った)

□ 1403
innovative [ínəvèitiv]
形 original, inventive, creative, ingenious
革新的な、刷新的な
名 innovation

▶Herbal remedies are an **innovative** way to treat many common health problems.
(薬草療法は、多くのよくある健康上の問題を治療する革新的な方法だ)

最新傾向 originalには「元来の、本来の」のほかに、「独創的な」という意味もあります。brainstorm original ideas「独創的なアイデアについてブレインストーミングする」。

DAY 25

☐ 1404 **antiquity** [æntíkwəti]	名 **ancient times, distant past**	太古、古代 形 antique

▶ Gold has been highly valued throughout **antiquity** and into modern times.
（金は、古代の間ずっと、そして現代に至るまで高い価値を与えられてきた）

☐ 1405 **impending** [impéndiŋ]	形 **approaching, imminent**	差し迫った、切迫した

▶ A person should get a lot of rest to prepare for an **impending** surgery.
（人は、目前に控えた手術に備えるために十分な休息をとるべきだ）

☐ 1406 **doctrine** [dάktrin]	名 **tenet, principle, dogma**	教義、教理、主義

▶ The Buddha's **doctrine** allowed people to go about their daily lives with confidence.
（ブッダの教義のおかげで、人々は自信をもって日常生活を送ることができた）

☐ 1407 **contribute** [kəntríbju:t]	動 **donate, endow, pitch in with; conduce**	～を与える、寄付する

▶ Employees could **contribute** a portion of their paycheck to support a local charity.
（従業員は、地元の慈善団体を支援するために給料の一部を寄付することができた）

出題頻度レベル ★☆☆

☐ 1408 **cease** [si:s]	動 **stop, halt, end, terminate**	終わる

▶ The rain had **ceased**, but a strong wind still blew from the southwest.
（雨は止んだが、まだ南西から強風が吹いていた）

□ 1409 **prior to**	前 **before, previous to, ahead of**	～より前に

► Scientists are studying the events that may have occurred on Earth **prior to** the extinction of the dinosaurs.
（科学者たちは、恐竜の絶滅の前に地球で起こった可能性のある出来事を研究している）

□ 1410 **groom** [gru:m]	動 **clean, tidy**	～の身だしなみを整える

► Chimpanzees often **groom** other members of their group as a form of bonding.
（チンパンジーは絆の印として、しばしば群れのほかの仲間の毛づくろいをする）

最新傾向 groomとスペリングも発音も似ているgloomは「憂鬱、沈んだ面持ち（depression、melancholy）」という意味。混同しないように注意しましょう。

□ 1411 **diversity** [daivə́:rsəti]	名 **variety; difference**	多様性 形 diverse

► The cultural **diversity** of the US is particularly obvious in larger cities.
（アメリカの文化的多様性は、大都市では特に顕著だ）

□ 1412 **correlate** [kɔ́:rəlèit]	動 **match, connect, link**	～を関連づける、～の関連性を示す

► In the article, experts tried to **correlate** diet soda with an increased risk of heart disease.
（記事の中で、専門家たちはダイエット炭酸飲料と心臓病のリスクの高まりとの関連性を示そうとした）

□ 1413
elite [eilíːt]
名 **upper class, upper crust, aristocracy, gentry**
エリート層、上流階級

▶For hundreds of years, a small social **elite** dominated much of Western Europe.
（何百年もの間、わずかな社会の上流階級が西欧のほとんどを支配していた）

□ 1414
stratify [strǽtəfài]
動 **layer**
層状になる

▶In summer, lakes **stratify**, with warm water collecting above cooler water.
（湖は夏に、温かい水が冷たい水の上にたまって層を成す）

□ 1415
lessen [lesn]
動 **reduce, abate, diminish**
～を減らす、軽減する

▶Seatbelts **lessen** the risk of injury in the event of an accident.
（シートベルトは、事故が起こった場合にけがのリスクを軽減する）

□ 1416
upset [ʌ̀psét]
動 **disturb, agitate, unsettle, worry**
～の心を乱す、～を不安にする

▶News of the deadly terrorist attacks in the city **upset** people across the world.
（死者を出した市内のテロ攻撃のニュースは、世界中の人々を不安にした）

最新傾向 upsetには「～をひっくり返す」という意味もあります。upset the ship「船を転覆させる」。同義語問題ではtip over、overturnが出題されます。

□ 1417
accrete [əkríːt]
動 **come together, accumulate**
一体となる、（付着して）増大する

▶If matter in space **accretes** enough, it can form planets.
（宇宙空間の物質が十分に結合すると、惑星を形成することがある）

□ 1418

uninterrupted

[ʌnintərʌ́ptid]

形 **steady, ceaseless, incessant**

途切れない、連続する

▶ Ideally, adults should get 8 hours of **uninterrupted** sleep each night.
(理想的には、成人は毎晩8時間連続した睡眠をとるべきだ)

DAY 25

QUIZ

次の1～10の同義語をⓐ～ⓙから選びましょう。

1.	inevitable	ⓐ unchangeable, invariable, unalterable
2.	vulnerable	ⓑ unavoidable, certain, inescapable
3.	robust	ⓒ go beyond, surpass
4.	immutable	ⓓ match, connect, link
5.	obstacle	ⓔ protect, save, retain
6.	extensive	ⓕ susceptible, weak, open to attack
7.	preserve	ⓖ barrier, hindrance, impediment
8.	exceed	ⓗ stop, halt, end
9.	cease	ⓘ widespread, large, wide
10.	correlate	ⓙ strong, vigorous, healthy

1.ⓑ **2.**ⓕ **3.**ⓙ **4.**ⓐ **5.**ⓖ **6.**ⓘ **7.**ⓔ **8.**ⓒ **9.**ⓗ **10.**ⓓ

DAY 21-25 Review TEST

次の英文の下線部の語と最も意味の近いものを（A）～（D）の中からひとつ選びましょう。答えは次のページに掲載しています（解答は赤シートで消すことができます）。

1. In 1877, Edison produced the phonograph, one of his most intriguing inventions.
(A) complicated (B) fascinating (C) peculiar (D) brilliant

2. Clouds dissipate due to either air temperature increasing or the vapors mixing with drier air.
(A) disperse (B) ascend (C) shrink (D) moisten

3. When opening a business, finding the optimal location is very important.
(A) convenient (B) ideal (C) secure (D) deluxe

4. In London, continual surveillance of citizen behavior is maintained by thousands of public cameras.
(A) observation (B) appreciation (C) inquiry (D) agitation

5. According to legend, Xerxes was induced by the flattery of his friend Mardonius to invade the Greek mainland.
(A) commanded (B) mutilated (C) persuaded (D) tamed

6. After the mining company polluted the area, it became a desolate place.
(A) improbable (B) deserted (C) dangerous (D) staggering

7. Although leaders have met numerous times, the economic dispute remains unresolved.
(A) unsettled (B) extensive (C) immobile (D) inevitable

8. Harry Houdini astonished audiences with his incredible illusions and stunts.
(A) astounded (B) encouraged (C) pleased (D) endorsed

9. Margaret Thatcher was driven by the conviction that a strong society needs a strong government.
(A) virtue (B) faith (C) suspicion (D) dispute

10. James Joyce's final novel *Finnegans Wake* has been criticized for being unnecessarily opaque.
(A) obscure (B) lucid (C) graphic (D) confined

正解のあとの数字は、見出し語の通し番号を表しています。

1. (B) 1138
1877年、エジソンは彼の最も興味を引く発明品の１つである蓄音機を作った。

2. (A) 1136
雲は気温の上昇か、または、水蒸気が乾燥した空気と混じり合うことによって消散する。

3. (B) 1193
開業の際には、最適な立地を見つけることがとても重要だ。

4. (A) 1209
ロンドンでは、市民の行動の継続的な監視が、何千台もの防犯カメラによって維持されている。

5. (C) 1251
伝説によれば、クセルクセスは味方のマルドニオスにおだてられ、ギリシャ本土を侵略する気になった。

6. (B) 1295
採掘会社がその地域を汚染したあと、そこは無人の地となった。

7. (A) 1315
首脳らは幾度となく会談を重ねたが、経済摩擦は未解決のままとなっている。

8. (A) 1318
ハリー・フーディーニは、信じがたいイリュージョンと離れ業で観客を驚かせた。

9. (B) 1384
マーガレット・サッチャーは、強い社会には強力な政府が必要だという信念に突き動かされた。

10 (A) 1377
ジェームズ・ジョイスの最後の小説『フィネガンズ・ウェイク』は、むやみに不可解であると批判されている。

DAY 26

今回のターゲットは **55** 語

1419 >>> 1473

出題頻度レベル ★★★

□ 1419 **offset** [ɔ́:fsèt]	動 counterbalance, counteract, cancel out	～を相殺する

▶ Residents on the island claim that lower housing prices are **offset** by the high bridge toll.

（島の住民は、低い住宅価格は橋の高い通行料で相殺されてしまうと主張している）

□ 1420 **assume** [əsú:m]	❶動 undertake, take on, adopt	～を引き受ける

▶ After John F. Kennedy's assassination, Lyndon Johnson **assumed** the role of president.

（ジョン・F・ケネディーの暗殺後、リンドン・ジョンソンが大統領の任務に就いた）

assume	❷動 believe, think, suppose, presume	～を本当だと思う、憶測する

▶ Most people **assume** that stress has serious effects on physical and mental health.

（ほとんどの人が、ストレスは心身の健康に深刻な影響を与えると考えている）

最新傾向 ～ing形のassumingは「～と仮定すれば」という意味の接続詞。同義語問題ではon condition that、providedが出題されます。

□ 1421 **periodically** [pìəriádikəli]	❶副 regularly	周期的に、定期的に

▶ The fire alarms are tested **periodically** to ensure they are working properly.

（正常に作動することを確かめるために、火災報知機は定期的に検査される）

periodically	❷副 at intervals, occasionally	断続的に

▶ Charles Bukowski published his writing **periodically** throughout his life, often going years without releasing any work.
（チャールズ・ブコウスキーは、生涯を通じて断続的に著作を発表したが、何年も作品を発表せずに過ごすこともあった）

□ 1422 **cite** [sait]	動 refer to, mention, allude to	～を引用する、引き合いに出す

▶ Lawyers **cite** previous court decisions in their legal documents.
（弁護士は、法律文書の中で過去の判決を引き合いに出す）

□ 1423 **commonly** [kámənli]	副 generally, often, normally, usually	一般的に、通例

▶ The earliest dramas of ancient Greece were **commonly** performed during religious festivals.
（古代ギリシャの初期の演劇は、通例、宗教的な祭事中に演じられた）

□ 1424 **locate** [lóukeit]	❶動 find, detect, discover	～（の場所）を見つける 名 location

▶ Scientists have **located** a new planet in a distant solar system.
（科学者たちは、遠くの太陽系の中に新しい惑星を見つけた）

locate	❷動 position, situate, place	～を置く、設置する

▶ The city **located** the new statue in the center of town for everyone to see.
（その市は、誰もが見られるように町の中心に新しい像を設置した）

DAY 26

□ 1425
impose [impóuz]

動 force, pressure, enforce | ～を押しつける

▶ Karen, as usual, **imposed** her will upon the rest of the group, and they all ended up at the museum.
（カレンはいつものように自分の意志をグループのほかのメンバーたちに押しつけ、結局皆が美術館に入ることになった）

最新傾向 imposeは「（負担などを）課す、負わす」という意味でも使われます。impose fees for a service「サービス料金を課す」。同義語問題ではcharge、fineが出題されるので一緒に覚えておきましょう。

□ 1426
prerequisite [pri:rékwəzit]

名 requirement, necessary condition, precondition | 必要条件

▶ Basic Mathematics is a **prerequisite** for the calculus class.
（数学基礎は、微積分学の授業を受けるための必要条件だ）

□ 1427
immunity [imjú:nəti]

名 exemption, impunity | 免除、免責

▶ Although diplomats enjoy **immunity** from legal prosecution in foreign countries, they can be expelled.
（外交官は、外国で法的起訴を免れるが、国外追放される可能性はある）

□ 1428
proper [prápər]

形 suitable, appropriate, apposite | 適切な、ふさわしい

▶ Teenagers are often malnourished because they fail to eat a **proper** diet.
（10代の若者は、適切な食事をとらないためにしばしば栄養失調になる）

□ 1429 **embark on**	熟 start (on), begin, commence	～に乗り出す、～を開始する

▶After two months of preparation, Bernie **embarked on** his backpacking trip across Europe.
(2カ月準備したあと、バーニーはヨーロッパ中を巡るバックパッカー旅行に出発した)

□ 1430 **probe** [proub]	❶動 investigate, search, examine, explore	～を探る、調査する

▶Detectives **probed** the bridge's collapse, but they did not reach a clear conclusion.
(刑事たちは橋の崩壊を調査したが、明確な結論には至らなかった)

probe	❷名 exploration, inquiry	調査、精査

▶Both Britain and France launched a **probe** into how the criminal had slipped through their security net.
(イギリスとフランスの両国は、その犯罪者がどのようにして両国の警備網をかいくぐったのかを探る調査を始めた)

DAY 26

□ 1431 **exhaust** [igzɔ́:st]	❶動 use up, deplete, run out of	～を使い果たす

▶The world has **exhausted** much of its natural resources.
(世界は、天然資源の多くを使い果たしてきた)

exhaust	❷動 tire, weary, fatigue	～を疲弊させる

▶Running the marathon **exhausted** Linda so much that she could not get up for two days.
(リンダはマラソンを走って非常に疲れ、2日間起き上がれなかった)

最新傾向 exhaustの形容詞形exhaustiveには「枯渇させる」のほかに、「徹底的な」という意味があります。同義語問題ではthorough、completeが出題されるので一緒に覚えておきましょう。

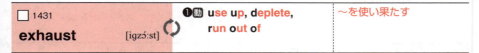

□ 1432 **exclusive** [ikisklú:siv]	形 **only, sole, single**	唯一の 動 exclude 副 exclusively

▶ In many small rural towns, a personal automobile is the **exclusive** means of transportation.
(多くの小さな田舎町では、自家用車が唯一の交通手段だ)

□ 1433 **manipulate** [mənípjulèit]	❶動 **handle, control, operate, maneuver**	～を操作する、操る 名 manipulation

▶ Astronauts **manipulate** devices like the Canada Arm, a tool used to grab floating objects in space.
(宇宙飛行士は、宇宙を浮遊する物体をつかむために使われるツールであるカナダアームのような装置を操作する)

manipulate	❷動 **change, deliberately alter**	～を改ざんする

▶ Someone **manipulated** the company's computer passwords and deleted some important files.
(何者かが企業のコンピューターのパスワードに手を加え、重要なファイルを消去した)

□ 1434 **ongoing** [ɔ́:ngòuiŋ]	形 **continued, constant, persistent**	進行中の

▶ The recovery after the hurricane is still **ongoing**.
(ハリケーンのあとの復興は、今も続いている)

□ 1435 **primary** [práiməri]	形 **fundamental, elementary, basic**	第一の、主要な

▶ All matter is composed of **primary** particles, such as quarks.
(あらゆる物質は、クオークなどの一次粒子でできている)

出題頻度レベル ★★★

☐ 1436
interval [íntərvəl]
名 space, distance; period
間隔、合い間

▶Drivers of automobiles must maintain a minimum **interval** of one meter between their vehicles and bikers.
(自動車を運転する人は、自分の車と自転車との間に最低でも1メートルの間隔を維持しなければならない)

☐ 1437
spark [spɑ:rk]
動 bring about, trigger, provoke
～を引き起こす

▶The government council proposed tax reforms in order to **spark** activity in the stagnant economy.
(政府の委員会は、停滞する経済に活力を引き起こすために、税制改革を提案した)

最新傾向 sparkは動詞だけではなく、「わずか、ほんの少し」という意味の名詞としても使われます。a spark of hope「わずかな希望」。同義語問題ではhintが出題されるので一緒に覚えておきましょう。

☐ 1438
tenacity [tənǽsəti]
名 stubbornness, determination, firmness
固執、強情

▶Some residents refused to abandon their homes before the storm, and their **tenacity** put them in danger.
(住民の中には嵐が来る前に家を離れることを拒んだ者もおり、その頑固さは彼らを危険にさらした)

☐ 1439
distinctive [distíŋktiv]
形 characteristic, peculiar
特徴的な、独特な
名 distinction

▶Maya's large blue eyes are her most **distinctive** facial feature.
(マヤの大きな青い瞳は、彼女の最も独特な顔の特徴だ)

□ 1440 **collaborative** [kəlǽbərèitiv]	形 **cooperative, concerted, joint**	共同の、協同の 動 collaborate

▶A **collaborative** effort involving many scientists was required to produce the first atomic bomb.
（たくさんの科学者を巻き込む共同の取り組みが、最初の原子力爆弾の製造に必要だった）

□ 1441 **deeply ingrained**	熟 **firmly established**	深く染みついた

▶Personal freedom is a **deeply ingrained** principle of liberal democracies.
（個人の自由は、自由主義の民主主義国家に深く根ざした原則だ）

□ 1442 **instantaneous** [ìnstəntéiniəs]	形 **immediate, prompt, on-the-spot**	即座の、即時の

▶Todd's **instantaneous** reaction to being fired was to scream at his boss, an action which he later regretted.
（解雇されたことに対するトッドの即座の反応は、上司に金切り声を浴びせたことだったが、彼はその行動をあとになって後悔した）

□ 1443 **agitate** [ǽdʒitèit]	動 **create movement in, stir, beat**	～をかき混ぜる

▶Filters in fish tanks **agitate** the water, and this helps prevent the growth of algae.
（魚の水槽のフィルターは水をかき混ぜて、藻が発生しないようにしている）

最新傾向 agitateの名詞形agitationは「動揺、扇動」という意味。同義語問題ではturmoil、disturbanceが出題されるので一緒に覚えておきましょう。

□ 1444 **in profile**	熟 **from side view**	横顔で、横から見て

▶The artist preferred drawing portraits of people **in profile**.
（その画家は、横顔の肖像画を描くのを好んだ）

□ 1445 **especially** [ispéʃəli]	副 **particularly, notably, specially**	特に、とりわけ

▶Different kinds of gemstones, **especially** diamonds and rubies, are valued for their rarity.
（さまざまな宝石、特にダイアモンドやルビーは、その希少性で価値が決まる）

□ 1446 **creative** [kriéitiv]	形 **inventive, imaginative**	創造的な、独創的な

▶The **creative** stories of C.S. Lewis have entertained children for generations.
（C・S・ルイスの独創的な物語は、何世代にもわたって子どもたちを楽しませてきた）

DAY 26

□ 1447 **rim** [rim]	名 **edge, border, verge, margin**	ふち、へり

▶The falling snow collected on the **rim** of the fountain.
（降る雪が、噴水のふちに積もった）

□ 1448 **anxious** [ǽŋkʃəs]	❶形 **worried, concerned, apprehensive, uneasy**	不安な、心配した 名 anxiety

▶It is common for people to feel **anxious** about starting a new job.
（人が新しい仕事を始めることに不安を感じるのはよくあることだ）

anxious	❷形 **eager, keen, longing**	切望する

▶Athletes are **anxious** to represent their countries at the Olympics because it is a great honor.
（スポーツ選手たちはオリンピックで国の代表になりたがるが、それは大きな名誉だからだ）

☐ 1449
require [rikwáiər]

動 **demand, call for, entail, need**

～を要する、必要とする

名 requisite

▶Modern consumers are well informed, so successful marketing in today's economy **requires** sophisticated strategies.

（現代の消費者は十分な情報を持っているので、今日の経済においてマーケティングが成功するには高度な戦略が必要となる）

最新傾向 requireと一緒に、次の単語を区別して覚えておきましょう。

・acquire　～を取得する、獲得する
・inquire　尋ねる

☐ 1450
handy [hǽndi]

形 **convenient**

便利な

▶Many people choose to live near a subway station because it is **handy** for transportation.

（多くの人々が地下鉄の駅の近くに住むことを選ぶのは、移動に便利だからだ）

☐ 1451
rare [rɛər]

形 **(very) unusual, infrequent, scarce, uncommon**

珍しい、まれな

▶Huck and Jim shared a friendship, which was **rare** between a servant and his master.

（ハックとジムは友情を分かち合っていたが、それは従者と主人の間では珍しいことだった）

☐ 1452
diligently [dílədʒəntli]

副 **earnestly, assiduously, carefully, industriously**

勤勉に、まじめに

▶Students must conduct research **diligently** in doing a term paper or thesis.

（学生たちは、学期末のレポートや論文を書く際、勤勉に調査を行わなければならない）

☐ 1453 **mutually exclusive**	熟 **different from one another**	互いに排他的な、相いれない

▶ The business partners parted because their opinions were **mutually exclusive**.
(お互いの意見が合わず、そのビジネスパートナーたちは関係を終えた)

☐ 1454 **vacant** [véikənt]	形 **empty, unoccupied, void**	空の、空いている

▶ The hotel rooms are **vacant** during the winter months because the cold weather deters tourism.
(寒さで観光が抑止されるため、そのホテルの部屋は冬季には空いている)

☐ 1455 **represent** [rèprizént]	動 **depict, portray, express**	～を表現する、表す、描写する 形 representative

▶ The report **represents** the current situation in our education system.
(そのレポートは、わが国の教育制度の現状を描写している)

☐ 1456 **conclude** [kənklú:d]	動 **decide, make a final judgement, determine**	～を結論づける、断定する 形 conclusive 副 conclusively

▶ It was **concluded** that liquid water cannot exist on a planet that has extreme temperatures.
(気温の極端な惑星では、液体の水は存在できないことが結論づけられた)

☐ 1457 **enactment** [inǽktmənt]	名 **establishment**	(法の)制定 動 enact

▶ The **enactment** of legislation on food packaging labels lets customers know what a product contains.
(食品のパッケージのラベルに関する法律の制定で、客は製品に何が含まれているかを知ることができるようになる)

DAY 26

☐ 1458

impede [impíːd]

動 **inhibit, hinder, obstruct**

～を妨げる、妨害する

名 impediment

▶ Drought **impeded** the growth of many agricultural crops last summer.
（昨年の夏は、干ばつのために多くの農作物の成長が阻まれた）

最新傾向 impedeとスペリングが似ているimpendは「（危険などが）差し迫る（imminent、upcoming）」という意味。試験で間違わないように注意しましょう。

☐ 1459

humble [hʌ́mbl]

形 **modest, unpretentious, unassuming**

謙虚な、控えめな、慎ましい

▶ Despite the actor's tremendous success, he had a very **humble** house.
（その俳優は大成功を収めたにもかかわらず、住宅はとても慎ましかった）

☐ 1460

premise [prémis]

名 **assumption, presupposition**

前提、根拠

▶ The Chinese legal system works on the **premise** that an accused person is guilty until he is proven innocent.
（中国の法体系は、被告は無実であると証明されない限りは有罪であるという前提に基づいて動いている）

出題頻度レベル ★☆☆

☐ 1461

jettison [dʒétəsn]

動 **release, discard, throw away, cast off**

～を捨てる

▶ Pilots sometimes **jettison** excess fuel to make an airplane lighter for landing.
（パイロットは、着陸のために飛行機を軽くするために、余分な燃料を捨てることがある）

☐ 1462

segregate [ségrigèit]

動 **separate, seclude, dissociate, disunite**

～を分離する、隔離する

▶ All restaurants are now required to **segregate** smokers from nonsmokers.
（すべてのレストランは現在、喫煙者と非喫煙者を分離することが義務づけられている）

□ 1463 **innumerable** [injú:mərəbl]	形 **countless, numberless, numerous**	無数の、数えきれない

▶ Jim Henson produced **innumerable** films and TV shows.
（ジム・ヘンソンは無数の映画とテレビ番組を制作した）

□ 1464 **havoc** [hǽvək]	名 **destruction, ruin, devastation, demolition**	大破壊、大混乱

▶ If we don't halt the progress of climate change, it will create **havoc** on a global scale.
（気候変動の進行を止めなければ、地球規模で大混乱が起こるだろう）

□ 1465 **dwindle** [dwíndl]	動 **decrease, diminish, lessen**	縮小する、減少する

▶ The crowd celebrating the World Cup victory didn't start to **dwindle** until the early hours of the morning.
（ワールドカップでの勝利を祝う群衆は、朝早くまで減り始めなかった）

最新傾向 dwindleとスペリングが似ているdawdleは「ぐずぐずする（linger、procrastinate）」という意味。

□ 1466 **concept** [kɑ́nsept]	名 **idea, notion**	考え、概念

▶ Thomas More's *Utopia* was based on the **concept** of a perfect world.
（トマス・モアの『ユートピア』は、完璧な世界の概念に基づいていた）

□ 1467 **sensational** [senséiʃənl]	形 **extraordinary, exciting**	扇情的な

▶ Las Vegas is known around the world for its **sensational** night life.
（ラスベガスは、扇情的な夜の生活で世界中に知られている）

DAY 26

☐ 1468

convincing [kənvínsiŋ]

形 **persuasive, compelling, credible, cogent**

説得力のある

▶ There's no **convincing** explanation as to how dogs were domesticated.

(犬がどのようにして飼いならされたのか、説得力のある説明はない)

☐ 1469

insight [ínsàit]

名 **understanding, perception, sense**

見識、洞察力

▶ Nextel has **insight** into the mobile business market that Motorola would like to have.

(ネクステルには、モトローラが参入したいと思っているモバイルビジネス市場への見識がある)

最新傾向 insightの形容詞形insightfulは「洞察力のある」という意味。同義語問題ではdiscerning、perceptiveが出題されるので一緒に覚えておきましょう。

☐ 1470

naively [na:í:vli]

副 **plainly, candidly, ingenuously**

単純に、無邪気に

▶ The witness **naively** answered all of the judge's questions.

(目撃者は、判事の質問のすべてに純朴に答えた)

☐ 1471

vague [veig]

形 **unclear, uncertain, imprecise, obscure**

あいまいな、はっきりしない

▶ In legal documents, it is essential to avoid **vague** terms and definitions.

(法的文書では、あいまいな語や定義を避けることが必須だ)

☐ 1472

associated [əsóuʃièitid]

形 **connected, correlated, linked**

関連した

▶ El Niño is a perfect example of how weather patterns and oceanic currents are closely **associated**.

(エル・ニーニョは、気象パターンと海流がどのように密接に関連しているかを示す完璧な事例だ)

1473

amplification

[ǽmpləfikéiʃən]

名 **further explanation**

拡大、詳しい説明

動 amplify

▶The Talmud is a Jewish text that provides **amplification** of the concepts from the Hebrew Bible.

（タルムードは、ヘブライ語聖書の概念をさらに詳しく説明したユダヤ教の文書だ）

DAY 26

QUIZ

次の1～10の同義語をⓐ～ⓙから選びましょう。

1. tenacity
2. impose
3. vacant
4. represent
5. require
6. manipulate
7. primary
8. innumerable
9. vague
10. exclusive

ⓐ countless, numberless, numerous
ⓑ empty, unoccupied, void
ⓒ handle, control, operate
ⓓ only, sole, single
ⓔ stubbornness, determination, firmness
ⓕ fundamental, elementary, basic
ⓖ demand, call for, entail
ⓗ force, pressure, enforce
ⓘ depict, portray, express
ⓙ unclear, uncertain, imprecise

1.ⓔ **2.**ⓗ **3.**ⓑ **4.**ⓘ **5.**ⓖ **6.**ⓒ **7.**ⓕ **8.**ⓐ **9.**ⓙ **10.**ⓓ

出題頻度レベル ★★★

□ 1474 **remnant** [rémnənt]	名 leftover, remains, trace, relic	残り、残余

▶ It is possible that comets are **remnants** from the formation of the solar system.
（彗星は、太陽系の形成からの残存物である可能性がある）

□ 1475 **indispensable** [ìndispénsəbl]	形 essential, necessary, requisite	欠くことのできない、不可欠の

▶ Adam considered compromise an **indispensable** tool in a federal system.
（アダムは、歩み寄りは連邦制度における欠くことのできない手段だと考えていた）

□ 1476 **undermine** [ʌ̀ndərmáin]	動 weaken, attenuate	～を衰えさせる、むしばむ

▶ Income reductions have **undermined** the foundation of the middle class.
（収入の減少は、中産階級の基盤を衰えさせてきた）

最新傾向 undermineと一緒に、次の単語を区別して覚えておきましょう。
- undertake （義務などを）引き受ける
- underlie ～の基礎にある

□ 1477 **fashion** [fǽʃən]	❶名 way, manner, mode	やり方、流儀

▶ Shoppers are asked to line up in an orderly **fashion** at the checkout counter.
（買い物客は、会計カウンターで整然と並ぶように求められる）

fashion	❷動 shape, create, make	～を形成する、創り出す

▶ The prime minister's masterful diplomacy **fashioned** a broad international alliance.
（首相の巧みな外交は、広範な国際同盟を形成した）

□ 1478 **prolong** [prəlɔ́ːŋ]	動 **extend, lengthen, protract**	～を延長する、長くする

▶ Richard Nixon was convinced that the antiwar movement **prolonged** the war.
(リチャード・ニクソンは、反戦運動が戦争を長引かせると確信していた)

□ 1479 **adequate** [ǽdikwət]	形 **sufficient, satisfactory**	十分な

▶ Joseph's research cannot be completed without **adequate** funding.
(ジョセフの調査は、十分な資金がないと、完成させることができない)

□ 1480 **halt** [hɔːlt]	動 **stop, cease**	～を停止させる

▶ The traffic guard **halted** Susan and her friends at the crosswalk until the light turned green.
(交通整理員は、信号が青になるまでスーザンとその友人たちを横断歩道で止めた)

□ 1481 **controversial** [kɑ̀ntrəvə́ːrʃəl]	形 **debatable, disputed, producing disagreement**	異論の多い、物議をかもす 名 controversy

▶ The political boundaries between some countries remain **controversial**, so not all maps are the same.
(いくつかの国々の間の政治的な国境はいまだに議論が分かれており、すべての地図が同じわけではない)

DAY 27

□ 1482

match [mætʃ]

動 **equal, rival, parallel**

～に匹敵する、～と対等である

▶The Australian economy is unable to **match** China's in terms of size and value.

（オーストラリア経済は、規模と価値の点で中国経済に匹敵することができない）

最新傾向 matchには「一致させる、調和させる」という意味もあります。match the interior decor「室内の装飾に調和させる」。同義語問題ではaccord、harmonizeが出題されるので一緒に覚えておきましょう。

□ 1483

enduring [indjúəriŋ]

形 **lasting, surviving, everlasting, perpetual**

長く続く、永続的な

▶Michelangelo's paintings and sculptures had an **enduring** impact on the art world.

（ミケランジェロの絵画と彫刻は、芸術の世界に長らく影響を与えていた）

□ 1484

restrict [ristríkt]

動 **limit, confine, restrain**

～を制限する

▶The legislation **restricted** the sale of soft drinks in cafeterias during school hours.

（その法律は、授業時間中にカフェテリアでソフトドリンクを販売することを制限した）

□ 1485

encompass [inkʌ́mpəs]

動 **include, contain, embrace**

～を含む、包含する

▶Hawaii **encompasses** eight major islands and numerous smaller ones.

（ハワイは、8つの主要な島と数々の小さな島を含んでいる）

□ 1486 **consider** [kənsídər]	動 **contemplate, take into account**	～を熟考する、よく考える

▶ A person must carefully **consider** all possible options before choosing a course of action.
（人は行動方針を選択する前に、可能性のあるすべての選択肢を慎重に考慮しなければならない）

最新傾向 considerは「～を考える、見なす」という意味でも使われます。consider the water safe「その水を安全だと見なす」。同義語問題ではdeem、regardが出題されるので一緒に覚えておきましょう。

□ 1487 **integrate** [íntəgrèit]	動 **unite, unify, synthesize, interconnect, consolidate**	～を統合する、まとめる 名 integration

▶ Kirin and Takeda will **integrate** their food operations by establishing a joint venture next spring.
（キリンとタケダは来春、ジョイント・ベンチャーを設立して、食品事業を統合する）

□ 1488 **startling** [stɑ́:rtliŋ]	形 **surprising, astonishing, alarming**	驚かせる、びっくりさせる

▶ It is **startling** that almost 15 percent of the world's people are illiterate even today.
（世界の人々のほぼ15%が今でも文字が読めないということには驚かされる）

□ 1489 **unaccounted for**	熟 **not explained**	説明されていない

▶ The cause of the explosion at the textile factory is still **unaccounted for** despite weeks of investigation.
（その織物工場での爆発の原因は、何週間もの調査にもかかわらず、今でも説明がない）

□ 1490 **manifest** [mǽnəfèst]	❶動 **indicate, reveal, demonstrate**	～を明らかにする、明示する 名 manifestation

▶Heart disease **manifests** itself with a variety of symptoms, the most common being chest pain and shortness of breath.
（心臓疾患はさまざまな症状をとなって発現するが、中でも最もよくあるのは、胸部の痛みと息切れだ）

manifest	❷形 **obvious, clear, definite, evident**	明らかな、はっきりとした

▶It is **manifest** that Paolo does not know what it is to be an artist.
（パオロが芸術家であるとはどういうことかをわかっていないことは明らかだ）

出題頻度レベル ★★★

□ 1491 **fragile** [frǽdʒəl]	形 **easily broken, delicate, weak**	壊れやすい、もろい

▶Ceramic tiles are beautiful, but very **fragile**.
（陶製のタイルは美しいが、とても壊れやすい）

□ 1492 **faithful** [féiθfəl]	形 **accurate, exact, precise, veracious**	正確な

▶Many studies have shown that witnesses rarely give **faithful** accounts of accidents or crimes.
（多くの研究で、目撃者が事故や犯罪について正確な話をすることはめったにないということが示されてきた）

最新傾向 faithfulの名詞形faithは「確信」という意味。同義語問題ではconviction、assuranceが出題されるので一緒に覚えておきましょう。

☐ 1493 **concede** [kənsíːd]	❶動 admit, accept as true, acknowledge	～を（事実と）認める

▶Since all the evidence contradicted his idea, the scientist **conceded** that his theory was wrong.
（すべての証拠が自らの考えと矛盾したため、その科学者は自分の理論が誤っていると認めた）

concede	❷動 grant	～を与える、許す

▶The employer reluctantly **conceded** a pay raise to prevent a worker strike.
（雇用主は労働者のストライキを防ぐため、しぶしぶ賃上げを認めた）

☐ 1494 **threaten** [θrétn]	動 endanger, menace, imperil, jeopardize	～を脅かす、危険にさらす

▶Excessive logging **threatens** many animal and plant species in the rainforest.
（熱帯雨林では過度の伐採で、多くの動植物の種が危険にさらされている）

☐ 1495 **revolutionize** [rèvəlúːʃənàiz]	動 fundamentally change, completely change	～に大変革をもたらす 名 revolution

▶The invention of the light bulb **revolutionized** world civilization.
（電球の発明は、世界の文明に大変革をもたらした）

☐ 1496 **haphazard** [hæphǽzərd]	形 random, chance, casual	偶然の、無計画の、でたらめな

▶**Haphazard** urban growth causes many severe problems.
（無計画な都市の成長は、多くの深刻な問題を引き起こす）

☐ 1497 **mainstay** [méinstèi]	名 important part, anchor, buttress	頼みの綱、よりどころ

▶Rice is a **mainstay** in the diets of many people around the world.
（米は世界中の多くの人々の食事における中心だ）

☐ 1498 **wholly** [hóu/li]	副 **completely, entirely, fully, thoroughly**	完全に、まったく

▶ The team has prepared a **wholly** convincing argument for their debate.
（そのチームは討論に向けて完全に説得力のある論拠を用意した）

☐ 1499 **edible** [édəbl]	形 **eatable, fit to eat, safe to eat**	食べられる

▶ One should check the expiry date on food to ensure that it is still **edible**.
（食品がまだ食べられることを確かめるために、消費期限を確認すべきだ）

☐ 1500 **legible** [lédʒəbl]	形 **recognizable, readable**	判読できる

▶ Before the discovery of the Rosetta Stone, ancient Egyptian writing was not **legible** to scholars.
（ロゼッタストーンの発見前は、古代エジプト人の書いたものは学者たちには判読不可能だった）

☐ 1501 **scrutinize** [skrú:tənàiz]	動 **examine, inspect, investigate, probe**	～を綿密に調べる 名 scrutiny

▶ Investigators **scrutinized** the crime scene for evidence.
（捜査員たちは、証拠がないかと犯行現場を注意深く調べた）

☐ 1502 **in essence**	熟 **essentially, fundamentally, basically, in substance**	本質的に

▶ Nicomachean Ethics asserted that human beings are, **in essence**, rational creatures.
（ニコマコス倫理学は、人間は本質的に理性的な生き物であると主張した）

☐ 1503 **beneficial** [bènəfíʃəl]	形 useful, helpful, advantageous, profitable	有益な

▶ Having ladybugs in your garden is **beneficial** because they eat many pests.
(テントウムシは多くの害虫を食べるので、庭にテントウムシがいるのは役に立つ)

最新傾向 beneficiaryだと、「恩恵を受ける人」という意味の名詞です。同義語問題ではrecipient、receiverが出題されるので一緒に覚えておきましょう。

☐ 1504 **distribute** [distríbjuːt]	動 parcel out, spread, allot, apportion	～を分配する、配る

▶ The company decided to **distribute** bonuses based on employee performance.
(その会社は、従業員の業績に基づいて特別手当を分配することにした)

☐ 1505 **heir** [ɛər]	名 inheritor, successor	相続人

▶ The **heirs** to John D. Rockefeller's fortune have donated millions of dollars to charity.
(ジョン・D・ロックフェラーの財産の相続人たちは、何百万ドルも慈善活動に寄付してきた)

☐ 1506 **specifically** [spisífikəli]	副 specially, especially, particularly	特に、とりわけ

▶ The song was written **specifically** for the movie.
(その曲は、特にその映画のために作られた)

☐ 1507 **costly** [kɔ́ːstli]	形 expensive, high-priced	値段の高い、費用のかかる

▶ The sisters' trip to Ireland was rather **costly**, but they both agreed it was well worth the money.
(その姉妹のアイルランドへの旅行はかなり高くついたが、2人ともその旅行がそのお金に十分見合うものだだという意見で一致した)

☐ 1508
yield [jiːld]

❶動 **produce, generate, give** 〜を生じる、産する

▶Farms in Iowa **yield** more than 500 million tons of corn annually.
(アイオワ州の農場は、年間5億トン以上のトウモロコシを生産する)

yield

❷動 **cede, surrender, hand over** 〜を明け渡す、譲る

▶The defeated army **yielded** its position to the enemy.
(敗北した軍は、敵に拠点を明け渡した)

☐ 1509
channel [tʃǽnl]

動 **direct** 〜を向ける

▶The composer **channeled** all of his energy into finishing his opera.
(その作曲家は、オペラを完成させることに全力を投じた)

最新傾向 channelは動詞だけではなく、「手段、方法」という意味の名詞としても使われます。a channel of communication「コミュニケーションの手段」。同義語問題ではmeans、wayが出題されます。

☐ 1510
necessary [nésəsèri]

形 **required, requisite, essential, indispensable** 必要な、必須の

▶These days, students can complete all of the **necessary** courses to get a degree online.
(最近では、学生は学位の取得に必要なすべてのコースをオンラインで修了することができる)

☐ 1511
retrospect [rétrəspèkt]

動 **look back** 回顧する

▶In order to understand present cultures, anthropologists **retrospect** on those of the past.
(現在の文化を理解するために、人類学者は過去の文化を振り返る)

1512
overview [óuvərvjùː]
名 **su**mmary, **o**utline, **sy**nopsis
概観、概説、概要

▶The author's latest book gives readers an **overview** of the history of automobiles.
（その著者の最新刊は、読者に自動車の歴史の概観を与えてくれる）

最新傾向 overviewと一緒に、次の単語を区別して覚えておきましょう。
- oversee ～を監督［監視］する
- overlook ～を見過ごす（「～を監視する」という意味もある）

1513
occasional [əkéiʒənəl]
形 **i**nfrequent, **s**poradic, **i**ntermittent
時折の、たまの
副 occasionally

▶Although most developed countries have nearly eradicated measles, **occasional** outbreaks do occur.
（ほとんどの先進国では、はしかはほぼ根絶されたが、時々発生することはある）

1514
respectively [rispéktivli]
副 **s**eparately, **i**ndividually, **e**ach
それぞれ
形 respective

▶Third quarter earnings in machine exports and imports are 51.4 million and 29.6 million, **respectively**.
（第3四半期における機械の輸出と輸入の収益は、それぞれ5140万と2960万だった）

1515
entice [intáis]
動 **t**empt, **a**llure, **s**educe
～を誘惑する

▶Cleopatra is known for having been able to **entice** many men with her great beauty.
（クレオパトラは、その圧倒的な美しさで多くの男性を誘惑できたことで知られている）

1516
choose [tʃuːz]
動 **o**pt, **s**elect
～を選ぶ

▶Diners can **choose** to eat indoors or out on the terrace.
（食事客は、屋内で食べるかテラスに出て食べるかを選ぶことができる）

DAY 27

□ 1517 **work out at**	熟 be calculated at	合計〜になる

▶ From 1900 to 1910, the fruit trade in the US **worked out at** 458 million dollars.
（1900年から1910年までのアメリカの果物の取引は、合計4億5800万ドルになった）

出題頻度レベル ★☆☆

□ 1518 **enlist** [inlíst]	動 enroll, join, sign up; recruit	入隊する、〜を入隊させる

▶ Daniel **enlisted** in the German military at the age of 14.
（ダニエルは14歳のときにドイツ軍に入隊した）

□ 1519 **diminish** [dimíniʃ]	動 reduce, decrease, lessen, cut, abate	〜を減らす、少なくする

▶ Many studies have shown that having a pet can **diminish** symptoms for people suffering from anxiety disorders.
（多くの研究で、ペットを飼うことで不安障害に苦しむ人々の症状を緩和できることが示されてきた）

最新傾向 diminishは「(名誉などを) 傷つける、おとしめる」という意味でも使われます。diminish his achievement「彼の業績を傷つける」。同義語問題ではbelittle、depreciateが出題されるので一緒に覚えておきましょう。

□ 1520 **norm** [nɔːrm]	名 rule, standard	規範、標準

▶ The **norm** in journalism is for writers to keep their sources confidential.
（ライターが情報源を秘密にしておくことは、ジャーナリズムの規範である）

□ 1521 **ostentatious** [ɑ̀stəntéiʃəs]	形 **showy**	これ見よがしの、仰々しい

▶ Many who attend Fashion Week wear **ostentatious** outfits.
（ファッションウィークに出席する多くの人は、仰々しい衣装を着ている）

□ 1522 **desert** [dizə́ːrt]	動 **abandon, forsake, leave**	～を捨てる、見捨てる

▶ Animals will **desert** drought-stricken regions and relocate to more hospitable ones.
（動物たちは、干ばつに見舞われた地域を捨て、もっと住みやすい地域へ移動するだろう）

□ 1523 **dwelling** [dwéliŋ]	名 **living quarters, habitation, residence, home**	住居、住宅

▶ Nomadic peoples live in portable **dwellings** that can easily be packed up and transported.
（遊牧民は、簡単に荷造りして運ぶことのできる移動式の住居に暮らしている）

□ 1524 **homogenize** [həmɑ́dʒənàiz]	動 **remove variation within, make uniform**	～を均質にする、同質にする 形 homogeneous

▶ Although the Romans conquered many cultures, they did not fully **homogenize** them.
（ローマ人は多くの文化を征服したが、征服した文化を完全に同質化することはしなかった）

□ 1525 **up** [ʌp]	動 **increase, raise, augment, multiply**	～を増やす、上げる

▶ The café recently **upped** the price of tea and coffee.
（その喫茶店は最近、紅茶とコーヒーの値段を上げた）

DAY 27

□ 1526
displace [displéis]

❶動 **supplant, replace** ～に取って代わる

▶ The television had **displaced** the radio in American living rooms by 1960.
（テレビは、1960年までにアメリカの居間においてラジオに取って代わった）

displace ❷動 **move out of position** ～を動かす、移動させる

▶ Some sewer lines were **displaced** due to the subway construction.
（地下鉄の建設のために、下水管の一部は移動された）

□ 1527
numerous [njú:mərəs]

形 **very many, countless, innumerable** 多数の、たくさんの

▶ Frank Lloyd Wright is famous for designing **numerous** innovative buildings.
（フランク・ロイド・ライトは数々の革新的な建物を設計したことで有名だ）

□ 1528
discharge [distʃɑ́:rdʒ]

動 **release, emit, excrete** ～を排出する

▶ Certain species of fish **discharge** poison as a way to defend themselves when threatened.
（ある種の魚は、危険にさらされたときに身を守る方法として毒を出す）

最新傾向 dischargeには「～を果たす」という意味もあります。discharge one's duties「義務を果たす」。同義語問題ではfulfill、performが出題されるので一緒に覚えておきましょう。

□ 1529
defend [difénd]

動 **guard** ～を守る、防御する

▶ The immune system **defends** the body against viruses and bacteria.
（免疫システムは、ウイルスや細菌から身体を守っている）

1530 **compose** [kəmpóuz]

動 make up | ～を構成する

▶ The lines and colors that **compose** the picture provide a good example of impressionism.
（その絵を構成している線と色は、印象主義の好例を示している）

DAY 27

QUIZ

次の1～10の同義語をⓐ～ⓙから選びましょう。

1. restrict	ⓐ reduce, decrease, lessen
2. prolong	ⓑ limit, confine, restrain
3. haphazard	ⓒ contemplate, take into account
4. distribute	ⓓ easily broken, delicate, weak
5. beneficial	ⓔ random, chance, casual
6. consider	ⓕ infrequent, sporadic, intermittent
7. fragile	ⓖ rule, standard
8. occasional	ⓗ extend, lengthen, protract
9. diminish	ⓘ parcel out, spread, allot
10. norm	ⓙ useful, helpful, advantageous

1.ⓑ **2.**ⓗ **3.**ⓔ **4.**ⓘ **5.**ⓙ **6.**ⓒ **7.**ⓓ **8.**ⓕ **9.**ⓐ **10.**ⓖ

DAY 28

今回のターゲットは 57 語
1531 >>> 1587

出題頻度レベル ★★★

□ 1531 **abundance** [əbʌ́ndəns]	名 **plenty, large number, profusion**	多量、多数、豊富 形 abundant

▶ There was an **abundance** of wild animals in the dense forests.
（その密林にはたくさんの野生の動物がいた）

□ 1532 **onset** [ɑ́:nsèt]	名 **beginning, start, commencement**	始まり、開始

▶ At the **onset** of the 19th century, New York City was already a bustling commercial center.
（19世紀初めには、ニューヨーク市はすでににぎやかな商業の中心地だった）

□ 1533 **witness** [wítnis]	動 **observe, see, look on**	～を目撃する

▶ In 2001, many people gathered to **witness** the launch of the last space shuttle.
（2001年、多くの人々が最後のスペースシャトルの打ち上げを見ようと集まった）

□ 1534 **mount** [maunt]	動 **grow, increase, multiply**	高まる、増える

▶ The pressure on the student **mounted** as the exam date approached.
（その生徒のプレッシャーは、試験の日が近づくにつれて高まった）

□ 1535 **reinforce** [rì:infɔ́:rs]	動 **strengthen, support, consolidate, fortify**	～を強化する、補強する

▶ Steel bars are used to **reinforce** concrete in the construction of large buildings and bridges.
（大きな建物や橋の建設では、コンクリートを強化するために棒状の鋼鉄が使われる）

最新傾向 reinforceの名詞形 reinforcementは「補強、強化」という意味。同義語問題ではsupplementが出題されるので一緒に覚えておきましょう。

□ 1536 **intense** [inténs]	形 **strong**, **extreme**, **fierce**, **acute**	強烈な、激しい 動 intensify 名 intensity

▶Many in the open stadium covered their heads because the sun's rays were too **intense**.
（日差しが強すぎたため、オープンスタジアムにいた多くの人が頭を覆った）

□ 1537 **involved** [invɑ́lvd]	形 **complicated**, **intricate**, **tangled**	複雑な、込み入った

▶The author's literary style was so **involved** that students found her books difficult to read.
（その著者の文語調の文体はとても複雑なので、学生たちには彼女の本は読むのが難しかった）

□ 1538 **solely** [sóulli]	副 **only**, **purely**, **exclusively**, **entirely**	単独で、もっぱら 形 sole

▶In 1790, voting rights in the US were **solely** for male landowners.
（1790年には、アメリカにおける投票権は男性の地主だけのものだった）

□ 1539 **undergo** [ʌ̀ndərgóu]	動 **experience**, **go through**, **suffer**	～を経験する、受ける

▶Japan has **undergone** several recessions since the 1980s.
（日本は1980年代以降、何度か不況を経験している）

□ 1540 **mechanism** [mékənìzm]	❶名 **instrument**, **device**, **apparatus**	機械装置

▶Scientists attached a GPS tracking system on the captured bear, but the **mechanism** failed.
（科学者たちは、捕獲したクマにGPS追跡システムを取りつけたが、この装置はうまく作動しなかった）

mechanism	❷名 **means**, **method**, **way**	手法、技巧

DAY 28

▶ There has to be another **mechanism** for moving these boxes out.
(これらの箱を運び出すほかの方法があるはずだ)

□ 1541 **speculate** [spékjulèit]	動 **guess, suppose, hypothesize, assume**	～を推測する 名 speculation

▶ Galileo correctly **speculated** that the planets move around the Sun.
(ガリレオは、惑星は太陽の周りを回っていると正しく推測した)

最新傾向 speculateは「投機する」という意味でも使われます。speculate in the stock market「株式市場に投機する[手を出す]」。同義語問題ではgamble、riskが出題されるので一緒に覚えておきましょう。

□ 1542 **conclusively** [kənklú:sivli]	副 **decisively, definitively**	最終的に、決定的に 動 conclude 形 conclusive

▶ The Big Bang theory has not yet been **conclusively** proven.
(ビッグバン理論は、まだ最終的には証明されていない)

□ 1543 **significantly** [signífikəntli]	副 **considerably, remarkably, markedly**	著しく、かなり 形 significant

▶ Communication between individuals can be **significantly** improved if people listen more often.
(個人間のコミュニケーションは、人々がもっと頻繁に話を聞くようになれば、大幅に改善することができる)

□ 1544 **adopt** [ədάpt]	動 **take up, begin to use, select**	～を採用する、取り入れる

▶ The U.N. Security Council **adopted** a resolution calling on Israel to withdraw its troops from Palestinian cities.
(国連安全保障理事会は、イスラエルに対し、パレスチナの都市から軍隊を撤退させるよう求める決議を採択した)

最新傾向 take upには「～を占める」のほかに、「～を受け入れる」という意味もあります。take up a new idea「新しいアイデア受け入れる」。

☐ 1545 **staple** [steipl]	❶名 **basic item, regular feature, basic feature**	主要な要素

▶ Basic black pants are a **staple** of every professional's wardrobe.
（ベーシックな黒いズボンは、すべての職業人の服装の定番だ）

staple	❷形 **basic, primary**	主要な

▶ Even **staple** foods such as bread and milk were difficult to afford during the Great Depression.
（パンや牛乳といった主要な食品でさえ、大恐慌中は買うのが難しかった）

☐ 1546 **secrete** [sikríːt]	❶動 **release, produce, excrete**	～を分泌する

▶ Tears are **secreted** by an organ under the upper eyelid.
（涙は上まぶたの下にある器官から分泌される）

secrete	❷動 **conceal, hide, veil**	～を隠す

▶ Jacqueline **secreted** her diary under her mattress, where no one would find it.
（ジャクリーンはマットレスの下に日記を隠した。そこなら誰にも見つけられることはなさそうだった）

☐ 1547 **pursue** [pərsúː]	動 **practice, conduct, perform**	～に従事する、～を実行する 名 pursuit

▶ The government continued to **pursue** its aggressive procedures against illegal immigration.
（政府は、不法移民に対する強引な手続きを実行し続けた）

出題頻度レベル ★★★

☐ 1548 **conserve** [kənsə́ːrv]	動 **keep, protect, save, preserve**	～を保護する、保全する

▶ Efforts to **conserve** giant pandas in China have been hindered by ongoing habitat loss.
（中国のジャイアントパンダを保護する取り組みは、生息地の減少の進行によって妨げられてきた）

□ 1549 **toil** [tɔil]	動 work hard, labor	あくせく働く

▶ With modern agricultural technology, farmers no longer have to **toil** in the fields.
（現代の農業技術により、農業従事者はもはや畑で苦労して働く必要はない）

最新傾向 toilの形容詞形 toilsomeは、「つらい、骨の折れる」という意味。同義語問題ではstrenuous、arduousが出題されるので一緒に覚えておきましょう。

□ 1550 **approximate** [əprάksəmət]	❶形 rough; close, near	おおよその 副 approximately 名 approximation

▶ Based on **approximate** estimates, the world's oil reserves could be used up within fifty years.
（おおよその推定に基づくと、世界の石油埋蔵量は50年以内に使い果たされる可能性がある）

approximate [əprάksəmèit]	❷動 resemble	～に似る、近い

▶ The art forgery **approximated** the original painting so closely that even experts were fooled.
（その贋作は、原作の絵画に非常によく似ていて、専門家でさえだまされた）

□ 1551 **monumental** [mὰnjuméntl]	形 huge, massive, great and significant	非常に重要な、不朽の

▶ The invention of the steam engine was a **monumental** event in the history of transportation.
（蒸気機関の発明は、輸送の歴史において非常に大きな出来事だった）

□ 1552 **contract** [kəntrǽkt]	動 shorten, constrict	～を縮める、縮小させる 名 contraction

▶ The professor decided to **contract** his lesson plan because he only had an hour for his lecture.
（教授は、講義の時間が1時間しかなかったので、授業の計画を縮めることにした）

□ 1553
puzzling [pʌ́zliŋ]

形 **difficult to explain, enigmatic**

困惑させる、悩ませる

▶ The origin of life is one of the most **puzzling** scientific mysteries.
（生命の起源は、最も不可解な科学の謎の1つだ）

□ 1554
divest [daivést]

動 **deprive, strip, despoil**

～を奪う、剥奪する

▶ The new regulation **divests** tenants of the right to renovate their apartments.
（新しい規制は、そのマンションの住民が部屋を改修する権利を奪う）

□ 1555
pacifier [pǽsəfàiər]

名 **peacemaker, arbitrator, mediator, intermediary**

調停者

▶ The Dalai Lama is known as one of the greatest **pacifiers** in modern history.
（ダライ・ラマは、現代史において最も優れた調停者の1人として知られている）

□ 1556
permanently [pə́:rmənəntli]

副 **forever, eternally, perpetually, everlastingly**

永久に、恒久的に

▶ Bleach removes the color from fabric **permanently**.
（漂白剤は布地の色を永久に取り除く）

□ 1557
estimate [éstəmèit]

動 **assess, evaluate, judge, calculate**

～を概算する

▶ John tried to **estimate** the cost of the repairs.
（ジョンは修理代を見積もろうとした）

□ 1558
hurdle [hə́:rdl]

名 **obstacle, barrier, hindrance, impediment**

障害物、困難

▶ Engineers faced many **hurdles** when they built the Panama Canal.
（エンジニアたちは、パナマ運河を建設したときに多くの困難に直面した）

最新傾向 hurdleは名詞だけではなく、「〜を克服する」という意味の動詞としても使われます。hurdle an obstacle「障害を克服する」。同義語問題ではovercome、surmountが出題されるので一緒に覚えておきましょう。

□ 1559 **relish** [réliʃ]	動 **enjoy, like, delight in, revel in**	〜を好む、楽しむ

▶Ronald, who used to be a sailor, **relishes** telling stories about his past journeys.
（ロナルドは以前は船乗りで、昔の旅の話をするのが好きだ）

□ 1560 **simulate** [símjulèit]	動 **imitate, pretend, feign**	〜をまねる

▶Engineers have created robots that closely **simulate** the body movements of humans.
（エンジニアたちは、人間の身体の動きをそっくりにまねるロボットを作ってきた）

□ 1561 **hover** [hʌ́vər]	動 **drift, float, stay on the top**	（空中で）停止する

▶Dolphins sometimes **hover** in the water without swimming.
（イルカは時々、泳がずに水中で停止する）

□ 1562 **display** [displéi]	動 **show, exhibit, present**	〜を表す、示す

▶The audience members **displayed** their approval of the musical performance by cheering enthusiastically.
（観客たちは、熱烈に喝采することでその演奏への賛意を表した）

□ 1563 **ominous** [ɑ́mənəs]	形 **foreboding, portentous; threatening**	不吉な、悪いことが起こりそうな

▶Some survivors of the Titanic reported that they had an **ominous** feeling before the voyage.
（タイタニック号の生存者の中には、航海の前に不吉な感じがしたと報告した人もいる）

□ 1564
stretch [stretʃ]
動 extend, lengthen
～を伸ばす、広げる

▶A chameleon can **stretch** its tongue to about twice its body length.
(カメレオンは、舌を体長の約2倍の長さに伸ばすことができる)

□ 1565
concur [kənkə́ːr]
動 agree, assent, consent
同意する、同意見である

▶An adjustment to the US Constitution requires that 75 percent of states **concur** on the proposed change.
(アメリカ憲法の修正は、75%の州が提案された変更に同意することを要件としている)

最新傾向 concurは「重なる、同時に起こる」という意味でも使われます。the two appointments concur「予約が2つ重なる」。同義語問題ではcoincideが出題されます。

□ 1566
crisis [kráisis]
名 critical situation, emergency
危機、重大局面

▶If a **crisis** occurs, citizens should use the escape routes and shelters that are located throughout the city.
(緊急事態が起こったら、市民は市内各所にある避難経路と避難所を使うべきだ)

□ 1567
amplitude [ǽmplətjùːd]
名 size, extent, magnitude
振幅

▶The **amplitude** of a wave is determined by the amount of energy used to create it.
(波動の振幅は、それを起こすのに使われるエネルギー量で決定される)

最新傾向 amplitudeと一緒に、次の単語を区別して覚えておきましょう。
・altitude 高度、高さ
・aptitude 能力、適性

□ 1568
disintegrate [disíntəgrèit]
動 break down, fall apart, crumble
分解する、崩壊する
名 disintegration

▶The palace has **disintegrated** over the centuries and is now in ruins.
(その宮殿は何世紀もの間に崩壊し、今では廃墟となっている)

1569 **liken to** 熟 compare to ～になぞらえる、例える

▶ A tsunami striking the shore has been **likened to** a wall of moving water.
(海岸を襲う津波は、動く水の壁に例えられてきた)

1570 **immoral** [imɔ́:rəl] 形 improper, corrupt, vicious 不道徳な、倫理に反する

▶ Most cultures would agree that stealing is **immoral**.
(ほとんどの文化は、盗みは非倫理的であることを認めるだろう)

1571 **instigate** [ínstəgèit] 動 cause, provoke, trigger, incite ～を引き起こす

▶ A broken traffic light **instigated** a minor accident on the main street.
(信号機の故障により、目抜き通りで小さな事故が起こった)

1572 **extraordinary** [ikstrɔ́:rdənèri] 形 exceptional, unusual, remarkable 並外れた、途方もない

▶ Grant had an **extraordinary** ability to understand others.
(グラントには、他者を理解する非凡な能力があった)

1573 **resurgence** [risə́:rdʒəns] 名 comeback, revival, rebirth 再生、復活

▶ After a very slow year, the economy is now making a **resurgence**.
(非常に停滞した年のあと、経済は今、回復しつつある)

出題頻度レベル ★☆☆

1574 **patent** [pætnt] 形 evident, obvious, apparent, manifest 明らかな

▶ Public protests demonstrated the people's **patent** opposition to the new immigration policy.
（公然とした抗議は、新しい移民政策に対する人々の明白な反対を示していた）

最新傾向 patentは形容詞だけではなく、「特許」という意味の名詞としても使われます。receive a patent「特許を取得する」。同義語問題ではlicenseが出題されるので一緒に覚えておきましょう。

□ 1575 **regular** [régjulər]	形 **routine, ordinary; consistent**	定期的な、いつもの

▶ According to dentists, flossing on a **regular** basis is important for preventing cavities.
（歯科医によると、虫歯予防には定期的にデンタルフロスを使うのが重要だ）

□ 1576 **by virtue of**	熟 **because of, thanks to, on account of**	～のおかげで、～の理由で

▶ **By virtue of** the US Constitution, it is illegal to imprison anyone without a trial.
（アメリカ憲法により、裁判なしで人を投獄することは違法だ）

□ 1577 **sever** [sévər]	動 **cut, cut off, part, separate, divide**	～を切断する

▶ If a lizard **severs** its tail, the tail will grow back in a short time.
（トカゲがしっぽを切り落としても、しっぽはすぐに元通りに生える）

□ 1578 **in conjunction with**	熟 **concomitant with, together with, along with**	～と共に、～と連動して

▶ A healthy diet **in conjunction with** regular exercise can lead to a longer life.
（定期的な運動を伴う健康的な食生活は、寿命の伸びにつながる可能性がある）

□ 1579 **confidence** [kánfədəns]	名 **certainty, assurance, faith**	信頼、信用、自信

▶ The most inspiring teachers have **confidence** in their students' ability to learn.
（最もやる気を出させる教師には、生徒の学ぶ能力に対する信頼がある）

DAY 28

☐ 1580 **distinguish** [distíŋgwiʃ]	differentiate, tell apart, discern	～を区別する、見分ける

▶Bees are unable to **distinguish** between the colors red and black.
（ハチは、赤と黒を見分けることができない）

☐ 1581 **on the contrary**	熟 conversely, on the other hand	それどころか

▶Ted was not bored; **on the contrary**, he couldn't be more fascinated with his assignment.
（テッドは退屈していなかったそれどころか、自分の仕事にこれ以上ないほど夢中になっていた）

☐ 1582 **preponderance** [pripándərəns]	名 majority	優勢、大半

▶The **preponderance** of people did not own cars in the 1930s, so they traveled by train or boat.
（1930年代には大半の人が車を持っていなかったので、列車か船で移動していた）

☐ 1583 **intermingle** [ìntərmíŋgl]	動 mix, blend	混ざる、混ざり合う

▶In the city's main square, aromas from cafés and bakeries **intermingle**.
（市のメイン広場では、喫茶店やパン屋からのいい匂いが入り混じる）

☐ 1584 **merchandise** [mə́ːrtʃəndàiz]	名 goods, product, commodity	商品

▶The thieves stole **merchandise** worth thousands of dollars from the store.
（泥棒たちは、その店から数千ドル相当の商品を盗んだ）

最新傾向 merchandiseは名詞だけではなく、「(商品などを) 売買する」という意味の動詞としても使われます。merchandise a new product「新製品を売買する」。同義語問題ではmarket、tradeが出題されるので一緒に覚えておきましょう。

☐ 1585

delicate [délikət]

❶形 **fragile, brittle** 壊れやすい

▶The tea cups were so **delicate** that Sheila used them only for decoration.
（そのティーカップはとても壊れやすいので、シェイラは装飾にしか使わなかった）

delicate ❷形 **dainty, exquisite, fine** 優美な

▶During spring, thousands of **delicate** flowers carpet the mountain meadows.
（春の間、何千本もの優美な花々が山の草地を覆う）

☐ 1586

promising [prámisiŋ]

形 **likely, hopeful** 有望な、期待できる

▶Solar and wind power as energy sources don't look **promising** for the future.
（エネルギー源としての太陽光と風力は、将来有望であるようには見えない）

☐ 1587

gesture [dʒéstʃər]

名 **a movement made with the head, hand or arm** 身振り、手振り

▶The baseball coach communicates with the batter using subtle **gestures**.
（野球のコーチは、巧みなジェスチャーで打者とコミュニケーションをとる）

QUIZ

次の1～10の同義語をⓐ～ⓙから選びましょう。

1. abundance	ⓐ guess, suppose, hypothesize
2. reinforce	ⓑ differentiate, tell apart, discern
3. estimate	ⓒ plenty, large number, profusion
4. simulate	ⓓ assess, evaluate, judge
5. adopt	ⓔ extend, lengthen
6. stretch	ⓕ keep, protect, save
7. conserve	ⓖ strengthen, support, consolidate
8. distinguish	ⓗ take up, begin to use, select
9. speculate	ⓘ routine, ordinary
10. regular	ⓙ imitate, pretend, feign

1.ⓒ **2.**ⓖ **3.**ⓓ **4.**ⓙ **5.**ⓗ **6.**ⓔ **7.**ⓕ **8.**ⓑ **9.**ⓐ **10.**ⓘ

DAY 29

今回のターゲットは**55**語

1588 >>> 1642

出題頻度レベル ★★★

☐ 1588 **analogous** [ənǽləgəs]	形 **similar, comparable, like, parallel**	似ている、類似した

▶ Archimedes was certain that the wings of an airplane were **analogous** in function to the wings of a hummingbird.
（アルキメデスは、飛行機の翼はハチドリの羽と機能が似ていることを確信していた）

☐ 1589 **repercussion** [rìːpərkʌ́ʃən]	名 **effect, consequence, result**	（悪い）影響

▶ One of the **repercussions** of the Great Depression was a high unemployment rate.
（大恐慌の影響の1つは、高い失業率だった）

☐ 1590 **impart** [impɑ́ːrt]	動 **give, provide, bestow, offer, grant**	～を与える、授ける

▶ Engineers are trying to **impart** human qualities to robots.
（エンジニアは、ロボットに人間の特性を与えようとしている）

☐ 1591 **foster** [fɔ́ːstər]	動 **encourage, promote**	～を育む、促進する

▶ Psychologists say that to **foster** good reading habits in their children, parents should be avid readers themselves.
（心理学者たちは、子どもによい読書の習慣を促すためには親自身が熱心な読書家であるべきだと述べている）

最新傾向 fosterには「～を育てる、養育する」という意味もあります。foster over 100 children「100名を超える子どもたちを養育する」。同義語問題ではbring up、raiseが出題されるので一緒に覚えておきましょう。

□ 1592 **elongate** [ilɔ́:ŋgeit]	動 **stretch, lengthen, extend, prolong**	～を長くする、伸ばす

▶ Turtles have the ability to **elongate** their necks to catch prey.
（カメは獲物を捕まえるために、首を伸ばす能力がある）

□ 1593 **in tandem with**	熟 **in association with, in conjunction with**	～と協力して

▶ The corporation worked **in tandem with** the local government on a community project.
（その企業は、地方自治体と協力してコミュニティープロジェクトに取り組んだ）

□ 1594 **transition** [trænzíʃən]	名 **change, alteration, shift**	移行、推移

▶ The biologist studied the caterpillar's metamorphosis, or physical **transition** into a butterfly.
（生物学者は、イモムシの変態、すなわちチョウへと変わる体の変化を研究した）

□ 1595 **scarce** [skέərs]	形 **limited, short in supply, not readily available; rare**	乏しい、不足した 名 scarcity

▶ Food was **scarce** for months after the typhoon destroyed the region's farms.
（台風でその地域の農場が壊滅状態になったあと、何カ月も食べ物が不足した）

□ 1596 **clear** [kliər]	❶形 **apparent, obvious, lucid**	明白な、はっきりした

▶ It was very **clear** that the coach was angered by his team's loss.
（コーチがチームの敗北に怒っていたことは非常に明白だった）

clear	❷動 **remove, clean**	～を取り除く、片づける

▶ For safety, homeowners should **clear** the snow from the sidewalks in front of their homes.
（安全のために、家屋の所有者は家の前の歩道から雪を除去するべきだ）

DAY 29

1597 **relentless** [riléntlis]

形 continuous, unceasing, persistent | 絶え間ない

▶ The **relentless** rains during the monsoon season cause flooding in many tropical countries.
（モンスーン期の絶え間なく降る雨が、多くの熱帯の国々で洪水を引き起こす）

最新傾向 relentlessは「冷酷な、容赦ない」という意味でも使われます。relentless criticism「容赦ない非難」。同義語問題ではmerciless、ruthlessが出題されるので一緒に覚えておきましょう。

1598 **intrinsic** [intrínzik]

形 inherent, innate | 本来備わっている、固有の

▶ Environmentalists argue that all species should be protected because of their **intrinsic** value.
（環境保護主義者は、あらゆる動植物種はその固有の価値ゆえに保護されるべきだと主張している）

1599 **compact** [kəmpǽkt]

❶形 dense, thick | ぎっしりと詰まった

▶ The gardener dug a hole in the **compact** soil.
（その庭師は、ぎゅっと詰まった土に穴を掘った）

compact

❷形 smaller, pocket-sized, little | 小型の、コンパクトな

▶ Some people prefer larger models of cell phones rather than **compact** ones.
（小型の携帯電話より、大きめのモデルを好む人もいる）

compact

❸動 compress, condense | ～を圧縮する、ぎっしり詰める

▶ Paper is made by firmly **compacting** pulp.
（紙は、強く圧縮されたパルプでできている）

1600 **predominantly** [pridámənəntli]

副 mainly, primarily, mostly, largely | 主に、大部分は
形 predominant

▶ Indonesia is a **predominantly** Muslim country.
（インドネシアは大部分はイスラム教の国だ）

□ 1601 **widespread** [wáidsprèd]	形 **prevalent, broadly accepted, common**	広範な、普及した

▶ The campaign to create a local park has received **widespread** support.
（地元の公園を作る活動は、広い支持を受けてきた）

□ 1602 **perishable** [périʃəbl]	❶形 **likely to decay, likely to spoil, spoilable**	腐りやすい

▶ Butter, milk, and fish are **perishable** goods that must be refrigerated.
（バターや牛乳、魚は、冷蔵の必要な腐りやすい食品だ）

perishable	❷形 **not permanent**	滅びやすい、永続しない

▶ Because Sandra thought a ballet career **perishable**, she opted to study acting instead.
（サンドラはバレエの仕事はずっとは続けられないと思ったので、代わりに演技の勉強を選んだ）

最新傾向 perishableの動詞形 perishは「滅びる」という意味。同義語問題ではdecline、collapseが出題されるので一緒に覚えておきましょう。

DAY 29

□ 1603 **myriad** [míriəd]	❶名 **multitude, millions**	無数

▶ A wine's flavor is influenced by a **myriad** of factors, including the soil the grapes are grown in.
（ワインの風味は、ブドウが育てられた土壌を含め、極めて多くの要因に影響される）

myriad	❷形 **countless, innumerable, numerous**	無数の、多種多様な

▶ Department stores offer **myriad** products for customers.
（百貨店は、客に多種多様な製品を提供する）

□ 1604 **found** [faund]	動 **establish, create, set up**	～を設立する、創設する

▶Cal **founded** the after-school program to keep kids off the streets and away from drugs.
（カルは、子どもたちを歓楽街に近づけず、ドラッグから遠ざけておくための放課後プログラムを創始した）

出題頻度レベル ★★★

□ 1605 **swiftly** [swíftli]	副 **quickly**, **speedily**, **rapidly**	迅速に、急速に 形 swift

▶At high altitudes, the weather can change **swiftly**.
（高度の高い場所では、天候が急激に変わることがある）

□ 1606 **crucially** [krú:ʃəli]	副 **decisively**, **critically**, **definitively**	決定的に、重大に 形 crucial

▶A variety of social and economic factors have **crucially** influenced increases in juvenile delinquency.
（さまざまな社会的、経済的要因が、少年非行の増加に決定的な影響を与えてきた）

□ 1607 **scope** [skoup]	名 **extent**, **range**, **reach**	範囲

▶The issues brought up by the board members were outside the **scope** of the meeting agenda.
（取締役会のメンバーが提起した問題は、会議の議題の範囲から外れるものだった）

□ 1608 **projection** [prədʒékʃən]	名 **estimate**, **calculation**, **forecast**, **prediction**	推定、見積もり、予測

▶The company's **projections** were not accurate, and the shareholders lost money as a result.
（その会社の予測は正確ではなく、その結果、株主はお金を失った）

最新傾向 projectionの動詞形 projectは「～を推定する」のほかに、「～を計画する」という意味でも使われます。同義語問題ではplan、proposeが出題されるので一緒に覚えておきましょう。

□ 1609 **feature** [fíːtʃər]	名 **characteristic, attribute, quality**	特徴、特色

▶The building's unusual architectural **features** make it popular with tourists visiting the city.
（珍しい建築上の特徴のおかげで、その建物はその都市を訪れる旅行者に人気の場所になっている）

最新傾向 featureは名詞だけではなく、「～を特徴づける」という意味の動詞としても使われます。feature her talents「彼女の才能を特徴づける」。同義語問題ではspotlightが出題されるので一緒に覚えておきましょう。

□ 1610 **employ** [implɔ́i]	動 **use, utilize, make use of**	～を使う、用いる

▶Astronomers **employ** specialized software to track the movement of millions of objects in space.
（天文学者たちは、宇宙の無数の対象の動きを追うために特殊なソフトを用いる）

□ 1611 **proportion** [prəpɔ́ːrʃən]	❶名 **percentage, rate**	割合、部分

▶A large **proportion** of the Canadian population lives near the US border.
（カナダの国民の大部分が、アメリカとの国境付近に暮らしている）

proportion	❷名 **size, magnitude**	規模、大きさ

▶The influx of refugees into the country caused problems of huge **proportions**.
（その国への難民の流入は、非常に大きな問題を引き起こした）

□ 1612 **misleading** [mislíːdiŋ]	形 **deceptive, unreliable, delusive**	誤解を招く、紛らわしい

▶Yetts gave customers false and **misleading** account statements.
（イェッツは顧客に、間違った、誤解を招く取引明細書を渡した）

□ 1613 **seamless** [síːmlis]	形 **perfectly smooth**	継ぎ目のない、切れ間のない

▶The skater won the gold medal for her **seamless** performance.
（そのスケート選手は、途切れなく続く演技で金メダルを獲得した）

1614 **embellishment** [imbéliʃmənt]	名 decoration, ornamentation, adornment	装飾（すること）、飾り 動 embellish

▶ In comparison to standard quilts, crazy quilts use many more **embellishments**.
（標準的なキルトに比べて、クレイジーキルトはずっと多くの飾りを使う）

1615 **sterile** [stéril]	形 barren, unproductive, infertile	不毛な

▶ The loss of the rainforests led to droughts, floods, and **sterile** soil.
（熱帯雨林の消失は、干ばつ、洪水、不毛な土壌をもたらした）

最新傾向 sterileは「殺菌した」という意味でも使われます。sterile surgical equipment「殺菌した手術器具」。同義語問題ではantisepticが出題されるので一緒に覚えておきましょう。

1616 **in response to**	熟 in reaction to	～に応じて、反応して

▶ **In response to** a dangerous situation, the human body will prepare itself to either flee or fight.
（危険な状況に反応して、人間の身体は逃げるか戦うかの準備をする）

1617 **from time to time**	熟 occasionally, now and then	時々、時折

▶ Steve calls his elementary school teacher and his friends **from time to time**.
（スティーブは時々小学校の先生や友人たちに電話をかける）

1618 **ambiguous** [æmbígjuəs]	形 open to various interpretations, uncertain, obscure	多義的な、あいまいな

▶ The symbols in the cave were so **ambiguous** that archaeologists could not determine their purpose.
（洞窟の中のシンボルはとても多義的で、考古学者たちはその目的を断定することができなかった）

□ 1619
out of sight

熟 **hidden, invisible**

見えない所に

▶ James kept the teddy bear he bought for Anna **out of sight** in the closet until her birthday.
(ジェームスは、アナに買ったテディベアを彼女の誕生日までクロゼットに隠しておいた)

□ 1620
perplexed [pərplékst]

形 **puzzled, bewildered**

困惑した、当惑した

▶ The question of how the universe initially came into existence continues to leave scientists **perplexed**.
(宇宙が当初、どのように誕生したのかという疑問は、科学者を当惑させ続けている)

□ 1621
despondent [dispɑ́ndənt]

形 **unhappy, discouraged, depressed**

落胆した、気が沈んだ

▶ The main character of the play is a **despondent** young man who feels uncomfortable in his hometown.
(その劇の主人公は、故郷に居心地の悪さを感じている元気のない若者だ)

□ 1622
collide [kəláid]

動 **hit each other, crash, strike**

衝突する
名 collision

▶ A train **collided** with a pickup truck late Monday morning in Waukesha County.
(月曜日の昼近く、ウォキショー郡で電車と軽トラックが衝突した)

□ 1623
assessment [əsésmənt]

名 **evaluation, appraisal**

評価、査定
動 assess

▶ An **assessment** will be performed twice yearly to ensure safety standards are being met.
(安全基準を満たしていることを確認するため、年に2回査定が行われる)

□ 1624
vital [vaitl]

形 **essential, important, significant**

極めて重要な、肝要な

▶ Facial expressions play a **vital** role in communication.
（顔の表情は、コミュニケーションにおいて重要な役割を果たす）

□ 1625 **shrivel** [ʃrívəl]	動 **dry up, wither, wilt**	しなびる、しぼむ

▶ The leaves of the tree **shriveled** because of the harsh drought conditions.
（木の葉は、厳しい日照り続きでしなびた）

□ 1626 **dissent** [disént]	動 **oppose, object, express disagreement**	意見が違う、異議を唱える

▶ Nearly 120 countries signed the UN's Convention on the Law of the Sea, while four countries **dissented**.
（120カ国近くが国連海洋法条約に署名したが、4カ国は反対した）

最新傾向 dissentと発音が似ているdescentは「下降（fall、plunge）」という意味。試験で間違わないように注意しましょう。

□ 1627 **elegant** [éligənt]	形 **sophisticated, graceful, refined**	優雅な、洗練された

▶ Chester A. Arthur will be remembered for being the most **elegant** president.
（チェスター・A・アーサーは、最も上品な大統領であったことで記憶されるだろう）

□ 1628 **qualify** [kwɑ́ləfài]	動 **meet the requirement; entitle, empower**	資格を得る

▶ Students must maintain a C average or better to **qualify** for graduation.
（学生は、卒業の要件を満たすには平均C以上の評点を維持しなければならない）

□ 1629 **evolve** [ivɑ́lv]	動 **develop, progress**	進化する、発展する

▶ The article **evolved** into a tightly argued piece of writing.
（その記事は、しっかり検討された1つの著作物へと発展した）

1630 **despite** [dispáit]	前 in spite of, notwithstanding	～にもかかわらず

▶ **Despite** a lack of money for college, Jerry managed to obtain a good education.
（大学に行くお金はなかったにもかかわらず、ジェリーはなんとかよい教育を受けることができた）

出題頻度レベル ★☆☆

1631 **emergence** [imə́ːrdʒəns]	名 appearance, advent, rise	出現、発生 動 emerge

▶ The **emergence** of Japan as a world power began in the early 20th century.
（世界の大国としての日本の台頭は20世紀初めに始まった）

1632 **surplus** [sə́ːrplʌs]	名 excess, redundancy, extra goods	余り、超過

▶ The price of food fell nearly 72% due to a huge **surplus**.
（食料価格は、大量の余剰のために72%近く下落した）

1633 **distant** [dístənt]	形 faraway, remote	遠い、離れた

▶ Neptune is the most **distant** planet from the Earth in our solar system.
（海王星は、太陽系の中で地球から最も遠く離れた惑星だ）

最新傾向 distantは「冷ややかな」という意味でも使われます。his distant attitude「彼の冷ややかな態度」。同義語問題ではcold、aloofが出題されるので一緒に覚えておきましょう。

1634 **aim** [eim]	❶名 goal, objective, purpose	目的、目標

▶ The prime minister began a three-day visit to India with the **aim** of enlisting support for peace efforts.
（首相は、和平実現への取り組みに対する支持を取りつける目的で3日間のインド訪問へ出かけた）

aim	❷動 attempt	目指す

DAY 29

▶The soccer team **aimed** to make it to the semifinals.
（そのサッカーチームは、準決勝進出を目指した）

□ 1635 **in the ascendant**	熟 **rising in importance**	日の出の勢いで、優勢で

▶Christianity was **in the ascendant** in AD 380, when it was adopted as the official Roman state religion.
（キリスト教は、ローマ帝国の国教として採用された紀元380年に隆盛を極めた）

□ 1636 **draw** [drɔː]	動 **attract, engage**	～を引きつける

▶On average, London consistently **draws** more tourists than any city in the world.
（平均すると、ロンドンは世界のどの都市よりも多くの旅行客を常に引きつけている）

□ 1637 **overlie** [òuvərlái]	動 **cover, overspread**	～の上に横たわる

▶The fall leaves **overlay** each other on the ground, making a beautiful palette.
（秋の木の葉が地面の上に重なり合い、美しい色彩を織りなしていた）

□ 1638 **signature** [sígnətʃər]	名 **identifying mark**	署名、サイン

▶The **signatures** of famous historical figures are sometimes sold for large sums of money.
（歴史上の有名な人物のサインは、時々、高い金額で売られている）

□ 1639 **devoid of**	熟 **lacking in, destitute of**	～が欠けている、ない

▶The Arctic tundra is a vast and stark region that is completely **devoid of** trees.
（北極地方のツンドラは広大な荒涼とした地域で、木がまったくない）

□ 1640 **vessel** [vésəl]	名 **ship, boat, craft**	船

▶Before boarding the **vessel**, the passengers were shown to their cabins.
(船に乗る前に、乗客は自分の船室を案内された)

最新傾向 vesselには「容器」という意味もあります。fill the vessel with water「容器を水で満たす」。同義語問題ではcontainerが出題されるので一緒に覚えておきましょう。

□ 1641 **be incorporated in**	熟 **be part of**	～に組み込まれている

▶Morality **is incorporated in** the principles of most religions.
(道徳性は、ほとんどの宗教の原理に含まれている)

□ 1642 **trauma** [tráumə]	名 **damage**	外傷、心的外傷 形 traumatic

▶Even a slight knock to the head can cause **trauma** to the brain.
(頭部をわずかに叩くだけでも、脳への損傷となることがある)

DAY 29

QUIZ

次の1～10の同義語をⓐ～ⓙから選びましょう。

1. analogous	ⓐ excess, redundance, extra goods
2. repercussion	ⓑ deceptive, delusive
3. misleading	ⓒ essential, important, significant
4. relentless	ⓓ barren, unproductive, infertile
5. sterile	ⓔ prevalent, broadly accepted, common
6. widespread	ⓕ continuous, unceasing, persistent
7. despite	ⓖ similar, comparable, like
8. vital	ⓗ faraway, remote
9. surplus	ⓘ in spite of, notwithstanding
10. distant	ⓙ effect, consequence, result

1.ⓖ **2.**ⓙ **3.**ⓑ **4.**ⓕ **5.**ⓓ **6.**ⓔ **7.**ⓘ **8.**ⓒ **9.**ⓐ **10.**ⓗ

DAY 30

今回のターゲットは **59** 語

1643 >>> 1701

出題頻度レベル ★★★

□ 1643 **pose** [pouz]	動 **present, create, give rise to**	～を引き起こす、提示する

▶ Wild pigs **pose** a threat to the native plants of the Hawaiian Islands.
（イノシシは、ハワイ諸島に自生する植物に脅威をもたらしている）

□ 1644 **principal** [prínsəpəl]	形 **most important, major, main, prime**	主要な、重要な 副 principally

▶ Hemley was one of the **principal** authors of the WWF's 1997 tiger report.
（ヘムリーは、WWFによる1997年のトラに関する報告書の主要な著者の1人だった）

□ 1645 **assorted** [əsɔ́ːrtid]	形 **various, varied, diverse**	雑多な、各種取りそろえた

▶ The **assorted** cultures of New York City are signs of its mixed population.
（ニューヨーク市の多彩な文化は、さまざまな人々が混ざり合っていることを示している）

最新傾向 assortは「～を分類する」という意味の動詞。同義語問題ではclassify、categorizeが出題されるので一緒に覚えておきましょう。

□ 1646 **ruthlessly** [rúːθlisli]	副 **without mercy, relentlessly, cruelly**	無慈悲に、冷酷に

▶ European explorers **ruthlessly** took Native American land.
（ヨーロッパの探検家たちは、アメリカ先住民の土地を容赦なく取り上げた）

1647 **fluctuate** [flʌ́ktʃuèit]

動 change, vary

変動する

名 fluctuation

▶ Because the temperature **fluctuates** so much in Wisconsin, many people carry warm clothes and umbrellas in their cars.

（ウィスコンシン州では気温がとても大きく変動するので、多くの人が温かい衣類と傘を車に積んでいる）

1648 **viability** [vàiəbíləti]

❶名 ability to exist, ability to live

生育能力

形 viable

▶ Certain bacteria are known for their **viability** in the most extreme environments.

（ある細菌は、最も苛酷な環境でも生育能力があることで知られている）

viability

❷名 feasibility

実行可能性

▶ The **viability** of sending astronauts to Mars has been questioned by many experts.

（火星に宇宙飛行士を送ることの実行可能性には、多くの専門家が疑問を投げかけてきた）

1649 **precarious** [prikέəriəs]

形 unstable, insecure, uncertain

不安定な

▶ The stock's recent fall put investors in a **precarious** position.

（最近の株価の下落で、投資家たちは不安定な状況に置かれた）

1650 **imply** [implái]

動 suggest, indicate, connote

～を暗に示す、ほのめかす

▶ A commentator **implied** that education became compulsory in the 1500s to encourage children to read the Bible.

（解説者は、教育が1500年代に義務化されたのは子どもたちに聖書を読むことを促すためだったとほのめかした）

☐ 1651
diverge [daivə́:rdʒ]

動 **separate, move apart, part, branch**

分岐する
形 divergent

▶ About four miles outside town, the road **diverges** and becomes two separate highways.
（町から4マイルほど離れたところで、道路は分岐して、2本の別々の幹線道路になる）

最新傾向 divergeと発音が似ているdivulgeは「（秘密などを）漏らす、暴露する（leak、reveal）」という意味。試験で間違わないように注意しましょう。

☐ 1652
previously [prí:viəsli]

副 **formerly, before, antecedently**

以前に、前に

▶ Today Alaska is part of the US, but it was **previously** owned by Russia.
（今日ではアラスカ州はアメリカの一部だが、かつてはロシアが所有していた）

☐ 1653
portray [pɔ:rtréi]

動 **depict, show, picture, describe**

～を描く、描写する
名 portrait

▶ Early American writers often **portrayed** a pioneer life as harsh and difficult.
（アメリカの初期の作家たちはよく、開拓者の生活を厳しく困難なものとして描いた）

☐ 1654
suitable [sú:təbl]

形 **appropriate, proper, apt**

適切な、ふさわしい

▶ Jeans and a sweatshirt are not **suitable** attire for a formal event.
（ジーンズとトレーナーは、フォーマルな行事にはふさわしくない服装だ）

☐ 1655
retard [ritɑ́:rd]

動 **slow down, delay**

～を遅らせる

▶ Failing to obtain the necessary inputs on time can **retard** the production of the final product.
（必要な材料の入手が期限に間に合わなければ、最終製品の生産が遅れる可能性がある）

☐ 1656

entirely [intáiərli]

副 **completely, wholly, totally, thoroughly**

完全に、まったく、すっかり

形 entire

▶ In one Swedish city, there is a hotel made **entirely** of ice.

（スウェーデンのある都市には、まるごと氷でできたホテルがある）

☐ 1657

abruptly [əbrʌ́ptli]

副 **suddenly, unexpectedly**

突然、不意に

形 abrupt

▶ The meeting ended **abruptly** because the chairperson had to take an urgent call.

（その会議は、議長が緊急の電話に出なければならなかったため、突然打ち切られた）

☐ 1658

instructive [instrʌ́ktiv]

形 **informative, educational, helpful, useful**

教育的な、ためになる

▶ Most documentaries aim to present their audiences with **instructive** content.

（ほとんどのドキュメンタリー作品は、視聴者に教育的な内容を提示することを目ざしている）

☐ 1659

converse [kənvə́:rs]

形 **opposite, reverse**

反対の、逆の

副 conversely

▶ John and his brother are very different, and they often hold **converse** opinions.

（ジョンと弟はとても違っていて、しばしば意見が正反対だ）

最新傾向 converseは形容詞だけではなく、「会話をする」という意味の動詞としても使われます。converse with Jane「ジェーンと会話をする」。同義語問題ではcommunicate、discourseが出題されます。

出題頻度レベル ★★★

☐ 1660 **shortcoming** [ʃɔ́:rtkʌmiŋ]	名 **weakness, disadvantage, defect, failing**	欠点、短所

▶ The inspection revealed some serious **shortcomings** in the company's security procedures.
（検査によって、その会社のセキュリティー手順にいくつか深刻な欠陥が発覚した）

☐ 1661 **vicinity** [visínəti]	❶名 **neighborhood, area**	近辺、付近

▶ There are a lot of historical buildings in the **vicinity** of Buckingham Palace.
（バッキンガム宮殿の近辺には多くの歴史的な建物がある）

vicinity	❷名 **closeness, proximity**	近接、近いこと

▶ The city of El Paso has a strong Hispanic influence because of its **vicinity** to the Mexican border.
（エルパソ市はメキシコとの国境に近いため、ヒスパニックの影響が色濃い）

☐ 1662 **abort** [əbɔ́:rt]	動 **quit, halt, call off**	～を中止する

▶ The research team **aborted** the experiment due to a lack of funds.
（調査チームは、資金不足のため実験を中止した）

☐ 1663 **broaden** [brɔ:dn]	動 **widen, expand, enlarge, develop**	～を広げる

▶ Deciding it was time for personal growth, Timmy left home to travel the world for a year and **broaden** his horizons.
（ティミーは個人的に成長すべき時だと判断し、1年間世界を回り視野を広げるために家を出た）

□ 1664
whereas [hwὲəræ̗z]

接 **w**hile

～である一方、～であるのに対して

▶ Dorian prefers playing basketball at the park, **whereas** his roommate enjoys watching television.
（ドリアンは公園でバスケットボールをするのが好きだが、その一方、彼のルームメイトはテレビを見るのが好きだ）

□ 1665
prodigious [prədídʒəs]

形 **m**assive, **e**normous

巨大な、莫大な

▶ Beavers store **prodigious** amounts of food to survive the harsh winter.
（ビーバーは、厳しい冬を生き延びるために莫大な量の食糧を貯蔵する）

最新傾向 prodigiousは「驚くべき」という意味でも使われます。a prodigious talent「驚くべき才能」。同義語問題ではamazing、astonishingが出題されるので一緒に覚えておきましょう。

□ 1666
artisan [ɑ́:rtəzən]

名 **c**raftsman, **c**raftsperson

職人、熟練工

▶ The European Renaissance produced many famous **artisans**, including painters, metalworkers, and jewelry makers.
（ヨーロッパのルネッサンスは、画家や金属加工職人、宝飾品職人など、たくさんの有名な職人を生み出した）

□ 1667
motif [mouti:f]

名 **d**esign, **p**attern, **d**evice

（デザインなどの）基調、主な模様、モチーフ

▶ The quilt that Thelma made last month has a repetitive floral **motif** that is very pleasing to the eye.
（セルマが先月作ったキルトは、目を楽しませる花の模様がモチーフになっている）

最新傾向 deviceには「装置、器具」のほかに、「模様、図案」という意味もあります。a medieval family's heraldic device「中世家族の紋章」。

1668 **antique** [æntíːk]	形 ancient, archaic, old	古風な、骨董の 名 antiquity

▶ Harry likes to collect **antique** Roman and Greek coins.
(ハリーはローマやギリシャの古いコインを集めるのが好きだ)

1669 **incessantly** [insésntli]	副 constantly, continuously, persistently	絶え間なく、ひっきりなしに

▶ Patton had to **incessantly** plead with Congress for equipment for his army.
(パットンは、議会に彼の軍隊のための装備が欲しいとしきりに嘆願しなければならなかった)

1670 **habitat** [hǽbitæ̀t]	名 environment; home, dwelling, living quarters	生息地

▶ Exotic species can have a negative impact on the local **habitat**.
(外来種は、地域の生息地に悪影響を及ぼす可能性がある)

1671 **steadfastly** [stédfæ̀stli]	副 firmly, solidly, resolutely	しっかりと、断固として 形 steadfast

▶ Einstein **steadfastly** believed that the universe was eternal and refused to consider the Big Bang theory plausible.
(アインシュタインは宇宙は永遠だと固く信じており、ビッグバン理論が妥当であると考えることを拒んだ)

1672 **keenly** [kíːnli]	副 deeply, intensely, acutely	鋭く、激しく、熱心に 形 keen

▶ The housing market is **keenly** affected by changes in interest rates.
(住宅市場は、金利の変動に大きく左右される)

1673 **intercourse** [íntərkɔ̀ːrs]	名 exchange, interchange	交流、交際

▶ Studying abroad provides opportunities for cultural **intercourse**.
(留学は、文化交流の機会を提供する)

1674 **episode** [épəsòud]

名 event, occurrence, incident, happening

挿話、出来事

▶ Watergate was an embarrassing **episode** in the history of US politics.
(ウォーターゲート事件は、アメリカの政治史における恥ずべき出来事だった)

最新傾向 episodeの形容詞形 episodicは「たまに発生する」という意味。同義語問題ではoccasional、sporadicが出題されるので一緒に覚えておきましょう。

1675 **bound for**

熟 going to, destined for

〜へ向かう、〜行きの

▶ Jennifer bought a ticket for a train **bound for** Chicago.
(ジェニファーはシカゴ行きの列車の乗車券を買った)

1676 **penchant** [péntʃənt]

名 inclination, tendency, fondness, liking

(強い) 傾向、好み

▶ Louis XIV's **penchant** for spending without limits left France with huge debts.
(ルイ14世の際限なくお金を使う傾向のせいで、フランスは多額の借金を負ったままだった)

1677 **incipient** [insípiənt]

形 initial, beginning

始まりの、初期の

▶ If diagnosed in its **incipient** stages, cancer is treatable in a large number of cases.
(初期段階で診断されれば、がんは多くの場合治療可能である)

1678 **distort** [distɔ́ːrt]

動 misrepresent, twist, falsify

〜をゆがめる、歪曲する

▶ According to the senator, the media **distorted** the message of his speech.
(その上院議員によると、メディアは彼の演説のメッセージを歪曲した)

☐ 1679
redundancy
[ridʌ́ndənsi]

名 **duplication; superfluity, extra capacity**

余分（なもの）、余剰
形 redundant

▶ Good communicators avoid **redundancy** in the information they present.
（話の上手な人は、提示する情報の冗長さを避ける）

☐ 1680
subject to

熟 **susceptible to, likely to get**

～を受けやすい、～に左右される

▶ Many orchids are sensitive to cold and **subject to** the slightest changes in temperature.
（ランの多くは寒さに敏感で、温度のごくわずかな変化にも影響を受けやすい）

☐ 1681
bountiful [báuntifəl]

形 **abundant, plentiful, ample, prolific**

豊富な、たっぷりある
副 bountifully

▶ Each year a **bountiful** harvest of wheat and corn is produced in the state of Nebraska.
（ネブラスカ州では毎年、豊富な収穫量の小麦とトウモロコシが生産される）

☐ 1682
deter [ditə́ːr]

動 **stop, preclude, prevent, inhibit**

～を妨げる、防ぐ

▶ Slavery **deterred** the development of a just and equal society.
（奴隷制度は、公正で平等な社会の発展を阻害した）

☐ 1683
roundabout
[ràundəbáut]

形 **indirect, circuitous**

回り道の、遠回りの

▶ Many commuters use **roundabout** routes to avoid traffic congestion.
（通勤者の多くが交通渋滞を避けるために迂回ルートを利用する）

□ 1684 **dim** [dim]	形 **faint, weak, obscure**	薄暗い、ぼんやりした

▶Under the **dim** light of the moon, rescue workers searched all night for the missing hikers.
（薄暗い月明かりの下、救助隊員は行方不明のハイカーを一晩中捜索した）

□ 1685 **dubious** [djúːbiəs]	形 **suspected, suspicious, distrustful, questionable**	疑わしい、怪しい、不審な

▶Joseph's alibi seemed highly **dubious**, so the police took him in for questioning.
（ジョセフのアリバイは極めて疑わしく思えたので、警察は尋問のために拘留した）

最新傾向 dubiousと発音が似ているdeviousは「素直でない、不正な（deceitful、insincere）」という意味。試験で間違わないように注意しましょう。

出題頻度レベル ★☆☆

□ 1686 **alarm** [əláːrm]	❶名 **fear, fright, terror**	恐怖、驚愕

▶Jane felt **alarm** at the sight of the snake.
（ジェーンはヘビを見て恐怖を感じた）

alarm	❷動 **surprise, startle, dismay**	～を怖がらせる、不安にさせる

▶The result of Taiwan's presidential election is certain to **alarm** Beijing.
（台湾の総統選挙の結果は、確実に中国政府に警戒心を起こさせる）

□ 1687 **eminent** [émənənt]	形 **distinguished, outstanding, prominent**	卓越した、著名な 副 eminently

▶Stephen Hawking is one of the most **eminent** physicists to have ever lived.
（スティーブン・ホーキングは、史上最も傑出した物理学者の1人だ）

□ 1688 **perceptibly** [pərséptəbli]	副 **noticeably, appreciably, sensibly**	知覚できるほどに、かなり

▶ The position of a plant will change **perceptibly** as it follows the sun across the sky.
（植物の向きは太陽が空を横切るのを追うので、それは見てわかるほど変化するだろう）

□ 1689 **ubiquitous** [ju:bíkwətəs]	形 **omnipresent, universal**	遍在する、どこにでもある

▶ The fact that fast food is so **ubiquitous** plays a large part in the global obesity epidemic.
（ファストフードがこれほどどこにでもあるという事実は、世界的な肥満のまん延に大きな影響を与えている）

□ 1690 **dryness** [dráinis]	名 **aridity, aridness, drought**	乾燥（していること） 形 dry

▶ Crops do not grow well in deserts due to the **dryness** of the land.
（砂漠は土地が乾燥しているため、作物がよく育たない）

□ 1691 **constricted** [kənstríktid]	形 **narrow, contracted**	圧縮された、締めつけられた

▶ High blood pressure can often result from **constricted** blood vessels.
（高血圧は、収縮した血管が原因で起こることが多い）

最新傾向 constrictは「～を抑える」という意味の動詞。同義語問題ではinhibit、restrainが出題されるので一緒に覚えておきましょう。

☐ 1692
elicit [ilísit]
動 call forth, obtain, extract
（情報・反応など）を引き出す、聞き出す

▶ Survey questions must be designed to **elicit** truthful answers from respondents.
（アンケート調査の質問は、回答者から事実に即した回答を引き出すように作られなければならない）

☐ 1693
intervening years
熟 between years
間の年

▶ World War I ended in 1919, World War II started in 1939, and in the **intervening years**, Europe was at peace.
（第一次世界大戦は1919年に終わり、第二次世界大戦は1939年に始まったが、その間の年には、ヨーロッパは平和だった）

☐ 1694
embrace [imbréis]
動 accept, take up, receive, adopt
～を受け入れる

▶ It is not always easy for some people to **embrace** other cultures.
（一部の人にとっては、ほかの文化を受け入れるのは必ずしも容易であるとは限らない）

☐ 1695
efficacy [éfikəsi]
名 effectiveness, efficiency, potency
効能、有効性

▶ The **efficacy** of recycling programs varies greatly from city to city.
（リサイクルプログラムの有効性は、市によって大幅に異なる）

☐ 1696
reckless [réklis]
形 careless, heedless, inadvertent
向こう見ずな、無謀な

▶ Tom's **reckless** driving caused the accident.
（トムの無謀な運転のせいで事故が起きた）

☐ 1697
diversification
[daivə̀ːrsəfikéiʃən]

名 **the emergence of many varieties**

多様化、多様性

▶ Agriculture and manufacturing once dominated the economy, but modern times have brought more **diversification**.
(農業と製造業がかつては経済を支配していたが、現代はさらなる多様化をもたらした)

☐ 1698
dismiss [dismís]

動 **ignore, disregard**

(考えなど) を退ける、捨てる

▶ William Blake's poetry is famous today, but his contemporaries largely **dismissed** his work.
(ウィリアム・ブレイクの詩は今日では有名だが、同時代の人々は概して彼の作品に見向きもしなかった)

最新傾向 dismissは「～を解散させる」という意味でも使われます。dismiss the jury「陪審員団を解散させる」。同義語問題ではdisbandが出題されるので一緒に覚えておきましょう。

☐ 1699
etch [etʃ]

動 **cut, carve, engrave**

～を刻み込む

▶ The Holocaust was a terrible event that will be forever **etched** in Jewish history.
(ホロコーストは、ユダヤの歴史に永遠に刻みつけられる恐ろしい出来事だった)

☐ 1700
precision [prisíʒən]

名 **accuracy**

正確さ
形 precise
副 precisely

▶ The atomic clock keeps time with extreme **precision**.
(原子時計は極めて正確に時を刻む)

☐ 1701

currently [kə́:rəntli]

副 **at the present time**

現在は

形 current

▶ **Currently**, demand for oil is the highest it has ever been.

（現在、石油の需要はこれまでで最も高まっている）

DAY 30

QUIZ

次の1～10の同義語をⓐ～ⓙから選びましょう。

1. precarious	ⓐ informative, educational, helpful
2. suitable	ⓑ completely, wholly, totally
3. broaden	ⓒ distinguished, outstanding, prominent
4. episode	ⓓ weakness, disadvantage, defect
5. entirely	ⓔ appropriate, proper, apt
6. reckless	ⓕ unstable, insecure, uncertain
7. shortcoming	ⓖ careless, heedless, inadvertent
8. bountiful	ⓗ event, occurrence, incident
9. instructive	ⓘ widen, expand, enlarge
10. eminent	ⓙ abundant, plentiful, ample

1.ⓕ **2.**ⓔ **3.**ⓘ **4.**ⓗ **5.**ⓑ **6.**ⓖ **7.**ⓓ **8.**ⓙ **9.**ⓐ **10.**ⓒ

DAY 26-30 Review TEST

次の英文の下線部の語と最も意味の近いものを（A）～（D）の中からひとつ選びましょう。答えは次のページに掲載しています（解答は赤シートで消すことができます）。

1. Despite the gender prejudice it fosters, schools still segregate boys and girls for gym classes.
(A) commend (B) instruct (C) mandate (D) separate

2. The premise of Darwin's theory of evolution is that all life descends from a common ancestor.
(A) declaration (B) conclusion (C) presupposition (D) feature

3. Researchers scrutinized the dinosaur fossils to determine exactly how old they were.
(A) tested (B) measured (C) removed (D) examined

4. In his most recent book, the author retrospects on the past 100 years of independent cinema in North America.
(A) cuts down (B) follows up (C) looks back (D) closes in

5. Historians have long debated an accurate date for the onset of the Cold War.
(A) source (B) pitfall (C) beginning (D) creation

6. The Nazi regime, headed up by Adolf Hitler, acted in patent disregard of international law.
(A) unintentional (B) obvious (C) trivial (D) despicable

7. The Colorado River toad secretes a potent toxin through its skin that can cause brain damage.
(A) enhances (B) conserves (C) concentrates (D) releases

8. New research is shedding light on how elderly care assistants can respond to anxious and despondent patients.
(A) depressed (B) entranced (C) precarious (D) dubious

9. Around 1.5 million people were ruthlessly massacred during the Armenian Genocide of the early 20th century.
(A) rapidly (B) cruelly (C) uniformly (D) eventually

10. Artists of the Renaissance embraced and celebrated their cultural ties to classical antiquity.
(A) broadened (B) accepted (C) involved (D) comprehended

解答と訳

正解のあとの数字は、見出し語の通し番号を表しています。

1. (D) 1462
そうすることで性別に基づく偏見が助長されるにもかかわらず、学校では今なお、体育の授業で男女を分けている。

2. (C) 1460
ダーウィンの進化論の前提では、すべての生命が共通の祖先に由来するとされている。

3. (D) 1501
研究者らは、いつのものか正確に特定するため、恐竜の化石を詳細に調べた。

4. (C) 1511
その著者は最新の本で、北米の独立系映画の過去100年を振り返っている。

5. (C) 1532
歴史家たちは長い間、冷戦が始まった正確な日付について議論している。

6. (B) 1574
アドルフ・ヒトラーが率いたナチスの統治は、国際法を明白に無視した振る舞いだった。

7. (D) 1546
コロラドリバーヒキガエルは、脳に害を与えうる強い毒を皮膚から分泌している。

8. (A) 1621
新しい研究は、高齢者の介護職員が、不安を抱えて元気のない患者にどのように対応できるのかについて、明らかにしている。

9. (B) 1646
20世紀初めのアルメニア人大虐殺で、約150万人が容赦なく虐殺された。

10. (B) 1694
ルネッサンス期の芸術家たちは、古典古代との文化的な結びつきを受け入れ、賛美した。

Chapter 2

テーマ別単語

TOEFLのリーディング、リスニング、ライティング、スピーキング全分野にわたり、出題頻度の高い語彙を30のテーマに分けて収録しました。日本語訳を見ても意味が取りづらいものは、【tips】で簡潔に説明しています。このチャプターを学習すれば、実際の試験で出題文を簡単に理解できるようになり、より早く目標点を達成することができるでしょう。

1 生物❶ 一般

生物学はTOEFLでいちばんよく出るテーマです。ある生物種が環境に適応していく過程や、その結果、さまざまな種の生物がともに生きていく方法についての講義や説明に関する問題は頻出です。これから紹介する生物学の語彙と意味を身につけて、試験に役立てましょう。

words & phrases		tips
01 □ **adaptation** [ædəptéiʃən]	適応	生物の機能や形態などが、生息環境に適するように変化すること。
02 □ **natural selection**	自然淘汰	世代を経て不利な形質を持つ個体の数が減り、有利な形質を持つ個体の数が増える現象。
03 □ **speciation** [spìːʃiéiʃən]	種形成、種分化	遺伝子の交流や遮断などの要因で、時間が経つにつれて一つの種から多様な種が生じる現象。
04 □ **mutation** [mjuːtéiʃən]	突然変異	遺伝子を成すDNAに変化が起きて遺伝形質が変わる現象。 動 mutate　突然変異する
05 □ **relict** [rélikt]	遺存種、生きている化石	長い期間、種固有の形質を維持しながら、生き残った生物種。
06 □ **superorganism** [s*j*ùːpərɔ́ːrgənizm]	生物の群集、超個体	ハチ、アリのように各自が細分化された役割を果たしながら、集合して一つの個体のように活動する生物の集団。
07 □ **colonization** [kɑ̀lənizéiʃən]	(動植物の) 群集形成	ある生物種が新しい場所に移動して、そこで繁殖し集団を成し、定住する現象。 関連 歴史学、人類学では、「植民地化」という意味で使われる。
08 □ **community** [kəmjúːnəti]	群集	一定の地域内に生息するすべての動植物の集合。
09 □ **symbiosis** [sìmbióusis]	共生	他の種に属する2つ以上の生物が相互作用し、単独では得られない利益を交わす生活形態。利益を得る主体ごとに、寄生、片利共生、相利共生と区分される。
10 □ **parasitism** [pǽrasaitìzm]	寄生	ある生物が他の生物に害を及ぼしながら、自分は利益を得る関係。
11 □ **parasite** [pǽrəsàit]	寄生虫、寄生生物	寄生関係の中で、利得を得ている生物。 関連 名 host　宿主 (寄生生物に寄生される生物)
12 □ **commensalism** [kəménsəlìzm]	片利共生	共生する2つ以上の生物のうち、片方だけが利益を得て、もう一方は利益も不利益も受けない関係。
13 □ **mutualism** [mjúːtʃuəlìzm]	相利共生	共生する2つ以上の生物が互いに利益を得る関係。

14 **epiphyte** □ [épəfàit]	着生植物	他の植物や岩に付着して生活するが、それらから水や栄養分の供給を受けていない植物。 
15 **niche** □ [nitʃ]	（特定の生物の生存に）適切な環境、適所	関連 経営では「（市場の）隙間、ニッチ」という意味で使われる。
16 **flora** □ [flɔ́:rə]	（特定の場所・時代・環境の）植物相	特定の地域に生育している植物種の総称。
17 **fauna** □ [fɔ́:nə]	（特定の場所・時代・環境の）動物相	特定の地域に生育している動物種の総称。
18 **biomass** □ [báioumæ̀s]	（特定の地域内の）生物量、バイオマス	重量やエネルギー量で表した特定の地域内に存在する生物の総量。
19 **food web** □	食物網	生態系のいくつかの食物連鎖が絡み合って構成された、クモの巣のような複雑な関係。 関連 food chain　食物連鎖
20 **biological clock** □	生物時計、体内時計	生物の体に内在する生体的メカニズムで、動植物の生理、代謝、行動、老化のような周期的なリズムを担当する。
21 **circadian** □ [sə:rkéidiən]	（24時間を周期に変化する生物の）生物学的周期の	関連 circadian rhythm　概日リズム（24時間周期で繰り返される生物の行動や生理のリズム）
22 **cell division** □	細胞分裂	―
23 **reproduction** □ [rì:prədʌ́kʃən]	生殖、繁殖	―
24 **offspring** □ [ɔ́:fsprìŋ]	子、子孫	―
25 **dormancy** □ [dɔ́:rmənsi]	休眠（状態）、活動停止状態	寒さなどの不利な環境に対する反応。活動や成長をしていない状態。
26 **organism** □ [ɔ́:rgənìzm]	有機体、生命体	―
27 **microorganism** □ [màikrouɔ́:rgənìzm]	微生物	酵母、カビ、細菌のように肉眼では見えなく、顕微鏡などによって観察できる生物。
28 **fungus** □ [fʌ́ŋgəs]	カビ類	参考 複数形はfungi。
29 **bacteria** □ [bæktíəriə]	バクテリア、細菌	単一の細胞からなる微生物。 参考 単数形はbacterium。
30 **paleontology** □ [pèiliəntɑ́lədʒi]	古生物学	化石に基づいて過去の地質時代における生物の発生と進化の過程、当時の環境などを研究する学問。

2 生物❷ 動物

動物関連の講義や説明では、さまざまな動物種の特徴や繁殖方法、冬眠のような特殊な生態が扱われます。これから動物関連の語彙と意味を身につけて役立てましょう。

words & phrases		tips
01 **mammal** □ [mǽməl]	哺乳動物	ネコ、ウマのように胎盤を持っており、子を産んで乳を飲ませて育てる動物。
02 **cetacean** □ [sitéiʃən]	クジラ目の動物	—
03 **ruminant** □ [rúːmənənt]	反芻《はんすう》動物	ウシ、ヒツジのように4つの胃を持ち反芻をする哺乳類。
04 **tusk** □ [tʌsk]	牙	ゾウの牙のように、口から突き出した哺乳類の前歯や犬歯。
05 **avian** □ [éiviən]	鳥類の	—
06 **plumage** □ [plúːmidʒ]	（鳥の）羽	—
07 **reptile** □ [réptil]	爬虫類の動物	ヘビ、トカゲ、ワニのように皮膚が変形した角質のうろこで覆われており、肺呼吸し卵を産む動物。
08 **venom** □ [vénəm]	（ヘビなどの）毒	関連 venomous　毒を持つ nonvenomous　毒のない
09 **amphibian** □ [æmfíbiən]	両生類の動物	カエル、ヒキガエルのように、幼生時はえらで呼吸し、成長すると肺呼吸と皮膚呼吸を同時に行う動物。
10 **gill** □ [gil]	（魚の）えら	
11 **fin** □ [fin]	（魚の）ひれ	—
12 **rodent** □ [róudnt]	齧歯類《げっしるい》の動物	ラット、ウサギのように、一生伸びつづける先のとがった一対の前歯を持つ哺乳動物。
13 **invertebrate** □ [invə́ːrtəbrət]	無脊椎《むせきつい》動物	関連 vertebrate　脊椎動物

14 **arthropod** □ [ɑ́:rθrəpɑ̀d]	節足動物	カニ、クモ、昆虫のように体が硬い外骨格で覆われ、体や足に節がある動物。
15 **mollusk** □ [mɑ́ləsk]	軟体動物	タコ、貝、カタツムリのように柔らかい体を持つ動物。
16 **bivalve** □ [báivæ̀lv]	二枚貝	ムール貝、アサリのように2つの殻を持つ軟体動物。
17 **mate** □ [meit]	(鳥・動物の) ペア	—
18 **courtship** □ [kɔ́:rtʃìp]	(動物の交尾のための) 求愛行動	—
19 **breed** □ [bri:d]	動 子を産む、繁殖させる 名 (特に犬、猫などの) 品種	関連 breeding season 繁殖期
20 **fertilization** □ [fə̀:rtəlizéiʃən]	受精	卵子と精子が融合して1つの細胞を形成する過程。 関連 internal fertilization 体内受精 external fertilization 体外受精
21 **hatchling** □ [hǽtʃliŋ]	孵化したばかりの鳥、魚、昆虫	—
22 **feeding habit** □	食性	草食性、肉食性のような動物がえさを食べる習性。 関連 herbivore 草食動物 carnivore 肉食動物 omnivore 雑食動物
23 **scavenger** □ [skǽvindʒər]	腐肉を食べる動物	動 scavenge 腐肉を食べる
24 **prey** □ [prei]	えさ、獲物	関連 predator 捕食者
25 **bottom feeder** □	深海生物	—
26 **endotherm** □ [éndəθə̀:rm]	恒温《こうおん》動物	体温を一定に維持する動物。 関連 ectotherm 変温動物
27 **hibernation** □ [hàibərnéiʃən]	(動物の) 冬眠	関連 aestivation (動物の) 夏眠
28 **migration** □ [maigréiʃən]	(渡り鳥・動物の大規模な) 移住、移動	関連 migratory bird 渡り鳥
29 **vocalization** □ [vòukəlizéiʃən]	声を出すこと、発声	—
30 **echolocation** □ [èkouloukéiʃən]	反響定位	イルカ、コウモリのような生物が超音波を発し、その反響を受けとめることで物体の位置を知ること。

3 生物❸ 植物

植物関連の講義や説明では、葉、茎などの植物の各器官の機能、光合成のような代謝作用、特殊な種類の植物などが主に扱われます。これから紹介する植物に関する語彙やその意味を覚えて、講義などをより容易に理解できるようになりましょう。

words & phrases		tips
01 □ **botany** [bátəni]	植物学	—
02 □ **seed** [si:d]	種子、種	—
03 □ **spore** [spɔ:r]	胞子	胞子、胞子菌、キノコ、ワラビなどが繁殖するために使用される生殖細胞。
04 □ **germination** [dʒə̀:rmənéiʃən]	発芽	種子が芽生え、発育を始めること。
05 □ **pollen** [pálən]	花粉	種子植物が繁殖するために使用する粉のような形態の生殖細胞。
06 □ **photosynthesis** [fòutousínθəsis]	光合成	光エネルギーを利用して水と二酸化炭素から有機物と酸素を作り出す作用。
07 □ **chlorophyl(l)** [klɔ́:rəfìl]	葉緑素	植物が光合成を行うときに使用する緑色の色素。
08 □ **cellulose** [séljulòus]	繊維素、セルロース	植物の細胞壁に存在する物質で、紙、プラスチック、繊維などを製造するために使われる。
09 □ **stem** [stem]	（植物の）幹	—
10 □ **petal** [pétl]	花びら	—
11 □ **stoma** [stóumə]	（植物の葉・茎の）気孔	参考 複数形はstomata。
12 □ **vein** [vein]	（植物の）葉脈	参考 一般的には、「（血管の）静脈」という意味で使われることが多い。
13 □ **taproot** [tǽprù:t]	（植物の）主根	関連 fibrous root　ひげ根
14 □ **perennial** [pəréniəl]	多年生植物	関連 perennial herb　多年草
15 □ **annual** [ǽnjuəl]	一年生植物	参考 一般的には「毎年の」という意味で、形容詞として使われる。

16 **biennial** [baiéniəl]	二年生の植物	—
17 **vegetation** [vèdʒətéiʃən]	植物、植生	ある特定の地域に集まって生息している植物全体。
18 **cluster** [klʌ́stər]	群生	ある地域に同じ種類の植物が集まっていること。
19 **clump** [klʌmp]	やぶ、茂み	—
20 **scrubland** [skrʌ́blæ̀nd]	低木地	背が低い樹木が生息する地域で、年間降水量が比較的少なく、年平均気温が低い。
21 **canopy** [kǽnəpi]	樹冠	森の樹木の枝や葉が屋根の形のように茂っている状態。 参考 建築では、「上部を覆う屋根のように突出した建築構造」という意味で使われる。
22 **forest understory**	（植物群の）下層	樹冠の下に生育している植物の集合。
23 **timberline** [tímbərlàin]	樹木限界線	乾燥や寒冷で、樹木が生育できなくなる限界の線。
24 **deciduous** [disídʒuəs]	落葉性の	関連 evergreen　常緑の
25 **shade-tolerant**	耐陰性の、日陰で生育できる．	shade plant　陰生植物 sun plant　陽生植物
26 **broad-leaved**	葉が広い、広葉樹の	関連 roadleaf tree　広葉樹（オーク、ヤシの木のように平らで広い葉を持つ木）
27 **conifer** [kóunəfər]	針葉樹	マツ、ゴヨウマツのように針状の葉を持つ木。 関連 coniferous　針葉樹の
28 **insectivorous plant**	食虫植物	モウセンゴケ、ハエトリグサのように小さい虫を捕らえ、これを消化して栄養素を吸収する植物。  ▶ウツボカズラ
29 **alga** [ǽlgə]	藻	ノリ、コンブのように水の中に生息し、光合成をする植物。 参考 複数形はalgae。
30 **arboreal** [ɑːrbɔ́ːriəl]	樹木の、（動物などが）木に住んでいる	—

4 生物❹ 昆虫

昆虫関連の生物学の講義や説明では、主にハチやセミなどの昆虫の体の構造、変態の過程、特殊なライフスタイルが取り上げられます。これから紹介する昆虫関連の語彙をしっかりと身につけましょう。

words & phrases		tips
01 □ **complete metamorphosis**	完全変態	昆虫の成長の過程で、卵→幼虫→さなぎの3つの段階を経て成虫に変化する現象。
02 □ **larvae** [lɑ́:rvi:]	幼虫	成虫になる前の子供の昆虫。 参考 単数形はlarva。
03 □ **caterpillar** [kǽtərpìlər]	毛虫	体が長く、体表が毛で覆われているチョウ目の幼虫。
04 □ **pupa** [pjú:pə]	さなぎ	参考 複数形はpupae。
05 □ **cocoon** [kəkú:n]	繭《まゆ》	完全変態をする昆虫の幼虫がさなぎに変わる際に作る殻。
06 □ **incomplete metamorphosis**	不完全変態	幼虫がすでに成虫と同様の形態を有し、さなぎの時代を経ないで成虫になる成長形式。トンボ、バッタなどに見られる。
07 □ **ecdysis** [ékdəsis]	脱皮	頑丈な表皮を持っている動物が成長の過程で古い表皮を脱ぐ現象。
08 □ **mimicry** [mímikri]	擬態	自分の身を守ったり、狩りをするために、周囲の環境や他の種の生物と非常によく似た形態を持っていること。 動 mimic　擬態する
09 □ **protective coloration**	保護色	—
10 □ **camouflage** [kǽməflɑ̀:ʒ]	（保護色や形などを通じた）偽装、擬態	—
11 □ **microhabitat** [màikrouhǽbitæt]	微小生息地	微生物、昆虫のような小さな生物が生息するのに適した環境を持つ場所のこと。
12 □ **antennae** [ænténi:]	（昆虫の）触角	参考 単数形はantenna。 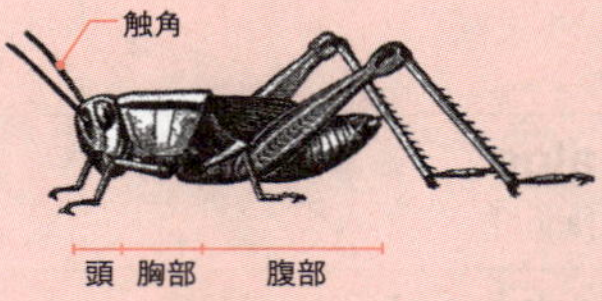

13 **abdomen** [æbdəmən]	（昆虫の）腹部	関連 head （昆虫の）頭 thorax （昆虫の）胸部
14 **pollinator** [pɑ́lənèitər]	送粉者	花の雄しべで生産される花粉を雌しべに移す生物のことで、ほとんどの昆虫がその役割を果たす。
15 **nectar** [néktər]	（花の）蜜	—
16 **infested** [inféstid]	（害虫などが）群がった	—
17 **insecticide** [inséktəsàid]	殺虫剤	—
18 **exoskeleton** [èksouskélətn]	外骨格	昆虫やカニの殻のように体の外側を囲み、体を保護したり、支えたりする骨格のこと。 関連 endoskeleton 内骨格（脊椎動物の骨のように、体内の奥深くに入っている骨格）
19 **pheromone** [férəmòun]	フェロモン	動物の体内で作られたあとに体外に放出され、同種の他の個体の行動的・生理的反応を誘導する物質。
20 **sting** [stiŋ]	名（昆虫などの）針 動 刺す	—
21 **bioluminescence** [báioulù:mənésns]	生物発光	ホタルのように、生物が自ら光を出す現象。
22 **ephemeral insects**	1日しか生きられない昆虫	—
23 **swarm** [swɔ:rm]	（一方向に移動する昆虫の）群れ	—
24 **social insect**	社会性昆虫	ハチやアリのように、同種の個体が集団をなし、互いに役割を分担して生活する昆虫のこと。
25 **hive** [haiv]	ハチの巣、（1つの巣箱の）ハチの群れ	—
26 **wasp** [wɑsp]	スズメバチ	—
27 **fruit fly**	ミバエ	—
28 **firefly** [fàiərflái]	ホタル	—
29 **cicada** [sikéidə]	セミ	—
30 **grasshopper** [grǽshɑ̀pər]	バッタ	—

5 生理／解剖

TOEFLでは、人体を構成している器官の特徴や機能に関するトピックが出題されます。人体を構成する要素と器官の名称、身体作用を表す語彙を知っていれば、より容易に講義や説明を理解することができるので、これから関連語彙を身につけていきましょう。

words & phrases		tips
01 □ **anatomy** [ənǽtəmi]	解剖学	—
02 □ **circulatory** [sə́ːrkjulətɔ̀ːri]	血液循環の	関連 circulatory system　循環器系（心臓、血管、リンパ管のような血液とリンパの循環に関与する身体器官）
03 □ **blood vessel**	血管	関連 artery　動脈 vein　静脈
04 □ **red blood cell**	赤血球（＝ erythrocyte）	血液中を移動しながら、体の組織に酸素や二酸化炭素を運ぶ血液細胞のこと。 関連 white blood cell　白血球（外部から侵入する細菌や感染症から身体を保護する血液細胞のこと）
05 □ **secrete** [sikríːt]	（主に体内で作られたものを）分泌する	関連 excrete　（老廃物などを体の外に）排泄する
06 □ **respiratory** [réspərətɔ̀ːri]	呼吸の、呼吸器官の	関連 respiratory system　呼吸器系（気道、肺、気管支、横隔膜のような呼吸に関係する身体の器官）
07 □ **inhale** [inhéil]	息を吸う	—
08 □ **exhale** [ekshéil]	息を吐く	—
09 □ **nostril** [nɑ́strəl]	鼻の穴	—
10 □ **airway** [ɛ́ərwèi]	（鼻から肺までの）気道	—
11 □ **ingest** [indʒést]	（食品・薬など）を摂取する	—
12 □ **digest** [daidʒést]	～を消化する	名 digestion　消化 関連 digestive system　消化器系（胃、腸のように摂取した食物の消化と吸収を担当する身体器官）
13 □ **intestine** [intéstin]	腸	—
14 □ **metabolism** [mətǽbəlìzm]	新陳代謝	生物内で起こる物質のすべての化学的変化。

15 ☐ **skeleton** [skélətn]	骨格	関連 skull 頭蓋骨
16 ☐ **joint** [dʒɔint]	関節	—
17 ☐ **vertebra** [və́ːrtəbrə]	脊椎	参考 複数形はvertebrae。
18 ☐ **marrow** [mǽrou]	骨髄（= bone marrow）	骨の中にある血液細胞を作り出す組織。
19 ☐ **apparatus** [æ̀pərǽtəs]	（身体の）器官	関連 the sensory apparatus 感覚器官
20 ☐ **Rapid Eye Movement (REM)**	（睡眠中の）急速眼球運動	レム睡眠時に眼球が急速に運動する現象。この時、脳波は覚醒状態に似ていて夢を見る。 関連 Non-Rapid Eye Movement (NREM) 非急速眼球運動
21 ☐ **tissue** [tíʃuː]	組織	類似した形態や機能を持つ細胞の集まり。
22 ☐ **cell wall**	細胞壁	—
23 ☐ **membrane** [mémbrein]	（人体の皮膚・組織の）膜	—
24 ☐ **nerve** [nəːrv]	神経	脳、脊髄から身体各部へ信号を伝え、また身体各部からの刺激を脳、脊髄へ伝える器官。
25 ☐ **hypothalamus** [hàipəθǽləməs]	視床下部	体温調節、物質代謝の調整、睡眠など生命維持に関わる脳の部分。
26 ☐ **cortex** [kɔ́ːrteks]	皮質	大脳、腎臓などの実質臓器の外層をなす部分。内部と外層とでは機能が異なることが多い。 関連 cerebrum cortex 大脳皮質
27 ☐ **cuticle** [kjúːtikl]	クチクラ、角皮	生物の細胞で最も外側の部分を覆っている固い膜状の構造。
28 ☐ **limb** [lim]	四肢、手足	—
29 ☐ **vocal cord**	声帯	—
30 ☐ **inner ear**	内耳	平衡器官を司る三半規管と、聴覚を担当する蝸牛で構成された、耳の最も内側にある部分。

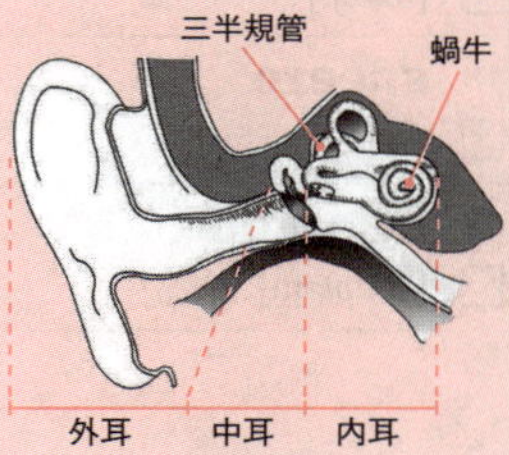

6 医学／健康

TOEFLには、医学や健康関連の語彙もよく見られます。生理学、生物学がテーマの講義や説明では、特定の疾患や症状を表す語彙が頻繁に使われます。これから紹介する関連語彙を身につけ、講義や説明の理解に役立てましょう。

words & phrases		tips
01 **clinical** ☐ [klínikəl]	臨床の	関連 clinical medicine　臨床医学（患者と対面して治療する医療行為）
02 **donate** ☐ [dóuneit]	～を提供する	名 donation　提供 名 donor　ドナー
03 **disorder** ☐ [disɔ́ːrdər]	（身体機能の）障害、異常	関連 eating disorder　摂食障害 psychiatric disorder　精神障害
04 **epidemic** ☐ [èpədémik]	流行、伝染病の発生	—
05 **contagious** ☐ [kəntéidʒəs]	伝染性の	関連 contagious disease　伝染病
06 **pathogen** ☐ [pǽθədʒən]	病原菌、病原体	病気を引き起こす微生物や細菌。
07 **infestation** ☐ [ìnfestéiʃən]	（寄生虫などの）体内侵入	—
08 **antibiotic** ☐ [æ̀ntibaiɑ́tik]	抗生物質	微生物の発育を抑制したり、死滅させたりする物質。
09 **immune system** ☐	免疫システム	外部からの脅威や体内の異常な細胞などから身体を保護するために、生体の内部環境を調節するメカニズム。 関連 immunity　免疫、免疫力
10 **vaccination** ☐ [væ̀ksənéiʃən]	予防接種	名 vaccine　ワクチン（感染前に免疫システムを活性化させるために、注入される不活性化された病原体）
11 **tolerance** ☐ [tɑ́lərəns]	耐性	特定の抗生物質の反復使用により、細菌がその薬に対する抵抗性を獲得すること。
12 **hiccup** ☐ [híkʌp]	しゃっくり	—
13 **sneeze** ☐ [sniːz]	くしゃみ	関連 cough　せき
14 **symptom** ☐ [símptəm]	（病気の）症状	—

15 **fatigue** ☐ [fətíːg]	疲労	関連 chronic fatigue　慢性疲労
16 **irritation** ☐ [ìrətéiʃən]	刺激、炎症	名 irritant　炎症やかゆみを誘発する刺激物
17 **nausea** ☐ [nɔ́ːziə]	吐き気	動 nauseate　吐き気を催す
18 **infection** ☐ [infékʃen]	感染	—
19 **sprain** ☐ [sprein]	動（特に手首・足首を）くじく、ねんざする 名 ねんざ	—
20 **necrosis** ☐ [nəkróusis]	壊《え》死《し》	生体の組織や細胞が、熱、毒物、打撲などの理由で部分的に死ぬこと。
21 **paralysis** ☐ [pərǽləsis]	麻痺	動 paralyze　～を麻痺させる
22 **dehydration** ☐ [dìːhaidréiʃən]	脱水（症）	—
23 **ailment** ☐ [éilmənt]	（比較的深刻ではない）病気	—
24 **diagnosis** ☐ [dàiəgnóusis]	診断	動 diagnose　～を診断する
25 **asthma** ☐ [ǽzmə]	喘息	—
26 **measles** ☐ [míːzlz]	麻疹、はしか	呼吸器を介してうつり、発症時に発熱、発疹などが起こるウイルス性疾患。
27 **smallpox** ☐ [smɔ́ːlpɑ̀ks]	天然痘《とう》	高熱と全身に現れる発疹が主な特徴であるウイルス感染症。
28 **malnutrition** ☐ [mæ̀lnjuːtríʃən]	栄養失調	—
29 **amnesia** ☐ [æmníːʒə]	記憶喪失（症）	—
30 **remedy** ☐ [rémədi]	治療（薬）	—

7 物理

TOEFLでは、物理学に関する語彙がよく出題されます。科学分野の基礎となる学問であるだけに、さまざまなテーマの科学講義や説明に、基本的な物理学の用語が使われます。これから紹介する物理学に関する語彙やその意味を身につけ、科学のテーマについての理解を深めましょう。

words & phrases		tips
01 ☐ **mass** [mæs]	質量	周囲の環境に左右されない物質の固有の量。
02 ☐ **acceleration** [æksèləréiʃən]	加速度	時間に応じて速度が変化する割合。
03 ☐ **friction** [fríkʃən]	摩擦	互いに接触している2つの物体の一方が運動しようとするとき、その接触面でこれを妨害する力が作用する現象。
04 ☐ **velocity** [vəlɑ́səti]	速さ	関連 speed　スピード（velocityは方向が含まれているが、speedは方向に関係ない物体の速さ）
05 ☐ **momentum** [mouméntəm]	運動量	物体の速度と質量の積。 参考 一般的には「勢い、はずみ」という意味で使われる。
06 ☐ **resistance** [rizístəns]	抵抗	電流が流れることを妨害する作用。
07 ☐ **ohm** [oum]	オーム	電気抵抗の単位。記号はΩ。
08 ☐ **electric current**	電流	—
09 ☐ **in series**	直列で	参考 一般的には「連続的に」という意味で使われる。 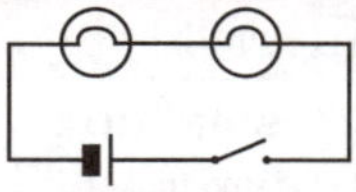
10 ☐ **in parallel**	並列で	参考 一般的には「(～と) 同時に」という意味で使われる。 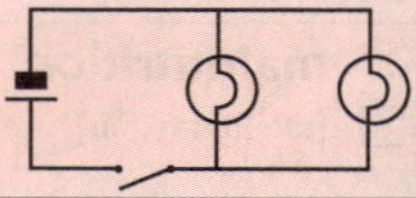
11 ☐ **inertia** [inə́ːrʃə]	慣性	静止した物体はずっと静止した状態でいようとし、動いている物体は動き続けようとする性質。
12 ☐ **locomotion** [lòukəmóuʃən]	移動（力）	—
13 ☐ **convection** [kənvékʃən]	対流	空気や水などの流体に温度差が生じた場合に、循環運動が起き、これにより熱が伝わる現象。 関連 radiation　放射（媒体なしに熱が高温の物体から低温の物体に伝わる現象） conduction　伝導（接触している物体を介して熱や電気が伝わる現象）

14	**trajectory** [trədʒéktəri]	軌道、弾道	—
15	**horizontal** [hɔ̀:rəzántl]	水平の	—
16	**vertical** [və́:rtikəl]	垂直の	—
17	**wave** [weiv]	波動	空間や物質中のある箇所で発生した振動が徐々に周辺に広がっていく現象。 参考 一般的には「波、波浪」という意味で使われる。
18	**wavelength** [wéivlèŋkθ]	波長	波動における、波の山から次の山までの水平距離。
19	**frequency** [frí:kwənsi]	（音・電磁波などの）振動数、周波数	決められた時間内に振動が発生する回数。 参考 一般的には「頻度」という意味で使われる。
20	**electromagnetic** [ilèktroumægnétik]	電磁の	関連 electromagnetic wave　電磁波（電界と磁界との変化が波動として、空間や物質中を伝わっていく現象）
21	**solar radiation**	太陽放射	太陽から放射される電磁波。
22	**spectrum** [spéktrəm]	スペクトル	可視光線や電磁波を、波長の長さに応じて分解して示したもの。 参考 一般的には「範囲」という意味で使われる
23	**ultraviolet** [ʌ̀ltrəváiəlit]	紫外線の	関連 ultraviolet ray　紫外線（可視光線より波長が短く、目には見えない光）
24	**infrared** [ìnfrəréd]	赤外線の	関連 infrared ray　赤外線（可視光線より波長が長く、目には見えない光）
25	**sound wave**	音波	—
26	**radio wave**	電波	—
27	**light wave**	光波	—
28	**white noise**	ホワイトノイズ	ラジオノイズのように、あらゆる周波数の成分が含まれているノイズ。
29	**universal gravitation**	万有引力	宇宙のすべての物体が互いを引き寄せる力。
30	**law of conservation of momentum**	運動量保存の法則	外から力を加えないかぎり、全体の運動量の総和は常に一定に保たれるという法則。

8 化学

TOEFLでは、化学関連の語彙もよく見られます。「物理」同様、科学分野の基礎となる学問なので、さまざまなテーマの科学講義や説明に化学用語、元素名などが出てきます。講義やその説明がより理解しやすくなるように、これから紹介する化学関連の語彙を身につけていきましょう。

words & phrases		tips
01 **chemicals** □ [kémikəls]	化学物質	—
02 **oxygen** □ [ɑ́ksidʒən]	酸素（O）	関連 hydrogen　水素（H） nitrogen　窒素（N）
03 **mercury** □ [mə́ːrkjuri]	水銀（Hg）	参考 大文字を用いたMercuryは、天文学で「水星」という意味。
04 **sodium chloride** □	塩化ナトリウム（NaCl）	塩、食塩の化学物質名。
05 **density** □ [dénsəti]	密度	物質の質量を体積で割って得られる値。
06 **solution** □ [səlúːʃən]	溶液	2種類以上の物質が溶けて均質になっている液体。 関連 solute　溶質（溶媒に溶け溶液を作る物質） solvent　溶媒（溶質を溶かして溶液を作る液体物質）
07 **dissolve** □ [dizɑ́lv]	～を溶解させる	—
08 **dilute** □ [dilúːt]	～を希釈する	名 diluter　希釈液
09 **saturate** □ [sǽtʃərèit]	～を飽和させる	名 saturation　飽和（状態） 参考 一般的には「(考えなどを) 染み込ませる」という意味で使われる。
10 **crystallize** □ [krístəlàiz]	～を結晶させる	名 crystal　結晶
11 **filter** □ [fíltər]	名 フィルター、ろ過装置 動 ～をろ過する、こす	—
12 **atom** □ [ǽtəm]	原子	物質を構成する基本単位で、固有の化学的性質を失わない最小の微粒子。原子は原子核（nucleus）とその周りを回る電子（electron）で構成されており、原子核は陽子（proton）と中性子（neutron）で構成されている。 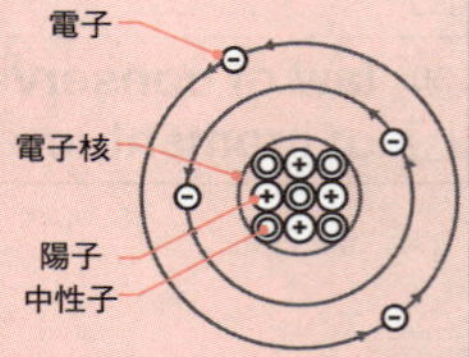

13 **flame test** □	炎色実験	金属を炎の中に入れると現れる色と元素固有の色とを比較して、試料の元素の種類を判別する試験。
14 **periodic table** □	周期表	すべての元素を物理的、化学的性質が似たもの同士が並ぶように、決められた規則に従って配列した表。
15 **isotope** □ [áisətòup]	同位体	陽子数は等しいが、中性子の数が異なる原子。
16 **element** □ [éləmənt]	元素	1種類の原子で構成された純物質。
17 **compound** □ [kɑ́mpaund]	化合物	2種類以上の原子が化学的に結合して構成された純物質。
18 **molecule** □ [mɑ́ləkjù:l]	分子	原子の結合体で、その物質の化学的性質を持っている最小の構成単位。
19 **saline** □ [séilin]	塩分が含まれた	—
20 **oxidation** □ [ɑ̀ksədéiʃən]	酸化	酸素と結合すること、または水素を含む化合物が水素を失うこと。 動 oxidize　～を酸化させる
21 **reduction** □ [ridʌ́kʃən]	還元	化合物が酸素を失うこと、または水素と化合すること。 参考 一般的には「減少」という意味で使われる。 動 reduce　～を還元する
22 **catalyst** □ [kǽtəlist]	触媒	化学反応の速度を速めたり、遅らせたりする物質。しかも、触媒自体は化学反応を起こしたあとでも、別の物質に変わることはない。
23 **evaporation** □ [ivæ̀pəréiʃən]	蒸発	動 evaporate　蒸発する
24 **alkali** □ [ǽlkəlài]	塩基（= base）	水溶液に入れると電離して、水酸イオン（OH-）を生成する物質。
25 **acid** □ [ǽsid]	酸	水溶液に入れると電離して、水素イオン（H +）を生成する物質。
26 **neutralize** □ [njú:trəlàiz]	（化学物質）を中和させる	—
27 **concentration** □ [kɑ̀nsəntréiʃən]	濃度	溶液がどれだけ濃いか薄いかを示す数値。
28 **osmosis** □ [ɑzmóusis]	浸透（現象）	濃度の異なる溶液を半透膜で仕切ったとき、高濃度の側から低濃度へと溶液が移動する。 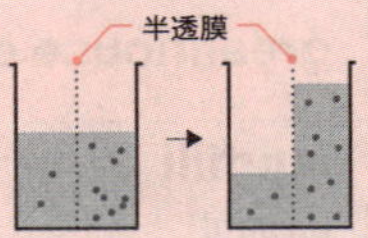
29 **carbohydrate** □ [kɑ̀:rbəháidreit]	炭水化物	関連 protein　タンパク質 fat　脂肪
30 **enzyme** □ [énzaim]	酵素	生体内で触媒として作用するタンパク質。

9 環境／生態

TOEFLでは、人間が自然に与える影響、生態系保全など、環境に関連した内容が頻繁に出題されます。これから紹介する環境／生態関連の講義や説明に出てくる主な語彙を覚えておきましょう。

words & phrases		tips
01 □ **ecosystem** [ékousìstəm]	生態系	ある地域に生息するすべての生物と、その地域の非生物的環境を総称したもの。
02 □ **ecology** [ikɑ́lədʒi]	生態学	生物間の相互関係や生物と環境との関係を研究する学問。
03 □ **marsh** [mɑːrʃ]	湿地（＝wetland）	湿気の多い、じめじめとした土地。
04 □ **prairie** [prɛ́əri]	（北米の）大草原、プレーリー	北米の内陸地方に広く発達した、温帯気候の草原。
05 □ **biodiversity** [bàioudaivə́ːrsəti]	生物多様性	生態系の多様性、種の多様性など、多様な生物が存在していること。 関連 species diversity　種の多様性（ある地域で見ることができる異なる種の頻度と多様性）
06 □ **ecological succession**	生態遷移	生物の群集構造がいくつかの環境要因によって、徐々に他の構造に変わっていく現象。
07 □ **pollutant** [pəlúːtnt]	汚染物質	動 pollute　～を汚染する
08 □ **overhunting** [òuvərhʌ́ntiŋ]	乱獲	参考 overirrigation　過度の灌漑 overgrazing　過度の放牧
09 □ **endangered** [indéindʒərd]	（動植物が）絶滅の危機に瀕した	関連 threatened　（野生動物が）絶滅の危機に瀕した
10 □ **mass extinction**	大量絶滅	関連 extermination　全滅
11 □ **genetic modification**	遺伝子組み換え	関連 genetically modified organism (GMO)　遺伝子組み換え生物
12 □ **greenhouse effect**	温室効果	大気中の二酸化窒素や二酸化炭素などが温室のガラスのように作用して、地球の温度を上昇させる現象。
13 □ **landfill** [lǽndfìl]	ごみ埋立地	—
14 □ **acid rain**	酸性雨	関連 acid　酸、酸性の

15 **desertification** [dezə̀:rtəfikéiʃən]	砂漠化	—
16 **logging** [lɔ́:giŋ]	伐採	—
17 **deforest** [di:fɔ́:rist]	～の森林を伐採する	名 deforestation　森林伐採
18 **white pollution**	白い汚染	カップ、食品容器などのプラスチックによる環境汚染。
19 **light pollution**	光害	街灯のような人工照明や大気汚染物質によって、夜空が明るくなる現象。
20 **ambient** [ǽmbiənt]	周囲の、環境の	—
21 **soil erosion**	土壌浸食	雨、風、流水によって地表から土壌が流失する現象。
22 **runoff** [rʌ́nɔ̀:f]	流出する水	降水などにより過剰に供給された水が、土壌に吸収されずに河川に流入するまで地表を流れること。
23 **cover crop**	被覆《ひふく》植物	雨や風による栄養素の流出、土壌浸食を防ぐために、冬の畑に植えるクローバーなどの植物。
24 **pesticide** [péstəsàid]	殺虫剤、農薬	関連 pest　害虫
25 **fertilizer** [fə́:rtəlàizər]	肥料	関連 compost　堆肥
26 **detergent** [ditə́:rdʒənt]	洗剤	—
27 **submarine** [sʌ̀bmərí:n]	海底の	参考 一般的には「潜水艦」という意味で使われる。
28 **fish farm**	養魚場	—
29 **spillage** [spílidʒ]	（油などの）流出	—
30 **oil slick**	油膜	水の表面を覆う流出した油の薄い膜。

10 気象

TOEFLでは、降水を発生させる水の循環過程、氷河期のような長期的な気候変動、異常気温などの気象関連の講義や説明が出題されることがあります。内容をより速く理解するために、これから紹介する気象関連の語彙と意味をしっかり理解しておきましょう。

words & phrases		tips
01 □ **meteorology** [mì:tiərɑ́lədʒi]	気象学	大気の状態、大気中のさまざまな気象現象、気象が地表面へ及ぼす影響などを研究する学問。
02 □ **precipitation** [prisìpətéiʃən]	降水（量）	雨、雪、あられ、霧などが一定期間、特定の場所に降った水の量。
03 □ **rainfall** [réinfɔ̀:l]	降雨（量）	一定期間、特定の場所に降った雨の量。
04 □ **humidity** [*h*ju:mídəti]	湿度	—
05 □ **arid** [ǽrid]	乾燥した	名 aridity　乾燥
06 □ **semiarid** [sèmiǽrid]	半乾燥の	関連 semiarid zone　半乾燥地帯（砂漠の周辺に分布する比較的乾燥の程度が低い地域のこと）
07 □ **drought** [draut]	干ばつ	関連 flood　洪水
08 □ **monsoon** [mɑnsú:n]	季節風	季節によって吹く方向が変わる風のこと。 参考 一般的には「（東南アジアの夏場の）雨季、梅雨」という意味で使われる。
09 □ **temperature** [témpərətʃə*r*]	温度、気温	参考 「体温」という意味でも使われる。
10 □ **thermometer** [θə*r*mɑ́mətə*r*]	温度計	—
11 □ **Celsius** [sélsiəs]	摂氏	1気圧での水の凝固点を0℃、沸点を100℃にして、その間を100等分した温度の測定単位。 関連 Fahrenheit　華氏（1気圧での水の凝固点を32°F、沸点を212°Fにして、その間を180等分した温度の測定単位）
12 □ **heat wave**	熱波	数日あるいは数週間続く、異常な高温現象。
13 □ **equator** [ikwéitə*r*]	赤道	—
14 □ **elevation** [èləvéiʃən]	高度、海抜（= altitude）	—

15 **latitude** □ [lǽtətjùːd]	緯度《いど》	赤道を基準に、特定の地域の南北の位置を示す座標。 関連 longitude　経度（特定の地域の東西の位置を示す座標）
16 **weather vane** □	風向計	—
17 **prevailing wind** □	卓越風	ある地域で、特定の期間、最も頻度の高い方向から吹く風。
18 **atmospheric pressure** □	気圧	関連 barometer　気圧計
19 **front** □ [frʌnt]	前線	発生地が異なる2種類の空気の境界面と地表との交線。
20 **glaciation** □ [glèiʃiéiʃən]	氷河作用	氷河が形成、移動、後退しながら地表を浸食、運搬、堆積すること。
21 **icecap** □ [áiskæ̀p]	氷冠	高い山や極地などを覆っている溶けない氷河。
22 **tundra** □ [tʌ́ndrə]	ツンドラ、凍土帯	夏の間だけ地表の氷が溶けて、限られた種類の草木だけが育つことのできる地帯。
23 **hemisphere** □ [hémisfìər]	（地球の）半球	関連 Northern Hemisphere　北半球 Southern Hemisphere　南半球 参考 生理学では「（脳の）半球」という意味で使われる。
24 **life zone** □	生物分布帯	温度、降水量、湿度などの気候条件に応じて分類されたいくつかの生物の分布地域。
25 **microclimate** □ [màikroukláimit]	微気候	地表の影響を受けて生じる、地表面近くの局地的な気象状態。
26 **subtropics** □ [sʌbtrápiks]	亜熱帯地方	熱帯と温帯の間に位置する、気温は高いが降水量は少ない地域。
27 **El Niño** □	エルニーニョ現象	東太平洋赤道付近の海水面の温度が5カ月以上、平年より高い状態が続く現象。
28 **Pleistocene epoch** □	更新世、洪積世	約200万年前から約1万2千年前までの時期。少なくとも4回から最大6回の間氷期があった。
29 **interglacial period** □	間氷期	氷期と氷期の間の比較的気候が温暖な時期。
30 **Milankovitch's hypothesis** □	ミランコビッチの仮説	地球軌道のの3要素（地球の自転軸の傾きの変化、地球の公転軌道の楕円形、地球の歳差）が集約的に作用して、氷期、間氷期といった気候変動が生じるという仮説。

11 天文

天文学はTOEFLで取り扱われるテーマの中で、最も理解が難しいものの1つです。太陽系の特徴、星の誕生と消滅など、主に天文学の基礎知識が出題されますが、概念が難解な上、不慣れな語彙も多いかもしれません。天文学の講義や説明を理解しやすくなるために、これから紹介する関連語彙とその意味を身につけましょう。

words & phrases		tips
01 □ **celestial body**	天体（= heavenly body）	宇宙を構成している恒星、惑星、衛星、小惑星、隕石、星団などの総称。
02 □ **planet** [plǽnit]	惑星	自ら光を放たない、恒星の周りを回る天体の1つ。 関連 star　恒星（太陽のように自ら光を放つ星）
03 □ **meteor** [mí:tiər]	流星、流れ星	小さな天体が地球の大気に突入した後、空気との摩擦で消滅しながら発光する現象。
04 □ **comet** [kámit]	彗星	太陽系内で、太陽や恒星を中心に一定の軌道を描いて回る小さな天体。
05 □ **meteoroid** [mí:tiərɔ̀id]	流星物質	太陽系内を運行している岩石。
06 □ **meteorite** [mí:tiəràit]	隕石	宇宙から地球に進入した岩石が大気との摩擦によって燃えた後に発見されたもの。
07 □ **stellar** [stélər]	星の	関連 interstellar　星間の
08 □ **constellation** [kànstəléiʃən]	星座	—
09 □ **variable star**	変光星	明るさが時間とともに変化する星。
10 □ **star formation**	星形成	星間空間の分子雲の高密度領域があるきっかけで収縮し始め、星が形成される現象。
11 □ **dwarf star**	矮星《わいせい》	恒星の進化の段階で、巨星に対して用いられる語。青年期や壮年期の比較的小さい星。 関連 giant star　巨星（恒星が進化して形成される星。直径、明るさ、質量などが著しく大きい）
12 □ **nebula** [nébjulə]	星雲	塵、水素ガス、プラズマなどから成る雲のように見える天体。 
13 □ **supernova** [sù:pərnóuvə]	超新星	寿命が尽きた星が爆発を起こして普段の数億倍も輝き、徐々に減光していく現象。

14	**solar system**	太陽系	太陽、およびその重力によって太陽の周りを回っている天体の集団。水星、金星、地球、火星、木星、土星、天王星、海王星の合計8個の惑星などを含む。
15	**Pluto** [plú:tou]	冥王星	1930年に発見された天体。太陽系の9番目の惑星とされてきたが、2006年に惑星分類法が変わり、準惑星に分類されている。
16	**Terrestrial planets**	地球型惑星（= inner planets）	水星、金星、火星、地球のように、木星型惑星に比べて質量が小さく、密度が非常に高い惑星のこと。
17	**Jovian planets**	木星型惑星	木星、土星、天王星、海王星のように、地球型惑星に比べて質量が大きく、密度が小さい惑星のこと。
18	**heliocentric theory**	地動説（= the Copernican system）	コペルニクスが唱えた説。太陽が宇宙の中心に静止し、他の惑星がその周りを公転しているというもの。 関連 geocentric theory（= the Ptolemaic system）　天動説
19	**revolution** [rèvəlú:ʃən]	公転	天体が一定の周期で他の天体の周りを回る運動。 動 revolve　公転する
20	**rotation** [routéiʃən]	自転	天体がその重心を通る軸を中心にして回転する運動。
21	**orbit** [ɔ́:rbit]	軌道	天体が一定の曲線を描いて運行する道筋。
22	**precession** [pri:séʃən]	歳差運動	地球の自転のように、固定された特定の回転軸の周囲を回る現象。
23	**satellite** [sǽtəlàit]	（惑星の）衛星	月のように、惑星の周りを回る天体。 参考 一般的には「人工衛星」という意味で使われる。
24	**phase** [feiz]	（定期的に形が変わる月の）相	参考 一般的には「段階」という意味で使われる。
25	**eclipse** [iklíps]	（太陽・月の）食	関連 solar eclipse　日食（太陽が月によって隠れる現象） lunar eclipse　月食（月が地球の影に隠れる現象）
26	**lunar cycle**	太陰周期	月の公転周期、約29.5日。 関連 lunar year　太陰年（太陰暦での1年、約354日） solar year　太陽年（約365日）
27	**albedo** [ælbí:dou]	アルベド、反射率	月、惑星などが太陽から受けた光を反射する程度を数値で表したもの。
28	**crater** [kréitər]	クレーター	隕石、火山、内部のガス噴出などの理由で形成された衛星や惑星の表面に見られるくぼんだ地形。 
29	**visible light**	可視光線	人の眼に見える波長の光。
30	**magnetic field**	磁場	磁石の周りの磁力が作用する空間。 関連 magnetic force　磁力（磁性を持つ物体が互いに引き合ったり、退け合ったりする力）

12 地理／地質

TOEFLでは、岩石の形成、地殻の組成と構造など、地理や地質をテーマとした説明や講義がよく出題されます。これから紹介する関連語彙を身につけ、地理や地質の講義や説明を理解するための基礎力を養いましょう。

words & phrases		tips
01 □ **geology** [dʒiάlədʒi]	地質学	地殻の組成、性質、構造、歴史などを研究する学問。
02 □ **topography** [təpάgrəfi]	地形学	地表の形態や成因、発達過程などを研究する学問。 形 topographical　地形学の
03 □ **terrain** [təréin]	地形	landscape　風景
04 □ **stratum** [stréitəm]	（岩石などの）層	参考 複数形はstrata。
05 □ **sediment** [sédəmənt]	堆積物	—
06 □ **weathering** [wéðəriŋ]	風化（作用）	地表付近の岩石が空気や水などの物理的、化学的作用によって分解され、土壌に変化する過程。
07 □ **erosion** [iróuʒən]	浸食	風、水、雪、氷などの自然の力によって、地層が削られる現象。
08 □ **aquifer** [ǽkwəfər]	帯水層	水分が地表の中に浸透した後、不浸透性の地層にさえぎられ生成された地下水を含む地層。
09 □ **groundwater** [gráundwɔ̀:tər]	地下水	—
10 □ **water table**	地下水面	地下水の上部表面。
11 □ **safe yield**	安全採水量	地下水の量の減少、枯渇、水質の悪化を引き起こすことなく、帯水層から採取することができる水の量。
12 □ **quartz** [kwɔ́:rts]	石英	主に六角柱状の結晶を有する硬い鉱物。ガラス、時計、陶器などを作成するときに使われる。
13 □ **clay** [klei]	粘土	—
14 □ **shale** [ʃeil]	頁岩《けつがん》、シェール	粘土が固まって生成された堆積岩。

15	**sandstone** [sǽndstòun]	砂岩	主に砂粒が固まって生成された堆積岩。
16	**limestone** [láimstòun]	石灰岩	炭酸カルシウムを主成分とする堆積岩。
17	**igneous rock**	火成岩	マグマが冷えて、固まってできた岩石。 関連 granite　花崗岩（火成岩の一種で、マグマが地下深くでゆっくり冷えてできた岩石）
18	**lava** [lɑ́:və]	溶岩	—
19	**strait** [streit]	海峡	2つの陸地の間に位置する狭い水域。
20	**continental drift theory**	大陸移動説	1つの巨大な大陸塊（パンゲア）が分離・移動し、現在の大陸が形成されたという説。
21	**plate tectonics**	プレートテクトニクス	10以上の巨大な板で構成される地殻が、マントルの上を流動しているという説。
22	**mantle** [mǽntl]	（地球の）マントル	地球の地下約30kmから2,900kmまでの部分で、粘性のある流体の性質を持つ。
23	**uplift** [ʌ̀plíft]	隆起（= upheaval）	地殻変動によって地表面が上昇する現象。 参考 一般的には「向上」という意味で使われる。
24	**seismic** [sáizmik]	地震の	関連 seismic wave　地震波 aftershock　余震
25	**landslide** [lǽndslàid]	地滑り	関連 mud slide　泥流（土砂崩れ時に流れる大量の泥土）
26	**sand dune**	砂丘	風によって運ばれた砂が積もってできた丘。
27	**plain** [plein]	平原	起伏がなく、ほぼ平らな広々とした土地。
28	**continental shelf**	大陸棚	大陸を囲んでいる深さ約200mまでの海底。 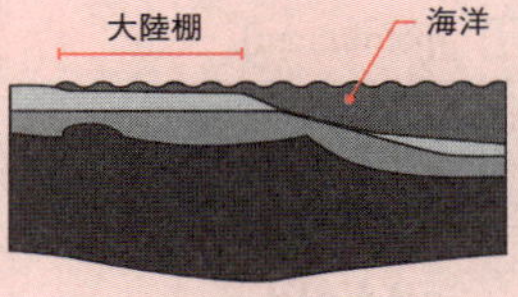
29	**ocean floor**	海洋底	水深4～6kmの海の底。
30	**crevasse** [krəvǽs]	クレバス	氷河にできる細く深い割れ目。

13 資源／エネルギー

資源とエネルギーは、TOEFLで頻繁に取り上げられるテーマです。主要な鉱物や燃料を採取したり、処理をしたりする方法、持続可能なエネルギーに関する内容がよく出題されます。これから関連語彙とその意味を身につけましょう。

words & phrases		tips
01 □ **fossil fuel**	化石燃料	石炭や石油のように、動植物の遺骸が地下で長い時間をかけて、温度や圧力を受けてできた燃料。
02 □ **mineral** [mínərəl]	鉱物	関連 mineral resource　鉱物資源
03 □ **ore** [ɔːr]	鉱石	有用な鉱物を多量に含有する岩石で、採掘して採算がとれるもの。
04 □ **coal mine**	炭鉱	—
05 □ **extraction** [ikstrækʃən]	抽出、採取	混合物から特定の成分を分離すること。 関連 oil extraction　石油の採取 mineral extraction　鉱物の採取
06 □ **reserves** [rizə́ːrvs]	埋蔵量	—
07 □ **depletion** [diplíːʃən]	（資源などの）枯渇	動 deplete　～を使い果たす
08 □ **smelter** [sméltər]	製錬所	鉱石を溶かして、含有されている金属を取り出す事業所。
09 □ **blast furnace**	溶鉱炉	鉱石を高温で溶かして、金属を分離して抽出する炉。
10 □ **petroleum** [pətróuliəm]	石油	—
11 □ **oil pool**	油層、オイルプール（＝oil reservoir）	石油を含有している地層。
12 □ **oil field**	油田	地下から原油が産出する地域。
13 □ **drilling** [dríliŋ]	掘削《くっさく》	地質調査や資源採取のために、掘削機械を用いて地層に穴を開ける作業。 関連 drilling rig　掘削機械（土地を掘削して、石油を採取する際に使用される機械）
14 □ **tanker** [tǽŋkər]	（石油、ガスなどを輸送する）タンカー	—

15 **refining** ☐ [riːfáiniŋ]	精製	関連 petroleum refining　石油精製（原油を精製して、燃料油などの石油製品を製造する作業）
16 **kerosene** ☐ [kérəsìːn]	灯油	石油の構成成分の中で、ガソリンの次に沸騰点が高い油。
17 **gasoline** ☐ [gǽsəlìːn]	ガソリン（= petrol）	—
18 **petrochemical** ☐ [pètroukémikəl]	石油化学の	—
19 **generator** ☐ [dʒénərèitər]	発電機	機械エネルギーを電気エネルギーに変換する（電気を発生させる）装置。
20 **power plant** ☐	発電所	発電機を利用して電力を発生させる施設。
21 **waterpower** ☐ [wɔ́ːtərpàuər]	水力	—
22 **thermal power generation** ☐	火力発電	重油などの化石燃料の燃焼によって蒸気タービンを回転させ、発電機を運転して電力を発生させる方法。
23 **hydroelectricity** ☐ [háidrouilèktrísəti]	水力電気	水の力を利用して発電機を回転させ作られた電力。 関連 hydroelectric power generation　水力発電
24 **tidal power generation** ☐	潮力発電	潮の干満の差を利用して発電機を回転させ、電力を発生させる方法。 関連 tide　潮の干満（満ち潮と引き潮）
25 **wind power generation** ☐	風力発電	風力によって発電機を回転させ、電力を発生させる方法。
26 **solar power generation** ☐	太陽光発電	太陽電池などを利用して、太陽の光エネルギーを電力に変換する方法。
27 **blackout** ☐ [blǽkàut]	停電	参考 一般的には「一時的な意識［記憶］の喪失」という意味で使われる。
28 **alternative energy** ☐	代替エネルギー	化石燃料に代わる新しいエネルギー資源。
29 **ethanol fuel** ☐	エタノール燃料	サトウキビやトウモロコシなどから抽出したエチルアルコールで作られた燃料。
30 **geothermal energy** ☐	地熱エネルギー	地球内部に蓄積されている熱エネルギー。

14 政治／外交

TOEFLでは、政治や外交に関する語彙もよく見られます。主に中世から米国の現代に至るまでの歴史的な出来事を扱う講義や説明の中で登場します。それらの政治的、外交的背景の関する語彙を身につけ、講義や説明をより容易に理解できるようになりましょう。

words & phrases		tips
01 □ **dynasty** [dáinəsti]	王朝	—
02 □ **monarchy** [mánərki]	君主制	君主によって統治される政治制度。 関連 monarch　君主
03 □ **reign** [rein]	（王の）統治、統治期間	—
04 □ **succession** [səkséʃən]	継承	参考 一般的には「連続」という意味で使われる。
05 □ **revolution** [rèvəlú:ʃən]	革命	参考 天文学では「公転」という意味で使われる。
06 □ **democracy** [dimákrəsi]	民主主義	関連 communism　共産主義
07 □ **federal** [fédərəl]	連邦（制）の	関連 federalism　連邦制（国家の主権が中央政府と州政府に分かれている政治制度）
08 □ **council** [káunsəl]	（地方自治団体の）議会	関連 city council　市議会 district council　地域議会
09 □ **Congress** [káŋgris]	米国の議会、国会	関連 Parliament　イギリスの議会
10 □ **Capitol** [kǽpətl]	米国の国会議事堂	関連 House of Parliament　イギリスの国会議事堂  ▲ワシントンD.C.にある米国国会議事堂
11 □ **cabinet** [kǽbənit]	（政府の）内閣	国の行政権を持っている機関。
12 □ **imposition** [impəzíʃən]	（新しい法律・税金などを）課すこと	—

13 **bureaucracy** □ [bjuərɑ́krəsi]	官僚制度	専門的な知識や能力を持つ人々が任命されて、政治指導をする統治制度。 名 bureaucrat　官僚 形 bureaucratic　官僚の
14 **political party** □	政党	共通の政治的見解を持っている人々が集まって作った団体。
15 **ruling party** □	与党（= government party）	政権を担当している政党。 関連 opposition party　野党
16 **Democrat** □ [déməkræ̀t]	（米国の）民主党員	関連 Democratic Party　（米国の）民主党 Republican Party　（米国の）共和党
17 **Whig** □ [*h*wig]	（過去の英国の）ホイッグ党	17世紀に作られた英国初の近代的政党で、進歩的な性向を持っていた反王権的政党。
18 **election** □ [ilékʃən]	選挙	関連 vote　票、投票
19 **campaign** □ [kæmpéin]	（社会的・政治的な目的のための組織的な）運動	—
20 **platform** □ [plǽtfɔ:rm]	（政党の）公約	参考 一般的には「（駅の）ホーム」という意味で使われる。
21 **constituency** □ [kənstítʃuənsi]	選挙区	関連 electorate　有権者（全体）
22 **presidency** □ [prézədənsi]	大統領職	—
23 **veto** □ [ví:tou]	拒否権	決議された事項を単独で拒否できる権限。
24 **check and balance** □	抑制と均衡	複数の機関が権力を分け持つことで、互いに牽制しながらバランスをとること。
25 **conservatism** □ [kənsə́:rvətìzm]	保守主義	関連 progressivism　進歩主義
26 **diplomacy** □ [diplóuməsi]	外交（術）	外国との交際や交渉。国家間を結ぶすべての政治関係。 関連 diplomat　外交官
27 **ambassador** □ [æmbǽsədər]	大使	国を代表して他の国に派遣される外交使節の最上位の階級。
28 **convention** □ [kənvénʃən]	（国や指導者との間の）協定、協約	参考 一般的には「慣習」という意味で使われる。
29 **ally** □ [əlái]	同盟国	—
30 **Cold War** □	冷戦	第二次世界大戦後に発生した、資本主義陣営と社会主義陣営との間の政治、外交、理念、軍事上の対立。

15 経済

TOEFLでは、経済学に関連した講義や説明も時々出題されます。不慣れだと難しく感じるかもしれません。しかし、経済学の基本的な考えや用語を知っておけば容易に理解できる内容のものしか出ないので、これから紹介する関連語彙とその意味を覚えていきましょう。

	words & phrases		tips
01 □	**import** [impɔ́ːrt]	～を輸入する	関連 export　～を輸出する
02 □	**domestic** [dəméstik]	国内の	参考 一般的には「家庭の、家庭内の」という意味で使われる。
03 □	**international trade**	国際貿易	—
04 □	**tariff** [tǽrif]	関税	国外から輸入される商品に課せられる税金。
05 □	**quota** [kwóutə]	割当量	一定期間に、輸入または輸出することを許可されている財貨やサービスの量。
06 □	**protectionist** [prətékʃənist]	保護貿易論者	関連 protectionism　保護貿易主義（国家が貿易に介入して、自国の産業を保護する必要があるという主張）
07 □	**smuggle** [smʌ́gl]	～を密輸する	—
08 □	**tax revenue**	租税収入	政府が国民や民間企業から強制的に徴収する金銭。
09 □	**levy** [lévi]	（税金の）徴収	—
10 □	**subsidy** [sʌ́bsədi]	（国・機関が提供する）補助金	—
11 □	**surplus** [sə́ːrplʌs]	黒字	収入が支出よりも多い状態。 関連 deficit　赤字（支出が収入よりも多い状態）
12 □	**law of supply and demand**	供給と需要の法則	商品の市場価格と販売量は、需要と供給が均衡する均衡点で決まるという法則。 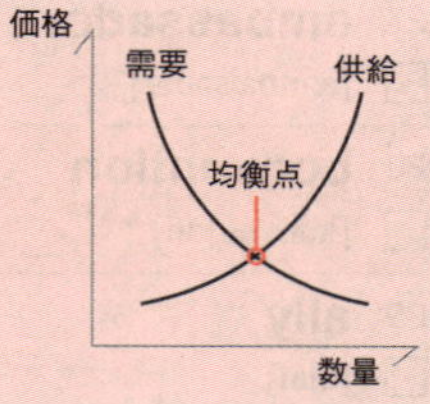

13 **boom** ☐ [buːm]	（事業・経済の）好況	—
14 **depression** ☐ [dipréʃən]	不景気	関連 Great Depression　大恐慌（1929年から1933年まで続いた世界的な経済恐慌）
15 **inflation** ☐ [infléiʃən]	インフレーション	貨幣価値の下落により、全体的に物価の上昇が続く現象。
16 **stagflation** ☐ [stægfléiʃən]	スタグフレーション	景気が低迷し、需要が減少したにもかかわらず、むしろ物価の上昇が続く現象。
17 **monopoly** ☐ [mənάpəli]	（市場の）独占	—
18 **manipulation** ☐ [mənìpjuléiʃən]	株価操作	株式の価格を人為的に上げたり下げたり固定したりする不法行為。
19 **speculation** ☐ [spèkjuléiʃən]	投機	相場の変動を利用して、短期間で売買差益を得ようとする投資行為。 参考 一般的には「推測」という意味で使われる。
20 **fiscal year** ☐	会計年度	会計の記録を正確に整理するために、人為的に設定された予算の単位期間。
21 **audit** ☐ [ɔ́ːdit]	会計監査	会計操作や不正を防ぐために第三者が会計記録を検討し、意見表明すること。
22 **currency** ☐ [kə́ːrənsi]	通貨	取引の支払い手段として機能する、銀行や政府が発行する紙幣と硬貨。
23 **monetary** ☐ [mάnətèri]	貨幣の	—
24 **savings account** ☐	普通預金口座	預け入れや払い戻しが自由にできる銀行預金。
25 **interest** ☐ [íntərəst]	利子	—
26 **mortgage** ☐ [mɔ́ːrgidʒ]	（抵当によって借りた）ローン	—
27 **credit** ☐ [krédit]	信用取引	—
28 **bank run** ☐	取付け	銀行が倒産するかもしれないという不安感で、預金者が払い戻しを求めて殺到すること。
29 **auction** ☐ [ɔ́ːkʃən]	競売	—
30 **bid** ☐ [bid]	（競売などで値）をつける	関連 bidder　入札者

16 経営

TOEFLでは、企業運営に関する経営のテーマも出題されます。経営のさまざまな分野の中でも、特にマーケティングに関するトピックが多く見られます。ここでは、一般的によく使われる経営学の基本的な語彙とマーケティング関連の語彙を一緒に身につけましょう。

words & phrases		tips
01 **corporation** □ [kɔ̀:rpəréiʃən]	（大規模な）企業	—
02 **entrepreneur** □ [ɑ̀:ntrəprənə́:r]	起業家、事業家	—
03 **advertiser** □ [ǽdvərtàizər]	広告主	広告活動を依頼する個人や法人。
04 **target marketing** □	標的マーケティング	消費者を小さな単位に分け、その特性に合った製品を提供するマーケティング戦略。
05 **green marketing** □	グリーンマーケティング	環境に優しい商品を開発してブランドのイメージを高め、売り上げを向上させるマーケティング戦略。
06 **brand loyalty** □	ブランド忠誠	消費者が特定のブランドを好み、そのブランドの商品を継続して購入すること。 関連 royalty　ロイヤルティ（他人の商標権、特許権、著作権などを使用する対価として支払うお金）
07 **endorsement** □ [indɔ́:rsmənt]	（有名人などによる商品の）宣伝、推薦	関連 一般的には「承認、裏書き条項」という意味で使われる。
08 **flyer** □ [fláiər]	（広告・案内用）チラシ	—
09 **slogan** □ [slóugən]	スローガン	広告、宣伝などに使われる、ブランドに関する情報を伝えるやさしく単純なフレーズ。
10 **buzzer** □ [bʌ́zər]	ブザー	特定の製品やブランドについて好意的なうわさを流すように、企業が雇用した人。 参考 一般的には「音を出す機械、ブザー」という意味で使われる。
11 **voucher** □ [váutʃər]	割引券、引換券	—
12 **boycott** □ [bɔ́ikɑt]	不買運動	—
13 **accounting** □ [əkáuntiŋ]	会計	—
14 **capital** □ [kǽpətl]	資本金	関連 一般的には「首都」という意味で使われる。

15 **merger** □ [mə́ːrdʒər]	(企業・組織の) 合併	—
16 **bankruptcy** □ [bǽŋkrʌptsi]	破産	—
17 **contract** □ [kɑ́ntrækt]	契約	—
18 **franchise** □ [frǽntʃaiz]	フランチャイズ	加盟店が本社の商号とブランドの経験、ノウハウ、認知度と引き換えに一定の金額を支払って事業を運営する経営方式。
19 **retail** □ [ríːteil]	小売	小売業者と消費者の間で行われる商品の販売取引。 関連 wholesale　卸売
20 **supplier** □ [səpláiər]	供給者	—
21 **manufacturer** □ [mæ̀njufǽktʃərər]	製造会社、メーカー	—
22 **mass production** □	大量生産	—
23 **raw material** □	原料	—
24 **standardization** □ [stæ̀ndərdizéiʃən]	規格化	製品の品質、形状、大きさ、性能などを一定の規格に合わせて統一すること。
25 **incentive** □ [inséntiv]	奨励金	従業員の成果創出を促進するために、業務目標の達成度合いに応じて会社が提供する金銭。
26 **performance rating** □	人事考課、勤務評定	従業員の能力、実績、態度を総合的に評価すること。
27 **out-of-work** □	失業中の	—
28 **union** □ [júːnjən]	労働組合	労働者が労働条件の維持、および向上のために自主的に組織する団体。 参考 一般的に「連合、結合」という意味で使われる。
29 **labor movement** □	労働 (組合) 運動	労働組合を中心に、労働者の経済的、社会的地位の向上を目指す運動。
30 **strike** □ [straik]	ストライキ	労働者が労働条件の改善などの要求を貫くために、業務を一時的に中断すること。 関連 walkout　ストライキ

テーマ別 16

17 法律

TOEFLでは法に関連する語彙がよく出題されます。歴史、経済などさまざまなテーマの講義や説明で法の制定と適用、法廷事例などを扱っているので、これから紹介する法関連の語彙を身につけて講義と説明をより容易に理解できるようになりましょう。

words & phrases		tips
01 □ **principle** [prínsəpl]	（法・規制の基本となる）原則	—
02 □ **obligation** [ɑ̀bləgéiʃən]	（法的・道徳的）義務	—
03 □ **legal system**	法律制度	関連 legal　合法的な illegal　違法な
04 □ **Constitution** [kɑ̀nstətjú:ʃən]	憲法	参考 小文字で始まるconstitutionは「構成、構造」という意味。
05 □ **legislation** [lèdʒisléiʃən]	立法行為	—
06 □ **enact** [inǽkt]	（法）を制定する	—
07 □ **institution** [ìnstətjú:ʃən]	制度、制定	参考 一般的には「（大学、銀行のような特定の目的を持つ大規模な）機関」という意味で使われる。
08 □ **provision** [prəvíʒən]	（法律関連文書の）条項	参考 一般的には「供給、準備」という意味で使われる。 関連 stipulation　規定
09 □ **resolution** [rèzəlú:ʃən]	決議案	決議にかける議案。 動 resolve　～を決議する
10 □ **property right**	財産権	—
11 □ **patent act**	特許法	—
12 □ **license** [láisəns]	許可、免許	—
13 □ **Justice Department**	司法省（= Department of Justice）	—
14 □ **judicial** [dʒu:díʃəl]	司法の	参考 一般的には「公正な、公平な」という意味で使われる。

15	**jurisdiction** ☐ [dʒùəridíkʃən]	司法権	裁判をすることができる国家の権利で、立法権、行政権とともに三権分立主義の1つ。
16	**court** ☐ [kɔ:rt]	法廷	関連 Supreme Court　最高裁判所
17	**attorney** ☐ [ətə́:rni]	弁護士	関連 prosecutor　検事 judge　裁判官 jury　陪審
18	**accuse** ☐ [əkjú:z]	～を告発する	名 accusation　告発
19	**commit** ☐ [kəmít]	（罪・過失）を犯す	―
20	**witness** ☐ [wítnis]	証人	―
21	**guilt** ☐ [gilt]	有罪	形 guilty　有罪の 関連 innocent　無罪の
22	**sentence** ☐ [séntəns]	（刑の）宣告	―
23	**penalty** ☐ [pénəlti]	処罰	―
24	**fine** ☐ [fain]	罰金	―
25	**investigation** ☐ [invèstəgéiʃən]	（犯罪・状況などの）捜査	―
26	**victim** ☐ [víktim]	（犯罪・事故などの）被害者	―
27	**theft** ☐ [θeft]	窃盗	関連 burglary　押込強盗
28	**forgery** ☐ [fɔ́:rdʒəri]	偽造（罪）	動 forge　～を偽造する 関連 fraud　詐欺
29	**delinquency** ☐ [dilíŋkwənsi]	（特に若者の）非行	関連 juvenile delinquency　少年犯罪
30	**criminology** ☐ [krìmənálədʒi]	犯罪学	犯人や犯罪の原因とその対策などを研究する学問。 関連 criminologist　犯罪学者

テーマ別 17

18 心理

心理学はTOEFLで最も頻繁に取り上げられる話題の1つです。人間心理に影響を与える要因や特定の心理現象について紹介する講義や説明が頻繁に出題されています。ここでは、心理学の基礎語彙とTOEFLでよく扱われている心理現象の用語を身につけて、説明や講義を理解するための基礎力を養いましょう。

words & phrases		tips
01 **mentality** □ [mentǽləti]	考え方、精神構造	形 mental　精神の
02 **stimulus** □ [stímjuləs]	刺激	参考 複数形はstimuli。
03 **motivation** □ [mòutəvéiʃən]	動機付け	参考 一般的には「意欲、誘因」という意味で使われる。
04 **drive** □ [draiv]	衝動	—
05 **impulse** □ [ímpʌls]	（反応を呼び起こす）衝動	—
06 **trigger** □ [trígər]	（反応を誘発する）きっかけ	参考 一般的には「（銃などの）引き金」という意味で使われる。
07 **instinct** □ [ínstiŋkt]	本能	—
08 **outlet** □ [áutlèt]	（感情・考えなどの）はけ口	—
09 **subconscious** □ [sʌbkάnʃəs]	潜在意識	名 subconsciousness　潜在意識 関連 unconscious　無意識的な
10 **intrinsic** □ [intrínzik]	固有の、内在の	関連 extrinsic　外部の
11 **repression** □ [ripréʃən]	（感情・欲求の）抑圧	—
12 **disinhibition** □ [disìnhəbíʃən]	脱抑制	ある刺激に対して、瞬間的に衝動や感情を抑えることができない状態。
13 **infancy** □ [ínfənsi]	幼児期	—
14 **adolescence** □ [æ̀dəlésns]	青年期、思春期	—

15 □	**implicit memory**	潜在記憶	意識していないが、特定の行動をしたときにその行動に影響を与える記憶。
16 □	**altruistic behavior**	利他行動	行為をする当事者ではなく、他人や他の集団に利益をもたらす行動。 関連 altruism　利他主義
17 □	**phenomenon** [finɑ́mənɑ̀n]	現象	参考 複数形はphenomena。
18 □	**culture shock**	カルチャーショック	慣れない文化や社会環境に直面したときに、感情の不安を感じる状態。
19 □	**panic** [pǽnik]	（突然の）強い恐怖	—
20 □	**craze** [kreiz]	（一時的な）熱狂	—
21 □	**peer group pressure**	同調圧力	仲間で少数意見を持っている人が多数の意見に同調しなければならないと感じる圧迫感。
22 □	**placebo effect**	プラシーボ効果	薬効がない偽薬を偽って投与したときに、投薬された安心感などから患者の症状が好転する心理作用。 関連 nocebo effect　ノシーボ効果（医者や投薬への不信感から、偽薬の投与によって有害な結果が現れる作用）
23 □	**stereotype** [stériətàip]	固定観念、定型化されたイメージ	—
24 □	**hypothesis** [haipɑ́θəsis]	仮説	参考 複数形はhypotheses。
25 □	**defense mechanism**	防御機構	自我が脅威を受けたとき、自分自身を守るために無意識に現れる思考および行動手段。
26 □	**displacement activity**	転位行動	逃走か攻撃かといった相反する衝動の葛藤状況で起こる、第3の行動。
27 □	**passive-aggressive behavior**	受動的攻撃行動	怒りを直接表さずに、妨害、故意的な遅延など、消極的な方法で敵意を示す行動。
28 □	**cognitive dissonance**	認知的不協和	信念と行動との間に矛盾が生じるときに発生する認知的に不一致な状態。
29 □	**audience effect**	見物効果	他人に見られていることによって、行動の量、速度、質などが影響を受ける現象。
30 □	**Freudian** [frɔ́idiən]	フロイト（派）の	 ▶ジークムント・フロイト(Sigmund Freud、1856〜1939)：オーストリア出身の精神分析学の創設者。

19 歴史

歴史はTOEFLで最も多く取り上げられるテーマの1つです。中世西洋史をはじめ、新大陸の発見から1900年代初頭までのアメリカ史に関する講義や説明がよく出題されています。これから紹介する歴史関連の語彙を通して、重要な史実の意義も見ていきましょう。

words & phrases		tips
01 **epoch** [épək]	（重要な出来事・変化が起きた）時代	—
02 **medieval** [mì:dií:vəl]	中世の	関連 Middle Ages　中世（ゲルマン民族の移動から、ルネサンスが終わるまでの5～16世紀の時期）
03 **feudalism** [fjú:dəlìzm]	封建主義	主君は臣下に土地を与え、臣下は主君に軍事的な義務を果たす中世の社会制度。
04 **hereditary** [hərédətèri]	世襲の	—
05 **emperor** [émpərər]	皇帝	—
06 **aristocracy** [æ̀rəstákrəsi]	貴族	—
07 **guild** [gild]	ギルド	中世ヨーロッパ都市の設立や発展に重要な役割を果たした、商工業者の独占的、排他的な同業組合。
08 **patron** [péitrən]	（画家・作家などの）後援者	中世には領主や貴族層が、ルネサンス以降は裕福な市民層が後援者として、芸術の発展に重要な役割を果たした。
09 **peasant** [péznt]	小作農	農地を所有しておらず、地主から土地を借りて作農をする人。 関連 tenant　借地人 landlord　地主
10 **serf** [sə:rf]	農奴	中世の封建社会で、自由を制限されていた農民。領主から貸与された土地を耕作し、賦役・貢納などの義務を負っていた。
11 **rebellion** [ribéljən]	反乱	関連 riot　暴動
12 **Pre-Columbian**	（アメリカとその文化が）コロンブスのアメリカ到達以前の	—
13 **New World**	新世界	新大陸とも呼ばれ、南北アメリカやオーストラリア大陸などを指した。
14 **pilgrim** [pílgrim]	巡礼者	関連 palmer　巡礼者 参考 大文字で始まるPilgrimは「1620年にイギリスの宗教的弾圧を避けてメイフラワー号に乗り、アメリカに移住した清教徒の1人」を意味する。

15 □ **Puritan** [pjúərətn]	清教徒	16世紀後半、カルバン主義に基づいて徹底した禁欲主義を主張したプロテスタント各派の総称。 参考 小文字で始まるpuritanは「(宗教的、道徳的に)厳しい人」を意味する。
16 □ **colony** [kάləni]	植民地	動 colonize　～を植民地化する 参考 大文字の複数形 the Coloniesは「(のちにアメリカを形成する) 北米東部の13州のイギリス植民地」を意味する。
17 □ **plantation** [plæntéiʃən]	プランテーション、大農場	植民地化が進む過程で形成された大農園。地元の先住民の安い労働力と西洋の資本、技術を組み合わせて、農作物を大量に生産していた。 関連 planter　大農場主
18 □ **American Revolution**	アメリカ独立革命	1775年から1783年まで行われた、アメリカの13植民地が独立のためにイギリス本国と戦った戦争。
19 □ **Declaration of Independence**	アメリカ独立宣言	1776年にイギリスの植民地だったアメリカが、フィラデルフィアで独立を宣言した出来事。
20 □ **frontier** [frʌntíər]	(特に19世紀のアメリカの開拓地と未開拓地の) 境界地帯	参考 複数形frontiersは「(学問、研究の) 最先端分野」を意味する。
21 □ **Indian reservation**	インディアン保護区	米国政府が指定したネイティブアメリカンの自治区。
22 □ **slavery** [sléivəri]	奴隷制度、奴隷の身分	—
23 □ **abolitionist** [æbəlíʃənist]	(米国での) 奴隷制度廃止論者	—
24 □ **Civil War**	アメリカ南北戦争	1861～1865年に、米国で奴隷制をめぐる南部と北部の対立が原因で行われた内戦。
25 □ **Emancipation Proclamation**	奴隷解放宣言	1863年、米国の南北戦争中にリンカーン大統領が発した宣言。南部連合政府の奴隷を解放することを宣布した。
26 □ **Reconstruction** [rì:kənstrʌ́kʃən]	米国の南北戦争後の再建時代	—
27 □ **mechanization** [mèkənizéiʃən]	機械化	—
28 □ **modernization** [mὰdərnizéiʃən]	近代 [現代] 化	—
29 □ **Industrial Revolution**	産業革命	18世紀末、英国で始まった生産技術の革新による産業、社会、経済の大変革。
30 □ **Great Depression**	大恐慌	1929年に米国で始まり、全世界に拡大した経済恐慌。

20 人類学

TOEFLでは人類の起源と進化の過程、文明発展の特徴など、人類学のトピックもよく出題されます。より早く説明が理解できるようになるために、これから紹介する人類学に関する語彙を覚えておきましょう。

words & phrases		tips
01 **anthropology** [ænθrəpɑ́lədʒi]	人類学	人類を文化的、生物学的、2つの側面から研究する学問。
02 **ancestor** [ǽnsestər]	（人の）祖先	関連 ancestry　家系、血統
03 **descendant** [diséndənt]	子孫	—
04 **evolution** [èvəlúːʃən]	進化	—
05 **anthropoid** [ǽnθrəpɔ̀id]	類人猿	ゴリラ、チンパンジーのように尾がなく、人間と似た哺乳類。
06 **Australopithecus** [ɔːstrèiloupíθikəs]	アウストラロピテクス	性別により労働を分担した点や道具を使ったという点で、類人猿と区別される初期の人類。
07 **Homo erectus**	ホモ・エレクトス	アウストラロピテクスから一段階進化した、直立歩行をして火を使った人類。
08 **Neanderthal man**	ネアンデルタール人	ホモサピエンスと同時代を生きて絶滅した、石器製作技術と埋葬の風習を有した人類。
09 **tribe** [traib]	部族	—
10 **clan** [klæn]	氏族	共通の祖先を持つ血縁集団。
11 **patriarchal** [pèitriɑ́ːrkəl]	家父長制の	関連 matriarchal　女家長制の
12 **hierarchy** [háiərɑ̀ːrki]	（社会や組織内の）階級、階層	—
13 **civilization** [sìvəlizéiʃən]	文明	—
14 **nomadic** [noumǽdik]	遊牧民の	名 nomad　遊牧民

15 **sedentism** [sédntìzm]	定住生活	遊牧生活をやめ、恒久的な居住地で生活すること。
16 **gathering** [gǽðəriŋ]	採集	関連 hunting and gathering　狩猟と採集
17 **agriculture** [ǽgrikʌ̀ltʃər]	農業	—
18 **irrigation** [ìrəgéiʃən]	灌漑	農業に必要な水を水路を引くなど、人工的に農耕地に供給すること。
19 **cultivation** [kʌ̀ltəvéiʃən]	耕作	田畑を耕し、作物を植え育てること。
20 **(animal) husbandry**	畜産	農業の1部門で家畜を繁殖させ育て、生活に必要な物資を得ること。
21 **domestication** [dəmèstikéiʃən]	家畜化	動 domesticate　～を家畜化する、飼いならす
22 **livestock** [láivstɑ̀k]	家畜	—
23 **self-sustaining**	自立の、自活の	—
24 **aborigine** [æbɔːrídʒəniː]	先住民	参考 大文字で始まるAborigineは「オーストラリア先住民」を意味する。
25 **ethnic** [éθnik]	民族の	参考 ethnics（＝ethnology）は「民族学」を意味する。
26 **communal** [kəmjúːnəl]	共同の	—
27 **oral history**	口述歴史	人々の口で語られてきた歴史的事実を収集し、整理したもの。
28 **totemism** [tóutəmìzm]	トーテミズム	神聖視された特定の動植物や自然物をトーテムという。トーテミズムはトーテムを神聖視する信仰、またはこれを基に成り立った社会体制のこと。
29 **animism** [ǽnəmìzm]	アニミズム	無生物を含む自然界のすべてのものに霊魂が宿ると信じる世界観。
30 **cannibalism** [kǽnəbəlìzm]	食人の風習（＝ anthropophagy）	—

21 考古学

考古学はTOEFLでよく取り上げられる分野の1つです。遺跡や遺物の特徴、それを発掘し分析する方法、分析結果から類推できる過去の生活などに関する内容がよく出題されます。これから紹介する語彙を身につけ、考古学の講義や説明を理解するための基礎力を養いましょう。

words & phrases		tips
01 □ **archaeology** [ɑ̀ːrkiɑ́lədʒi]	考古学	遺跡や遺物を通して、人類の過去の文化を研究する学問。
02 □ **antiquity** [æntíkwəti]	古代	参考 複数形antiquitiesは「(古代の) 遺物」を意味する。
03 □ **radio carbon dating**	放射性炭素年代測定法	遺物に残っている放射性炭素の濃度を測定することにより、遺物の年代を割り出す方法。
04 □ **prehistory** [príːhìstəri]	先史時代	文献記録が存在する以前の時代。
05 □ **Stone Age**	石器時代	石を利用して作られた道具を使用していた時代で、旧石器時代と新石器時代に分けられる。
06 □ **Paleolithic** [pèiliəlíθik]	旧石器時代の	関連 Paleolithic Era 旧石器時代 (石を砕いて作った道具を使用していた時代)
07 □ **Neolithic** [nìːəlíθik]	新石器時代の	関連 Neolithic Era 新石器時代 (定着生活を開始し、磨製石器を使用していた時代)
08 □ **Bronze Age**	青銅器時代	青銅製の道具を作って使用していた時代。
09 □ **Iron Age**	鉄器時代	鉄製の道具を作って使用していた時代。
10 □ **cave art**	(石器時代の) 洞窟美術	▶スペインのアルタミラ洞窟の天井から発見された旧石器時代の壁画。 
11 □ **chronology** [krənɑ́lədʒi]	年代記、年表	歴史的事実や出来事を年代順に追った記録。
12 □ **excavate** [ékskəvèit]	～を発掘する	—
13 □ **restoration** [rèstəréiʃən]	復元、修復	—

14	**engrave** ☐ [ingréiv]	（木・石・金属などに）～を刻む	—
15	**fossilized** ☐ [fásəlàizd]	化石化した	名 fossil　化石
16	**specimen** ☐ [spésəmən]	標本、試料	研究の目的で採取し、保存した物品や生物の一部。
17	**document** ☐ [dákjumənt]	記録、文書	—
18	**inscription** ☐ [inskrípʃən]	銘、碑文	本に書かれたり、石碑に刻まれたりした文。
19	**notation** ☐ [noutéiʃən]	（特に数学・科学・音楽での）表記、表示	—
20	**pictograph** ☐ [píktəgræ̀f]	象形文字（= hieroglyph）	物の形を線や点で表した文字。
21	**artifact** ☐ [ɑ́:rtəfæ̀kt]	人工遺物	参考 一般的には「人工物」、あるいは「工芸品」という意味で使われる。
22	**remains** ☐ [riméinz]	遺跡、（人・動物の）遺骸	—
23	**relic** ☐ [rélik]	遺物、遺跡	—
24	**deposit** ☐ [dipázit]	埋蔵物、堆積物	参考 一般的には「保証金」という意味で使われる。
25	**earthenware** ☐ [ə́:rθənwὲər]	土器、陶器	粘土を火で焼いて作った多孔質の容器。
26	**chip** ☐ [tʃip]	（器や道具の）一部が欠けたもの、かけら	—
27	**burial** ☐ [bériəl]	埋葬	遺体や遺骨を土中に埋め葬ること。
28	**tomb** ☐ [tu:m]	墓	—
29	**cremation** ☐ [kriméiʃən]	火葬	遺体を焼き、残った骨を葬ること。
30	**exodus** ☐ [éksədəs]	（多くの人が同時にする）脱出、大移動	—

22 哲学／宗教

TOEFLでは、哲学や宗教の語彙もよく見られます。歴史について述べる際に、登場する国、文化、時代背景の説明で、これらの語彙は使われます。これから紹介する哲学と宗教関連の語彙を身につけ、講義や説明をより理解しやすくなるようにしていきましょう。

words & phrases		tips
01 **philosophy** □ [filásəfi]	哲学	—
02 **intellectual** □ [ìntəléktʃuəl]	名 知識人 形 知的な	—
03 **liberty** □ [líbərti]	（支配・権威からの）自由	参考 複数形libertiesは「特権」を意味する。
04 **empirical** □ [impírikəl]	経験的な、経験や実験による	関連 theoretical　理論的な
05 **rational** □ [rǽʃənl]	合理的な、理性的な	—
06 **virtuous** □ [vә́:rtʃuəs]	道徳的な、高潔な	名 virtue　美徳
07 **criterion** □ [kraitíəriən]	（判断や評価の）基準	参考 複数形はcriteria。
08 **ethics** □ [éθiks]	倫理（学）	形 ethical　倫理的な 関連 morals　道徳
09 **utilitarian** □ [ju:tìlətéəriən]	功利主義の	名 utilitarianism　功利主義（「最大多数の最大幸福の実現」を原理とする考え） 参考 一般的には「実用的な」という意味で使われる。
10 **aesthetics** □ [esθétiks]	美学	美術の本質と価値を研究する学問。
11 **humanism** □ [*h*jú:mənìzm]	人本主義、人文主義	人間の価値を主な関心事とする人間中心的な考え。 形 humanistic　人本主義の、人文主義の
12 **holism** □ [hóulizm]	全体論	全体は、単なる部分の集合ではなく独自のものを持ち、部分に還元できないとする考え。 形 holistic　全体論の
13 **nationalism** □ [nǽʃənəlìzm]	民族主義	民族意識をもとに、民族を重視して行動や主張を行おうとする思想。
14 **imperialism** □ [impíəriəlìzm]	帝国主義	大国が他の国を植民地化して、自国の政治的、経済的利益を追求する侵略形態。

15 **antagonism** ☐ [æntǽgənìzm]	敵意（= hostility）	—
16 **transcendentalism** ☐ [trænsendéntəlìzm]	先験論、超越主義	個人の感情や直感、想像力を重視する思想改革運動。
17 **Enlightenment** ☐ [inláitnmənt]	啓蒙主義	18世紀後半のヨーロッパで起きた、古い慣習の打破と社会改革を目指す運動。
18 **theology** ☐ [θiάlədʒi]	神学	特定の宗教の神と教理を研究する学問。
19 **Confucianism** ☐ [kənfjúʃənìzm]	儒教	—
20 **secular** ☐ [sékjulər]	世俗的な（= worldly）	関連 divine　神聖な
21 **ecclesial** ☐ [iklí:ziəl]	教会の（= ecclesiastical）	—
22 **Catholicism** ☐ [kəθάləsìzm]	カトリックの信仰・教義	関連 catholicity　普遍性、包容性
23 **pagan** ☐ [péigən]	異教徒	—
24 **worship** ☐ [wə́:rʃip]	崇拝、礼拝	—
25 **monastery** ☐ [mάnəstèri]	修道院	関連 monk　修道士 convent　女子修道院
26 **hymn** ☐ [him]	賛美歌	—
27 **priest** ☐ [pri:st]	司祭、聖職者	関連 Pope　教皇
28 **cathedral** ☐ [kəθí:drəl]	大聖堂	司教区全体の母聖堂として、教区統轄の中心となる聖堂。
29 **resurrection** ☐ [rèzərékʃən]	復活	関連 大文字のthe Resurrectionは「キリストの復活」を意味する。
30 **mythology** ☐ [miθάlədʒi]	神話	—

23 言語

TOEFLでは、言語に関連するテーマも取り上げられます。講義や説明では、主に言語学の基本的な理論や言語習得理論、環境による言語の変化、言語の歴史について出題されます。ここでは言語関連の語彙を身につけましょう。

words & phrases		tips
01 **linguistics** □ [liŋgwístiks]	言語学	—
02 **sociolinguistics** □ [sòusiəliŋgwístiks]	社会言語学	社会的、文化的な文脈で使用される言語を解析して、社会と言語の関係を研究する学問。
03 **phonetics** □ [fənétiks]	音声学	言語音の発音運動とその音声を研究する学問。 形 phonetic　音声の
04 **semantics** □ [simǽntiks]	意味論	言語の意味の構造や変化を研究する学問。 形 semantic　意味の、意味に関する
05 **syntax** □ [síntæks]	統語論	文中の単語の配列とその機能などを研究する学問。
06 **phonology** □ [fənɑ́lədʒi]	音韻論	ある言語の音素の数や結合の仕方など、言語音の機能や構造を研究する学問。
07 **morphology** □ [mɔːrfɑ́lədʒi]	形態論、語形論	単語の形態変化と構成について研究する学問。
08 **language acquisition** □	言語習得	関連 language acquisition device　言語習得装置（言語の習得をつかさどる脳の部分）
09 **critical period hypothesis** □	臨界期仮説	生物学的に言語習得が可能な年齢が決まっており、この時期を過ぎると言語習得が難しくなるという仮説。
10 **innatism** □ [inéitìzm]	生得説	人間は生物学的に言語学習能力を持って生まれるという仮説。
11 **universal grammar** □	普遍文法	ノーム・チョムスキー（Noam Chomsky、1928〜）が主張した、あらゆる言語に適合可能な共通の文法のこと。
12 **utter** □ [ʌ́tər]	（音）を発する	参考 一般的には「完全な」という意味で使われる。
13 **articulation** □ [ɑːrtìkjuléiʃən]	調音、発音	—
14 **literacy** □ [lítərəsi]	読み書きの能力	関連 illiteracy　読み書きができないこと

15 **verbal** □ [vɔ́:rbəl]	言葉の、口頭の（= oral）	—
16 **nonverbal** □ [nɑ̀nvɔ́:rbəl]	非言語の	関連 nonverbal communication （身振り、表情などの）非言語コミュニケーション
17 **syllable** □ [síləbl]	音節	連続した音声における、まとまりある最小単位。
18 □ **mother language**	母語（= mother tongue）	—
19 □ **daughter language**	娘言語、派生言語	ラテン語から発展したフランス語のように、特定の言語から発展した言語。
20 □ **source language**	起点言語	別の言語に翻訳される前の元の言語。
21 □ **borrowed word**	借用語	もともとは他の言語から取り入れた語だが、その言語に同化し、日常語化してしまったもの。
22 **dialect** □ [dáiəlèkt]	方言	関連 accent なまり（人の出身地域や階層を示すもの）
23 **terminology** □ [tə̀:rmənɑ́lədʒi]	術語、専門用語	—
24 **jargon** □ [dʒɑ́:rgən]	専門用語、特殊用語	—
25 **cuneiform** □ [kju:ní:əfɔ̀:rm]	くさび形文字	古代メソポタミアを中心に使用された、くさびの形に似た文字。
26 **Sanskrit** □ [sǽnskrit]	サンスクリット語	ヒンドゥー教、仏教などの経典に使われた古代インドの文学語。
27 **etymology** □ [ètəmɑ́lədʒi]	（特定の単語の）語源、語源学	—
28 **derivative** □ [dirívətiv]	派生語	—
29 **root** □ [ru:t]	（派生語などの）語根	単語の意味の基本となる部分。 参考 一般的には「（植物の）根」や「起源」という意味で使われる。
30 **prefix** □ [prí:fiks]	接頭辞	語根の前に付加されて、その意味を制限したり、文法的特徴を加える接辞の1つ。 関連 affix 接辞 suffix 接尾辞（語根の後ろに付加されて、接頭辞と同じような働きをする）

24 文学

TOEFLでは時代別の文芸思潮の流れと特徴、具体的な文学作品の内容やジャンルについて出題されています。このテーマの講義や説明では、さまざまな文学ジャンルの語彙や修辞・技法を表す語彙が多数用いられるので、より早く理解するために関連語彙を覚えておきましょう。

words & phrases		tips
01 □ **genre** [ʒɑ́:nrə]	(芸術作品の) ジャンル	—
02 □ **poetry** [póuitri]	詩、韻文	関連 poetic 詩の、詩的な poetics 詩学、詩論
03 □ **prose** [prouz]	散文	韻文とは異なり、韻律や文字制限などの制約がない文。
04 □ **fairy tale**	おとぎ話	—
05 □ **folktale** [fóuktèil]	民話	—
06 □ **fiction** [fíkʃən]	小説、フィクション	形 fictional 架空の、小説的な
07 □ **fable** [féibl]	寓話《ぐうわ》	擬人化された動物や無生物を主人公にした、教訓などを与える短い物語。
08 □ **chronicle** [krɑ́nikl]	年代記	主な歴史的事実を時系列的に列挙した記録。
09 □ **biography** [baiɑ́grəfi]	伝記	特定の人物の生涯について述べた文。 関連 autobiography 自伝
10 □ **epic** [épik]	叙事詩	英雄や神を主人公にした、国や民族の復興のような歴史的事実を描写する長編の詩。
11 □ **recite** [risáit]	～を暗唱する、朗読する	—
12 □ **minstrel** [mínstrəl]	吟遊詩人	中世ヨーロッパで、民族伝承などを詠唱しつつ各地を遍歴した詩人・芸人。
13 □ **plot** [plɑt]	(詩・小説・ドラマなどの) 筋、構想	—
14 □ **narrative** [nǽrətiv]	物語、話	—

15 **point of view** ☐	視点	関連 first-person point of view　1人称視点 third-person point of view　3人称視点
16 **omniscient** ☐ [ɑmníʃənt]	すべてを知っている、全知の	関連 omniscient point of view　全知視点
17 **character** ☐ [kǽriktər]	（本・映画などの）登場人物	参考 一般的には「性格、特徴」という意味で使われる。
18 **rhetoric** ☐ [rétərik]	修辞法	思想や感情を効果的に伝えるための、言葉の使い方や法則。
19 **metaphor** ☐ [métəfɔ̀ːr]	隠喩、暗喩、メタファー	表現しようとする対象をより効果的に表現するために、他の事物や現象になぞらえて示す表現。 関連 simile　直喩
20 **exaggeration** ☐ [igzæ̀dʒəréiʃən]	誇張、誇張された表現	関連 understatement　控えめな表現
21 **connotation** ☐ [kɑ̀nətéiʃən]	含蓄された意味	関連 denotation　明示的意味
22 **symbolism** ☐ [símbəlìzm]	（文学・芸術の）象徴的な表現	—
23 **catharsis** ☐ [kəθɑ́ːrsis]	カタルシス	芸術作品の制作や鑑賞を通して、憂鬱や不安のような否定的な感情が解放され、快感がもたらされること。
24 **rhyme** ☐ [raim]	韻	韻文で一定の位置に繰り返し現れる同じ音や似たような音。
25 **cliché** ☐ [kliːʃéi]	決まり文句	—
26 **commentary** ☐ [kɑ́məntèri]	注釈	本文の意味をわかりやすく説明する文。 参考 複数形commentariesは「（個人的な経験の）記録、回顧録」を意味する。
27 **publication** ☐ [pʌ̀bləkéiʃən]	出版（物）	—
28 **copy** ☐ [kɑ́pi]	（本・新聞などの）1部	—
29 **collection** ☐ [kəlékʃən]	（詩・小説などを）集めたもの、コレクション	—
30 **manuscript** ☐ [mǽnjuskrìpt]	（本・楽譜などの）原稿、写本	—

25 美術／工芸品

TOEFLでは、各時代の代表的な美術の様式や特徴に関する説明がよく出題されます。このテーマの講義や説明を容易に理解するために、さまざまな美術ジャンルを表す語彙や美術関連の基本語彙、時代別芸術思潮の関連語彙を覚えていきましょう。

words & phrases		tips
01 **appreciation** [əprìːʃiéiʃən]	（芸術家や芸術作品に対する）評価、鑑賞	—
02 **artisan** [ɑ́ːrtəzən]	職人、技能工（= journeyman）	関連 apprentice　見習い
03 **fine art**	（純粋）美術	絵画や彫刻のように、実用性ではなく絶対的な美の追求を目的とする美術。 関連 applied art　応用美術（工芸や装飾のように、実用性をふまえた美術）
04 **oil painting**	油絵	—
05 **mural** [mjúərəl]	壁画	—
06 **abstract** [æbstrǽkt]	名 抽象画 形 抽象的な	参考 一般的には「要約」という意味で使われる。
07 **asymmetric** [èisəmétrik]	非対称の、不均整の	関連 symmetric　左右対称の
08 **subject** [sʌ́bdʒikt]	（絵画・写真などの）対象、題材	—
09 **self-portrait**	自画像	関連 portrait　肖像画
10 **engraving** [ingréiviŋ]	版画、彫刻	—
11 **etching** [étʃiŋ]	エッチング（による版画）	銅板に腐食防止液を塗った後、針で画像を刻み、表面を硝酸で腐食させる版画法。
12 **statuary** [stǽtʃuèri]	彫像、塑像	—
13 **sculpture** [skʌ́lptʃər]	彫刻（作品）	—
14 **proportion** [prəpɔ́ːrʃən]	割合、つり合い	参考 複数形proportionsは「大きさ、広さ」を意味する。

15 mold ☐ [mould]	型、鋳型	参考 一般的には「性格、性質」という意味で使われる。
16 plaster cast ☐	石膏模型	参考 一般的には「ギプス、石膏包帯」という意味で使われる。
17 replica ☐ [réplikə]	模型、複製品 (= reproduction)	—
18 pottery ☐ [pátəri]	陶器、陶芸	—
19 calligraphy ☐ [kəlígrəfi]	書道	—
20 craft ☐ [krǽft]	(手) 工芸	参考 一般的には「技術、技能」という意味で使われる。
21 texture ☐ [tékstʃər]	(生地の) 手ざわり、質感	—
22 gemstone ☐ [dʒémstòun]	宝石 (の原石)	—
23 ornament ☐ [ɔ́:rnəmənt]	装飾 (品) (= decoration)	—
24 naturalism ☐ [nǽtʃərəlìzm]	自然主義	自然の事物を忠実に再現しようとする芸術形式。
25 Baroque ☐ [bəróuk]	バロック様式	秩序とバランスを拒否して、表現における誇張と歪曲、派手な色彩を特徴とした芸術。
26 Neoclassical ☐ [nì:ouklǽsikəl]	新古典主義の	関連 Neoclassicism 新古典主義 (ギリシャ・ローマ神話をテーマに合理主義的美学を追求した芸術)
27 impressionism ☐ [impréʃənìzm]	印象主義	19世紀後半～20世紀初頭に起きた芸術運動で、自然を忠実に再現する既存の美術を拒否して、光によって変わる印象を描写した。 関連 impressionist 印象派の画家
28 expressionism ☐ [ikspréʃənìzm]	表現主義	客観的表現を排して、作家個人の内面的・主観的な感情表現を重視した。
29 Dada / Dadaism ☐	ダダイズム	第1次世界大戦末からヨーロッパやアメリカを中心に展開された芸術運動。既存の芸術の伝統を否定し、反理性主義を唱えた。
30 ready-made ☐	レディーメイドの	マルセル・デュシャン (Marcel Duchamp、1887～1968) が創り出した美的概念で、既製品に本来の用途とは異なる意味を与え、美術作品として再生させること。 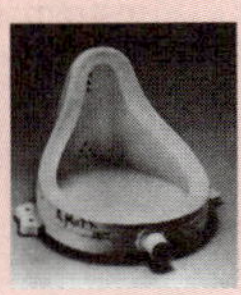 ▶Marcel Duchamp〈Fountain (泉)〉1917：デュシャンが近所の金物屋で購入した男性用便器に「R. Mutt」と署名して、ニューヨークで開かれたアンデパンダン展に出品した作品

テーマ別 25

26 音楽

TOEFLでは音楽がテーマの講義や説明も出題され、主にクラシックやジャズなどのジャンルが扱われます。ここでは音楽の基礎知識に関する語彙をはじめ、主要なジャンルとそのジャンルで使用する楽器、演奏法などに関する語彙を身につけていきましょう。

words & phrases		tips
01 □ **note** [nout]	音、音符	—
02 □ **scale** [skeil]	音階	音を高さに応じて順番に整理したもの。 参考 一般的には「はかり」という意味で使われる。
03 □ **acoustic** [əkúːstik]	音響の、聴覚の	—
04 □ **pitch** [pitʃ]	音の高さ	—
05 □ **movement** [múːvmənt]	楽章、拍子	—
06 □ **tune** [tjuːn]	名 曲、旋律 動（楽器）を調律する	—
07 □ **octave** [ɑ́ktiv]	オクターブ	高い音と低い音の振動数の比率が1対2となる、完全8度音程。
08 □ **chord** [kɔːrd]	和音（= harmony）	関連 discord　不協和音
09 □ **modulation** [mɑ̀dʒuléiʃən]	転調	楽曲の途中で調を変えること。
10 □ **lyrics** [líriks]	歌詞	参考 単数形lyricは「叙情詩」を意味する。
11 □ **compilation** [kɑ̀mpəléiʃən]	（複数のアルバムから内容を選び出して作った）コンピレーション	—
12 □ **phonograph** [fóunəgræ̀f]	蓄音機（= record player）	—
13 □ **instrument** [ínstrəmənt]	楽器	参考 一般的には「器具」や「手段」という意味で使われる。

14 **harpsichord** ☐ [hɑ́:rpsikɔ̀:rd]	ハープシコード、チェンバロ	ピアノの前身となった鍵盤楽器で、弦を打って音を出すピアノとは異なり、弦を弾いて音を出す。
15 **percussion** ☐ [pərkʌ́ʃən]	打楽器	ティンパニー、ドラムのように手やばちで打ったり、または振り鳴らすなどして音を出す楽器。
16 **wind instrument** ☐	管楽器	木や金属製の管に息を吹き込んで音を出す楽器。
17 **woodwind** ☐ [wúdwìnd]	木管楽器	クラリネット、オーボエのように木材で作られた管楽器。
18 **brass** ☐ [bræs]	金管楽器	トランペット、ホルンのように金属で作られた管楽器。
19 **strings** ☐ [striŋs]	弦楽器（の演奏者）	関連 string quartet　弦楽四重奏曲（2挺のバイオリン、ビオラ、チェロで構成される演奏形態）
20 **duet** ☐ [dju:ét]	二重奏［唱］、デュエット	参考 solo　独奏、独唱、ソロ trio　三重奏［唱］団
21 **choir** ☐ [kwaiər]	合唱団、聖歌隊	—
22 **chorus** ☐ [kɔ́:rəs]	リフレイン（= refrain）、合唱	—
23 **compose** ☐ [kəmpóuz]	～を作曲する	名 composition　作曲、作品 参考 一般的には「～を構成する、組み立てる」という意味で使われる。
24 **opus** ☐ [óupəs]	作品番号	作曲家が作曲した作品に、製作年代順に付けられる番号。Op. と省略して書くこともある。
25 **folk music** ☐	民俗音楽	—
26 **opera** ☐ [ɑ́pərə]	オペラ	—
27 **choreography** ☐ [kɔ̀:riɑ́grəfi]	振り付け	名 choreograph　～の振り付けをする
28 **recitative** ☐ [rèsətətí:v]	レチタティーボ、叙唱	オペラやカンタータのように、せりふに重点を置いた声楽様式。
29 **Romanticism** ☐ [roumǽntəsìzm]	ロマン主義	形式よりも個性の主観と感受性に重きを置いた、18世紀末～19世紀初頭にヨーロッパなどで流行した音楽運動。
30 **ragtime** ☐ [rǽgtàim]	ラグタイム	シンコペーションが多いのが特徴のピアノの演奏スタイルで、ジャズの先駆となったが、ジャズとは異なり即興演奏はほとんどない。

27 映画／演劇

映画や演劇は、TOEFLで頻繁に取り上げられるテーマの1つです。映画の歴史や映写技術の発達、さまざまな演劇形式や演出技法について出題されます。ここでは映画と演劇のテーマに関連する語彙を身につけましょう。

words & phrases		tips
01 □ **motion picture**	映画	—
02 □ **monochrome film**	白黒映画（＝black-and-white film）	—
03 □ **silent film**	無声映画	音声のない映像だけの映画。
04 □ **sound film**	発声映画	映像と音声が出る映画。
05 □ **synchronization** [sìŋkrənizéiʃən]	（映画の）画面と音声の一致、同期	参考 一般的には「同時に起きること」という意味で使われる。
06 □ **filmmaker** [fílmmèikər]	映画製作者、映画会社	—
07 □ **project** [prάdʒekt]	（光・映像など）を投影する、映写する	名 projection　映写、投影 関連 projector　映写機
08 □ **reel** [ri:l]	リール	映画のフィルムを巻いておくための巻軸。 
09 □ **clip** [klip]	クリップ	映画で流れる映像を短く切り取ったもの。
10 □ **celluloid** [séljulɔ̀id]	映画フィルム、セルロイド（映画フィルムに使われていた素材）	—
11 □ **storyboard** [stɔ́:ribɔ̀:rd]	ストーリーボード、絵コンテ	映画やTVドラマなどの各カットの画面構成を絵で示したもの。
12 □ **Kinetoscope** [kiní:təskòup]	キネトスコープ	エジソンとディクソンが発明した初期映写機。
13 □ **Cinemascope** [sínəməskòup]	シネマスコープ	超大型画面を使用した映画。

14 nickelodeon ☐ [nìkəlóudiən]	ニッケルオデオン、5セントシアター	米国初期の映画館の別称。入場料が5セント（ニッケル貨1枚）だったことから。
15 peep show ☐	のぞきからくり	箱の前面に数個のレンズを取り付けた穴があり、内部に仕掛けられた風景や絵をのぞかせるもの。
16 premiere ☐ [primíər]	（映画の）初日、（演劇の）初演	—
17 release ☐ [rilíːs]	封切り、発売	参考 一般的には「（緊張などを）解く」という意味で使われる。
18 performance ☐ [pərfɔ́ːrməns]	公演、演奏	—
19 dramatist ☐ [drǽmətist]	劇作家、脚本家（＝playwright）	—
20 adapt ☐ [ədǽpt]	～を脚色する	名 adaptation　脚色 参考 一般的には「適応する」という意味で使われる。
21 theatrical ☐ [θiǽtrikəl]	演劇の（＝dramatic）	—
22 drama ☐ [drάːmə]	演劇	—
23 scenery ☐ [síːnəri]	舞台装置、（舞台の）背景	参考 一般的には「風景、景色」という意味で使われる。
24 prop ☐ [prαp]	（演劇・映画に使われる）小道具	—
25 costume ☐ [kάstjuːm]	（演劇・映画に使われる）衣装	—
26 stagecraft ☐ [stéidʒkræ̀ft]	（演劇の）演出技法	—
27 vaudeville ☐ [vɔ́ːdəvil]	ボードビル	軽快な音楽や踊りとせりふを特徴とし、幸せな結末で終わる音楽劇。
28 burlesque ☐ [bərlésk]	風刺劇	—
29 pantomime ☐ [pǽntəmàim]	パントマイム、無言劇（＝mime）	せりふはなく、表情と身振りだけで演技をする演劇。
30 cabaret ☐ [kæ̀bəréi]	キャバレー	食事や酒をとりながら、芸人のショーやバンド演奏を見物する形式のレストラン、ナイトクラブ。

28 写真

TOEFLでは、カメラの発明と作動原理、写真技法や写真思潮の変化といったトピックがよく見られます。このテーマの講義や説明には、科学技術と芸術分野のあまり馴染みのない語彙がしばしば出てきます。これから紹介する語彙をしっかり身につけ、写真に関する講義や説明を理解するために基礎力をつけましょう。

words & phrases		tips
01 ☐ **develop** [divéləp]	(フィルム)を現象する	—
02 ☐ **exposure** [ikspóuʒər]	露出	もともとは、写真撮影時にフィルムに光を当てること。
03 ☐ **angle** [ǽŋgl]	角度	—
04 ☐ **format** [fɔ́ːrmæt]	(写真・本などの)判型	—
05 ☐ **photo paper**	写真用紙、印画紙	—
06 ☐ **negative** [négətiv]	陰画、ネガ	被写体とネガでは、明暗や濃淡が逆になる。
07 ☐ **positive** [pάzətiv]	陽画、ポジ	被写体とポジでは、明暗や濃淡が同じになる。
08 ☐ **reversed** [rivə́ːrst]	逆にされた、反対の	—
09 ☐ **camera obscura**	カメラオブスキュラ、暗箱	暗い部屋に小さな穴を開けて、外の景色を反対側の壁に逆さまに映し出す初期のカメラ。
10 ☐ **pinhole camera**	ピンホールカメラ、針穴写真機	レンズの代わりに、箱に針で穴を開けて写真を撮るカメラ。
11 ☐ **optics** [άptiks]	光学	光の特徴とそれに関する現象を研究する物理学の一分野。 参考 optic　目の
12 ☐ **iris** [áiəris]	(カメラの)絞り、(眼球の)虹彩	カメラの絞りと眼球の虹彩は、それぞれレンズと目を通過する光の量を調節する役割を果たす。 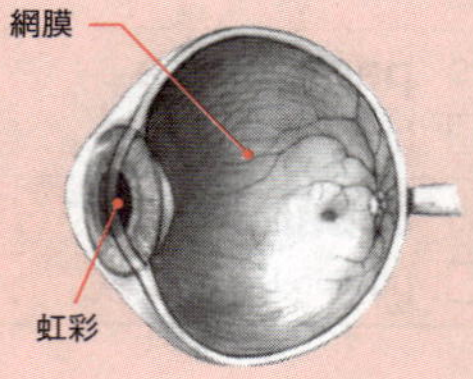

13 **retina** ☐ [rétənə]	（目の）網膜	—
14 **pupil** ☐ [pjú:pəl]	瞳、瞳孔	参考 一般的には「生徒、弟子」という意味で使われる。
15 **photolithography** ☐ [fòutəliθάgrəfi]	フォトリソグラフィー	写真技術を応用して印刷版を作成する方法。
16 **photosensitive** ☐ [fòutousénsətiv]	感光性の	関連 photosensitivity　感光性（物質が光の照射によって化学変化を起こす現象）
17 **emulsion** ☐ [imʌ́lʃən]	（写真フィルムの）感光乳剤	フィルムや印画紙の表面に塗って、光に反応するようにする液状の物質。
18 **sensitize** ☐ [sénsətàiz]	（フィルムなど）を感光性にする	—
19 **autochrome** ☐ [ɔ́:təkròum]	オートクローム	リュミエール兄弟が開発した最初のカラー写真用感光材料や乾板。
20 **iodine** ☐ [àiədáin]	ヨウ素	—
21 **chloride** ☐ [klɔ́:raid]	塩化物	—
22 **heliography** ☐ [hì:liάgrəfi]	ヘリオグラフィー	ニエプスが発明した、金属板とカメラオブスキュラを使用して、最初の写真を撮った写真撮影法。
23 **daguerreotype** ☐ [dəgέərətàip]	ダゲレオタイプ、銀板写真法	ダゲールが発明した、ヨウ化銀を塗った銀板を感光剤として使用した写真撮影法。
24 **calotype** ☐ [kǽlətàip]	カロタイプ	タルボットが発明した、ヨウ化銀を塗った紙を感光剤として使用した写真撮影法。
25 **portraiture** ☐ [pɔ́:rtrətʃər]	肖像画法	—
26 **out of focus** ☐	焦点が合っていない	写真や画面がぼやけて見える状態。
27 **superimpose** ☐ [sù:pərimpóuz]	スーパーインポーズ	複数の画面を1つのフィルム上に重ねる手法。
28 **candid** ☐ [kǽndid]	（写真などで）ポーズをとっていない、ありのままの	参考 一般的には「率直な」という意味で使われる。
29 **life-size (d)** ☐	実物大の	—
30 **authenticity** ☐ [ɔ̀:θentísəti]	本物であること、信ぴょう性	—

テーマ別 28

29 建築／都市計画

建築はTOEFLで頻繁に取り上げられるテーマの1つです。主に古代の建築物の特徴や、米国とその周辺地域の時代別の建築様式について出題されます。建築に加えて、現代の都市構造と、これにより生じた社会現象に関する内容も出題されています。ここでは、建築と都市計画に関連する語彙を身につけましょう。

words & phrases		tips
01 □ **architecture** [ɑ́ːrkətèktʃər]	建築	—
02 □ **adobe** [ədóubi]	日干しれんが、アドーべれんが	わらと粘土を混ぜて形を整えたあと型に入れ、日光で乾燥させて作るれんが。
03 □ **timber** [tímbər]	材木	—
04 □ **finish** [fíniʃ]	仕上げ	—
05 □ **insulation** [ìnsəléiʃən]	断熱材	—
06 □ **electric wiring**	電気配線	—
07 □ **plumbing** [plʌ́miŋ]	配管	ガス・水道などの管を取り付けること。または、その管。
08 □ **dome** [doum]	ドーム	半球の形で作られた屋根や天井。
09 □ **column** [kɑ́ləm]	柱	参考 新聞や雑誌では、署名入りの寄稿などの「コラム」に、また、図表などでは、「タテの列」という意味で使われる。
10 □ **arch** [ɑːrtʃ]	アーチ、弓型のもの	—
11 □ **corridor** [kɔ́ːridər]	回廊、廊下	建築物内部の区画や2つの建築物の間を結ぶために、屋根をかぶせて連結した長い廊下。
12 □ **drainage** [dréinidʒ]	排水設備	動 drain 〜の水を抜く
13 □ **Gothic** [gɑ́θik]	ゴシック建築	12〜16世紀の西ヨーロッパで流行した建築様式で、垂直方向の尖塔、先のとがったアーチ、ステンドグラスが特徴。

14 □ **stained glass**	ステンドグラス	色とりどりのガラスのパーツを鉛の枠に入れて、溶接したもの。 
15 □ **Art Nouveau**	アールヌーボー	19～20世紀のヨーロッパやアメリカで流行した建築様式で、植物模様や流れるような曲線が特徴。
16 □ **log cabin**	丸太小屋、ログキャビン	—
17 □ **skyscraper** [skáiskrèipər]	超高層ビル	—
18 □ **urbanization** [ə̀ːrbənizéiʃən]	都市化	形 urban　都市の 動 urbanize　～を都市化する
19 □ **suburb** [sʌ́bəːrb]	郊外	都市に隣接した住宅地域。 形 suburban　郊外の
20 □ **outskirt** [áutskə̀ːrt]	郊外	—
21 □ **zoning** [zóuniŋ]	（都市計画の）区域制	都市の無秩序な拡大を防ぐために、市内の土地利用と用途を段階的かつ計画的に整備すること。
22 □ **residential** [rèzədénʃəl]	住宅（地）の	—
23 □ **commercial zone**	商業地域	—
24 □ **metropolitan** [mètrəpɑ́litən]	大都市の	—
25 □ **satellite city**	衛星都市	大都市の周辺にあって、その機能の一部を分担する中小都市。
26 □ **commute** [kəmjúːt]	通勤、通学	—
27 □ **infrastructure** [ínfrəstrʌ̀ktʃər]	インフラ	電気や石油、学校や病院など、産業や社会生活の基盤となるもの。
28 □ **aqueduct** [ǽkwədʌ̀kt]	水道橋	水道を横断させるために道や川にかける橋。
29 □ **sewerage** [súːəridʒ]	下水道	—
30 □ **Chicago school**	シカゴ派	1880～1910年に活躍したシカゴの建築家のグループで、高層建築の発展に寄与した。

30 技術／エンジニアリング

TOEFLでは産業技術と工学関連のテーマが出題されることもあります。船、自動車、飛行機など、人類が利用してきた交通手段の発展過程と作動原理、コンピューターや新素材などの技術開発が取り上げられます。ここではその関連語彙を覚えていきましょう。

words & phrases			tips
01	**wagon** [wǽgən]	荷馬車	—
02	**harness** [hɑ́ːrnis]	馬具	くつわや手綱のように、馬に装着する用具の総称。
03	**galley** [gǽli]	ガレー船	古代ギリシャ・ローマ時代から18世紀まで使用された、多数のオールで推進する大型船。
04	**steam power**	蒸気力	水に熱を加えて発生させた蒸気の圧力で得られる動力。 形 steam-powered　蒸気を動力とする 関連 steam engine　蒸気機関
05	**external combustion engine**	外燃機関	機関外部の燃焼装置で燃焼させて発生した燃焼ガスの熱で蒸気を作り、これを動力とする機関。
06	**internal combustion engine**	内燃機関	内燃によって得た熱エネルギーを、機械エネルギーに変換させる装置。
07	**locomotive** [lòukəmóutiv]	機関車	名 locomotion　移動能力 関連 steam locomotive　蒸気機関車
08	**gear** [giər]	ギア	2つ、またはそれ以上の回転軸の間で回転や動力を伝達する装置。 
09	**cylinder** [sílindər]	（エンジンの）シリンダー	内燃機関、蒸気機関、水力機関などの主要部分をなす円筒形の容器。その中をピストンが往復運動する。 参考 一般的には「円筒」という意味で使われる。
10	**transmission** [trænsmíʃən]	（自動車の）変速機、トランスミッション	参考 一般的には「送信、伝達」という意味で使われる。
11	**power source**	電源	—
12	**aerodynamics** [èəroudainǽmiks]	航空力学	航行中の航空機を対象とし、翼や機体に働く大気の力および機体の運動などを研究する学問。
13	**aviation** [èiviéiʃən]	航空	航空機を利用して人や物を輸送する行為。

14	**navigate** [nǽvəgèit]	(海･空など)を航海[航行]する	名 navigation　航行
15	**canal** [kənǽl]	運河	農地の灌漑、排水、船舶の移動などのために造られた人工の水路。
16	**propulsion** [prəpʌ́lʃən]	推進	空気や水を後方に押しやり、その反作用の力で飛行機や船を前方に移動させること。
17	**chronometer** [krənάmətər]	クロノメーター	航海中に船の位置を正確に測定するために使う高精度の時計。
18	**GPS**	全地球測位システム(Global Positioning System)	人工衛星を利用して、どこからでも自分の位置を正確に測定できるシステムのこと。
19	**supersonic** [sù:pərsάnik]	超音速の	関連 supersonic aircraft　超音速航空機
20	**aerospace industry**	航空宇宙産業	航空機、ミサイル、ロケットなどを生産する産業。
21	**technological innovation**	技術革新	—
22	**expertise** [èkspərtí:z]	専門知識	—
23	**computer system**	コンピューターシステム	コンピューターを使った情報処理機構。
24	**debug** [di:bʌ́g]	(コンピュータープログラム)のエラーを検出して削除する、～をデバッグする	関連 bug(コンピューターシステムやプログラムの)エラー、バグ
25	**circuit** [sə́:rkit]	(電気)回路	電流の流れるひと巡りの通路。 参考 一般的には「巡回」という意味で使われる。
26	**telecommunication** [tèləkəmjù:nikéiʃən]	遠隔通信、電気通信	情報を電気信号に変換して、ある場所から別の場所に送ること。
27	**optical fiber**	光ファイバー	光を送るための、ガラスなどの絶縁体で作られた透明な細い線。
28	**semiconductor** [sèmikəndʌ́ktər]	半導体	電気を通しやすい導電体と電気を通さない絶縁体の中間的な物質。
29	**alloy** [ǽlɔi]	合金	ある金属に他の金属や非金属を溶かし合わせたもの。 関連 metal alloy　金属合金
30	**heavy machinery**	重機	—

INDEX

DAY1～30の見出し語と同義語を掲載しています。
数字はページ番号です。見出し番号ではありません。
数字が赤のものは、見出し語であることを表しています。

A

B

D

E

G

J

K

L

M

Q

R

S

T

U

W

Y

Z

TOEFL®テスト　でる単5000

2016年12月30日　初版　第1刷発行
2018年 7 月 8 日　　　第3刷発行

著　　者　ハッカーズ語学研究所 David Cho
発 行 人　天谷 修平
発　　行　株式会社アスク出版
〒162-8558　東京都新宿区下宮比町2-6
電話：03-3267-6864
FAX：03-3267-6867
URL：http://www.ask-books.com/
印刷・製本　大日本印刷株式会社

ISBN 978-4-86639-061-1

乱丁、落丁、CDに不具合が発生した場合はお取り替えいたします。弊社カスタマーサービス（電話：03-3267-6500　受付時間：土日祝祭日を除く平日10:00～12:00／13:00～17:00）までご相談ください。

Printed in Japan